中国社会科学院 学者文选

白仲尧集

中国社会科学院科研局组织编选

中国社会科学出版社

图书在版编目(CIP)数据

白仲尧集/中国社会科学院科研局组织编选. —北京：中国社会科学出版社，2013.10（2018.8 重印）
（中国社会科学院学者文选）
ISBN 978-7-5161-3281-4

Ⅰ.①白… Ⅱ.①中… Ⅲ.①经济学—文集 Ⅳ.①F0-53

中国版本图书馆 CIP 数据核字（2013）第 224100 号

出 版 人	赵剑英
责任编辑	赵 丽
责任校对	李 莉
责任印制	张雪娇
出　　版	中国社会科学出版社
社　　址	北京鼓楼西大街甲 158 号
邮　　编	100720
网　　址	http://www.csspw.cn
发 行 部	010-84083685
门 市 部	010-84029450
经　　销	新华书店及其他书店
印刷装订	北京市十月印刷有限公司
版　　次	2013 年 10 月第 1 版
印　　次	2018 年 8 月第 2 次印刷
开　　本	880×1230　1/32
印　　张	16.125
字　　数	400 千字
定　　价	99.00 元

凡购买中国社会科学出版社图书，如有质量问题请与本社营销中心联系调换
电话：010-84083683
版权所有　侵权必究

目 录

序言 …………………………………………………… (1)

第一篇 体制改革

关于茧丝绸生产和流通的调查报告 ……………… (3)
商业经营责任制问题 ……………………………… (17)
试论全民所有制改革的具体形式 ………………… (22)
开放劳动力市场，改善劳动力管理 ……………… (32)

第二篇 服务经济

服务业要翻三番 …………………………………… (47)
服务业的改革与发展 ……………………………… (71)
第三产业经济理论讨论述评 ……………………… (76)
服务经济学简介 …………………………………… (85)
服务商品使用价值初探 …………………………… (102)
世界服务经济的发展和我们的对策 ……………… (113)
中国第三次产业的发展 …………………………… (127)
为发展中国服务贸易开路 ………………………… (145)

服务贸易："狼"真的来了 ………………………… （151）
服务业与综合国力的关系 …………………………… （159）
论服务经济的文化基础 ……………………………… （178）
推进我国服务业现代化的对策建议 ………………… （195）
论服务监管 …………………………………………… （205）

第三篇　商业经济

商业的主要矛盾和体制改革 ………………………… （227）
商业是调整时期的中心环节 ………………………… （248）
从群林服装公司看商业的经济联合 ………………… （267）
试论商业服务 ………………………………………… （273）
供销合作社的地位和作用 …………………………… （282）
中国仍需发展合作经济 ……………………………… （293）
供销合作社深化改革的方向研究报告 ……………… （302）
供销合作社改革发展新思路：自己办银行 ………… （329）

第四篇　旅游经济

试论旅游服务 ………………………………………… （335）
全行业管理，大公司经营
　　——旅游体制改革的思路 ……………………… （343）
积极发展国内旅游的探讨 …………………………… （359）
中国旅游业发展的道路 ……………………………… （367）

第五篇　文化经济

开拓文化市场，发展文化经济 ……………………… （403）
文化产业理论的几个问题 …………………………… （415）
文化产业——城市新的经济增长点 ………………… （427）

发展文化产业　建设先进文化 …………………………（436）
我国文化产业：现状与对策 ……………………………（442）
中国历史文化名城的建设与发展 ………………………（470）
把握文化性质，促进文化发展 …………………………（484）
社会主义核心价值体系建设关系党和国家前途命运 ……（493）

后记 …………………………………………………（499）

序　言

2012年3月，我非常高兴地接到了《中国社会科学院学者文选》编辑委员会的"征稿通知"。这对于一个退休十余年的研究人员来说，无比温馨。我于1978年7月来到中国社会科学院财贸经济研究所，做商业、供销合作社经济研究，不久进行了服务经济和第三产业的探索。三十多年来，本着求实、创新的理念，搞调查、写论文、提对策，基本上完成了组织交给的科研任务。我尽管没有什么大的建树，但一孔之见、千虑一得之处，还是得到报刊、网络的认可。今汇编这本文集，仍可供读者批阅和参考。

一　经济体制改革

1978年，我国已进入改革开放的时代。我们积极投入了经济体制改革的研究。在时任财贸经济研究所副所长姜君辰同志的带领下，对四川、广东、浙江等地的茧丝绸的生产和流通情况进行了调查。我们看到，茧丝绸是一条联系紧密的产业链，但在当时"条条""块块"的体制下，纵横分割成联系松散、相互掣肘的细小单位。于是，我提出了建立产供销、农工商一体化的丝绸公司的建议。尽管人们有所疑义，但随着1982年2月全国丝绸总公司的建立，疑义烟消云散。

20世纪80年代初，农村联产经营承包责任制的成功，掀起了工商企业学习的热潮。商业、供销合作社行动最快。农村承包制是以小生产为基础，而工商企业是大生产的组织形式，两者迥然不同。尤其是企业以利润为核心组织承包，置公有资产于不顾，违背了社会主义社会必须巩固和发展公有制的根本要求。在《商业经营责任制》一文中，我阐述了经济责任制"必须对国家或集体承担完全的物质责任，即要对国家和人民的财产负责"的观点。

在进一步探索中我发现，对社会主义公有制具体形式的研究，是社会主义社会历史阶段的永恒主题。1986年的《试论全民所有制改革的具体形式》一文中说，"在人类社会历史上，生产资料所有制的性质只有公有制和私有制两种。私有制从产生以来，迄今已有几千年的历史"，"在不同历史条件下采取不同的形式"；"社会主义公有制的发展，也必然要经历一个漫长的过程"，"也必将采取各种不同的具体形式"。改革开放前，经济负责人不负经济责任是一种普遍现象。"从现象上看是无人负责，在本质上则是全民所有制的生产关系不完善，没有正确解决国家资金财产的保护和发展的具体形式问题。"我提出了"建立国家资源委员会"的建议。2003年3月全国人大建立国有资产监督管理委员会。2012年11月胡锦涛同志在党的十八大报告中明确指示，"要毫不动摇巩固和发展公有制经济，推行公有制多种实现形式"。党和国家发展公有经济的成就，令人欢欣鼓舞。

循着这一思路，我在有关商业、供销合作社、旅游业的体制改革的研究中，均有具体阐述和建议。

二 服务经济

马克思主义的服务经济学理论，在20世纪80年代才有少数学者开始问津。我作为其中一员自然积极投入了拓荒者的队伍。

马克思主义服务经济学的基本理论范畴，需要明确界定。首先，我论证了服务劳动是生产劳动，服务产品是物质产品。在拙著《服务经济论》一书中明确表示，"我的责任是证明服务产品的物质性"（东方出版社1991年9月版，第2页），同时指出了服务产品的运动形式、实物形式和附着形式。在界定服务产品范畴之后，对服务产品的生产、流通和消费等具体过程的探讨，就顺势展开了。

其次，服务业作为产业部门同工农业的区别，不仅在于主要生产无形产品，更重要的是，它的产品具有浓厚的文化性质。服务是人际交往中的一项活动。文化是服务劳动者与消费者进行交往的桥梁。人文关怀既是前提，又是结果或服务产品使用价值的终极体现。因此，服务业是以文化为基础，按其文化内涵的丰度，可分为文化产业、准文化产业和亚文化产业三类。这就把服务文化的认识提到了新的高度。

再次，服务业生产服务产品，不仅在国民经济中具有创造社会财富的作用，而且也影响社会的发展。因为服务业是国民经济的基础产业，文化传承和创新的实践产业，社会变革的引导产业，对经济社会自然发生积极作用与消极影响。服务业积极作用的主要表现是提高综合国力，它具有经济增长力、生产推动力、产业协调力、劳动吸纳力、社会凝聚力、形象感召力、设施承载力、安全保障力。服务业的消极影响是制造假冒伪劣，滋生服务欺诈，散布低俗文化，扰乱市场秩序，孕育经济危机，助长黄毒泛滥，隐藏黑恶势力，败坏社会风尚。服务业的两面性决定了服务经济是监管经济。大力发展服务业，必须同时加强服务监管。

最后，服务产品作为商品，必然具有国内外两个市场。1993年，我呼吁《为发展中国服务贸易开路》，并说明文化产品出口的前景广阔。1998年我主编的《中国服务贸易方略》一书出版，也有积极意义。

在服务经济学科基础理论建设上，我经历了服务劳动的生产性、服务产品的物质性、服务业的文化性、两面性及服务贸易等重要问题的探索。现在看来不过寥寥数语，却是三十余年的艰辛。无论率先提出还是随流跟进，荒唐言与辛酸泪均为陈迹。

三 商业经济

商业是服务经济的最初形态。我也曾做过商业、供销社企业的保管员、售货员、物价员，经历了那些难忘的风风雨雨。我深切感到，在理论上，忽略了商业关系，不认识商业的主要矛盾和服务本质；在实践上忽略商业在催生新制度的历史作用。再加上传统的轻商观念，社会主义商业经济学难以突破苏联的商业经济学科模式。

1980年，我写了《商业的主要矛盾和体制改革》一文，认为商业的主要矛盾是"商业关系应适应商品流通发展的需要"；商业体制改革应"正确处理商业关系，合理组织商品流通"。1981年写的《商业是调整时期的中心环节》，论证了商业的历史作用，只有办好商业才能为经济体制改革做好准备。

"商业的本质是服务"，似乎没有争议。但实际工作上是"经营与服务两张皮"，把经营与服务对立起来。这在很大程度上困扰着商业服务质量的提高。

供销合作社是从革命根据地时期发展起来的农村商业组织，是最具中国特色的社会主义商业形式。可惜的是，1958年以后供销合作社同国营商业经历了三分三合的痛苦过程。在分分合合中，供销合作社的资金财产、骨干人员均蒙受巨大损失，其他部门也伸手划业务、调人员。这些现象看起来只是对供销合作社的削弱，实际上是干扰了农村服务体系的建设，妨碍了工农关系和城乡关系的加强，也影响了中国特色社会主义的经济与文化的建设。我在供销合作社学习和工作十六、七年，情之所至，几篇拙文聊表寸心吧。

四　旅游经济

旅游是古往今来的一种文化活动。旅游服务作为新兴产业是20世纪40年代以后的事。我国的旅游服务，在1978年前仅为外事接待，其后才转变为旅游服务业，主要经营国际旅游服务。我于1987年参与国家社科基金课题《旅游经济发展战略研究》，先后赴吉林、山东、贵州、安徽、四川、重庆等地进行调研，其后又为山西、内蒙古等地的省、市做旅游产业规划。这样，我对旅游业开始有所认识。

在旅游经济研究中，有所创新、值得一提的虽不多，但也可略表一二。一是强调旅游业的文化性质。旅游是一种文化活动。无论自然景观还是人文景观，它们的灵魂都是文化。旅游业要以社会主义旅游文化服务去满足旅游者的需求。二是叙述了旅游业的经营特点，过程长、环节多、项目杂、要求高，随时都需注意发挥积极作用、克服消极影响。三是对旅游体制改革明确提出了"全行业管理，大公司经营"的方略。在经济学或者社会科学中，创新难，被时人理解更难，历史是否给予评说就不得而知了。

五　文化经济

　　文化是人类特有的一种社会活动。由于人们对文化的理解不同，因而定义纷繁，我只有自作主张。我认为，文化是人类运用语言文字反映和表现人与人、人与自然相互交往的内容和形式的活动。文化的产生过程，我归结为语言—文字—文化。动物都有语言。但只有人类才发明了记录语言的符号，符号转化为文字。有了文字，人类的一切活动，特别是认识活动，就有了记录，有了传播，也才有了文化。从此，人类社会的发展便一日千里。

　　文化的内涵，有分层说，即，表层为物质层，中层为制度层，精神为核心层。我认为，文化是由科技知识、行为规范、情感表达三部分组成。科学技术知识是文化的基础。道德、制度、法律等行为规范是社会和谐的保障。各种文学艺术是对真善美的称颂，对假丑恶的鞭笞。它们经过思维，均可上升为精神，形成意识形态，结晶为文，影响人的行为。因此，文，是知识，是道德、法规、意识形态、文学艺术等；化，是实践，是人对文的了解、认识和掌握，以文影响和指导自己的行为，故"以文化之"得以实行。

　　文化的性质，人们也有各自的看法。把文化视为物，有"挖文化"、"卖文化"、"文化产业化"之说。把文化当作精神，似乎都是意识形态。两者相结合，文化便具有意识形态性和商品性。他们的共同点都是没有把文化看作是人人参与的社会活动，没有就这种社会活动来讨论其性质。我把文化当作社会活动，其性质自然由它的内在矛盾来决定。文化的内在基本矛盾是，社会性和个别性，意识性和实践性，先进性和落后性。其中，先进性和落后性的矛盾经常是决定文化发展的主要矛盾。

文化产业的出现，是社会分工的结果。在文化活动中，由于人们所处的环境不同，文化素养的高低、深浅自然有所差别。文化能力较强的人，在文化活动中成为佼佼者。起初，他们只是群众文化活动中的骨干，所提供的服务纯系自我服务性质。随着社会的发展，生产水平提高，文化要求增进，他们便从群众文化活动中分离出来，成为专门为群众文化活动服务的劳动者。专业文人的出现，士人阶级亦即文人阶级的出现，是人类社会的第四次大分工。它对人类社会的发展具有极其伟大的意义，从此，人类社会便成为文人阶级统治的社会。

文化服务劳动者——文人，专门为他人文化活动提供服务，同社会上其他服务（如商业、运输）一样，是生产服务产品的服务行业，是为文化服务业或文化产业。文化服务业所生产的产品是文化服务产品，简称文化产品。由于文化具有引导社会变迁的力量，任何社会或任何国家都力图促使文化力朝着有利于自身的方向发展。因此，国家或社会以提供文化服务的方式，把握文化的运行方向，提高居民的文化素质。国家或社会提供文化服务的多少，视其财力的大小。财力大多提，财力小少提，但不能不提，这就形成了公共文化服务。居民对文化服务的需求，具有强烈的个性，光怪陆离，千姿百态，公共文化服务再好也难以达到要求。于是，这部分文化需求在商品货币关系存在的条件下进入市场，形成了市场文化服务，或文化服务商品。这样，文化产业便分离为两部分：一部分是公共文化服务，生产公共文化产品，现称为文化事业；一部分是市场文化服务，生产文化服务商品，现称为文化产业。文化事业的产品，是公共产品，不具商品性。文化产业的产品，是商品，具有一般商品的价值与使用价值的二重性。

文化产品和文化商品之中深藏着文化的基本矛盾。特别是文化的先进性与落后性的矛盾时常显露于文化产品之上。因此，文化产业也存在积极作用与消极影响的两面性。发挥积极作用，克服消极影响，是文化服务监管的经常职责。

　　自1998年以来，我在文化产业研讨中的文稿，基本阐明上述思路。我虽以经济学为业，但意识到经济学不过是文化的一个分支。在经济与文化更深层次融合的今天，应当有一定的文化自觉。我对文化、文化产业的浅薄认识，作为习作，向老师们请教。

　　对我来说，科研之路与人生之路交织在一起。尽管"为伊消得人憔悴"，还是以"迎风傲雪的微笑""述说人间的忧伤"。我的一首打油诗："风吹长箫雨抚琴，足踏绿波袖卷云；天庭歌舞谢幕去，日照竹海笋青青。"祖国美好，个人的命运总是好的。

白仲尧

2012年11月20日

第一篇 体制改革

关于茧丝绸生产和流通的调查报告

丝绸是我国传统出口商品。1977年底和1978年初生丝库存较大，经营管理问题不少，有关部门对桑蚕茧丝绸的生产情况和发展趋势意见不尽一致。为此，我们于1978年第四季度和1979年初曾先后去四川、广东、浙江和上海等地，对桑蚕茧丝绸的生产和流通情况进行了初步调查。现将调查情况综合报告如下：

一　基本情况

四川、浙江、广东是桑蚕茧的重点产区，占全国产量的70%以上。它们的丝绸产量也较大，上海是绸缎产区。这四个省、市的情况，可以反映全国桑蚕茧丝绸生产和流通的大概面貌。

（一）四川省的蚕茧生产发展十分迅猛

1949年新中国成立初期，鲜茧产量仅有96000担，厂丝34吨多。1950年到1963年是逐步恢复的14年，鲜茧产量平均每年递增4.5%。1964年到1977年是大发展时期,这14年鲜茧产量平均每年递增11.6%。1978年战胜了严重干旱,鲜茧产量达到102万担,比丰收的1977年又增长18.3%,接近历史最高年产量1931年56万担的两倍!

四川蚕桑生产这样高速度发展不是偶然的。一方面,在三年困难时期,四川同全国其他地区一样,许多成片集中的桑园被毁,蚕茧生产下降。但在党的八届十中全会以后,四川省委号召全省多搞些蚕桑,要求各地检查工作要检查蚕桑,汇报工作要汇报蚕桑。打倒了"四人帮",省委又组织广大群众揭发批判"四人帮"破坏蚕桑生产的种种反动谬论,把栽桑养蚕作为仅次于生猪的骨干副业来抓,推动了蚕桑生产的大发展。同时另一方面,四川省委又于1962年及时发现和总结推广了群众在田边、地边、沟边、路边种植"四边桑"的经验,找到了一条解决粮桑争地矛盾的具体道路,使蚕桑生产发展更快。

缫丝工业同蚕茧生产大体上是平衡的。但织绸生产能力不足。四川每年生产绸缎2100万—2300万米,织绸用丝约600余吨,只占生丝年产量四千多吨的15%左右。

(二) 广东蚕桑生产集中,单位面积产量较高

广东省原是我国仅次于浙江的第二蚕桑产地。1931年栽桑187万亩,产茧119万担。由于帝国主义和国民党反动统治的摧残,蚕桑生产遭到了严重破坏。到1949年,桑田仅有22.7万亩,产茧10万担。解放后逐年恢复,1952年产茧17.7万担。但在合作化运动中对蚕桑注意不够,加上三年困难时期的影响,1962年下降到8.7万担,低于1949年的水平。1963年开始恢复到11万担。1964年在全党狠抓外贸商品的时候,增加到17万担,比1963年增长54%。从此以后,直到1978年,每年增长幅

度不同,却是稳步上升的趋势。去年产茧48万担,相当于1949年的4.8倍。但桑田面积是减少的,1977年仅有桑田19万亩,比1949年减少了16.3%。

广东的蚕桑生产90%集中在佛山地区。特别在顺德、南海等县的桑基鱼塘地区,蚕养鱼、鱼养桑互为条件,共同发展,因而蚕桑生产的专业化程度很高,单位面积产量也高。广东省蚕茧生产的发展主要靠提高单位面积产量。1949年全省平均亩产45.8斤,1977年全省平均亩产达到219.7斤,提高了3.8倍。顺德县勒流公社去年平均亩产可达400斤。这个公社的江村三队1977年亩产716斤。看来,蚕桑生产的适当集中能够创造较高的劳动生产率。

广东地处口岸,靠近香港,对国际市场情况比较了解,能够根据外销需要组织丝绸生产。他们年产1200多吨生丝和800多万米绸缎,大部分都能出口。

(三) 浙江蚕桑生产有下降趋势

浙江素称"丝绸之府",1977年前蚕茧产量占全国的1/3,居于首位,1978年仍居第二位。浙江茧丝绸生产情况在全国具有举足轻重的地位。

浙江1931年有桑田265万亩,产茧136万担。解放前夕,蚕桑生产已奄奄一息。1949年只有桑田130万亩,产茧21万担。建国以后逐渐恢复,1959年桑田有177万亩,产茧47万担。1964年省委狠抓蚕桑,拨出6000多万斤粮食以及化肥、毛竹等蚕用物资,鼓励蚕桑生产。1963年产茧27万担,到1974年产茧114万担,是1949年的5.4倍。但由于林彪、"四人帮"的干扰破坏,自1975年起逐年下降。1978年蚕茧产量只有93万担,比1974年减少18.4%;粮桑争地矛盾相当突出,只有采取粮桑平衡发展的有力措施，才能制止下降趋势。去年全省农业丰收，只有蚕茧减产。这已引起省委重视。

浙江缫丝能力较大，现有缫丝车12400余台，年可缫丝7700余吨，需原料茧140万担左右。现在每年只能生产6000多吨丝。今年春茧下来前不少丝厂要停工待料，浙江现有织机8400多台，织绸1亿米左右，潜力很大。

（四）上海是重要的绸缎生产基地

上海有绸厂13家，织机4500台，丝绸印染厂8家，年产绸缎1亿米左右，约占全国的1/5。上海丝绸品种多，质量好，70%可以外销。但是原料不足，上海只有一家丝厂，年产厂丝39吨，郊区产茧2000余担，仅能缫10吨丝。而上海织绸用丝每年要1200余吨，绝大部分需要外省支援。原来依靠江苏、浙江调进茧、丝。现这两省蚕茧减产。生丝除外销外，江苏还需调入织绸用丝，无力支援上海。四川可以支援它一些蚕茧和厂丝。但如四川直接经营出口贸易，织绸生产发展以后，也将影响对上海的原料供应。

我国丝绸生产有广阔的发展前途。1978年出口桑蚕丝8700多吨，出口真丝绸1亿米以上，这等于当年桑蚕茧的全部产量，加柞蚕丝绸共为国家创造外汇5.7亿美元左右。这是我国重要的出口物资。现在国际丝绸市场好转，形势对我国极为有利。

从全国看，茧丝绸的生产还跟不上形势发展的需要。桑蚕茧产量没有达到历史最高水平。1931年全国产茧441万担，1978年为346万担，相当于1931年的3/4强。除四川、山东外，其他省、市都没有达到本地区的历史最高水平。重点产茧省浙江、江苏近几年来还有明显的下降趋势。主要原因在于林彪、"四人帮"的干扰破坏，片面强调粮食，忽视蚕桑生产，政策不兑现造成的。厂丝生产方面，中档品种较多，高档和低档不足。绸缎生产中，真丝绸仅占1/3；在出口绸缎中真丝绸占90%；同时坯绸较多，印染绸少。

这些情况说明：发展丝绸生产，只要像四川那样方针明确，领导重视，措施得力，蚕茧产量超过历史最高水平是不难的。要大力发展真丝绸，增加丝绸的品种，努力提高产品的质量。茧丝绸生产一定能为我国实现四个现代化作出更大的贡献。

二 存在问题

据我们初步调查，存在下列主要问题：

（一）蚕桑生产不稳定，茧丝绸发展不平衡

栽桑是养蚕的基础。四川利用"四边"地种桑，解决了粮桑争地的矛盾。但在浙江、广东等以成片桑园为主的地方，粮桑争地、争肥、争劳力的问题就很突出。近几年来，浙江、广东桑田面积不断减少。浙江1977年桑田130万亩，1978年，毁桑种粮8万余亩；桑田中间作套种也较普遍，严重影响桑树生长。浙江扩大春粮种植面积，不仅挤了桑田的肥料，而且在春蚕做茧期间没有劳力采摘桑叶，蚕儿饿着做茧，结果是蚕茧质量差、产量低。如浙江德清县城关公社1972年产茧1万余担，社员平均收入172元；1978年产茧7500多担，平均每人收入约为151元。群众说，这是"抓了粮，挤了桑，苦了群众"。这样单纯突出粮食生产，对蚕桑生产、农民收入十分不利。

蚕桑生产对我国农村经济的发展有着重大作用，是农村资金的重要来源之一，但有些地方对蚕桑生产不大重视。蚕用物资国家分配量少，多数靠计划外"协作"，如广东有的社队用一斤猪

肉换一斤木材来作蚕用农艇。蚕房缺少，佛山地区缺三分之一。蚕用药品也无专厂生产。这也是蚕桑生产不稳定的原因。

现在蚕茧生产满足不了缫丝的需要。浙江缺茧40万—50万担。广东也需少量调入。江苏、上海等省市缺额都较大。织绸又跟不上缫丝。桑蚕丝绸这种不平衡的发展状况，需要全面规划、统筹安排解决。

（二）质量问题急需解决

蚕茧质量虽比解放初期有所提高，但同国外水平比较还有一定差距。如一粒茧的丝长，日本为1400米，浙江1000米，四川900米，广东600米；蚕茧出丝率，日本为18%，我国为10%，广东还不到10%；不能缫丝的下脚茧日本为5%左右，我国为20%左右。厂丝条干不匀，抱合力差，油污丝多。去年上海口岸对1.7万包浙江厂丝进行复检，不合格的竟达50%以上。绸缎织疵较多，次品率高。浙江嘉兴地区去年1—11月份统计，生产出口绸缎1740万米，次品371万米，占21.3%。这些问题造成国内积压，外商索赔，影响很不好。

产品质量不高的原因很多，但主要是生产和流通中经营管理不善。例如浙江吴兴丝织厂，去年招收几百名新工人，没有经过培训考核；一百台新织机用大会战方式突击安装，没有经过试车调整。他们竟这样生产了11万米真丝双绉，结果全部是次品。

其次是技术落后，设备陈旧，桑树改良较差。四川15亿株桑树中良桑约占1/3。广东正在培育和推广良桑。蚕的新品种发展缓慢，有些地方蚕种还有退化现象。浙江织绸机中，铁织机只占40%，大部分是陈旧的铁木机。绸的后处理技术不过关，炼、染、整、印设备落后。

技术上的落后，同科研教育跟不上生产发展的需要是密切相关的。浙江、四川、广东都有蚕桑和丝绸的科研机构，但没有充分发挥他们的作用。广东省蚕科所于1966年研究成功亩产"万斤叶，千斤茧"的丰产措施，并在理论上作了总结，但至今无人过问。一些科研人员感到搞出成果与搞不出成果一个样。科研、教育和设计机构缺经费、缺设备，许多试验做不了。这对提高产品质量，增加花色品种都有影响。

（三）绸缎内销和外销的结合问题

丝绸既是我国传统的出口商品，又是我国广大人民，特别是少数民族喜爱的衣着材料。既要出口，又要内销。蚕茧、生丝、绸缎都可以出口。在国内，只有绸缎才能作为消费品进入市场。所以，绸缎的生产和流通中存在着内销和外销的结合问题。

首先，在绸缎的生产过程中，内外兼顾不够。在计划安排上，重视出口是对的，但不应忽视内销。例如，浙江1977年出口计划4450万米，而生产安排5719万米，超过出口计划的28.5%；当年生产绸缎1.06亿米，出口实际收购4480万米，占42.2%，按生产安排为出口生产的绸缎占53.7%。这就造成了大量不适宜内销的出口次品。对于内销产品的调查研究、品种设计等，也处于无人过问的状况，货不对路，质次价高的现象时常发生。产销脱节，是国内绸缎积压的主要原因。

其次，外贸部门和商业部门互相协作不够紧密。外贸部门因各种原因不能出口的绸缎只有转为内销。商业部门既要收购生产单位的外销次品，又要收购为内销生产的货不对路的商品，就不大愿意多经营外转内的商品。外贸部门又没有国内推销的场所导致绸缎库存很大。据浙江省统计，1978年年初到9月末，外销绸缎库存由780万米上升到1088万米，增加38%；同期内销绸缎库存由710万米上升到1420万米，增加1倍；这都达到了历史最高水平。

从当前来说，丝绸应当力争多出口，凡是能够出口的绸缎要尽量争取出口，挤一点国内消费，为国家创造更多的外汇。但从长远看，发展蚕桑生产的根本出路还在于立足国内。我国九亿人口是一个巨大的市场。我们应当积极搞好国内丝绸市场。特别是目前我国绸缎生产的60%以上要靠国内销售，忽略国内市场不仅是不对的，而且是危险的。

(四) 价格问题

蚕茧的价格比较合适。据浙江调查，自1970年以来，1斤鲜上茧相当于15斤籼稻；同一时期，1斤皮棉相当于11斤籼稻。这样的粮桑比价对农民是有利的。

丝价偏高。现每吨生丝的平均价格为41000多元，而每吨丝的成本一般在30000元左右，税收和利润10000元左右。这样高的丝价，虽一方面有利于促进地方和社队办丝厂的积极性，但另一方面，国家又不得不对织绸用丝实行价格补贴，平均每吨补贴10000余元。这是由外贸部门补贴内销的。内销织绸用丝越多，外贸部门补贴就多，以致有的地方外贸赔钱。有的地方宁愿多出口自己收购的生丝，而从外地调入生丝来织绸，以减少补贴负担（补贴是由调出单位支付）。这又增加了地区间的矛盾，不利于生丝的统一调度。

绸缎内部的比价也不合理。例如真丝绸，工艺复杂，花费劳动较多，而价格较低。生产合纤绸工艺简单，劳效高，利润大。如一台织机织真丝绸每天生产1米，出厂价5元，织合纤绸每天生产3米，每米出厂价3元，一共9元。所以工厂宁愿生产合纤绸而不愿生产真丝绸。国外市场则需要真丝绸，要求多织真丝绸。这就需要调整比价关系，才能调动工厂的积极性。

绸缎的内销价偏高。如四川乐山地区，1952年染色大绸每尺0.98元，丝光蓝布每尺0.4元，一尺绸相当于2.45尺布；1978年染色大绸每尺1.51元，丝光蓝布每尺0.415元，一尺绸相当于3.65尺布。再加上品种不对路，质量不好，国内销售就更困难。

绸缎内销零售价较高的原因，一是成本高，二是税收重。丝绸的加工环节多，每个环节都要征税。例如一种白色斜纹绸，每米用丝按金额计算为1.97元，丝税率15%，税金0.3元；织成绸出厂价为2.22元，税率5%，税金0.11元；经过炼染后整理出厂价为2.56元，税率8%，税金0.2元；零售价2.22元，税率3%，税金0.06元。以上税金合计为0.67元，占零售价的30%。零售价还低于出厂价0.34元，商业赔钱。这种高征税的办法对绸缎的生产和流通都是不利的。

（五）经营管理体制不适应客观需要

真丝绸的生产和流通是一个有机的整体。这个整体由栽桑养蚕、制种、蚕茧收烘、缫丝、织绸、印染、销售等环节组成。但现行的经营管理体制，由不同的经济部门分别管理各个环节，实际上没有把它看作一个统一的有机体。栽桑养蚕、制种发（卖）种由农业部门管理。蚕茧收烘，浙江由供销社代收代烘，广东归外贸，四川由供销社和一轻局一家一半。缫丝、织绸和印染，由轻工或纺织工业部门管理。外贸部门负责生丝的统购包销和外销绸缎的收购、出口，商业部门经营内销绸缎，这就使各个环节相互间的矛盾转化为各个部门相互间的矛盾，无形中扩大了各个环节的独立性，特别是牵连到一些经济利益的时候扯皮推诿，各管各的，削弱了相互之间经济联系的统一性。

在各有关部门中，茧丝绸的生产或流通，仅是很小的一部分，无足轻重。例如蚕茧在农业部门只是许多农作物之一。缫丝、织绸、印染在一轻（或纺织）系统，也不占显著位置。各有关部门的领导有多少精力抓茧丝绸，确是一个实际问题。

各有关部门又分别由省、地、县管理。错综复杂的领导关系，"条条"和"块块"的矛盾，都集中到企业里。县里注重产值和利润，局里要产量，商业外贸要品种、质量。但遇到问题又互相推诿。各企业要搞新品种，在一个时期内要影响产值、产量、还要增加费用，就没有人出来点头认账。企业反映这种情况是"婆婆多又没人管"。

茧丝绸的经营管理体制，中央和地方尤其是地方，曾多次变动。解放初期，四川有西南蚕丝公司，浙江、上海有华东蚕丝公司，它从栽桑养蚕到内销外贸、科研教育统统管起来，对蚕丝生产的恢复和发展起了很好的作用。1957年以后，变动频繁。浙江省大的变动就有四次，其中影响最大的是1970年拆散工贸合一的丝绸公司，将业务分别由丝绸公司、百货公司、特产公司、杭州纺织品采购站、杭州市工业局等五个单位去经营管理，直接影响了丝绸生产和出口任务的完成。

1975年7月25日国务院发的113号文件中就指出："关于茧、丝的经营归口问题，目前各地外贸、商业（供销）、轻工三家都有经营，形成上下不对口，调拨指挥不灵，工作受到影响。拟经过调查研究，提出统一归口方案。"经营管理体制的多变，特别是不经调查就盲目跟随"长官意志"乱变，是茧丝绸生产和流通发展的绊脚石。

三　几点意见

我国蚕桑自然资料丰富，人力充沛，农民有栽桑养蚕的丰富经验，缫丝、织绸有相当的基础。当前国际市场对丝绸制品的需要激增，只要质量好，花色品种多样化，适应市场的变化，就有广泛的销路。在国内，群众要求"品种多一点，质量好一点，价格低一点"，也大有销路。因此，必须统一思想，明确大力发展蚕丝生产、力争多出口的方针。这不仅是给国家多创外汇，也是给农民增加收入、为农业扩大资金来源的重要门路。通过这段时间的调查，我们认为需要采取以下一些措施：

（一）建立蚕桑基地

全国23个省、市有蚕桑生产。四川、浙江、江苏、广东四省占全国桑蚕茧总产量的85%。这四省的蚕桑生产也很集中。广东约90%在佛山地区。浙江60个产茧县，其中杭嘉湖、绍兴地区的12个县占85%。四川有156个产茧县，1977年产茧万担以上的31个县也占全省产量的85%。蚕桑生产这样集中，便于建立稳产高产科学养蚕的蚕桑基地，便于统筹安排，合理布局，使茧丝绸生产的各个环节互相衔接，平衡发展。生产的因地制宜适当集中，也有利于我们有计划、有步骤地集中人力物力逐步搞好重点产区。然后以点带面，有计划地发展新区或"新老区"（历史上有养蚕传统，后来不养了，近年来又发展起来了）。

（二）狠抓产品质量，增添花色品种

质量问题是茧丝绸产品的生命力问题。当前改善和加强企业的经营管理是提高产品质量，增添花色品种的主要环节。例如，浙江嵊县丝厂靠改善经营管理，用三、四十年代的立缫车，生产出全国第一的优质白厂丝，荣获国家免检单位。上海第七印染厂是一家厂房小、设备差的弄堂小厂，他们不断改善经营管理，1978年印花丝织品一等品率达97%，出口合格率达95%，平均每个职工为国家创造外汇2万多美元。佛山试样厂每年设计70多个品种，300多个花样，增添花色品种也是能够做到的。我们的丝绸小样都做得较好，这也说明问题的关键在于加强经营管理。

在生产发展、积累增加的基础上，对某些薄弱环节如织绸、印染后处理引进先进技术和设备，以提高生产能力，也是必要的。但是，大力发展科研教育事业，开展技术革新，培养科学技术人才，是技术方面的主要任务。

（三）大力开辟国外市场，积极搞活国内市场

在茧丝绸的销售上，当前力争多出口和长远立足国内是对立的统一，处理得好，互相支持、互相促进。关键是对国内外市场的需求情况的确实了解，切实做到以销定产。

对国外市场，除了积极发展传统出口的名牌产品外，要认真调查研究西欧、日本、美国等主要销售市场的需求变化情况。要下决心改变那种情况变了计划不变的老办法。不仅在贸易中要灵活，生产中也要适应丝绸变化快的特点。要逐步把靠数量取胜改变为靠质量取胜。

要争取多出成品。我国丝绸出口是原料多于成品。1978年桑蚕丝出口5.44亿美元中，原料占65.9%；成品绸缎包括半成品坯绸占34.1%。周总理曾经指示，"应当多出成品，多搞花色品种，不要老出坯布"。这个方针对出口丝绸同样适用。当然在力争多出口适销对路的丝绸成品的过程中，不应在成品暂时准备不足时，就减少半成品和原料的出口。因为当前的首要任务是为国家多创外汇。

（四）正确对待社办企业

在重点蚕桑产地，社办丝绸厂如雨后春笋，发展很快。浙江

省已有社办丝厂74家，年产生丝1200吨，其中40%合乎质量要求。社办绸厂仅浙江嘉兴地区就有90多家，年产绸250多万米，大部分质量不好，销售困难。这些丝绸厂都是由国家供给原料。我们认为，社办丝绸厂在自有原料的基础上，质量有保证，是有发展前途的，应予支持。对于那些既不同本社队的原料生产挂钩，产品又质次价高、货不对路的社办丝绸厂，应当帮助他们调整。否则，不仅浪费人力物力，给国家和社会带来负担，而且最终将影响生产，给社队造成不应有的损失。

（五）建立丝绸专业公司

丝绸经营管理体制几经变动的历史值得回顾。解放初期，浙江、上海等地有华东蚕丝公司，四川有西南蚕丝公司。他们从栽桑养蚕、缫丝织绸、内销外贸到科研教育，统统都管起来。这样促进了我国丝绸生产的迅速发展。1949年，桑蚕茧产量四川为9.6万担，浙江为21万担。到1958年，四川为22.8万担，浙江为47.8万担，都增长1倍以上。1957年后，体制变动频繁，机构打乱，人员分散，层次增多，工作效率降低，加上三年自然灾害，蚕茧大量减产。1962年，四川蚕茧减到18万担，浙江减到26万担。1964年以后，全国蚕茧生产逐步上升，在很大程度上是国家采取有利于桑农的奖售政策的结果。如果经营管理体制合适，茧丝绸的生产发展会更快一些。各有关部门从事茧丝绸工作的同志，都希望建立统一的丝绸专业公司，加强领导，密切协作，让祖国的丝绸事业有一个更大的发展。

建立丝绸专业公司的条件是具备的。我国丝绸业已是一个独立的经济部门。国营丝绸工业现有职工30余万人，加上从事内销外贸、科研教育的工作人员，队伍相当庞大。把他们组织起来，建立丝绸专业公司，是完全可能的。

可以考虑两种方案：一是恢复解放初期蚕丝公司的组织形式，指导蚕桑生产，经营管理蚕茧收烘、缫丝织绸、内销外贸、科研教育。专业公司实行统一计划、统一领导、分级核算、自负盈亏、资金调剂、外汇分成的核算体制。现在蚕丝工作骨干力量中的许多同志，曾在蚕丝公司工作过，有统一经营管理丝绸行业的经验，驾轻就熟，便于实行。二是在农村社队大办丝绸厂的新情况下，把丝绸专业公司办成农工商联合、全民所有制和集体所有制联合的企业。核算体制同第一个方案，即把农村社队的蚕丝部分也联合到丝绸专业公司中来。具体做法是：栽桑养蚕、制种发种、蚕茧收烘、缫丝等几个环节，以丝厂为中心，定点划片，实行国家和社队合营。通过合营促使各部环节把多出丝绸、出好丝绸作为共同目标，这特别有利于茧丝绸质量的提高。社队丝绸厂经过调整以后，可以因地制宜，分片实行合营。创办合营企业，国营企业和社队双方都应坚持自愿互利的原则，入股自愿，退股自由，不能互相平调。

上述两种方案，前一方案可按过去历史经验和当前新的情况，在四川、浙江、江苏、广东、上海等几个重点产区，先选一个地区试点。后一方案，过去没有实践经验，更须从某地区（如浙江）的基层试点做起，逐步推广。

（原载《经济研究参考资料》1980年第20期，署名：姜君辰、白仲尧（执笔）、张化石、黄铮）

商业经营责任制问题

1981年以来，许多地方的商业企业在试行经营责任制，初步取得良好的经济效果。各级商业部门也正在调查研究、总结经验、稳步推广。这些情况说明，商业实行经营责任制势在必行。

社会主义商业是以生产资料公有制为基础的商业。要发展社会主义商业，改善商业企业的经营管理，必须保护和发展公有财产，坚持按劳分配的原则。多年来，商业经济管理体制的根本弊病在于，使用公共财产的人员不负经济责任，对从事劳动的职工搞平均主义。这是我国商业发展异常缓慢的根本原因。商业实行经营责任制既符合社会主义商业的本质要求，也符合我国商业的具体情况，是商业领域中经济关系的一次重大变革，对商业和整个国民经济的发展都将产生重要的影响。

在实行商业经营责任制中，当前有以下几个问题需要讨论：

一　什么是商业的经营责任制

商业经营责任制就是商业的经济责任制。经济责任，是一个经济范畴。它是生产资料和流通资料的所有者同使用、管理者之间的经济关系的反映。经济责任制，则是这种经济关系的具体表现形式。所以，商业经营责任制，要求一切管理和使用社会主义公共财产进行商业经济活动的人员，必须对国家或集体承担完全的物质责任，即要对国家和人民的财产负责。

过去，我国商业没有规定企业和一切经济工作人员对国家和人民要承担物质责任的制度和法律，因而损失巨大，浪费惊人。商业经营责任制所要解决的根本问题，就是要一切从事组织、领导和实际商业经济活动的人们，不论职务高低，都要承担经济责任。任何人都不得随意挥霍国家和人民的财产。

商业企业及商业经济工作人员，对国家和人民负经济责任，集中到一点，就是要以最少的劳动耗费取得最大的经济效果。这就要求人们十分爱惜人力物力，十分节约地使用国家或集体的资金和财产。在商业经济活动中，要把合理组织商品流通放在第一位，全面改善企业的经营管理。

二　商业实行经营责任制同坚持按劳分配是什么关系

商业企业实行经营责任制同贯彻按劳分配原则，是既有区别又有联系的两回事，不能等同。

从人和物的关系上看，经营责任制是确定人们对生产资料和流通资料的关系，即人们对生产和经营的前提条件的关系；而贯彻按劳分配原则，是人们同劳动成果的关系，即在扣除为社会劳动的那一部分以后，为自己劳动部分按照劳动的数量和质量进行分配。从人和人的关系方面看，实行经营责任制主要是确立领导和被领导之间的分工负责问题；而贯彻按劳分配原则，克服平均主义，则是确立不剥削他人劳动的互助合作关系。所以，经营责任制同按劳分配是有区别的。对两者不加区别，是容易忽略实行经营责任制要保护和发展社会主义公共财产这一主要方面；二是容易把分配放在第一位，围绕利润的分配打算盘，因而产生企业同国家争利、职工同企业争利的现象。只有看到这两者的区别，把握各自的重点，才有利于责任制的实行。

实行经营责任制同贯彻按劳分配又是紧密联系的。经营责任制要求人们在生产和经营过程中对其劳动资料和劳动成果负一定的责任，也就是要求人们在劳动过程中必须相应地付出一定数量和质量的劳动。人们付出了劳动，也要相应地得到一定数量的劳动报酬。这样，人们承担经济责任、实行责任制的积极性，才有物质基础。这就是我们常说的权、责、利相结合。所以，贯彻按劳分配原则，适当地解决职工的工资福利问题，更有利于责任制的推行。

三 商业经营责任制应有的特征

商业实行经营责任制，同农业的生产责任制、工业的经济责任制各有自己的特点。社会主义商业是沟通生产和消费的桥梁，联结工业和农业的纽带。它必须首先处理好各方面的关系，组织好社会关系的运动，然后才能组织商品的实物运动。商业经营责任制，就要反映商业的这个基本特征。商业企业不仅要对国家负责，而且要对生产者和消费者负责；不仅要处理好国家、企业、职工这三者的关系，而且要处理好商业同社会经济各方面的关系。这正是商业经营责任制的复杂性的主要之点。

社会主义商业经营的目的，是为满足人民日益增长的物质和文化需要服务。社会主义商业需要取得一定的利润，但这只是它为生产和为消费服务的手段，而不是它经营的目的。实行商业的经营责任制，不能以利润作为责任制的主要内容，要以全面改善经营管理、提高服务质量为主要内容。如果以利润作为责任制的核心，商业企业必然要走向邪路，把手伸向国家、生产者和消费者，而给社会经济带来不利的影响。

国家对全社会的商品生产和商品流通必须实行计划调节，同时发挥市场调节的辅助作用。商业实行经营责任制，无疑将扩大商业企业的相对独立性和具有较大程度的灵活性。但它的独立性，仍然是在国家的统一方针政策和统一组织调度下的独立性；它的灵活性，仍然是执行国家计划指导下从事商品经营活动的灵活性。任何形式的经营责任制，都必须有利于加强国家的统一领导和计划指导。这样才能发挥商业在联结社会生产的各个部门、促进实现国民经济综合平衡的作用。

总之，商业实行经营责任制，必须从社会主义社会对商业的特殊要求出发，也就是从社会主义商业的基本特征出发，反映社会主义商业领域中特殊的经济关系。这样的经营责任制，就具有旺盛的生命力。

四　领导机关的经济责任制要同商业企业的经营责任制相结合

由于商业是对国民经济各个部门、社会生活各个方面都有实际影响的经济部门，它必须在国家统一方针政策、统一计划指导下进行经营活动。国家的方针政策和计划是否反映商业的实际，是否符合商业经济活动的客观需要，对商业的经营责任制有直接的影响。商业实行经营责任制以后，行政机关和商业的上级机构仍将组织和领导商业企业的经济活动。如果对其组织和领导的结果不负经济责任，商业企业的经营责任制就很难实行，即使实行了也很难巩固。所以，商业企业实行经营责任制，必然要求上下左右同时实行经营责任制或经济责任制。这样，领导机关在制定政策、决定价格、调度商品等决策中，都要从实际出发，避免犯盲目性的错误。领导机关实行经济责任制以后，同商业企业的关系也绝不是合同关系，仍然是领导和被领导的关系。如同商业企业内部领导同广大职工的关系一样。

所以，商业经营责任制，不仅是零售企业的经营责任制，批发企业也要实行经营责任制；不仅是商业企业的经营责任制，而且组织领导商业的领导机关也要实行经济责任制。这就会发展成为全面的经济责任制。这样才能比较有力地克服商业部门中不负经济责任和吃大锅饭的弊端。

全面实行商业经营责任制，一要试点，二要认真总结过去和现在的经验教训，然后才能制定出商业内部各个环节的、自上而下和自下而上相结合的责任制。这是关系到从根本上改革商业经济管理体制的大问题，不能操之过急。

（原载《中国财贸报》1981年12月8日）

试论全民所有制改革的具体形式

我国社会主义公有制,有两种基本形式:全民所有制和集体所有制。全民所有制的经济力量强大,掌握着国家的经济命脉,在整个国民经济中占据主要地位。因此,我国经济发展的质量和速度、经济体制改革的成功与失败,在很大程度上取决于全民所有制经济的改革与发展。

一

党的十一届三中全会以来,我们国家进行了广泛、深入的经济管理体制的改革。农业生产责任制的实行,是农村集体所有制的具体形式的改革。在城市经济生活中,按所有制结构来说,是全民所有制占优势。城市经济管理体制改革的复杂性,不仅在于城市产业结构、消费结构和经济结构的复杂性,而且还在于全民所有制内部的各种经济关系十分复杂。经济体制改革的进程表明,怎样正确处理全民所有制内部的各种经济关系,已成为理顺各种经济关系的焦点。例如:

政企合理分工的原则已经确定,但如何具体分工,不好实行。因为，在现行经济管理体制下，国家机关是全民所有制企业的所有者。各级政府及其职能部门，都以所有者的身份支配全民所有制企业的资金财产，从而直接干预或参与企业的经济活动。所谓"条条""块块"的矛盾，实际上是政府同职能部门之间、政府机关上下级之间的矛盾。矛盾的形式是谁管企业，而实质是谁作为全民所有制企业的所有者。我们要求扩大企业自主权，相应地就是减少国家机关及职能部门直接干预企业经营活动的权力。但是，由于他们掌握着企业资金财产的所有权，掌握着企业负责人的任免权，不论政企分工如何明确，企业的自主权必然是有限的。我们从1979年以来一再提倡扩大企业自主权，但成效不理想，问题就在这里。

政企不分，企业没有必要的自主权，就不能成为真正的、具有相对独立性的商品生产者或商品经营者。企业就不能按照社会主义商品经济的原则进行经济活动。独立的商品生产者或商品经营者是和企业的经营状况息息相关的。也就是说，广大职工和企业有共同的利害关系。但是，全民所有制企业在许多情况下，对企业的经营活动负不了责任。例如，企业的创办、生产或经营商品的决策、价格的高低、原材料的供应、人员配备等许多方面都不能由企业决定。企业的负责人不过是执行上级的命令而已。所谓"权在上面，责在下面"，实际上无权也就无责。企业的经营状况不好，资金财产遭受严重损失，有的可能是主管部门的责任，有的即使不是主管部门的责任，也可以从他们的干预中找到原因。这样一来，企业很难改变"开支向上要，利润向上交"的传统，靠上级的扶持过活。企业事实上跳出了商品经济之外，不受商品经济规律的制约。社会主义经济还是商品经济。企业不能成为真正的商品生产者或商品经营者，就不可能成为生命力很强的社会主义经济细胞。

我国全民所有制的现行的具体形式是，国家机关及其职能部门直接行使所有者的权利，实际支配着全民所有制的资金财产，但没有明确他们应该承担的经济责任。因为，权利和责任都是以组织名义承担的，没有落实到个人。而经济责任是人与人之间的经济关系，是人对人的责任。不落实到个人，就等于无人负责。目前，乱摊派、乱集资、乱收费、乱发奖金等滥用国家资金财产的现象，主要就是钻无人负责的空子，通过各种渠道把国家的资金财产弄到自己手里。这样，国家很难把握资金的闸门，基建投资越来越大，奖金越发越多，以致宏观失控。由此可见，国家机关直接充任全民所有制企业的所有者的形式，是不利于加强国家资金财产的管理的。

严重的损失浪费仍然存在。在我们国家，不管多么巨大的损失浪费，都可以用"交学费"三个字搪塞过去。学费是正常的开支，不属于浪费。既是浪费，就不能叫学费。可是，不少同志仍把损失浪费当作"交学费"，为自己的失职行为开脱责任。如果认真计算一下，全国人民辛勤劳动所创造的财富，三十多年来损失浪费的数目将是成百亿元、上千亿元。这巨大的损失浪费，从现象上看是无人负责，在本质上则是全民所有制的生产关系不完善，没有正确解决国家资金财产的保护和发展的具体形式问题。

与上述问题紧密相关的一个重要问题是人才的选拔。在经济领域中，由于直接组织指挥经济活动的负责人肩上没有实际的经济责任，他们来选拔人才，往往从个人的好恶出发，很少考虑选拔出来的人有无实际组织经济活动的能力。在这种思想指导下，容易产生真正有能力的人和没有能力的人均选不上，而处于中间状态的人则易于进入负责人的行列。如果继续下去，经济活动中的负责人不负经济责任的问题也难以解决。

二

社会主义社会是以生产资料公有制为基础的社会。社会主义公有制的加强或削弱，社会主义社会公共资金财产的增加或减少，关系着社会主义社会的前途和命运。因此，巩固和发展社会主义的生产关系，从根本上说，就是保护和发展社会主义社会的公共资金财产。

在社会主义社会中，劳动人民是社会的主人，是社会主义社会公有生产资料的所有者，因而他们有所有权、管理权和使用权。在这个意义上，劳动者同公有生产资料是结合的。但是，个别劳动者，不能按照个人的意志支配属于集体所有或全民所有的公共资金财产，这只能由集体或全民的代表机构或代表人来支配。在这个意义上，劳动者同公有生产资料又存在着相互分离的一面。而且，公有化的程度越高，相互的距离也越大。社会主义社会劳动者同公共生产资料的这种又相结合、又相分离的矛盾，是社会主义公有制的特点，也是推动社会主义生产关系运动变化的力量源泉之一。

社会主义社会公有的生产资料，必须交给劳动者去管理和使用。否则，公有的生产资料会变成一堆废物，不能发挥它们的作用。但是，采取什么形式交给劳动者，是至关重要的问题。形式恰当，劳动者同公共生产资料的结合紧密，能够调动劳动者保护和发展社会主义公共资金财产的积极性，社会主义的生产关系就能够得到巩固和发展。反之，形式不当，劳动者的积极性不高，社会主义公共财产无人负责、无人保护、贪污盗窃、欺诈侵占、损失浪费等损害公共资金财产的各种行为会蜂拥而至。在短期内，它们起着延缓社会主义经济发展的作用。时间长了，这些行为由个别变为一般，就会危及社会主义制度。所以，在一定条件下，形式问题也具有决定意义。

在人类历史上，生产资料所有制的性质只有公有制和私有制两种。私有制从产生以来，迄今已有几千年的历史。它曾采取奴隶主所有制、封建主所有制、资本家所有制、小生产者所有制等多种具体形式。私有制在不同历史条件下采取不同的形式，是由当时的生产发展水平决定的。也就是说，不同的生产水平，决定了私有制在其发展过程中的阶段性，并采取相应的具体形式。公有制的出现是很早的。原始公社时期的公有制虽然也是公有制的一种形式，但它是生产水平极低的产物，继而被私有制取代。社会主义公有制是在否定私有制的基础上建立的，因而同原始公社的公有制没有直接联系。社会主义公有制从十月革命算起，至今不到七十个年头，我国才有三十六年。社会主义公有制的发展，也必然要经历一个漫长的过程。它在不同的发展阶段上，适应当时生产水平的要求，也必将采取各种不同的具体形式。我们正在进行的经济管理体制的改革，说到底，就是寻找适合我国生产发展水平的、社会主义公有制的具体形式。

我国农村的集体所有制，曾采取互助组、农业生产合作社、人民公社、农村家庭联产责任制等多种具体形式。这个过程就是从实践上、理论上探索适合我国农村实际情况的社会主义公有制的具体形式的过程。尽管我国农村家庭联产责任制已取得了巨大的成就，但还需进一步发展、完善，才能建立起比较稳定的农村社会主义公有制的具体形式。

在城市，社会主义公有制的主要形式是全民所有制。全民所有制采取什么样的具体形式才适合我国现阶段的情况，就不能只从企业来考虑，应当从一切管理和使用全民所有制的资金财产的所有方面和所有部门来考虑，即从全民所有制系统的整体来考虑。全民所有制系统的整体的具体形式解决了，企业的问题就好办了。

三

近几年经济管理体制改革的经验表明，实行经济责任制，可能是现阶段全民所有制的比较好的具体形式。

我们已经说过，社会主义社会的公有生产资料同劳动者之间存在着又相结合、又相分离的矛盾。这个矛盾，现阶段只能用实行经济责任制的方法来解决。问题很明白，全民所有制的资金财产，不能无条件地交给对国家、对人民不承担任何责任的企业或个人去管理和使用。我们过去的经济管理体制有种种弊病，而最集中的表现是管理和使用国家资金财产的企业和个人没有相应地承担经济责任。这是产生盲目生产、重复建设、经济工作中的瞎指挥的基础。为了保护和发展全民所有制的资金财产，当然应该要求一切管理和使用国家资金财产的人们对国家和人民承担经济责任。

由于全民所有制企业的资财的所有者是代表全国人民利益的最高权力机关，它的管理和使用必然是由国家自上而下地逐级分配到企业。现在实行的经济责任制，由于只规定了企业的经济责任，没有相应规定上级主管部门的经济责任。上级主管部门照样干预企业的经济活动，企业的经济责任就很难落实。因此，在全民所有制的企业中，虽然普遍地推行了经济责任制，但不少企业是有名无实。这就是说，在全民所有制系统中，只有自上而下地、逐级实行经济责任制，形成一环扣一环的经济责任锁链，才能真正建立起全民所有制的经济责任制。

既然实行经济责任制的目的是解决社会主义制度下劳动者同

公有生产资料又相结合、又相分离的矛盾，使劳动者同公有生产资料直接地结合起来，那么，实行经济责任制的核心就应当是保护和发展社会主义的公有资金财产。在全民所有制系统中，每一个管理和使用国家资金财产的劳动者，对国家的资金财产，一要保证安全，二要合理使用，三要取得效益。离开这三点具体要求，就不是承担了完全的经济责任。有的企业实行经济责任制不以资金为核心，而以利润为核心，往往只顾眼前利益，不顾长远利益，甚至以资金财产的损失为代价去换取虚假的利润。这就违反了社会主义社会实行经济责任制的根本要求。

经济责任制同按劳分配是两个不同的经济范畴。经济责任制在社会主义制度下主要是解决劳动者同公有生产资料结合的具体形式问题。这是对劳动者如何管理和使用公有生产资料并取得一定成果的要求，是对劳动者的具体劳动提出的具体要求。所以经济责任制是反映社会主义生产关系的一个方面。实现按劳分配原则是以抽象劳动为基础。有些同志认为，实行经济责任制是为了打破大锅饭、铁饭碗，克服平均主义。这就把经济责任同按劳分配混为一谈，导致人们不去注重解决在保护和发展社会主义公共资金财产中的实际问题，而是斤斤计较自己在利润分配中占有多大的份额。特别是在全民所有制经济中，体现按劳分配原则的重要形式是工资制度。如果工资制度不合理，奖金分配上无论怎样拉开档次，也解决不了正确贯彻按劳分配原则问题。这样，"评奖评奖，平均发奖"就成为普遍的现象。平均主义的发放奖金，两个月，四个月，甚至更多，也起不到从根本上调动职工积极性的作用。当然，经济责任制同按劳分配是相互联系的。劳动者的一般劳动是通过具体劳动的成果表现出来的。劳动者承担并履行一定的经济责任，相应地要付出一定数量和质量的劳动，也就应该取得一定的报酬。因此，加强经济责任制同贯彻按劳分配，是互为条件、互为因果的。它们既不能彼此取代，又不能相互分离，是生产和分配的相互关系。在实际工作中，它们各有自己的形式和内容，应当注意把握各自的重点。

总之，实行经济责任制，要从以利润分配为主转移到以保护和发展社会主义公共资金财产为主上来。这不是说对利润的考核不重要。相反，只有把保护企业进行经济活动的基础——社会主义公共资金财产——摆在首要地位，才能把利润提到发展社会主义生产关系的高度来认识。如果把实行经济责任制当作利用社会主义公共资金财产捞取个人好处的手段，那就背离了社会主义轨道。

四

在我国的全民所有制系统中，资金财产有几千亿元，企业有数十万个，职工也是以千万计。在这样一个庞大的系统中实行经济责任制，要做到人人有专责，事事有人管，国家的资金财产一分一厘也要使用得当、不准浪费，困难是很多的。但只要组织机构合理，管理体制健全，问题是会逐渐解决的。

首先，需要建立国家资源委员会。国家的各种资源和用于全民所有制企业的资金财产，一律由国家资源委员会统一开发、经营和管理。因而它是经营管理全国全民所有制的资金财产的托拉斯，对国家的最高权力机关承担保护和发展国家资金财产的完全的经济责任。对它所属的企业和下级资源委员会，则是全民所有制的所有者，代表国家行使所有权；下属企业和资源委员会，应对它承担完全的经济责任。

从我国的情况出发，省（市、自治区）、地、县都要建立资源委员会。地方各级资源委员会直属上级资源委员会，受同级政府机关的监督。各级资源委员会对下属资源委员会和企业是所有者，行使所有权；对上级资源委员会则承担自己经营管理的全部资金财产的完全的经济责任。

由于国家资源委员会经营管理国家的全部资金财产，直接对国家的最高权力机关负责，这就自上而下地解决了政企分开问题。国家行政机关是通过法令、政策、计划、税收、工资、价格等各种行政的和经济的手段，对国内各种经济形式的企业进行统一的监督、管理、协调和服务。国家机关不直接干预企业的经济活动，同企业在经济上割断联系，有利于集中力量搞好行政管理。国家资源委员会则集中力量进行经济管理，使自己成为精明能干的企业家和经济开拓者。

国家资源委员会的经济责任在于保护和发展全民所有制的资金财产，它必须拥有自我完善、自我增值的能力。因此，它应当集中所属资源委员会和企业的部分利润，作为进行扩大再生产的资金来源。国家财政部门对全民所有制企业同集体、个体企业一样对待，实行统一的税收制度，以便它们在同等条件下开展竞争。财政部门通过税收取得的收入，主要用于国家行政（包括国防、教育、科研、社会福利、市政建设等）开支，除为了推行某项政策对企业（各种经济形式的企业）进行补助或补贴外，一般不对全民所有制的企业进行投资拨款。国家财政部门还要代表国家对各级资源委员会及企业进行严格的审计监督，防止贪污盗窃、偷漏国税、铺张浪费等各种滥用国家资金财产的行为的发生。

各级资源委员会自上而下地实行严格的经济责任制。经济责任必须落实到人。国家资源委员会的负责人要对国务院总理负责；所属资源委员会和企业的负责人必须对上级资源委员会的负责人负责。在资源委员会和企业内部，实行岗位责任制，在什么岗位负什么责任，从而在全民所有制系统内建立起层层负责、人人负责的经济责任制。

在实行严格的经济责任制的基础上，改革全民所有制系统的工资制度和奖励制度。经济责任制是微观范畴，而工资和奖励制度属宏观范畴。工资、奖励要从整个国民经济的发展情况出发，并照顾左邻右舍。这就是说，不能完全取决于各级资源委员会和企业的经营状况，要服从整体利益，服从国家统一的工资、奖励政策。但责任制和工资、奖励制又必须结合。因此，在工资制度上，以实行基本工资和浮动工资相结合的制度为宜，基本工资执行国家的统一规定，浮动工资则同企业的经营状况挂钩。奖励制度要贯彻鼓励先进、鞭策落后的原则，不能人人发奖、月月发奖。各级资源委员会和各企业，应当形成自己的奖励基金。根据奖惩条例和奖励标准，主要奖励有特殊贡献的职工。在奖金的发放上，当然要适当照顾中国的传统习惯，只要企业搞得好，逢年过节，人人有份，平均发奖。这有利于团结广大职工共同办好企业。

从社会主义公有制产生的第一天起，国家和人民就要求建立一定形式的负责制。实践证明，社会主义公有制如果不同实行一定形式的负责制相结合，社会主义公共财产就失去了生存和发展的保障。我们国家的经济发展受"左"倾思想的危害最深，而"左"倾思想得以泛滥成灾的基础就在于，他们对社会主义公共财产有支配的权利而无保护的责任。现在我们探讨社会主义时期的所有制改革问题，就是要找到责、权、利相结合的、社会主义公有制的具体形式，达到不断巩固和发展社会主义公有制的目的。

（原载《体制改革探索》1986年第1期）

开放劳动力市场,改善劳动力管理

一 劳动力的商品性质

自古以来,市场就是商品的市场。劳动力一旦进入市场,不管他们的主观意识如何,在实际上总是把自己当作商品与其他商品相对峙,以货币为媒介进行交换。所以,在社会主义社会中,开放劳动力市场不能不讨论劳动力的商品性质问题。

社会主义社会中劳动力的商品性质的讨论有三种意见:劳动力已不是商品;劳动力不是商品,但具有商品的形式;劳动力仍然是商品。笔者持最后一种意见。

社会主义社会建立了生产资料公有制,劳动者当家作主,摆脱了资本主义制度下雇佣劳动的地位。这是毫无疑义的。问题在于,劳动者个人同公有生产资料之间的具体关系还不能完全消除劳动者的劳动力采取商品形式的可能性。大家知道,社会主义公有制的两种形式——全民所有制和集体所有制中,劳动者是生产资料的主人。但他们只有通过自己的代表或代表全体劳动者的利益和意志的机构——国家或集体经济的管理机构,才能行使主人的权利。劳动者个人是不能单独支配公共所有的生产资料的。在劳动者未进入特定的劳动过程之前,他们更不可能直接管理和使用任何生产资料，这时公有生产资料同他们的关系是相互分离的。劳动者能够直接支配的只有他们自己的劳动力。所以，劳动者同公有生产资料之间存在着又相结合又相分离的矛盾。这一矛盾的解决，要求全民所有制或集体所有制的管理机构或企业单位吸收劳动者参加到劳动过程中来，同时也要求劳动者提供属于他们个人所有的劳动力以便同公有的生产资料相结合。在解决这一矛盾的过程中，全民所有制或集体所有制的企业和单位同劳动者个人之间，就演变成为一方掌握着公有的生产资料并需要劳动力，另一方只有劳动力可以提供。在商品货币关系存在的条件下，双方不可避免地要采取商品、货币的形式。企业和单位以货币购买劳动力，劳动者将自己的劳动力出卖给企业单位以取得一定数量的货币。

在私有制的社会中，劳动力成为商品是货币变为资本的条件。那么，在社会主义社会中劳动力采取商品形式会不会影响劳动者的主人翁地位，会不会导致资本主义剥削的产生？不会的。因为，商品货币形式同什么样的社会生产方式相结合，便是什么性质的商品经济。在奴隶制和封建制度下，自然经济占统治地位，商品经济同小生产相结合，是为小商品经济并为小生产者服务。资本主义商品经济是以资本为基础，商品、货币、工资、价格、利润等经济范畴反映着资本剥削雇佣劳动的社会关系，具有资本主义的性质。而社会主义商品经济是在公有制基础上的有计划的商品经济，尽管仍然沿用资本主义商品经济中的各种经济范畴，但它们是表现社会主义经济关系的内容，为发展社会主义经济服务。在社会主义社会中，劳动力的商品性质是反映个别劳动者同联合劳动者的关系，反映个别利益和整体利益的关系。公有制决定着他们根本利益的一致性，联合劳动者和个别劳动者之间不可能存在剥削与被剥削的关系。特别是劳动者将自己的劳动力当作商品来让渡，要求国家或集体企业、事业单位充分尊重劳动者选择职业的意愿，以便在工作岗位上发挥其主动性和积极性。这不但不是削弱劳动者的主人翁地位，而是加强劳动者的主人翁地位。在统包统配的劳动制度下，否认劳动力的商品性质，劳动力成为部门所有、地区所有的组成部分，劳动者没有自主权，端铁饭碗，吃大锅饭，哪里还谈得上主人翁的责任感。

商品货币形式，说到底，它不过是在社会分工存在的条件下，人们相互交换劳动生产物的一种方式，也可以说是人们进行经济联系的一种形式。由于这种形式简便易行，不分民族、地区，不问老少尊卑，人们容易理解和掌握。特别是在价值规律的调节下，商品关系能够提高社会经济效益，促进社会生产力的发展。历史上，各种社会经济形态都自觉或不自觉地利用商品、货币形式，为发展自身的特殊生产方式服务。当然，商品货币关系作为社会经济运动的一种方式也不只是消极地被人们所利用，而且它自己也会积极地影响社会生活、改造社会生活。恩格斯曾经说过，"如果生产商品的社会把商品本身所固有的价值形式进一步发展为货币形式，那末还隐藏在价值中的各种萌芽就显露出来了。最先的和最重要的结果是商品形式的普遍化。甚至以前直接为自己消费而生产出来的物品，也被货币加上商品的形式而卷入交换之中"[①]。在社会主义社会中，劳动者的劳动报酬采取货币工资的形式，他们的劳动力就不能不被货币加上商品的形式而投入市场，而成为一种特殊的商品。所以，说劳动力具有商品的形式，同说劳动力是商品，在本质上是没有区别的。

我们承认社会主义经济还是商品经济，就要做彻底的商品经济论者。关于劳动力的商品性质的讨论，至少是对社会主义商品

[①] 《马克思恩格斯选集》第3卷，人民出版社1972年版，第349页。

经济的认识的一个检验。不承认劳动力的商品性质，按其理论必然导致国营企业内部的交换不是商品，职工购买国营企业的商品也不能视为商品交易……这样，最终还是否定社会主义商品经济。我国的经济建设是走社会主义商品经济的道路，还是回到产品经济（自然经济）道路上去，关系着社会生产的发展和国家的繁荣富强。我们必须慎重考虑。

二 开放劳动力市场的必要性

劳动力作为商品，就离不开市场，就要进入市场。由于长期实行统包统配的劳动力管理制度，实际上关闭了劳动力市场。但劳动力市场是客观存在，像春天地里的种子，总要破土而出、生根发芽。

劳动力进入市场的主要形式是待业。首先，我国每年新增劳动力数以百万计，在他们未进入工作岗位之前处于待业状态，寻找职业，形成劳动力的供应。其次，在职的职工中，因各种原因促成另谋职业的要求与行为，也增加了劳动力的供应。再次，一些企、事业单位以及农村人浮于事，有多余劳动力可以调出。另一方面是劳动力的需求，新建或扩建的企、事业单位需要配备和补充各种人员，新、老企业对专门技术人才的需要，各种单位季节性和临时性的对人力的需要及居民家庭对家务服务的需要等。劳动力的供给和需求，构成为劳动力市场的基础。供求矛盾的解决，即劳动力的交换，便成为劳动力市场的活动。对于劳动力市场的活动，劳动力的流动，也要像对待其他商品流通一样，只能疏导，不宜堵塞。

开放劳动力市场，劳动者能够选择适合自己能力及其志趣的工作，才能真正做到热爱本职工作，在工作中发挥最大的能力。

在统包统配的制度下，劳动者只有"服从组织分配"的纪律，而无"择木而栖"的自由，劳动过程中自然会产生"不安心工作"的因素。由不安心工作进一步发展到消极怠工，于是工作散漫、纪律松弛的现象到处可见。这种惰性严重损害着中国人民勤劳勇敢的传统形象。如果再不改变这种情况，全国每日每时不知有多少劳动力和物质财富被白白地浪费掉。因此，社会也需要通过劳动力市场的作用，不断调整劳动者的工作，使其符合每个劳动者的情况。

在社会主义制度下，劳动还是谋生的手段。在商品货币关系存在的条件下，劳动便成为谋取货币的手段了。大家知道，劳动是劳动力的使用的过程。在劳动者选择职业的时候，选择到什么地方、什么部门、什么工作岗位上进行劳动才能取得较多的货币、获得较大的经济利益的时候，劳动者现实存在的是一定的劳动能力。他的劳动能力越大，取得较优的报酬的可能性越大。这就激励着每个劳动者要不断提高自己的劳动能力。当然，政治思想觉悟的高低对劳动者的影响很重要，但物质的动机总是劳动者提高业务能力的主要因素。

劳动者有选择职业的自由，同时企业也要有选择劳动者的权利。企业根据生产和经营的需要，择优招收、聘任职工，相互是在完全平等和协商的过程中达成协议的。协议期满，或因任何一方的特殊原因，劳动者要辞去职务或企业要辞退（或解雇）劳动者，都被视为正常的举动。这样，劳动者在企业劳动过程中的劳动纪律、劳动态度，由政治思想约束为主变为经济协议约束为主。实践证明，建立在经济利害关系上的劳动纪律和劳动态度，才可能是真正的自觉的纪律和自觉的劳动。有些企业在加强劳动纪律、改善劳动态度中采取运动的方式，一时奏效是可能的，却不是长远的办法，开放劳动力市场才是长远之计。企业作为商品生产者和经营者,是以资金运动为基础、为核心的。资金要靠劳动者来掌握和运用。在一定的生产技术水平下一定数量的资金需要(或只能容纳)一定数量和质量的劳动力。资金增加,劳动的需要相应增加,资金减少则劳动力也要减少。随着生产技术水平的变化,企业生产经营结构的变化,要求企业吸收一些新人以满足新形势下的新的需要,原有的同新要求不相适应的部分人员则需要另寻工作岗位。企业的发展变化愈快,吸收和排放人员的活动就愈是成为经常的需要。即使产品和技术几十年一贯制的生命力非常脆弱的企业,人员的新老交替也还存在。如果没有劳动力市场,满足企业吸收和排放需要的只有国家统配一条渠道。但国家行政机关由于劳动力资源的限制,不能根据企业的实际情况调配劳动力,"需要的人不给,不需要的人往往强令企业吸收"的情况时有发生。再由于我国劳动力多,实行"三个人的工作五个人干"的措施,国家行政机关常常只注意企业增人的需要,不问企业减人的要求,即使知道企业有多余人员,大多不能组织调剂,转而要求企业自行消化。这样一来,企业新陈代谢的生理机能便受到了极大的限制,而且冗员众多,成为企业发展的一大障碍。

在商品经济中,市场是企业赖以生存和发展的经济环境。由于商品的性质不同,商品流通的形式各异,因而有不同的商品市场,按商品的特殊性质划分,可分为商品市场、资金市场和劳动力市场三大类。这三种市场互相依存、互为条件,构成市场体系。企业作为商品生产者和经营者,首先需要商品市场,在商品市场上,企业既要出售自己生产的或购进的商品,又要购进再生产或继续经营所需的生产资料和其他商品。假如企业所需的劳动力得不到保证,它们的购销活动就会受到影响,从而影响到商品市场的活跃。企业的经营不活跃、不景气,必然影响资金市场的活动。或者大量资金沉淀下来,从而周转缓慢、效益低下。或者为安排劳动就业而盲目投资、重复建设,造成虚假的资金需求,给资金市场埋下危机的因素。因此,如果我们仅仅开放资金市场和商品市场而不开放劳动力市场,商品市场和资金市场不会有真正的繁荣,商品和资金的市场机制也不可能真正对企业发生作用。

开放劳动力市场,是改革我国劳动力经济管理体制的基本要求。中国人口众多,劳动力资源十分丰富。因此,就业问题是全社会经济生活中的重大问题。我国自 1980 年以来,每年新增劳动力在 1400 万人以上,而全民所有制企业事业单位平均每年增加职工不足 200 万人。国家劳动人事行政机关直接管理的城镇就业人员,1980 年以来平均每年安置 745 万人。这就是说,新增劳动力的半数以上要靠自谋职业,国家没有能力全部统包起来。按照经济性质的要求,国家不能采取分配的方式强制集体所有制企业吸收人员。按全民所有制单位每年增加 200 万劳动力计,全国将有 1200 万以上的劳动者,需要经过劳动力市场走上工作岗位。因此,开放劳动力市场,调动劳动者自谋职业的积极性,不但有利于劳动力资源的开发,而且将大大减轻国家直接安排劳动就业的负担。

统包统配的制度是国家对劳动力的计划管理制度。这种制度已经不符合我国的实际情况了。改革劳动力经济管理体制的方向就是要采取计划调节与市场调节相结合的管理体制。允许劳动力自由流动,就是让市场机制在劳动力调配过程中发生作用,弥补单纯计划管理的不足。当然,在改革初期,一部分劳动力以计划调节为主,另一部分以市场调节为主,是正确的和必要的。但在劳动市场逐渐完善之后,全部劳动力都以市场为中介,计划管理体制就面对整个劳动力市场,即以计划指导劳动力在市场上的流动,从而全面改革劳动力的经济管理体制。

在社会主义社会中,劳动力市场的存在是客观的。承认现实,开放劳动力市场,正确引导劳动力的合理流动,对国家、集体(包括企业、事业单位)和个人均能带来直接的利益,对社会生产的发展有巨大的促进作用。现在已经不是要不要开放劳动力市场问题,而是如何开放劳动力市场问题。如果不承认现实,拘泥于劳动力不是商品的一般概念,除了延缓社会主义商品经济的发展进程外,得不到任何实际效益。

三 劳动力市场的性质和特征

劳动力作为商品是一个历史范畴。在资本主义社会中,商品经济高度发展,劳动力的商品形式也随之普遍化。劳动力的商品性质是资本主义剥削关系的基础,是剩余价值的源泉。社会主义社会消灭了资本主义的生产关系,但社会生产的各个部门的相互联系以及劳动者同生产资料相结合的商品形式仍然保留下来,反映或者表现着以公有制为基础的社会主义生产关系。因此,劳动力的商品形式从根本上改变了社会性质,属于社会主义社会的经济范畴。社会主义社会也是一个历史的、过渡的社会,尽管这个社会阶段可能延续到几百年,但它终究要发展到共产主义社会。当人类社会全面否定商品经济之后,劳动力的商品形式也会彻底否定。我国商品经济的发展是缓慢的、落后的,因此要采取大力发展的方针。这就要求我们,不要限制它的深度和广度,而要引导它有利于社会主义公有制经济。

由于劳动力的商品性质根本不同于资本主义,因此社会主义劳动力市场也根本不同于资本主义劳动力市场。它们的区别在于:

第一,社会主义劳动力市场是以公有制为基础,劳动力与商品(货币)的交换绝大部分是在全民所有制和集体所有制的企业、事业单位同劳动者之间进行的。这是联合劳动者与个别劳动者之间的交换,他们的根本利益一致。

第二,劳动力市场的存在是以一部分劳动者处于待业状况为条件的。待业和失业是有原则区别的。在资本主义社会中,失业意味着劳动者的劳动力卖不出去,他们的生活便失去了保障。资本主义社会还要有意制造一支失业大军,以便用失业的劳动者来压迫在业的劳动者,维持低于劳动力价值的低工资。在社会主义社会中,劳动者是国家的主人,是公有生产资料的主人。从总体上讲,他们同生产资料是结合的,眼前的待业,或者社会的安排不周,如劳动力的增长快于生产资料的增长,或者是劳动者本人还处于选择工作岗位的阶段。无论哪种情况,劳动者的就业是有保障的,问题仅仅在于待业时间的长短。而且处于待业状态的劳动者并不构成对在业劳动者的压力。所以,社会主义社会的劳动者的待业是安全待业,因而劳动市场是稳定的市场。

第三,在劳动力市场上,价格决定机制和按劳分配规律均起作用。资本主义社会里,工资是劳动力价值的货币表现,受价值规律的调节。而社会主义社会中,工资具有双重意义。即一方面具有劳动力价值的货币表现——价格——的意义;另一方面,它又含有社会主义社会特有的、按劳分配的意义。这两部分在实际上是不能截然分开的。但就其表现形式来说,工资(主要是固定工资或基本工资部分)是劳动力的价格,奖金(包括浮动工资部分)则表现按劳分配的要求。

第四,社会主义劳动力市场是有组织的市场。社会主义国家组织社会经济的职能,一是发展工农业生产和流通,二是组织劳动就业。在我们这样一个大国里,劳动就业问题是第一位的经济问题。因此，社会主义劳动力市场必然是在国家直接组织和管理下的市场。国家正确反映市场机制的计划调节，对劳动力市场的影响具有决定作用。这与统包统配排除市场机制是根本不同的。

第五，社会主义社会还有多种经济成分存在，部分劳动者同私人企业、中外合资、外商独资经营的企业之间的交换也存在，其数量虽小而影响颇大，要予以注意。

总之，社会主义劳动力市场是劳动力商品交换关系的总和，是社会主义市场的一部分。在劳动力市场上，现有多种提法。如"劳动资源市场"，劳动是一种活动，既不是事先存在的一种事物，也不能作为商品进入市场，因此"劳动资源市场"是不存在的。"职业市场"也不存在，职业只是劳动者选择的对象，而不是人们买卖的对象。"劳务市场"的提法在于对劳务一词的理解。如果把劳务等同于服务，则"劳务市场"实际上是"服务商品市场"；劳务是劳动者进入服务企业、运用生产资料创造的一种特殊使用价值。如果把劳务等同于劳动力，这比较含混，不如劳动力准确，还是提劳动力市场为妥。

四 开放劳动力市场要注意的问题

第一，要改革职工的部门所有制、地区所有制问题。劳动者在某一个部门或某一地区工作，似乎一生一世就应在这里度过，以致个人同组织之间形成某种程度的人身依附关系。在这种情形下，劳动者的个人意愿是得不到尊重的，更谈不上主人翁的地位和作用。在职业或工作岗位的选择上，要提倡尊重本人意愿的做法，当然，不是说不顾企业或事业单位的实际需要。职工有选择工作岗位的自由，企、事业单位也要有选择职工的自由，两者是同时并进的。原来地区的、部门的劳动人事管理权限要真正下放给企业或基层单位，让企、事业单位有用人权，职工有选择权。

第二，从统包统配的严格计划管理体制转变为经过市场的劳动力分配体制要有一个逐步过渡的过程。在职工方面，长期端铁饭碗、吃大锅饭，不少人习惯于松松垮垮、平平庸庸地靠着"组织照顾"过日子。因而，对于他们及所有在职劳动者，都要从对工作的低标准、松要求向高标准、严要求过渡，通过培训，以提高他们的政治思想与业务技术水平，逐渐达到人人都有选择职业的条件和能力。在用人单位方面，国家也要为他们创造行使用人权的条件，提高单位负责人知人善任、选拔优秀人才的能力，并有抵制不正之风的措施，将人权真正放给企、事业单位，等等。

第三，建立劳动力市场的组织、调节、服务等机构。在劳动力通过市场进行流动之后，供、需双方之间既可直接联系，也可以通过中介人取得联系。中介人或中介机构，原则上应由国家的劳动人事机关来举办，作为社会的公益事业。它们的主要任务是密切供、需双方的联系，促成劳动就业。与此相联系，它们还应提供多种服务，如信息、咨询、就业培训等服务，特别是就业培训的服务十分重要。

第四，加强计划管理，克服和防止市场调节中的盲目性。开放劳动力市场，对计划管理的要求不是低了而是更高了。过去的弊病不在于计划，而在于管得过多、管得过死、脱离实际的官僚主义经济管理模式。

第五，发展社会保险和福利事业。社会主义劳动力市场区别于资本主义劳动力市场的要点是安全待业，即有保障的待业，而不是失业。这一点是通过发展社会保险事业和福利事业来保证的。

第六，完善劳动立法。劳动立法的要旨在于保护劳动者的劳动权益。同时，劳动者的责任和义务也要相应地加以规定。由于我国的封建残余的影响较深,特别是有些人以封建官僚的态度对待职工群众,对劳动者劳动权益的侵犯是比较严重的。面对现实,不仅要有法,而且还要有执法机构,还要有监督企、事业单位及有关部门严格执行国家劳动立法的机构。

(原载《体制改革探索》1987年第5期)

第二篇　服务经济

服务业要翻三番

　　服务业是劳动过程与消费过程合二为一的经济部门。服务业生产者向消费者提供的，一般不是劳动物化形式的产品；消费者购买的不是物化劳动，而是服务的劳动过程，即服务的使用价值。当然，也有某些服务业提供给消费者的是经过加工的具有具体物质形态的产品。马克思说："服务无非是某种使用价值发挥效用，而不管这种使用价值是商品还是劳动。"① 在这里，买卖过程是在劳动和消费过程中进行的。因此，服务业可以作为生产过程，也可以作为流通过程来研究。从买卖关系在服务业中占主要地位来看，由于它的主要职能是媒介生产与消费，为消费者服务，具有很大程度的商业性质，放在流通过程进行研究比较合理。因此，我们把服务业作为流通过程的一个经济部门。现在大家看得越来越清楚，社会主义现代化建设，需要大力发展服务业。在这种情况下，服务业的发展战略也就成为流通部门发展战略的一个重要组成部分。

---

① 《马克思恩格斯全集》第23卷，人民出版社1972年版，第218页。

第一节 服务业的经济特点

服务业是服务劳动者按照生产者或消费者的要求，运用一定的工具和设备提供劳动的过程。服务劳动者进行劳动，首先要有一定的设备或工具。旅店提供住宿服务，事先要有房屋、床铺以及其他供旅客生活用的设备和用品。理发店既要有营业厅、又要有刀子、推子、椅子等各种工具。没有设备和工具，服务劳动同生产和流通中的劳动一样，是不能进行的。有了劳动工具，劳动者本身还要有一定的劳动技能。服务劳动以劳动者为他人提供某种活动为特征。劳动者本身有什么技能，就能提供什么服务，劳动技能的高低，决定着服务质量的好坏。服务劳动者有了劳动工具和各种设备，还要有劳动对象。一般产品的生产过程或流通过程，其劳动对象是由劳动者或生产与流通的组织者来提供。而服务业的劳动对象一般由消费者（包括生产消费和生活消费）提供。在消费者提供劳动对象并提出加工制作的具体要求以后，服务劳动者才能运用工具或设备进行劳动，形成服务过程。所以，服务产品在消费者提出要求之前是尚未生产的。

服务劳动的特殊性，决定了它同一般生产劳动的区别，一般的生产劳动形成物质产品，劳动采取物化形式，即形成具有一定物质形式的商品。其产品可以离开生产和消费过程，在时间和空间中移动。而服务业"是因为劳动不是作为物，而是作为活动提供服务的"[1]，其产品可以不具有物质的形态。旅游服务中的导游者的劳动，是给旅游消费者指引旅游路线，介绍沿途风光。这种服务劳动虽然满足了旅游消费者观赏风景名胜的心理要求，

---

[1] 《马克思恩格斯全集》第 26 卷，人民出版社 1972 年版，第 435 页。

具有特殊的使用价值，但它没有形成任何物化形式，没有造成具有特定物质形式的产品。

当然，在服务业中也有一部分劳动属于对产品进一步加工，其劳动增加了原商品的价值，例如厨师制作的菜肴，摄影师拍摄的照片等，这种服务劳动也要凝结在一个具体的产品中形成产品价值的一部分。

由于服务业是根据消费者提出的要求提供具体劳动，服务劳动过程一般是同消费过程结合在一起，而联结生产与消费的流通过程也是在劳动和消费过程同时完成的。因此，一般地说，服务劳动具有时间的延续，而没有时间和空间上的转移，除非服务地点发生变化。

在商品经济中，服务产品同一般产品一样，具有商品形式，它不仅向消费者提供特殊的使用价值（服务），而且有价格，要向消费者计价、收费、进行经济核算。服务产品的价值[1]同样是由社会必要劳动时间决定的，并通过服务产品的价格表现出来。

服务业是所有从事服务经营的企业和个人的总称。服务企业的经济活动是由服务劳动构成的。而服务的劳动过程同消费者的消费过程（买卖过程）一般是同时进行的。服务劳动过程结束，消费过程也就完成，服务劳动向货币的转化过程也就实现了。服务业这种生产与消费合一的特点，使它与一般商品流通过程有很大区别。

此外，服务业的经营活动还有两个特点：第一，从自然区域来说，凡有人群活动的地方就需要服务业提供服务。从经济活动

---

[1] 服务劳动也具有具体劳动与抽象劳动的二重性。作为具体劳动它为消费者提供消费对象；作为抽象劳动它创造价值，要求等价补偿。因此，服务劳动的结果也具有价格。

的要求讲,社会的生产、流通、消费各个领域都需要服务劳动。第二,由于服务劳动与消费活动有直接联系,服务形式就要与消费形式相适应。

第二节 服务社会化及其作用

物质生产是社会发展的基础。工农业等物质生产部门为社会创造愈来愈多的物质资料,为社会其他各部门的发展创造了物质条件,同时也要求社会为工农业等物质生产部门提供更多的服务。在当代世界经济发达的国家中,实现了经济现代化,又出现了经济服务化的趋向。经济服务化的主要表现是:在物质资料的生产和流通过程中,日益要求社会提供更多的服务;个人消费活动中的自我服务,日益转化为社会服务;从事服务劳动的劳动者在社会从业人员中的比重日益提高。经济服务化既是经济现代化的产物,又是经济现代化的催化剂。我们进行社会主义现代化建设,不能只看到物质资料的生产,而不重视服务。现在我国服务业技术落后,网点稀少,人员不足,不利于"四化"建设。改变这种状况,已成为现代化建设的迫切要求。

一 发展服务业可以加强国民经济各个部门的联系,促进国民经济结构的合理化

国民经济结构合理与否,是社会再生产能否顺利进行的基础。经济结构的合理与不合理,关键在于国民经济各个部门之间能否相互适应、相互满足对方的需要,生产和消费之间能否紧密结合并取得平衡。流通是生产和消费的桥梁,是国民经济各个部门相互联系的纽带。服务业是流通中的一个部门,也是生产和消费的重要纽带和桥梁。

商品生产是为社会需要、为他人需要而进行的生产。社会主义商品生产也不例外。商品生产出来以后,是否符合社会需要,也要在市场上受到检验。因此,对市场信息的传递和了解,不仅商品的生产者和经营者需要,消费者也需要。服务业提供信息服务,帮助商品的生产者、经营者和消费者了解和掌握商品的生产、流通等各方面的信息,使他们相互了解,为相互适应创造条件。

在社会主义制度下,国民经济要求有计划按比例地发展。国家对整个国民经济实行计划经济为主、市场调节为辅的原则。计划的制订应充分把握有关情报信息。情况不明,信息不通,就会陷于被动,陷于主观主义。服务业为国家和国民经济各个部门及时、准确地提供情报信息,可以增强计划的科学性,促成国民经济各个部门相互协调,按比例发展。

二 发展服务业能够促进社会劳动时间的节约,为提高社劳动生产率开辟道路

在生产、流通以及消费领域中都有服务劳动。这些服务劳动最初都是采取自我服务的方式进行的。随着生产、流通和消费的发展,服务能力提高,自我服务逐渐转变为社会服务,即被服务业所取代。这个取代过程,就是劳动生产率提高的过程。一方面,因为劳动分工的发展是提高劳动生产率的前提,劳动者专门从事生产、流通或服务,比自己什么都干显然要节约,能取得更高效益。另一方面服务劳动者的劳动生产率较高,比生产和流通的劳动者以及消费者自己从事服务劳动有更高的效率。如果人们在自我服务中花费的劳动时间,和他从社会取得服务所支付的劳动时间是两个相同的量,或者社会服务花费的劳动时间大于自我服务花费的劳动时间,人们绝不会从社会取得服务的。只有从社会取得服务能够节约一定量的劳动时间,人们才乐意从社会取得

服务。

现代社会的服务业,是运用先进的科学技术为生产、流通和生活服务。例如,正在全国范围内兴起的科学技术咨询服务业,它们集中了社会上一部分优秀的科学技术力量,用先进的科学技术来武装接受它们咨询服务的单位,帮助他们提高劳动生产率。家务劳动社会化,就是使家务劳动变成服务劳动,由服务业为人们提供生活服务。把大量劳动从家务劳动中解放出来,这是一场经济革命。劳动者的生活水平低,家务劳动的负担必然沉重。家务劳动负担重,不但影响劳动者的劳动积极性,而且阻碍劳动者劳动技能的提高。家务劳动和社会劳动生产率有这样的因果联系:家务劳动愈轻,社会劳动生产率愈高;家务劳动愈重,社会劳动生产力就愈低。家务劳动社会化对于社会主义经济的发展具有重要的意义。

在现实生活中,我们国家不少企业、事业单位,"大而全"、"小而全"的状况相当普遍。许多生产企业都有自己的修理车间、设计单位、修建队,不少商业企业也有自己的运输队、转运站等。至于为职工生活服务的托儿所、幼儿园、食堂、招待所等设施,几乎各个大单位都有。这些服务机构,有的服务能力太小,不能满足自身的需要;有的服务能力过大,相当一部分设备和人力闲置在那里;有的则是"大事做不了,小事不愿做"。这样做的结果是大量的社会劳动(物质资料和活劳动)被浪费,增加了费用开支,降低了经济效益。这对整个国民经济不但无益,而且有害。要改变这种局面,也有待于服务业的发展。

三 发展服务业对稳定市场物价具有重要作用

马克思说:"任何时候,在消费品中,除了以商品形式存在的消费品以外，还包括一定量的以服务形式存在的消费品。"①在现代社会里，服务业不仅为消费者提供服务劳动，也为生产者提供服务劳动。所有这些以服务形式存在的产品应当看作社会总产品的一部分。在商品市场上，服务产品作为一种特殊商品占据一定的位置，并同其他商品一起同市场上的货币相对应。

在一定时期内，例如一年，服务产品和其他物质形式的商品一起组成商品可供量，吸收很大一部分货币购买力。商品可供量和货币购买力能够平衡，不仅取决于物质产品可供量，也取决于可能提供的服务劳动量。服务业为社会提供的服务越多，营业收入越多，所吸收的货币购买力也就越多，这样就可以减轻货币购买力对物质产品可供量的压力，抑制物价上涨。

四 发展服务业可以容纳大量的劳动力

在现代经济生活中，社会的服务劳动呈由少到多、逐渐增长的趋势。这种趋势是由下述几个因素促成的：第一，社会生产的发展，物质资料的增多。服务劳动不管它同生产的关系多么密切，其主体部分毕竟不是直接创造物质资料的劳动。服务劳动者的生存、享受和发展资料，还须由直接创造物质资料的劳动者来提供。社会的物质资料越丰富，为发展服务业提供的劳动资料和生活资料越充分，服务业的发展就越快。第二，随着生产技术日益进步，生产和流通过程对脑力劳动的要求相应增加，对体力劳动的要求相对减少。服务业对生产过程和流通过程的服务，多数是技术性的。它的技术水平随着科学技术的发展不断进步，服务的领域也越来越宽广。第三，无论生产或流通，随着劳动专业化的发展，一些不直接推动物质资料运动的劳动逐渐转变为服务劳

---

① 《马克思恩格斯全集》第26卷，Ⅰ，人民出版社1972年版，第160页。

动。第四，人民生活水平不断提高，对社会服务不断提出更高的要求。这些都是对服务业的发展长期起作用的因素。

我国服务业目前尚不发达，容纳的劳动力为数甚少。按现行统计口径计算，1982年服务业有182.4万人，饮食业有238.8万人，两项合计占社会劳动者总数的0.9%。如果扩大为商业、饮食、服务、物资供销等行业，其人数也只占社会劳动者总数的4.1%[1]。在发达国家中，服务业的从业人员在社会劳动者总数中所占的比重相当大，并且不断增加。例如日本，1970年服务业的从业人员占14.7%；1975年为16.4%；1980年为18.6%[2]。尽管日本的服务业范围与我们所说的服务业有所不同，但完全可以用来说明服务业是一个能够大量吸收劳动力并不断发展的行业。相比之下，我国服务业在国民经济中是一个亟待开发的经济部门。

我国人口众多，劳动力资源丰富，劳动就业问题在一个相当长的时间内都是需要花大力气解决的大问题。服务业是一个知识密集、劳动密集的行业，而且首先是一个劳动密集的行业。人口众多，需要的服务量也大，为服务业的发展提供了良好的市场条件。只要我们为服务业提供必要的资金和劳动力培训条件，它就会成为解决我国劳动就业问题的一条重要途径。

第三节 服务业的发展目标

我国服务业的产生比较早，服务范围也相当广泛。公元前

---

[1] 国家统计局是把这四个行业合在一起计算的，见《中国统计年鉴—1983》第121页。

[2] 日本国总理府统计局：《国势调查报告》，转引自冈田康司《服务业变为实业的时期》，东洋经济新报社1983年版，第34页。

2000多年的西周初期，周文王曾在《告四方游旅》的告示中说："四方游旅，旁生忻通。津济道宿，所至如归。"① 这是告诉各地的商人，可以放心地来做买卖，西周为他们提供交通和住宿的方便。西周鼓励商业，同时发展服务业，看到了经济交往和社会服务的相互关系，是值得重视的。在城市出现后，服务业有了更大的发展，从事服务劳动的人也越来越多。《礼记·王制》中规定，"衣服饮食，不粥于市"②。这是不许在市场上出售衣服和饮食，但证明市场上有饮食服务出现了。《周礼·天官冢宰第一》记载，"兽医下士四人"③，既然帝王宫廷中有兽医，民间也会有兽医为畜牧业生产服务。《庄子·山木》记载："阳子之宋，宿于逆旅。"④ 阳子即杨朱，魏国人，战国初期的哲学家。他去宋国住在旅店里，这说明那时的旅店已经成为服务业中的一个行业了。在漫长的封建社会里，自给自足的自然经济占统治地位，人们以自我服务为主，从社会取得服务是极为有限的。所以，我国服务业虽然发展较早，历史悠久，但是比较落后。

新中国成立初期，我们当作服务业对待的主要是旅店、浴池、洗染、理发、照相等几个行业。饮食业虽然是一个行业，但实际是当作服务业对待的。其他如园林、公共交通、邮电等服务行业，还没有当作服务业对待。按国家统计局统计口径的饮食、服务业我们称之为传统服务业，它们的情况大体上可以反映我国服务业的面貌。1952年有饮食业网点85万个，从业人员145.4万人；服

---

① 《逸周书·大匡》，转引自胡寄窗《中国经济思想史》（上），上海人民出版社1962年版，第34页。
② 《礼记·王制》，转引自胡寄窗《中国经济思想史》（上），上海人民出版社1962年版，第38页。
③ 《十三经注疏》（上），中华书局1980年版，第641页。
④ 转引自《辞海》，上海辞书出版社1979年版，第1052页。

务业网点45万个,从业人员98万人。在社会主义改造中,主要是将资本主义的饮食、服务业改造为社会主义的饮食、服务业,但也不适当地减少了一些网点和人员。到1967年,饮食业的网点减到47万个,从业人员为115.5万人;服务业的网点为28万个,从业人员为77万人。但这时建立起了全民所有制和集体所有制为主的、个体所有制为补充的社会主义饮食服务业。

自1957年以后,饮食、服务业的网点和人员大幅度下降。直到党的十一届三中全会以后,拨乱反正,纠正"左"倾思想对经济工作的影响,整个服务业才开始上升。具体情况如下表。

年份	合计		饮食业		服务业	
	网点(万个)	人员(万人)	网点(万个)	人员(万人)	网点(万个)	人员(万人)
1952①	130.0	243.4	85.0	145.4	45.0	98.0
1957	75.0	192.5	47.0	115.5	28.0	77.0
1963	47.0	181.2	25.6	104.7	22.0	76.5
1978	20.7	170.4	11.7	104.4	9.0	56.0
1979	28.1	227.8	14.5	139.4	13.6	88.4
1980	55.9	289.0	29.9	176.4	26.0	112.6
1981	91.5	359.6	47.7	211.3	43.8	148.3
1982	122.5	421.2	62.8	238.8	59.7	182.4

从表中我们看到,1978年我国饮食服务业下降到最低点,网点比1952年减少84.1%,人员减少30%,而同期我国人口增长了67.4%。这种严重不协调的局面,到1979年才开始扭转。1982年同1978年相比,网点增加了4.9倍,人员增加了1.5倍,1982年同1952年相比,网点虽稍微少一点,但规模大,人员则

---

① 1952年的数字资料,是作者调查所得,仅供参考。

比1952年增加了73%。要开发我国服务业，当然要从这里起步。

我国服务业发展的战略目标，应当是建设现代化的社会主义服务业。服务业的现代化，就是采用现代的科学技术设备武装各个服务行业，采用现代的科学管理方法经营管理服务企业，大力发展用现代科学技术为生产、流通、消费服务的服务行业。到20世纪末，应当初步形成技术先进、门类齐全的为工农业生产、为商品流通、为人民生活服务的服务体系，力争较好地满足国民经济各个部门和社会生活各个方面对社会服务的需要。发展社会主义服务业，要以全民所有制和集体所有制为主，个体所有制作补充，坚持多种经济形式并存。在经营中，要一切从人民利益出发，把促进生产和流通的发展，促进人民生活水平的提高放在第一位，摒弃一切腐朽、没落和不健康的东西，真正做到为建设社会主义的物质文明和精神文明服务。

根据我国现有统计资料，粗略匡算，1980年服务业的总收入在130亿元左右，约为1980年工农业总产值的1.85%。如果服务业同整个国民经济同步增长，平均每年递增7.2%，这样的发展速度，不能满足我国现代化建设和人民生活提高的需要。我们认为服务业应当有一个较快的发展速度，即在1980年130亿元的基础上翻三番，到2000年服务业的总收入应达到1040亿元，平均每年递增11%。这个目标能达到吗？

从世界经济发达国家看，我们到公元2000年，服务业还达不到它们70年代的水平。据日本经济企划厅《国民经济计算年报》统计，日本家计消费支出1978年为1173520亿日元，用于服务支出达569557亿日元，占48.5%。工商企业在业务经营中日益依靠服务业提供情报信息、科学技术、资料处理、财务会计以及附属设备租赁等服务。据日本开发银行统计，1978年日本企业的营业费开支中服务支出占 43.5%。生产发展, 生活提高, 社会用于服务的支出必然不断增多。

我国进行社会主义现代化建设, 虽不能按经济服务化的要求大搞服务业, 但我国服务业不仅比国外落后, 而且比国内其他行业落后很多, 如果服务业的发展与工农业生产同步增长, 改变不了它的落后状态。而以服务业总收入翻三番作为发展目标, 看来是比较稳妥可靠的。到 2000 年, 我国人民生活可以达到小康水平, 平均每人收入约 700 元。如果每人将 10% 的收入用于服务支出, 全国将达 840 亿元。广东顺德县农民在 1983 年平均每人收入 748 元, 仅用于饮食、照相、理发、旅店、洗染、消费品修理等少数服务业的服务支出, 平均每人为 50 元, 占 6.7%。考虑服务业不断向纵深发展的因素, 个人消费支出中拿出 10% 用于服务业是完全可能的。我国目前正在加紧发展为生产和流通企业服务的服务业, 为情报信息服务、科学技术咨询服务、租赁服务、会计统计服务等, 它们的服务总收入到 20 世纪末达到 200 亿元是有可能的。以上两项加起来就是 1040 亿元。

服务业今后平均每年递增 11% 的速度也不算过高。如我国饮食行业 1979 年的营业收入为 54.75 亿元, 1982 年为 98.6 亿元, 平均每年递增 15.9%。可见, 预测今后整个服务业的发展速度将快于工农业生产增长速度, 但仍低于近几年服务业中一些行业增长的速度。

公元 2000 年服务业总收入 1040 亿元, 也是保证那时市场供求平衡的需要。根据我们所作的预测, 在 2000 年, 市场消费品可供量和货币购买力之间仍有 730 亿元的差额。如果服务业总收入达到 1040 亿元的目标, 市场的供求状况就能达到基本平衡。所以, 服务业的发展, 可以促进国民经济总体发展战略的实现。

第四节 服务业的发展方向

随着科学技术的进步和社会生产的发展，出现了一些新的服务行业。原有的为人们生活服务为主的服务业，便成为传统的服务业。在我国，新兴的服务业处于萌芽阶段，传统的服务业虽然历史悠久，但质量不高，数量不足，两者都需要发展。

一　情报信息服务业和科学技术咨询服务业是新兴服务业的骨干，应当成为发展社会主义服务业的重点

我们进行社会主义现代化建设，在经济上，主要是运用现代的科学技术来发展商品生产和商品流通。情报信息和科学技术，可以说是我国经济起飞的翅膀，是社会经济前进的车轮。我国的情报信息和科学技术事业，虽有一定的基础，但同世界先进水平比是落后的，同我们这样一个拥有十亿人口的大国比是微小的。要满足我国社会主义现代化建设的需要，发展情报信息服务业和科学技术咨询服务业，是充分运用现有经济基础和力量并使其发挥最大效能的最好办法。当前国际社会正面临着一场新的技术革命，这场技术革命就是信息技术的发展。在一些发达国家，早已注重发展情报信息服务业和科学技术咨询服务业。例如，美国在1980年就有情报信息服务企业4350家，从业人员达318000人；年销售总额达34299亿日元；日本的情报处理业有1731个事务所，1309个企业，从业人员为93271人，年销售总额达6981亿日元。在科学技术和其他咨询服务业方面，目前美国有咨询公司和咨询事务所300多家，专业咨询人员70000名；日本在70代末已有各种企业诊断机构5000多家，从业人员55000名，其中专职诊断师近 3000 名，1982 年他们提供各种诊断服务 30000 件①。日本的传达信息的广告服务也相当发达，1982 年全国广告费用开支达 132 亿美元，占国民生产总值的 1%。这些新兴服务业的发展，起着普及和推广现代技术的作用。

近几年来，我国服务业的发展也打破了传统的观念，一些有新兴服务业雏形的服务机构开始建立和发展起来。我国的情报信息服务业有了开端，一是创办信息服务网络。如山西雁北行署专门召开经济信息会议，组织本地区的信息服务网络。商业部办的《市场行情》、《市场预测》等刊物，在某种程度上起着组织交流和传递全国商品流通信息的作用。二是广告服务业有了一定的发展。目前我国有 1623 家经营或兼营广告业务的单位，1981 年全国广告营业收入约 1.5 亿元②。在科学技术咨询服务方面，科研单位和群众团体正在积极兴办。如上海市的科学技术咨询服务中心，从建立到现在的四年多时间里，完成 4000 多个项目的咨询服务③。民建、工商联广泛开展了经济咨询服务，他们在 25 个省、市、自治区建立了办公室，在 200 多个大中小城市建立咨询机构④。

无论国内或国外，人们较为普遍地感到情报信息服务业和科学技术咨询服务业在迎接新的技术革命中有着不可估量的作用。我们虽然条件差、起步晚，但不是没有发展这两大新兴服务业的条件。我们有一定的工业基础，电子工业在奋起直追，能够为现代服务业提供一定的技术设备。据 1982 年统计，全民所有制单

---

① 转引自卢建、刘定纲《新兴服务业的发展现状与前景》，《经济研究参考资料》1983 年，第 191 期。
② 同上。
③ 见《经济参考》报 1984 年 2 月 10 日。
④ 见《经济参考》报 1984 年 2 月 1 日。

位的自然科学技术人员有624.44万人，集体所有制有37.24万人[①]。这是一支不小的力量，其中一部分是可以从事咨询服务活动的。问题是要进行组织和开发。

二　我国传统的服务业在世界上独具一格，有许多宝贵的东西，应让它焕发青春

在服务业中，传统服务业的营业收入，一般要占服务业总收入的80%以上。现在全国城乡许多地方都存在着"吃饭难"、"住店难"、"理发难"、"做衣难"……人民群众生活很不方便，要达到小康水平，服务业至少应当解决群众生活中这些"难题"。传统服务业的营业收入，1980年为101亿元，到2000年争取达到900亿元，平均每年递增11.6%。要达到这个目标，必须相应增加服务网点和从业人员。据国家统计局统计，1980年传统服务业的网点有55.9万个，从业人员289.1万人，平均每个网点的营业收入为18068元，每个从业人员的工作量为3494元，按全国人口平均，每千人拥有网点0.7个，有服务人员2.9人。在这个基础上，到2000年，如果每个网点的营业收入增加到20000元，每个从业人员的工作量增加到6000元，那么，网点需要增加到450万个，职工达1500万人。按那时的全国人口平均计算，每千人拥有的网点也仅3.7个，服务人员也只12.5人。这个水平并不算高，只能说比现在有所改善。

除了增加数量外，还要注意提高传统服务业的质量。我国传统服务业积累了丰富的经验，是劳动人民几千年来创造的一份宝贵的历史遗产，但若不用现代化科学知识对它加以总结和整理，精华与糟粕不分，很难发扬光大。例如，我国的烹饪技术精湛，

[①] 见《中国统计年鉴—1983》，第526—527页。

佳肴美味香飘万里。如果把它建立在现代化的营养学、卫生学、医疗学以及现代化的炊事用具等上面，就能大为增色。所以我国传统服务业在进入 21 世纪之前，要进行技术改造，尽可能用现代化技术武装自己。传统服务业现代化，不仅会大大提高服务人员的劳动效率，而且会大大提高服务质量，并形成中国特色的服务业。

三 我国有十亿人口，八亿农民，服务业的主要市场在农村。要面向农村，为农民的生产、流通和生活服务

旧中国的农村经济是以自然经济为主。全国解放后，农村济虽有一定发展，但仍处于自给半自给的状态。农村商品经济不发达，服务业几乎是空白。1979 年以后，农村传统的服务业即饮食、服务业才有所发展，见下表：

年份	网点（万个）				人员（万人）			
	城乡总计	农村数	占%	平均服务农民人数	城乡总计	农村数	占%	平均服务农村人数
1979	28.1	9.6	34.2	8234	227.8	8234	61.3	1290
1980	55.9	25.3	45.3	3145	289.1	3145	78.8	1100
1981	91.5	47.3	51.7	1689	359.6	1689	109.3	732
1982	122.5	67.3	54.9	1464	421.2	1464	141.4	568

这几年农村饮食、服务业的发展是比较快的。1982 年同 1979 年相比，网点增长 6 倍，人员增长 1.3 倍。服务业在城乡分布上也有所变化。1979 年农村服务网点所占比重为 34.2%，人员占 26.9%；1982 年网点的比重占 54.9%，人员占 33.6%。但也应当看到 1982 年平均每个农村服务网点要为 1464 名农民服务，平均每个农村服务人员则要为 568 名农民服务。农村服务网

点稀少、服务人员短缺的情况还是相当严重的。

我国农村除传统的服务业有一定发展外,对农民的生产和流通的服务也在兴办。例如,天津市郊区各类服务组织1983年由3个发展到3050个。仅武清县的各种服务组织就有1134个。北郊区有7个乡建立了养鸡系列服务站,对专业户和重点户从供雏、防疫、饲料到收蛋等一包到底。河北农村在1983年已建立各种专业服务组21000多个,其中国营1100多个,社队13000多个,社员户或联户的7100多个。这些服务组织,有的是承担某一个环节、某一个方面的服务,有的则是提供综合服务。在它们中间,一部分是服务业的服务组织,一部分则是商业机构。在农村由自然经济向商品经济过渡中,服务业兼营商业,或商业兼营服务业,都是合乎农村实际情况的。

农村商品经济发展速度较快,对农民的各项服务事业跟不上去,当前已经成为突出问题。从长远的观点看,农村商品经济越发展,对服务业的要求越高。特别是在小城镇建设中,创办什么规模、什么结构的服务业是一个主要问题。现在,农村发展服务业的基础已经具备。问题是要把立足点转移到农村去,转移到农村小城镇的建设上去,加速发展农村服务业。

加快在农村发展服务业,并不是忽视城市服务业的发展。反映城市经济面貌的一是商业,二是服务业。我国城市服务业务虽比农村好一些,但仍然严重不足。所以,城市服务业也必须加快步伐,迅速发展。城市服务业的发展也有一个面向农村、为农民服务的问题。例如:情报信息服务网络、科学技术咨询服务网络、各种电子产品的修理服务网络,等等,当然要以城市为中心来建设,这些服务网络的建设,同发挥中心城市的作用结合起来,带动农村,服务农村,城市服务业就会更好地发展。

第五节　实现服务业战略目标

全国解放以后，国民经济其他部门都是发展的，唯独服务业在1979年以前是倒退的、衰落的。究其原因，主要是在经济工作的指导思想上和经济管理体制上存在许多问题。在我们国家，指导思想上轻视服务业，由此所带来的影响是多方面的。例如，对服务业单纯强调"以业养业"，国家投资很少，除邮电学院、旅游学院外，没有发展培养其他服务人才的高等教育。因为指导思想错误，必然导致行动上失策。所以，首先应端正服务业的看法，其次才是改革服务业的经济管理体制，这两项是实现服务业发展战略的基本战略措施。上面我们已经谈过了对服务业的认识问题。所以，以下着重从改革管理体制等具体工作方面谈谈需要采取的对策。

一　改革服务业的经济管理体制

服务业是将服务劳动当作商品经营的行业。服务劳动当作商品，则商品经济中的各种经济规律，以及社会主义社会特有的各种经济规律，对服务业的经济活动都起作用。服务业的经济管理体制，要符合客观经济规律的要求，适应服务业经济活动需要，才是合理的。

我国的服务业由于没有当作独立的经济部门对待，因而没有统一的经济管理体制。从服务业部分行业的现行体制看，政企不分，多头领导；机构重叠，管理过死，企业缺乏自主权，职工缺乏积极性等问题长期得不到解决。国家对服务企业的行政管理，在多数情况下是直接指挥企业的经营活动，有时甚至是代替企业的经营活动。但是对企业经营活动中的困难，如资金短缺、原材料不足、设备陈旧、技术力量薄弱等许多实际问题，因行政管理机关没有组织经济活动的经济手段而无能为力。这样，在行政机关方面，因参与了企业的经济活动，削弱了监督、检查的职能；在企业方面，因行政机关过多地干预，手脚束缚得紧紧的，不能按客观需要开展业务。这是服务业经济管理体制中的主要弊病。

改革服务业的经济管理体制，首先，应当把服务业当成一个独立的经济部门对待，把它看作社会主义经济中一个重要组成部分。从我国具体情况出发，划分服务业的经营范围，既不能像资本主义国家的"第三产业"或"服务产业"那样包罗万象，又不能像我国现在这样限于饮食、旅店、浴池、洗染、照相、理发、修理等仅仅为生活服务的少数行业，应当将那些在生产、流通、消费三大领域中，以提供服务活动为主的、经营性的行业通通列为服务业。其次，在确定服务业的经营范围之后，建立统一管理服务业的国家行政机关，以制定统一的经营方针和政策，统筹规划服务业的发展方向，协调服务业同其他经济部门的相互关系等。在国家的统一领导下，实行专业经营。根据服务业中各个行业的经济力量和经营需要，建立必要的专业公司。各专业公司是直接进行经济活动的经济实体，不要只是在行政机关外面加挂一块牌子，有名无实。对各专业公司及所有服务企业都要实行严格的经济责任制，要求他们认真保护和合理使用公共资金财产，努力提高经济效益，坚决改革不负经济责任的经济管理制度。

二 适当增加投资，加强网点建设

我国服务业基础差、底子薄、资金匮乏，已成为进一步发展服务业的主要困难。例如，北京市怀柔县服务公司需在新的居民区建一饭馆，土地已征好了，就是没有钱，两年动不了工。西安市的三八旅店，几位女服务员除了接待旅客，还要花很大力量修房、抹墙，十分辛苦。不少服务企业的营业用房十分破旧，有的甚至已是危房，仍继续营业。这并不是个别现象。拿资金力量比较强一点儿的国营旅店来说，全国有 150 万张床位，其中 100 万张床位已相当陈旧，不少地方是开破店（房屋破旧）。特别是要建立和发展现代服务业，建立信息服务和科学技术服务网络，不筹集一定资金，是不可能实现的。在国家财政经济情况逐渐好转的前提下，适当增加服务业的投资是非常必要的。

必须指出，这里所说的是增加对服务业经营企业的投资。有的地方，盖招待所，盖宾馆，但不是作为对社会开放的经营性的企业，而是作为内部的服务性设施，它们盖得越多，经济效益越低，社会的浪费越大。国家投向这方面资金应当减少到最低限度以至完全取消，把它们交给服务业去使用。服务业能为国家提供盈利，在一定时期还可以把投资收回来。

克服资金不足，加快网点建设，一个重要的措施是调动各方面的积极性。国家投资只能用于重点建设。其余非重点的建设，全民、集体、个体可以一齐上，多方面集资办服务业。

三　加强人员培训，提高服务业职工队伍的素质

服务劳动者提供服务活动的质量，取决于劳动者的技术熟练程度。新兴服务业更是以劳动者的科学技术知识和技能为消费者提供服务。所以，有没有一支文化教养较高、掌握一定科学技术知识的服务劳动者队伍，是能否建设现代化服务业的决定性因素。我国传统服务业的职工，一般没有经过专门训练就投入服务劳动。例如全国饮食行业中，三级以上的厨师占不到职工总数的 3%。至于受过高等教育的职工，以商业部系统所属饮食、服务业为例，则只占全体职工的 3%。没有文化，没有科学知识，传统服务活动搞不好，搞新兴的服务活动更难。服务业为社会提供

多方面的服务，需要多方面的专门人才。在经营管理方面，当然需要精通服务业经济活动的专门家。我们必须发展服务经济高等教育来培养这方面的人才。目前，全国还没有这样的高等教育机构。有关方面应尽快地促成服务业的高等教育事业的发展，尽快建立服务经济的高等院校和科学研究单位。在服务活动方面，服务业为社会的哪一个方面服务就需要哪一个方面的专门家，无论自然科学还是社会科学，几乎行行都要。这就要求国家的高等院校适当为服务业培养和输送一些人才，以改变服务业的人才结构。

我国现有110所饮食服务学校，是为传统的服务业培养技术人才的中等专业学校。这是培养服务业职工的重要基地。它们一方面要继续按原要求培养和训练饮食、服务业职工，另一方面，要积极进行知识更新，为开发更广阔的服务领域做准备，在条件具备时，积极培养从事现代服务业的服务人才。

四 加速设备更新，积极进行技术改造

我国服务业落后面貌，突出表现在技术设备的落后上面。不论是旅店业、理发业，还是情报信息服务业、科学技术咨询服务业，无一例外地存在设备陈旧、技术落后的问题。从客观上讲，我国整个科学技术水平不高，生产水平较低，目前还不能为服务业提供先进的技术设备。但是，服务业的科学技术水平不但落后于世界先进水平，而且落后于国内其他行业或部门的水平，这就要从主观上找原因。例如浴池业需要噪音低、耗煤少、有消烟除尘设备的锅炉，才能把浴池建在居民区，为周围居民服务。但就因为这个问题解决不了，一部分浴池只得关门停业。如果国家把服务业的技术改造列入议事日程，纳入计划，组织一些工业企业研究和制造适合服务业需要的各种设备，在我国现有的生产能力

和技术水平下,也能大大改善服务业的设备状况,提高服务业的技术水平,使服务业得到发展。

目前我国同外商合资发展一些服务企业,如饭店、旅馆等,从中当然也引进了一些先进的经营管理方法和技术设备。这是必要的和有益的。但数量有限,地域有限,不能面向广大农村。所以,改造服务业的技术设备,立足点还是在国内。一则中国的工业企业从中国服务业的实际需要出发,制造出来的各种设备便于采用、便于掌握。二来服务业的技术改造对于工业部门来说也是一个重要市场,这个市场应当成为本国工业发展的客观条件。

五 正确区分福利事业和服务事业,逐步推行服务事业社会化,服务机构企业化

社会主义社会的一切事业,都是为人民服务的,都是为人民谋利益的。但是,不同的单位,不同的部门,因其性质不同,为人民谋利益的方式也就不同,从而对社会的经济效果也就不同。有一些企业和事业单位,由于没有划清福利事业和服务事业的界限,把服务事业当作福利事业来办,增加了企业和事业单位的"大而全"和"小而全"的倾向,不仅妨碍了它们实现自己的主要职能,而且造成巨大的物质财富的浪费。在我们国家,这已成为一个重要的社会问题。所以,服务业在发展过程中,应当推行服务事业社会化,服务机构企业化。

社会的福利事业,是社会无偿地将一部分消费资料直接分配给社会成员享用。对于每一个社会成员来说,他们的权利是均等的,这里不存在劳动交换问题。而服务事业是由社会的服务部门的劳动者为社会提供服务劳动,人们需要社会服务时才去取得某种服务劳动,如果不需要当然不去购买。需要服务的人同提供服务的人之间,必须实行劳动交换,即以一种形式的劳动换取另一

种形式的劳动。例如，企业、事业单位的托儿所、幼儿园、职工食堂等，现在是当作福利事业来办的。但是，在托儿所、幼儿园、职工食堂劳动的劳动者，他们是为社会提供服务劳动，他们的劳动需要而且必须同其他劳动者的劳动进行交换。在托儿所、幼儿园、职工食堂取得服务的人们，对他们劳动的支付是有限的，相当一部分是由企、事业单位负担了。这样，对于取得服务劳动的人们来说，"不要白不要"，不珍惜这部分社会劳动；对于提供服务的劳动者来说，因不计费用、不计盈亏，同自己的利益没有直接的联系，干多干少、干好干坏一个样；对于企业和事业单位来说，为了抓好这些生活服务事业，又不能不花一定力量。因此，把社会的服务事业当作企、事业单位的福利事业来办，无论从哪一方面讲，对社会来说都是不利的。另外，已经作为服务业的经营的一些服务活动，也不能当作福利事业来对待。如园林业，现在每接一名消费者就要赔款0.25元，物价部门不让调价，财政部门又不予补贴，因而园林业长期亏损。又如自行车修理业中的电动打气问题，现在是不收费的，因而供气的积极性就不高。

　　企业、事业单位的服务机构的潜力是很大的。例如，北京市饮食业的网点有1204个，而机关食堂在10000到15000个之间，相当于饮食业网点的10倍。北京市旅店公司拥有的床位只有29908张，而企、事业单位的招待所拥有的床位在10万张以上。现在北京市的"住店难"、"吃饭难"相当突出。相反，这些单位的服务能力都得不到充分的利用。拿内部食堂来说，绝大多数主要是供应午餐，早餐和晚餐的供应量很小。这里有一大批人力和物力白白地浪费掉了。如果把各个企、事业单位内部的服务力量发掘出来，推动它们面向社会，实行企业经营，不仅为社会增加了服务力量，而且使它们由消费性的甚至是浪费性的单位成为生产单位。这种转变，对于服务业来说，是发展服务业的战略措施；对于社会来说，也是提高社会经济效益的战略措施，因此，具有双重的意义。

我国的服务业既古老、又年轻。说它古老，因为饮食业、旅店业等服务行业已有几千年的历史。说它年轻，是由于以现代科学技术为基础的服务业刚刚兴起。服务业是一个巨大的宝库。一旦开发出来，对社会生产、流通和人们生活的革命意义是不可估量的。

(原载王绍飞、张卓元主编《我国流通部门的发展战略》第五章，中国社会科学出版社1985年版，第96—117页)

服务业的改革与发展

一 发展服务业十分迫切

服务业是由多种行业组成的。过去,一般称作服务业的只有旅店、浴池、理发、洗染、照相、饮食、修理等传统服务业。随着社会经济、文化生活的发展,出现了情报信息、科技咨询、广告、旅游等新兴服务业。

党和国家号召大力发展第三产业,服务业是其中的一个重要部分。大力发展服务业,对整个国民经济具有很大的意义:

(一)服务业为国民经济各个部门提供各种服务,有利于各个部门相互结合,有利于社会分工和专业化的发展,从而促进经济结构合理化和国民经济良性循环。

(二)发展服务业,满足人们不断增长的各方面的消费需求,有利于提高人民群众物质文化生活水平。

(三)服务业的发展,是社会劳动生产率提高、社会分工不断深化的表现。服务业的发展,能够节约社会劳动,提高社会的经济效益。

(四)过去,社会购买力主要投向实物形态的商品,发展服务业，可以更多地回笼货币，是稳定市场物价的重要因素。

（五）服务业能够容纳大量劳动力，是解决我国劳动就业问题的重要途径。

（六）发展服务业对于贯彻对外开放政策、扩大我国同国外的经济技术合作，也有积极的作用。

长期以来，在"左"的思想和传统观念影响下，重生产，轻流通，更轻服务业。交通运输、邮电通信等行业虽被划为生产部门，比解放前有显著的发展，但同社会各方面需要比较，差距仍然很大。旅店、浴池、洗染、理发、照相、饮食、修理等行业，在党的十一届三中全会以后虽然有所发展，但在不少城市还未恢复到解放初期的水平。整个服务业的落后状况，同生产发展、流通扩大、国际交往频繁、人民生活提高的要求很不适应。因此，发展服务业已成为我国城乡经济生活的迫切要求。在城市更是当务之急。

二 服务劳动是生产性劳动

服务劳动的性质问题，是服务经济理论的基础。服务劳动的生产性或非生产性，60年代已有讨论。近几年结合第三产业的讨论，多数同志已经认为，应该打破传统观念，把服务劳动如实地看成是生产性的劳动。

服务劳动形成无形产品或软产品，它同实物产品或硬产品虽然在形态上不同，但同样是物质消耗和活劳动消耗的结果。在商品货币关系下，服务产品作为商品在市场上同其他商品相互交换，具有使用价值和价值。服务产品的使用价值是社会财富的组成部分，服务产品的价值同样是国民收入的来源。商品经济中各种经济规律对服务产品的生产和流通同样起支配作用。

服务业是国民经济的组成部分，不能脱离国民经济整体运动，不能脱离现实社会经济关系而单独存在。我们对服务业的各种经济关系的观察和分析，既要把握它自身的发展，又要看到它和其他方面的相互联系。

三 改革服务业的管理体制

服务业的行业多，层次多，经济形式多，联系面宽，分布面广，这些情况决定了服务业经济管理体制带有很大复杂性。

以前服务业经济管理体制的主要弊病是：

（一）国家没有统一的行政管理机关，各服务行业之间、各种经济形式之间互相配合、协调发展相当困难，"条条""块块"的矛盾特别突出。

（二）国营服务企业的管理，政企不分，环节较多，基层企业的负担过重。

（三）国营服务企业的自主权小，上面管得多、管得死，企业缺少活力。

（四）企业内部的经济责任制度、劳动工资制度、奖惩制度、福利制度、社会保险制度等不健全，影响职工劳动积极性的发挥。

怎样搞活服务企业？现在个体和集体服务企业已在一定程度上放开、搞活，国营服务企业仍然受到许多条条框框束缚。搞活国营服务企业，使之发挥基干作用，已成为迫切需要研究的课题。国营小型服务企业实行国家所有、集体经营或个人租赁等形式，有利于劳动者同生产资料直接结合，可以继续试验，但必须细致地研究公共财产的处置方法，解决发展基金、保险基金（特别是负担退休职工的费用）等有关问题。国营大、中型服务企业的改革，除切实解决政企分开问题，使企业有责、有权、有利，有完善的经营责任制外，还要研究企业内部按劳分配形式和价格等一系列问题。这些实际问题解决了，国营服务企业才能真正活跃起来。

四 实行有力的政策措施

目前我国不仅服务行业多，经济形式复杂，而且许多部门都在兴办服务企业。鉴于服务业经营活动中有很大的综合性、较强的地方性、服务范围的广泛性，根据现阶段我国经济发展的实际状况，应当逐步建立多种经济形式、多种经营方式、多层次的门类齐全的服务行业体系。建立统一管理服务业或第三产业的行政机关也很必要。

发展服务业，首先需要解决资金问题。在服务业中，有些行业的资金有机构成高，需要较多的资金。有些行业的有机构成低，需要资金较少。因此，必须实行"国营、集体、个体一齐上"的方针，但在具体安排上要各有侧重。有机构成低的行业，一般可以个体和集体为主，有机构成高的行业，则应以国家投资为主。

发展服务业应该是高、中、低档并进，目前应以中档为主。中档旅店、餐厅既可适应中等消费者水平的要求，也可适应较高的消费水平。此外，广泛动员社会力量，有计划地组织农民进城办服务业，鼓励工业企业将多余的资金和劳力转向服务业，都有积极作用，但须作好宏观、中观规划，防止一哄而起，一拥而上。

我国服务业的设备陈旧，从国外引进一些服务设备是必要的。但从全国看，从长远看，主要应当依靠国内的工业力量。我国现在的机械制造水平，完全能够担当起这个任务。现在需要国家制定支持和鼓励工业部门乐于为服务业制造设备、服务业乐于购进和使用国产设备的有关政策。

服务价格问题是长期没有解决好的问题。过去，把为群众生活服务的行业当作社会福利事业看待，采取低价政策。由于物质消耗和活劳动消耗得不到补偿，经营相当困难。理顺价格关系，改革价格体系和管理体制，已经成为搞活国营服务企业的关键所在。

我国的服务行业大多是本小利微、经济力量薄弱、手工劳动比重大、劳动强度大的行业。这些行业的发展，需要国家扶持，在政策上给予各种优惠，这样才能促进服务业的发展，迅速改变服务业落后的面貌。

要加强对服务业职工的培训。既要抓好职业学校教育，又要抓好在职人员的教育。在有条件的地方，应该迅速兴办服务业、特别是生活服务业的高等院校。服务企业的工资待遇及社会保险问题，也需切实解决。

（原载《人民日报》1985年7月29日）

第三产业经济理论讨论述评

自中央领导同志提出我国要大力发展第三产业以来,经济学界和实际工作部门都十分重视第三产业经济理论的研究。1985年1月,中国经济体制改革研究所和北京市科协玉龙经济技术发展总公司联合召开了"发展第三产业理论与实践讨论会",对发展第三产业的理论、政策和具体措施进行了讨论。接着,一些省、市(如山东省、辽宁省、广州市等)也召开了类似的讨论会。各地的主要报刊,先后发表了有关第三产业的论述文章和国内外情况的介绍。所有这些,表明我国第三产业经济理论的研究工作有了良好的开端。

一 第三产业的定义及范围

第三产业的概念,一般都是援引英国经济学家、新西兰澳塔哥大学教授阿·费希尔的论述。他的基本观点是,三次产业的划分与人类需要的紧迫程度有关。第一产业为人类提供满足最基本需要的食品;第二产业满足其他更进一步的需要;第三产业满足人类除物质需要以外的更高级的需要,如生活中的便利、娱乐等各种精神上的需要。

费希尔关于三次产业划分的科学意义在于,从产业的角度看待社会经济,确实可以划分为第一产业、第二产业和第三产业。所以世界上许多国家在实际活动中接受了他的划分。但是从人类需要的紧迫程度来说,这种划分的原因,则是值得讨论的。

马克思主义认为,产业的划分是生产发展的结果,是社会分工的表现。人类的需要只能在一定的生产条件下得到满足,而不能成为社会分工发展的决定因素。

划分三次产业的基点不同,对三次产业的范围的认识也就有了差异。按照费希尔的观点,第一产业为农业,即农、林、牧、渔各业;第二产业为工业,即制造业、建筑业等;第三产业为服务业,即包括第一、第二产业以外的所有行业和部门。这种分类使人们相信,社会上的一切都是人类需要的,文化、教育、科学技术是人类需要的,宗教、政党、军队、警察、法院、国家行政机关也是人类需要的。这就混淆了人类物质文化生活需要同社会阶级矛盾发展需要的界限。这就会导致资产阶级国家和资本主义制度永恒不变的结论。

按照社会分工的观点考察三次产业的划分,仍可以确定第一产业为农业,第二产业为工业,第三产业为服务业。这同马克思关于人类社会三次大分工的观点是一致的。这同费希尔的区别在于,第三产业不能包罗第一、第二产业以外的所有行业和部门。产业是一个经济范畴,它必须是运用一定的生产资料从事一定的物质资料的生产或经营的经济活动,并给社会提供某种使用价值,创造一定的财富的。在商品经济中,作为产业,必须生产或经营某种商品,并把它投入市场同别的商品相交换。如果不能提供产品,不能提供同其他商品相交换的商品,就不能视为产业部门。至少,宗教、政党、国家机关不能列为产业部门。我们国家在统计上采用大多数国家通行的划分办法,便于比较分析,这是必要的。但这并不妨碍我们对三次产业划分的探讨。

三次产业用什么标志来划分?各国经济学家大体有以下三种意见:1. 以生产过程与消费过程是否同时进行为标准,两个过程同时进行的为第三产业,不同时进行的为第一、第二产业;2. 以生产者距消费者远近为标准,近的为第三产业,远的为第一产业,中间的为第二产业;3. 以产品是否有形为标准,生产有形产品的为第一、第二产业,生产无形产品的为第三产业。事实上,以两个过程是否同时进行,或以产品的有形或无形为标准,只能划分出两大产业部门,得不出三大产业部门的结论。以距消费者远近为标准,各产业内部都有不同的距离,更难以区分。因此,与其说找出一个共同的标准,不如分析各产业的基本特征。只要特征一致,就可以划作同一产业。

二 服务劳动及其产品的研究

第三产业的劳动,主要是服务劳动。而服务劳动是生产性质的劳动还是非生产性质的劳动,历来有争议。一部分经济学者认为只有从事物质资料生产的劳动才是生产劳动,否则应划为非生产劳动。他们所讲的物质资料,是指有形产品。这种观点已经不符合经济社会发展的现实情况了。在农业中,植保、兽医、气象等服务行业,原是农业生产劳动的一部分,是社会分工促使它们成为独立的劳动部门。在工业中,工程设计、技术咨询、机器修理等服务劳动,同样是工业生产劳动中分离出来的。至于交通运输部门的劳动,一直是当作生产在流通中的继续的生产劳动,但它也不是生产有形的物质资料的。

认为服务劳动是生产劳动的经济学者,是从服务劳动的结果同样能创造满足人们某种需要的使用价值、同样需要耗费一定的物质资料和活劳动出发的。但不是说一切服务劳动都是生产劳动。只有在经济领域中，劳动者依靠一定的生产资料为他人提供某种特殊使用价值的服务劳动才是生产劳动。如果不是为他人提供特殊使用价值的劳动，如军队、警察、法院、行政机关等，虽然是服务劳动，也是非生产性质的。

生产劳动与非生产劳动的划分，离不开一定的社会关系。从社会关系的角度划分社会主义社会的生产劳动和非生产劳动，只有满足社会和人民群众日益增长的物质和文化生活需要并创造公共积累的劳动，才是生产劳动。

服务劳动的结果是创造服务产品，有的称为劳务产品。由于服务劳动的结果是以服务形式出现的，称作服务产品更恰当一些。整个服务过程是多个环节或者若干方面组成的。每一个环节或每一个方面，都有具体的结果。整个服务过程终了，具体结果组成综合结果，这就是能够满足社会和人民群众一定物质和文化需要的服务产品。

在商品经济中，服务产品当作商品投入市场，并同别的商品相交换。但是，仅仅指出服务产品同其他商品一样具有商品的价值和使用价值两重属性是不够的。还必须进一步探索服务产品的价值和使用价值运动的特殊形式，以及它同其他商品在运动中的相互联系和相互作用，从而揭示出第三产业经济运动的客观规律性。

三 第三产业的地位和作用

不少同志指出，第一产业和第二产业的发展为第三产业的发展打下了基础，第三产业的发展又会促进第一、第二产业的发展,这是正确的。但这是一般的联系,它还不能展示出第三产业在国民经济中的重要地位和作用。

不少同志已经指出,经济越是发达的国家第三产业越是发展。主要的论据是第三产业的产值在国民生产总值中所占的比重,但这还是表面现象,不是本质联系。大家知道,商业是第三产业中最早出现的行业。随着商品交换的活跃,商业繁荣,其他行业——交通运输业、旅店业、货栈业、饮食业等才跟着发展起来。所以,从经济方面分析,第三产业是商品经济的产物,主要是为人们进行商品交换活动服务的。经济发达的国家,社会分工发达,相互间的联系和关系既密切又复杂。任何一个单位、企业和个人,不依靠第三产业提供的多方面的服务就难以生存。所以,反过来,第三产业又为社会生产发展开创有利的环境,成为社会生产进一步发展的条件。

第三产业在国民经济中的作用,一般是从各个方面进行阐述的。主要观点是,第三产业的发展有助于密切部门之间、地区之间的经济联系,促使产业结构的合理化;第三产业为商品经济服务,同时也是商品经济的调节机制,可以成为国家或社会管理国民经济的经济手段;第三产业创造的服务产品是社会总产品的一部分,可以满足社会生产和人民生活的需要;第三产业是劳动密集型的产业,能够容纳大量劳动力;第三产业中科学、文化、教育、卫生等事业的发展,有助于提高科学文化水平和居民的素质。还可以列举其他方面的一些作用,如为完成经济体制改革创造条件、实现家务劳动社会化等。

总之,第三产业的作用是巨大的、多方面的。在经济方面的作用,集中到一点,就是节约劳动时间,提高社会的经济效益。从历史上看,社会生产发展,劳动效率提高,才有社会分工的发展,服务劳动才逐渐地从各种劳动过程中分离出来。服务劳动成为独立的劳动部门之后，为生产者和消费者创造了从社会取得服务的条件。他们在生产和消费活动中便有了从社会取得服务和自我进行服务的区分。如果他们从社会取得服务的效率和效益高于自我进行的服务，那么他们便乐于减少自我服务，而去较多地取得社会服务；反之，自我服务的效率和效益如果高于社会服务，那么他们就不需要社会服务。服务劳动的专业化，必然有更高的劳动效率，必然为社会、为消费者创造更高的经济效益。这也是为什么社会越发展、第三产业越发展，第三产业的发展不但不构成社会的经济负担，而且还是社会经济更快、更好发展的动力的根本原因。正因为这样，发展第三产业才成为普遍的趋势。

四　中国需要大力发展第三产业

我国第三产业落后，根本原因是商品经济不发达。一些同志对第三产业的落后状况作了历史的和现实的分析。从历史上讲，中国的封建社会延续时间很长，自然经济长期占统治地位，再加上一些朝代实行闭关锁国、封建割据、抑制商业、轻视服务的经济政策，第三产业中的许多传统行业的发展十分缓慢。新中国成立后，自然经济思想余毒和"左"倾思想结合在一起，把生产强调到了不适当的地步，商业发展缓慢，服务业日趋衰落。这种情况直至党的十一届三中全会以后才有所改变。从现实经济活动上讲，企业不是具有相对独立性的商品生产者或商品经营者，而是多多少少附属于国家行政机关，缺乏提高劳动效率和经济效益的主动性和积极性，同时城乡人民生活水平低，对生活服务的要求不高。这些思想上、政策上、经济上和管理体制上限制商品经济发展的因素，都是阻碍第三产业发展的原因。

我国发展第三产业的必要性，首先是发展社会主义商品经济的需要。企业成为具有相对独立的经济实体以后，不需要也不可能继续维持"大而全"或"小而全"的自然经济模式，而要求社会提供多方面的服务，以便集中精力进行最有竞争能力的商品经营。其次，我国实行对外开放，加强同外国的经济技术和文化的交流，要依靠第三产业为其创造生活环境和投资环境。再次，为全面提高城乡人民群众的物质和文化生活水平，也应该克服现实生活中存在的"做衣难"、"吃饭难"、"住店难"、"乘车难"等困难。最后，我国第三产业落后，而工农业生产领域中又有大量剩余劳动力，因此发展第三产业是解决劳动就业问题的一条重要途径。其他如发挥城市的经济中心作用，改革经济管理体制……也需要有发达的第三产业。我国发展第三产业的必要性，归根到底，是发展社会主义商品经济的需要。从我国的具体情况出发，发展社会主义商品经济，第一位的是让所有企业特别是国营企业成为真正的、具有相对独立性的经济实体，第二位的就是要为从事商品经济活动创造条件或环境。第一位的事情是由经济体制改革去解决，第二位的就是发展第三产业。

怎样发展我国的第三产业？这是许多同志研究第三产业经济理论的出发点和归宿。他们在自己的论述中提出了一些建议或希望，其主要内容是：1. 要把发展第三产业作为重要的战略任务来抓，特别是在一些大中城市；2. 发展第三产业需要一定的资金，总的方面实行"国营、集体、个体一齐上"的方针，但主要行业和骨干项目还需要国家给予重点投资；3. 专门培养和训练第三产业所需的业务技术人员，尤其是要抓紧培训生活服务行业所需的技术人才；4. 第一、第二产业要以第三产业为市场，专门生产第三产业所需的原料、材料以及各种设备和工具，以先进技术武装第三产业；5. 实行大力扶持第三产业的政策，在税收和贷款上予以照顾，计划管理和价格管理适当放开，尽可能搞活,但要做好宏观和中观规划,防止一哄而起、一哄而散;6. 第三产业活动的场所主要在城市和农村的集镇,要把第三产业的网点分布和建设纳入城镇建设的总体规划,并尽快制定出具体规划;7. 第三产业的经济管理体制改革,应作为经济管理体制改革的重点,并要走在前头,这样既有利于第三产业的建设,也有利于加速第一、第二产业的经济体制改革的完成。这些建议一般是针对发展第三产业遇到的困难和问题提出来的,对实际工作可能有所裨益。

五 需要进一步研究的几个问题

第三产业经济理论研究,既要重视基础理论,又要结合当前实际工作需要,两者兼顾。目前,是否可以着重考虑以下一些问题:

1. 第三产业发生、发展的历史过程。虽然第三产业概念的提出是在 20 世纪的 30 年代,但从第三次社会大分工算起,则是源远流长的。对它的发展历史,应予以科学的总结。

2. 服务劳动和服务产品的分析,是第三产业经济理论的基础。应当承认,我们现在的认识是初步的、肤浅的。今后要以服务产品为核心,对其生产、流通的全过程中各方面的经济关系及其经济范畴进行具体研究,这样才能真正了解第三产业发生和发展的客观规律性。

3. 第三产业经济理论的实用性是很强的,要坚持为现实经济活动服务的方向。因此,第三产业及其企业的经济管理的方针、政策、制度和方式方法,应列为重要的研究课题。

4. 定性分析和定量分析要相结合。在我国的具体情况下,发展第三产业的度的界限在哪里?这需要一个行业、一个行业地进行调查研究，找出它同其他方面的量的关系，综合分析之后才能确定第三产业同第一、第二产业之间的适当的量的关系。这项研究工作，不仅是必要的，而且是急需的。

5. 要从探索我国经济发展的具体道路的高度出发，研究第三产业的发展战略问题。我国的经济发展，一条道路是以第一、第二产业为重点，第三产业适当配合；另一条道路则是以第三产业为重点，带动第一、第二产业的发展。这两条发展道路，也就是两种发展战略。我们都要进行研究，提出方案，加以比较，为党和国家提供最优的选择。

第三产业的经济活动主要在流通领域。马克思说过，"流通是商品所有者全部相互关系的总和"[①]。第三产业的经济活动及其相互关系是十分复杂的。同时，第三产业的部门多、行业多，更增加了我们从具体到抽象、从特殊到一般的研究工作的困难。由于第三产业经济理论在国内外都还没有形成独立的经济学科，因而我们的工作是具有开创性的。开创性工作任务重、困难大，这是不可避免的。但只要我们坚持用马克思列宁主义的立场、观点和方法作指导，团结协作，共同努力，是能够克服困难，完成党和人民给予我们的任务的。

(原载《经济学文摘》1985年第10期)

[①]《马克思恩格斯全集》第23卷，人民出版社1972年版，第188页。

服务经济学简介

服务经济学是一门新兴的学科。它以服务业的生产、分配、交换和消费为对象,揭示服务产品和服务经济关系运动的客观规律。这门学科的兴起,是同发达的资本主义国家中出现经济服务化的趋势紧密相连的。这些国家把国内生产总值分为农业、工业、服务业三大产业。它们的服务业总产值一般占国内生产总值的 50% 以上,有些国家(例如美国、英国、法国和瑞士等)在 60% 以上。随着时间的推移,这种趋势还在继续扩大。我国商品经济发展缓慢,重生产、轻流通、更轻服务的思想影响很大,因此我国服务业在 1979 年以前是停滞不前的。党的十一届三中全会以后,我国服务业获得新生。近年来,党和国家大力倡导发展第三产业,服务业以较大的步伐前进,从而推动了我国服务经济学科研究活动的开展。

一 服务经济学的发展过程

马克思主义的服务经济科学理论,是同马克思主义经济学同时产生的。马克思关于劳动的社会分工的理论,为分析服务劳动的产生和发展指明了方向,即服务劳动是劳动社会分工的一个组成部分。马克思关于生产劳动和非生产劳动的理论,指明了服务劳动的生产性。马克思还指出:"服务就是商品。服务有一定的使用价值(想象的或现实的)和一定的交换价值。"[①] 总之,马克思主义不仅是社会主义服务经济学的指导思想,而且还直接为其奠定了理论基础。

资本主义的服务经济学作为一门学科,是从20世纪30年代开始的。1935年,英国经济学家、新西兰奥塔哥大学教授阿·费希尔所著《安全与进步的冲突》一书出版。他在本书中提出三次产业划分的新概念。他把社会生产与人类生活需要的紧迫程度联系起来考察,认为第一产业是生产满足人类生活的最基本需要的食品,第二产业满足人类进一步的需要,第三产业是满足人类除物质生活以外的更高级的需要。与此相应,人类的经济发展史的初级阶段是农业、畜牧业为主;第二阶段以工业、制造业为主;第三阶段则以服务业为主。尽管费希尔在本书中没有把第三产业的理论研究展开,但许多国家在实践上接受了三次产业划分的概念,更多的人关心或者投入了第三产业经济理论的研究。

1968年,美国经济学家维·富克斯所著《服务经济学》一书出版。他在本书中将服务业与第三产业同等对待。他分析了服务业发展的情况和原因,阐述了服务业在国民经济中尤其是在劳动就业中的地位和作用,论证了服务经济发展的趋势。由于第三产业是农业、工业以外的各种行业的总称,政府机关、军队警察均包含在内,因而内容十分庞杂,这就不能不影响他们对服务经济本身的研究。

[①] 请参阅许涤新主编《政治经济学辞典》(下),人民出版社1980年版,第200页中关于"社会主义国民收入再分配"一节。

社会主义服务经济学的研究，是从对服务劳动的性质的讨论开始的。服务劳动是生产劳动还是非生产劳动，服务劳动的结果是否形成产品？这些都是服务经济学的基本问题。尽管经济学界是在讨论社会主义社会中生产劳动与非生产劳动的划分，但也促进了服务经济学基础理论的建立。在60年代，苏联的一些经济学家已开始把服务当作商品来研究。80年代初，苏联出版了巴拉洛夫教授主编的《生活服务经济学》一书，他们把服务业中对居民的生活服务当作国民经济中的一个独立的部门，忽略了服务业同时为生产和流通服务的实际，特别是他们抛开了服务劳动、服务产品（服务商品）等基本的经济范畴，因而大大削弱了本书的科学意义。但本书对服务业的经济管理，如资金运动、服务质量、经济效益等方面还是作了许多有意义的分析。

我国经济学界除了对社会主义社会中生产劳动与非生产劳动的划分进行讨论外，还就建立服务经济学问题进行讨论。特别是1980年以来，对我国是否采用三次产业分类指导国民经济问题展开讨论，同时也把服务经济学的建立提到了议事日程。例如，《江汉论坛》1981年第6期发表了陶恒祥、金火同志的《对建立服务经济学的初步意见》一文。他们提出了服务经济学要以劳务流通为中心内容，对劳务价值、劳务市场、经济效果以及服务业内部和外部的各种经济关系展开研究。现在，虽然没有服务经济学的专著问世，但一些高等学校和社会科学研究机构，不少经济学者都在进行探讨。我国的《服务经济学》或《劳务经济学》的诞生，为期是不远了。

二 服务经济学的研究对象

服务，是一个极为广泛的概念。凡是为满足他人需要而进行的一切活动,都可以称为服务。例如,我国人民的一切劳动,都是为满足人民日益增长的物质和文化生活的需要服务;工、农业生产劳动者彼此为对方服务;人民军队为保卫社会主义建设服务;等等。因此,服务的一般概念,既包括经济的内容,又包括思想的、文化的和政治的内容。然而,经济范围的服务,是人类经济活动的一部分,或者说是人们进行的一种经济活动。这种经济活动主要是劳动者围绕着实物产品的生产、流通和消费而进行的一种活动。因此,服务经济学讨论的服务,是作为经济范畴的服务。

我国经济学界对服务和劳务有不同的看法,因此有服务经济学和劳务经济学两种提法。一部分同志是把服务和劳务同等对待的,认为服务业是提供劳务的行业;在他们看来,提供服务即是提供劳动服务,故称劳务。另一些同志则认为,服务和劳务是两个概念,特别是在经济学上不能用两个概念来反映同一种经济关系。服务或劳务,关系着服务经济学研究对象的确立,有必要展开讨论。

笔者认为,服务和劳务都是物质资料生产过程中的经济现象。大家知道,物质资料的生产过程必须有劳动者、劳动资料和劳动对象三大要素。一般产品的生产,也就是通常所说的物质资料(有形的实物产品)的生产,这三大要素是由生产者准备并自行决定生产什么或怎样生产。而服务则不同,服务劳动者要为他人提供服务,首先要有一定的劳动资料。例如,理发业首先要有理发店堂、椅子、镜子、刀剪、发卡等一系列服务设施和服务工具。这些条件具备后,还要等待消费者的到来。在理发店里,如果没有消费者,各种服务设施就被闲置,劳动者也因没活干而停止工作。这就是说,服务劳动过程同一般劳动过程的显著区别在于劳动对象的确定。一般生产过程的劳动对象是由生产者自行准备。服务劳动过程的劳动对象要由消费者来确认。劳务呢？在我国目前具有典型意义的劳务活动是家庭保姆行业。她们无论到谁家服务，除了自身的劳动能力以外，不需要任何劳动资料。她们劳动过程中需要的劳动资料和劳动对象均由消费者准备。所以，劳务活动实际上是劳动者向消费者提供劳动力的活动，亦即劳动力的使用过程。从劳动过程三要素的结合特点看，服务劳动者具有劳动者和劳动资料，消费者仅提供劳动对象；劳务劳动者仅具有劳动者，消费者不仅提供劳动对象，还要提供劳动资料。因此，要不要备有劳动资料即生产资料，服务和劳务便具有本质的差别。

服务劳动是劳动的社会分工的表现。人们进行任何物质资料的生产劳动，都是由直接劳动和间接劳动两部分构成，或者说，由主要劳动和辅助劳动两部分构成。例如，小手工业者织布，他要进行纺纱、浆纱、织布等直接创造布疋的劳动，还要购买棉花、出售成品、修理纺织机械以及维持个人生活的间接的、辅助的劳动。在生产力低下的时候，生产者的主要劳动和辅助劳动是结合在一起的。随着生产力的发展，辅助劳动逐渐独立而由专门的劳动者去进行，这样便构成劳动的新的社会分工——服务劳动。以上说明，辅助劳动或间接劳动在生产过程中首先是以生产者自我服务的形式存在的。生产发展水平越高，自我服务的独立性不断增强而转化为社会服务的程度就越深。所以，人类社会越是进步，社会服务就越是扩展，服务劳动部门就日益扩大。

劳务作为提供劳动力的形式，它不是劳动的社会分工，而是劳动者与生产资料分离后进行再结合的一种方式。它是社会经济关系的产物，而不是劳动的社会分工的产物。因此。劳务可以为任何部门包括服务部门服务，而不受社会分工的约束。

所以，劳务和服务是性质不同的两个经济范畴，是不能混为一谈的。

服务经济学的研究对象只能是服务劳动过程中的经济现象。由于服务经济活动过程是从生产者的自我服务转化为社会服务，服务劳动成为独立的社会分工开始的，因此，服务经济学要从服务劳动的产生和发展开始。因为，服务经济活动过程最普遍、最大量的是劳动者以劳动活动的形式满足他人的需要，为他人提供服务。从服务劳动开始，人们易于认识服务经济的特殊性，在科学意义上也易于揭示服务经济的特殊规律。富克斯的《服务经济学》是从分析服务业在解决劳动就业的重要性开始的。巴拉洛夫主编的《生活服务经济学》从生活服务业在国民经济中的作用开始论述的。我国的经济学者也比较强调服务业的地位和作用。一方面，服务业的重要意义只有在社会经济比较发达的时候才充分显示出来。在它未充分表明自己的作用之前一般是不认识的，因而也是不被重视的。但作为一个行业要发展，当然要强调它的地位和作用，以引起人们的注意。但是，另一方面，从事物的整体出发进行理论研究，容易偏重事物的外部现象，忽略事物内部的本质联系，难以阐明服务经济的运动规律。

服务劳动是满足消费者一定需要，为消费者创造某种使用价值的活动。这种活动最终要形成一定的结果。有的是有形的，如理发、照相、修理、洗染……有的是无形的，如旅游、旅店、运输、邮电、咨询……我们把服务劳动的结果称为服务产品。由于大部分服务产品不具有实物形态，人们看到的只是服务而不是产品，所以目前实际生活中和理论研究上承认服务产品的人还不是多数。但服务产品的存在是客观的现实。人们承认也好，不承认也好，它每日每时都在由千百万劳动者创造出来又为数以亿计的人们所消费或使用。因此，服务经济活动，归根到底，是服务产品的生产、分配、交换和消费。这个过程既有物质的运动，又有社会关系的运动。对服务产品的生产和再生产全过程的分析和探索，是服务经济学研究的确实对象。

在商品经济中，服务产品也是商品界里的一员。所以，服务产品也就是服务商品。作为商品，它同一般商品没有区别。马克思主义政治经济学关于商品、价值的理论，对服务商品的运动也是适用的。因此，社会主义服务经济学是马克思主义政治经济学的一个分支。但服务经济学毕竟是对服务产品这样一种特殊商品的运动进行分析研究，它的研究成果，例如服务产品虽然多数是无形的，但是物质的、有用的、是社会财富的表现，又会丰富和发展政治经济学的一般原理。

服务产品如同农产品、工业品一样，是由多种具体的产品构成。每一种服务行业都能够生产一种或多种特殊的服务产品。例如，旅游业有旅游服务商品，邮电业有邮电服务商品，运输业有运输服务商品，等等。对每一种特殊的服务产品（或服务商品）的研究，又会形成各种独立的经济学。现已开展研究的有邮电经济学、旅游经济学、运输经济学、卫生经济学……将来也可能有旅店经济学、照相经济学、修理经济学、咨询经济学……总之，有一种（或一类）服务产品就可能出现一门服务经济学科。服务经济学同研究各种具体服务商品运行规律的经济学科的关系，也是一般和特殊的关系，它们互为条件、互相补充、共同发展。

三 服务经济学的主要内容

服务经济学是研究服务产品的生产和流通过程中人与人之间的经济关系及其规律的学科。服务产品的生产和再生产，是服务经济活动中各种经济关系的基础。因此，服务经济学的内容是围绕服务产品运动的各个阶段展开的。

(一) 服务劳动及服务产品

服务劳动是人类劳动的社会分工的组成部分。大家熟知人类劳动的三次社会大分工。第一次社会大分工是畜牧业和农业的分离，第二次社会大分工是手工业脱离农业，第三次社会大分工是商人的出现。商业劳动的职能在于媒介成商品交换，为工农业生产服务，为消费者服务。所以商业劳动的本质是服务劳动，或者说是服务劳动的一种形式。在这里我们看到，第三次社会大分工商人的出现，实际上是服务劳动从生产过程中分离出来并成为独立的劳动部门，成为独立的产业。商业的出现也不是单根独立的。随着商业接踵而来的有饮食业、旅店业、行栈业、运输业等为人们进行经济交往服务的各种行业。它们都是服务劳动的特殊形式，也是服务业中的特殊行业。

从生产过程中分离出来的服务劳动，是生产劳动的一部分。它有三个显著的特征：第一，劳动者必须拥有或依靠一定的生产资料；第二，劳动者为他人服务必须以相互进行劳动交换为条件；第三，服务是当作产业来进行的经济活动。这也就是作为经济范畴的服务的基本特征。非经济性质的服务，如国家官吏、军队、警察、法院、文化教育、社会福利等各种服务，尽管他们是为社会服务的，但他们不以劳动交换为条件，不计较投入产出，对消费者来说只尽义务而不索取报酬。所以，经济性质的服务与非经济性质的服务是严格区别开的。

经济性质的服务在商品经济存在的条件下，服务是具有价值和使用价值的商品。将来商品货币关系消亡了，服务的商品形式消失了，它仍然是使用价值，仍然是社会物质财富的存在形式。这里需要说明的是，到商品货币关系消亡的时候，人类进入了共产主义社会，服务业的一部分（主要是生活服务业）转变为社会福利事业是历史的必然。但在商品货币关系存在、而且还在不断发展的时候，过早地把服务业当作福利事业对待，就会延缓社会经济的发展。

服务劳动的表现形式是为他人提供服务，而服务劳动的凝结或服务劳动的对象化，则表现为服务劳动的结果——服务产品。服务产品同工农业产品一样是人类劳动的产物，既有物质消耗，也有活劳动消耗，因此是物质产品。它同一般产品的区别主要在于形态不同。多数服务产品是无形的。例如旅店业的服务，劳动者一边生产，消费者就一边消费了，没有实物形态的东西留下来。有些服务产品虽有实物形态，但它必须依靠一定的载体而存在。例如，洗染业的产品表现被洗涤或被染色的衣物上，修理业的产品则附着在被修理的物品上。有些服务产品，如成衣店的衣服，裱褙店的字画，都是有形的实物产品，不过因消费者参与生产过程而不同于一般产品。

在商品经济中，服务劳动者的劳动同样具有二重性。服务劳动者的具体劳动创造使用价值。他们在特殊的劳动条件下，运用特殊的劳动工具在特殊的劳动对象上进行劳动，从而创造出不同于一般产品的特殊产品。一切具体的东西都是特殊的东西。服务劳动者的一般劳动，即作为人类脑力和体力的支出，活劳动的消耗，属于抽象劳动。它是服务产品的价值实体，创造服务产品的价值。因此，服务产品是商品，服务劳动者也就是商品生产者。

(二) **服务产品的生产和流通**

服务产品的生产过程的根本特征在于消费者的介入。这就使服务产品的生产活动同消费者的消费活动交织在一起。消费者介入的意义是：其一，消费者到来是服务产品生产的起点，生产什么、生产多少以至生产时间，取决于消费者的需要；其二，边生产边消费，使服务产品的生产周期非常短暂；其三，在生产过程中，生产者和消费者始终保持密切的接触，服务劳动者不仅要处理好劳动者内部的经济关系，还必须处理好同消费者的交往关系。服务产品生产过程的特点表明，服务业的生产和经营，必须把消费者的需求摆在第一位。

服务产品的流通与一般产品的流通也不一样。一般产品的流通是从商品销售开始，商品转化为货币，以重新购买商品结束。服务产品的流通首先表现为一定数量的货币，生产者购买自己所需的生产资料和生活资料，从而具备生产服务产品的条件，待消费者到来后进行生产，同时也就卖出了服务产品，取得了货币。这一过程既反映了社会分工发展的历史顺序即在工农业生产发展有一定的基础上才能有服务业的生产，又反映了消费者介入服务产品生产过程的特点。因消费者介入服务产品生产过程的前提是购买服务产品，无论消费者是先取得服务后付款还是先付款后取得服务，在实际上或在观念上都必须是购买服务产品在前、取得服务产品在后。对于服务产品的生产者来说，他的产品是卖出后生产，没有产品销售的困难。由于服务产品是边生产、边消费，不需要以服务产品储存的形式来保证流通的正常运行。这就是说，服务产品流通不需要储存，也没有产品可储存。但是，为了保证服务产品的流通不致中断，必须有生产资料的储存和劳动的准备。这样才能随时迎接消费者的到来，随时准备按消费者的需要进行生产。所以，服务企业生产资料的储存既是生产的储备，同时又是保证流通需要的储备。

(三) 服务商品市场

服务劳动一旦成为独立的社会劳动，劳动者就是为他人提供服务，为满足他人的需要进行生产活动。所以服务产品一开始就是作为商品来生产的。有商品就有市场。服务产品的生产和销售,即服务产品与其他商品的交换,也会形成市场,在市场上进行活动。

服务商品市场是社会商品市场的一部分。从总体上看,服务商品的供给越多,社会商品的供给也越多;反之,服务商品减少,社会商品也随之减少。因此,服务商品也是商品界的一支力量,它和其他商品一道同消费者有支付能力的需求相对峙。消费者的货币支付能力是有限度的。他们的货币投入一般商品的购买较多,投入服务商品的购买就少;投入服务商品多,投入一般商品就少。所以,服务商品量的多少,是商品供给的一个重要因素。在一般商品供给不足的情况下,增加服务商品的供给,同样会减少货币对市场的压力。

商品同货币的对立,是与商品的价格分不开的。服务商品也不例外。服务商品的价格是服务商品价值的货币表现。因此,服务商品价格也是以价值为基础,在市场供求关系作用下形成的。这是服务商品价格的一般规律。在特殊情况下,服务商品的价格也会超出商品价格的一般规定性。例如,科学技术咨询服务,如果服务劳动者掌握了最新的科学技术成就,他运用这项新成就来为消费者服务,将会给消费者带来巨大的利益,其价格就不受本身的成本、费用所限制,因而具有垄断价格的性质。在我国,有些服务商品被当作社会福利事业,国家规定低于其价值的价格,如不给予补偿,企业的生产和经营便难以维持。远离价值的特殊情况总是少数,就大部分服务商品的价格而言,仍然是价值和市场供求关系的产物。

服务商品市场的竞争也是存在的。在同类服务企业之间的竞争是多方面的,如服务设施、服务质量、服务方式、服务态度、价格、广告……这些方面,首先是服务设施的竞争。消费者首先接触的是服务设施。一家环境优美、设备齐全的旅店比地处嘈杂、设备简陋的旅店就会招徕更多和更高层次的消费者。其次是服务质量。设备的质量是服务质量的一个因素,而服务质量中起主要作用的是劳动者的业务技术水平。第三才是以价格的高低作为竞争的手段。在社会主义条件下,竞争仍是推动企业进步的因素。

(四) 服务业的经济管理

在社会主义制度下,服务业的经济管理是服务业生产关系的具体表现。对服务业经济管理的研究,实质是研究服务经济关系的各个方面。所以,服务业经济管理的研究是服务经济学的重要内容。

服务业,确切地说,是生产和经营服务产品的行业。现代企业的经济活动是以资金为核心的。服务企业首先需要一定的资金。在社会主义制度下,服务企业的资金来源于全民、集体、个体以及外国资金。但社会主义服务业的主要经济成分还是全民所有制和集体所有制。由于服务行业众多,各个行业的经济成分构成也不一样。如交通运输、邮电通信等服务行业以全民所有制为主,日常生活用品修理业以集体和个体为主。总之,社会主义服务经济是以公有制为基础。现阶段正在进行的服务业的经济管理体制改革,主要是调整公有制内部的生产关系,以适应服务产品的生产和经营的需要。而调整公有制生产关系的核心是正确选定公有资金的所有权与经营管理权的分离与结合的具体经济形式。服务业的资金大部分属于全民所有制性质。不论在中央或地方,目前尚未确定谁是直接的具体的全民所有制资金财产的所有者代表。所有者代表的确定,政企分开顺理成章,否则难以实行。服务企业负责人(经理)的主要责任是正确而又合理地运用公有资金、生产和经营服务产品并取得经济效益。抽象地说，经理是对国家负责。具体地说，谁任命他作经理，他就对谁负责。经济关系是具体的。国家和企业的具体关系和具体形式解决了，服务业的经济管理体制也就基本合理了。

循着资金运行的全过程，服务业把服务质量和经济效益作为经济管理的重点。在这里，服务质量是根本。服务质量是服务产品的使用价值及其对消费者需要的满足程度。经济管理的任务是调动服务劳动者的积极性，尽力提高服务质量，在优质服务的前提下取得较好的经济效益。服务质量和经济效益是相辅相成的。服务质量愈高，经济效益愈大。服务质量高，意味着服务产品的使用价值大，给消费者和社会带来的效益也大。对企业来说，企业的声誉高，服务产品的销售顺畅，销售量增大，自然会得到较好的经济效益。有的企业以降低服务质量的办法来索取较高的经济效益，这可能暂时得到某些好处，若从长远看，那就是自绝于消费者，必将自食苦果。

对服务业的计划管理，是发展社会主义市场经济的重要组成部分。服务业的行业众多。各个行业的服务产品对国民经济的重要程度也不一样。因此，或实行指令性计划，或实行指导性计划，应视其在国民经济中的重要程度而定，不能千篇一律。除交通运输、邮电通信等需要集中、统一管理，计划性较强以外，多数行业特别是为人民生活服务的行业，点多、面广、经营分散，一般不适宜实行指令性计划管理。但是，在社会主义经济中，盲目经营、自发扩张，同样会给服务业自身和整个国民经济带来损害。尤其是服务产品的生产是在消费者到来之后进行的，消费者不来，一切设施和人力都会闲置，不但不能进行生产，而且为了等待消费者还要继续消耗。可见，服务业的盲目经营的危害性是很大的。统筹协调，平衡发展，自觉地加强计划性，克服盲目性,仍是服务业发展经济的正确途径。

四 研究服务经济学的意义

服务经济学的研究活动在我国兴起不是偶然的,它是经济、社会发展的需要。在马克思列宁主义、毛泽东思想指导下探索服务经济学的奥秘,是一件具有现实意义和理论意义的事情。

我国服务业的发展,首先需要清除各种轻视、鄙视服务业的思想障碍。我国服务业的历史久远,尤其是饮食业的技术精湛,享誉全球,为世界人民所推崇。但是,长期以来,由于封建意识和"左"倾思想的影响,服务业和服务劳动者都受到不公平的对待。在旧社会,老爷太太们认为,服务业是伺候人的行业,服务员是供人驱使的奴仆。这种观点不仅压抑着广大服务劳动者,而且也毒害着消费者。新中国成立以后,劳动者的奴隶般的地位得到了根本的改变,但"左"倾思想严重干扰着社会主义经济建设,加之不少人把服务业(除交通运输业外)当作消费性行业,服务业的经济收入当作国民收入的再分配[1],重生产、轻流通、更轻服务的指导思想与方针根深蒂固。因此,服务业在国民经济中的作用被忽略了。例如,我国的饮食、旅店、浴池、理发、洗染、照相、消费品修理以及其他服务业,1952年有网点为130万个,从业人员243.4万人,而1978年时,网点仅有20.7万个,比1952年减少84.1%,从业人员为170.4万人,比1952年减少30%[2]。从此可见我国服务业的衰落趋势。党的十

---

[1] 请参阅许涤新主编《政治经济学辞典》(下),人民出版社1980年版,第200页中关于"社会主义国民收入再分配"一节。

[2] 参阅《中国统计年鉴—1985》,第486页。

一届三中全会以后,我国社会主义经济建设走上了正确的轨道,服务业也得到了发展。到 1984 年,上述行业的网点达 343.5 万个,比 1952 年增加 1.64 倍,从业人员 619.6 万人,比 1952 年增加 1.55 倍[①]。近年来服务业的大发展,自然给人们提出了服务劳动的性质、服务劳动者是否创造国民收入、服务业有没有自己的规律性等问题。能否正确回答这些问题,不仅关系到服务业的发展,而且也关系着整个国民经济的发展。

开展服务经济理论研究,推动第三产业的发展。我国社会主义经济建设中长期以考察工农业总产值为主。自 1985 年起,国务院提出国民经济按三次产业划分,要考察国民生产总值。同时,国家一再倡导发展第三产业。第三产业是以服务劳动为基础的产业部门,它的基本经济特征是生产和经营服务产品。因此,服务经济理论是第三产业的基本理论。各地在组织、协调第三产业的发展中特别需要正确的理论指导,这有待于服务经济理论工作者的努力。

社会主义经济还是商品经济。服务经济学的研究表明,服务业是商品经济的产物。它生产和经营的服务产品是商品,因而是商品经济的组成部分。它为生产、流通和消费服务,主要还是为商品生产和商品交换服务。同时,它还担负着开路先锋的角色,如交通运输、邮电通信、广告、旅店等服务行业,为商品的物体运动和人们的经济交往创造好的环境和条件,这又促进着、推动着商品经济的发展。所以,服务经济学的理论研究同我国经济发展的实际运动是息息相通的。

我国的服务经济学目前还处于收集和整理材料的阶段。从近两年发表的论文和有关理论会讨论的情况看,在服务劳动、服务

---

① 参阅《中国统计年鉴—1985》,第 486 页。

产品、价值等方面讨论较多一些，对服务经济的运动讨论较少。理论来源实践。服务经济学必须建立在对服务经济运动的全过程作全面地、系统地和深入细致地解剖的基础上，否则便不能成为科学。总的说来，服务经济学界对服务经济运动的全过程的调查研究是不够的。特别是在以下一些问题上需要有志者共同努力。

1. 服务业的资金运动，有自己的特殊方式和运动规律。例如，服务企业的诞生，首先从基本建设投资开始，大量资金成为固定资金，需要在以后的经营中逐渐回收。固定资金的物质消耗是可以计量的。而精神消耗，随着科学技术的进步，人们对新的服务方式的追求，其消耗速度也异常迅速，需要及时处理。服务业的流动资金极少，绝大部分是自有资金，银行贷款极少甚至不予贷款。服务业资金的循环与周转中有许多不同于工业、农业的地方，需要作具体的调查与研究。

2. 服务质量是服务产品的物质存在形式。不断提高服务质量是服务产品生产和经营的根本问题。现阶段对服务质量的要求还是行为规范性质，如何从数量和质量两个方面提出具体要求，并揭示服务质量运动的规律性，对服务经济活动有重要意义。

3. 服务经济效益是一个十分复杂的问题。从微观上说，从企业投入产出的要求分析，它的利润是一个一定的量。而从宏观上看，服务业的发展，给社会带来多少实际利益，是难以确定的。但社会主义国家指导国民经济，在国民经济各个部门进行投资，不能不优先考虑宏观的经济效益。任何事物都是可以认识的。如何考核企业的、行业的以及整个服务业的经济效益，建立考核经济效益的合理的指标体系，是服务经济理论研究的重要课题。

4. 服务是以服务劳动者的劳动活动形式出现的，劳动者的积极性是服务经济发展的决定性的因素。怎样调动劳动者的积极性，历来是服务产品经营者十分关注的问题。在社会主义制度下，服务劳动者绝大部分是工资劳动者。工资形式与劳动者能否得到合理报酬之间的关系极大。由于服务业内部的行业众多，各个行业均有自己的服务劳动特点。因此，需要研究不同行业的工资形式，探索服务业中贯彻按劳分配的特点与形式，其理论意义与现实意义都是重要的。

5. 经济、社会发展的历史趋势表明，经济、社会愈是进步，服务业、第三产业也愈发展。我们国家必须也必然要大力发展第三产业，发展服务业。但是，我国的经济力量还是薄弱的，加之起步晚、经验不足，要以有限的人力和物力取得最好的经济效果，不能不借助古今中外一切有益于我国服务经济建设的经验。研究历史和现实，了解国内和国外，为现实服务经济运动提供参考材料和理论依据，是服务经济学义不容辞的责任。

应当说，服务经济学还是躁动于母腹中的婴儿。它要着重研究的方面就是服务经济学整个学科的重点。上面列举的五个方面，只是当前实际工作中较为紧迫的问题。科学研究是需要百花齐放的。服务经济学科领域，也应当万紫千红，才能迎来服务经济学的春天。

(原载李成勋编《经济学新学科概览》，
世界知识出版社 1988 年版)

服务商品使用价值初探

服务经济学是关于服务产品在生产和流通中的各种经济关系的学科。服务产品在具有商品形态的条件下，它是关于服务商品的理论。在我国的理论研究和实际工作者中，不少人不承认服务商品的存在，对于服务商品的使用价值持漠然的态度。在这种意义上说，服务商品使用价值的研究，是服务经济理论的基础。

一 服务商品使用价值的物质性

长期以来，不少人认为服务是没有产品的，仅仅是提供某种效用。例如，"服务本身并不创造社会总产品和国民收入"，"其成果不是有形的使用价值，而是无形的效用"①。我们认为，效用，使用价值，产品，是同义语。人类劳动生产创造产品，就是为了创造某种效用或使用价值，以满足人类的某种需要。也可以说是创造使用价值或效用，是创造产品。另一种意见是，承认服

---

① 许涤新主编：《政治经济学词典》（上），人民出版社 1980 年版，第 514 页。

务产品的存在，但把它确定为"非物质产品"①。在哲学上，物质和精神是相互对立的。非物质产品，就应当是精神产品。他们宁愿用"非物质产品"的概念，而不用精神产品的概念，因精神产品不能概括服务产品的全部。

按照习惯的或传统的观点，"凡是将劳动物化在使用价值或物品上的部门，都属于物质生产领域"②。物质和物，或者实物，不是同一概念。物，或实物，是物质的一部分，不是物质的全体。在服务产品的物质性质的分析上，受这种传统和习惯的影响很深，以致阻碍着人们作新的探索。为了说明服务产品的物质性质，首先要有正确的物质观念。列宁说："物质是标志客观实在的哲学范畴，这种客观实在是人通过感觉感知的，它不依赖于我们的感觉而存在，为我们的感觉所复写、摄影、反映。"③物质就是客观实在，就是人们通过感觉器官可以感知的客观实在。物或物品人们可以感知，各种服务也是人们可以感知的客观实在。

人们把工农业产品当作物质产品，把服务产品当作非物质产品，原因是不了解服务产品。在服务产品中，具有代表性的是"一经提供随即消失"④的一类服务产品，由于生产和消费同时进行，服务产品生产者的生产行为结束后没有物化在或固定在某种物品中。这样，人们就认为服务行为是非生产的，没有产品，从而不是物质的生产行为。其实，即使是这一类"一经提供随即消失"的服务产品，它们的物质性也是不容置疑的。现代生活中，社会生产和居民生活都离不开电。电也具有"一经提供

---

① [苏] M. B. 沙洛特科夫主编：《非生产领域经济学》，上海译文出版社1985年版，第63页。
② 同上书，第8页。
③ 《列宁选集》第2卷，人民出版社1972年版，第128页。
④ 参见《马克思恩格斯全集》第26卷，第一册，人民出版社1972年版，第158页。

随即消失"的特征。但是人们不能否定它的物质性。服务产品如同电一样，社会越发展，服务越发达。它在社会的生产、流通、生活各个领域均已存在。人们天天接触它、感知它，也就说明了它们是客观实在的。

服务产品的物质性，还可以从它的生产过程得到证明。服务产品的生产过程，同工农业产品的生产过程一样，必须具有劳动者、劳动对象和劳动资料三大要素。劳动者和劳动资料是由服务产品的生产者作准备的。他们的劳动资料就是通常说的服务设施、服务工具和原材料等。这些东西，不论其使用方式如何，都是物质的。劳动对象一般由服务产品的消费者提供或指定，例如缝制衣服需提供布料，制作家具需提供木料，点菜、点戏、提出各种服务要求等。无论是什么物品或消费者本人，所有劳动对象都是物质的。劳动者的劳动力，当然也是物质的。这就是说，形成服务产品的要素是物质的。那么，服务产品当然是物质的。

确定服务产品的物质性，不仅是对服务业具有重要的意义，而且对整个国民经济也是非常重要的。从社会生产来看，不仅工业、农业属于物质生产，服务业的生产也是物质生产。在人类生存所需的物质资料中，既要有工农业提供的实物产品，也要有服务形式存在的服务产品。只有这样，社会生产才能得到全面的发展，人民群众的需要才能得到充分的满足。一国的财富，我们过去仅用工农业生产总值来衡量，而不考虑服务业。这是不实际的。例如，旅游服务业比较发达的奥地利，旅游业收入占其国民生产总值的1/10；我国1987年旅游外汇收入总额达18.44亿美元，在当年外贸出口商品中仅次于纺织、石油、服装而居第四位[①]。旅游业是服务业中的一个行业，它有这般效益，若加上运

[①] 《中国统计年鉴—1988》，中国统计出版社1988年版，第738、722页。

输、邮电等，是相当可观的。1987年我国的国民生产总值为11049亿元，其中第三产业（服务业）产值为2811.5亿元，占总值的25.55%①。所以，服务产品也是构成一国物质财富的组成部分。

二　服务商品使用价值的形式

服务商品使用价值的存在形式大体可分三种：

第一种是流动形态。服务商品使用价值大多是劳动活动的形式提供给消费者的。马克思说："在提供个人服务的情况下，这种使用价值是作为使用价值来消费的，没有从运动形式转变为实物形式。"② 这里说的没有从运动形式转变为实物形式，是指服务劳动者的劳动成果没有物化在一个物品中，而是在边劳动生产边提供使用价值，同时满足消费者的需要，为消费者所消费。服务商品使用价值这种流动形态，既是它的特点，以此同工农业产品的物化与固定形态相区别；又是它的优点，生产同消费紧密结合，生产过程即是消费过程，即已得到实现，不存在实现的困难。服务商品使用价值的流动形态，进一步分析，还可分三种情况：一是服务商品使用价值的生产场所比较稳定；二是消费者在一定的场所，服务商品的经营者派出劳动者到消费者那里去提供服务；三是消费者和服务商品经营者均处于运动状态。以上三种情况说明服务商品使用价值是在流动中生产，在流动中消费。所以流动形态是服务商品使用价值的基本形态。

第二种是附着形态。服务商品使用价值附着在或附加在另外

---

① 《中国统计年鉴—1988》，中国统计出版社1988年版，第36页。
② 《马克思恩格斯全集》第46卷上册，人民出版社1979年版，第464页。

的物品上面。例如，洗染服务是洗染劳动者将消费者提供的衣物进行洗涤或印染，然后将衣物交还给消费者。这里服务劳动者的活劳动消耗和物资消耗（去污剂或染料、机器、厂房等）都物化在消费者提供的衣物上面，因此它们没有形成单独物品，而是原有物品的一部分，使原有物品增加了或者恢复了使用价值。修理服务同洗染服务相类似。还有一些物品的加工服务也是如此。附着或附加形态的服务商品使用价值在日常生活中被人们分作两部分，一部分是服务商品，另一部分是非服务商品——生产工农业产品。例如修理业中，日用品修理业为服务，生产资料修理业为生产[①]。在洗染业中为个人洗染物品是服务，为生产部门洗染坯布或其他物品则为生产。这种划分办法的着眼点是不承认服务亦即生产，不承认服务商品既可为生产者提供可当作生产资料的使用价值，又可为消费者提供可当作消费资料的使用价值。一种经济活动可以有多种分类，但标准必须是统一的。按产品的用途划分，分作生产资料的生产和消费资料的生产；按产品生产过程的特征划分，于是有农业、工业、服务业；按所有制划分，于是有全民、集体、个体；等等。总之，只能是一个标准。否则，会像对运输业的统计分类：客运为服务，货运为生产，就不科学了。

第三种是实物形态。例如，照相业劳动者的劳动成果是照片。照片既可能是图像，也可能是文字。它们同印刷业一样。现在的誊印业也是这样。缝纫业（成衣店）、饮食业等，他们的产品都是具有实物形态的使用价值。这有两种意见，一种意见是凡具有实物形态的都不能叫做服务产品，服务产品只能是无形产品或流动形态的产品。另一种意见是仍然当作服务商品使用价值存

[①] 《中国统计年鉴—1988》第 677、678 页中有"日用品修理业"这个项目，也就是把这部分当作服务业，而把"生产资料修理业"当作非服务行业。

在的一种形态。这里，一是生产过程不同，工农业实物产品的生产过程中劳动对象是生产者确定的；服务业则是由消费者提供或指定的，与此同时，消费者参与了生产过程。二是产品的劳动构成不同。服务商品使用价值中的劳动活动形式提供的劳动所占比例大，过去劳动（实物消耗）所占比例小，如咨询服务的咨询意见书，各种工程设计图等，其中物质消耗是极少的，它们仅仅是劳动活动的载体。黄金、钻石等商品的价值量大，其中活劳动消耗量大是一个重要原因，但它们不是服务商品，因为消费者不介入生产过程。餐厅中一碟小菜、一杯饮料的价值中，活劳动消耗所占的比例并不大，但只有消费者到来其生产过程才能顺利地完结，因而必然成为服务商品。所以，实物形态的服务商品使用价值，是由消费者参与生产过程和劳动者提供劳动活动相结合的产物。这是客观事实，我们不能把实物形态的服务商品使用价值排斥在外。

三 服务商品使用价值的构成

马克思说："物的有用性使物成为使用价值。但这种有用性不是悬在空中的。它决定于商品体的属性，离开了商品体就不存在。""每一种有用物，如铁、纸等等，都可以从质和量两个角度来考察。每一种这样的物都是许多属性的总和，因此可在不同的方面有用。"[①] 用上述原理分析服务商品，是完全适用的。服务商品其所以成为商品，就是因为它具备有用性，能够满足人们的某种需要，从而它是使用价值。每一种商品都有其特殊的用处，是一个特殊的使用价值。服务商品也一样。我们考察服务商

---

① 《马克思恩格斯全集》第 23 卷，人民出版社 1972 年版，第 48 页。

品使用价值的构成,是考察服务商品使用价值的质的基本方面或一般要求。

一般说来,服务商品使用价值是由服务项目、服务方式、服务质量等主要方面构成的。服务项目说明服务商品的基本功能。服务方式,指服务商品经营者或服务劳动者提供服务商品的形式和方法。服务质量则是服务商品的效用及其对消费者需求的满足程度。这三个方面加在一起,则可勾画出服务商品使用价值的基本形象。服务商品的名称叫做服务项目。一个服务企业生产和经营的服务商品,在服务项目的称谓下逐一列出,有一种服务商品,便有一个服务项目。例如,旅店的服务项目除旅客住宿服务以外,还有代客购买车、船、飞机票,代客保管和托运行李,出租小汽车,代办邮电,代办储蓄,理发,洗衣,出售日用品,等等。服务项目有单项和多项之别。单项服务一般是专业性较强的行业,如理发业,修理业,洗染业,咨询业,广告业等,尽管它们还可以进一步划细,如理发的吹风、烫发、染发、修面、洗头等,相对地说,它们还是提供的比较单一的服务商品使用价值。多项服务,亦称综合服务。例如旅游业,旅游者在整个旅游过程中的需要,就不是一个服务行业或一类服务商品可以满足的。旅游者的需要有吃、住、行、游、购、娱、安全等要素,这些要求必须由饮食、旅店、交通、景观点(风景区、博物馆)、各种文艺、体育演出及其活动来满足。所以,综合服务是由多种服务商品使用价值相互结合而产生的新的服务商品。经营多种服务商品,提高其综合服务能力,已成为服务企业经营的方向。

但是,服务企业生产和经营哪些类别的服务商品,取决于消费者的需要和企业(或经营者)的可能。消费者的需要是受购买力水平制约的。支付能力强的消费者需要面宽,对服务商品的档次要求也高;而支付能力差的消费者需要有限、档次也较低。

若经营者的服务对象是高层次的消费者,就应多设服务项目;反之,则少设服务项目。经营者自身的能力,亦即供给能力,资金雄厚、技术力量充足,可多设服务项目,否则少设立服务项目。此外,经营者为保持自己的经营特色,应突出自己特有的服务项目,还要随着时间、地点和条件的差别和变化,设立一些消费者喜爱的服务项目,尽量便利消费者的购买。

服务质量是服务商品使用价值的主要构成部分,或者是服务商品使用价值的主要表现。因此,服务质量就是服务商品的质量。服务商品,不论是有形的还是无形的,都以提供服务劳动活动为主,因而服务商品的质量同实物商品的质量是有根本区别的。

服务质量具有强烈的综合性,它是由多种因素构成的。第一是服务设施的质量。许多服务项目是由经营者为消费提供有关设备和用具。例如,宾馆、饭店的客房、餐厅、娱乐场等,这里服务设施越好,服务质量越高。第二是服务劳动者的业务技术水平。简单地说,服务是满足他人需要的一种活动,是人对人的服务。服务劳动者就是服务活动的提供者,他们的劳动熟练程度对服务质量具有决定性的影响。在这里,服务态度有重要的作用。服务态度是服务劳动者在生产即服务过程中对待劳动和对待消费者的态度。在服务业中把服务态度归纳为主动热情、耐心周到、文明礼貌等12个字。关键在于服务劳动者有没有服务意识。把全心全意为人民服务的社会主义道德具体贯彻到服务业中就是全心全意为消费者服务。这种意识树立起来并坚持下去,服务态度问题也就解决了。当然,服务态度和服务技术二者是相辅相成的。技术好,态度好,服务质量必然好。

服务质量对服务业的发展具有决定意义。服务业是自我服务转变为社会服务的产物。促使这种转变的基础是社会服务比自我服务有更高的服务质量和劳动效率。如果服务质量不好，消费者还可能转向自我服务。有些社会服务如邮电通信等，不可能被自我服务所替代，若服务质量差会减少人们对它的需求。最重要的是，服务质量差，意味着服务产品的质量低劣，这就是生产衰退的表现。只有不断提高服务质量，服务业才能不断得到发展。

服务方式成为服务商品使用价值的构成部分，这是服务商品使用价值的特殊性的表现之一。因为服务方式本身就是对消费者提供的一部分服务。例如修理、洗染、理发、照相、咨询等的上门服务，他们给消费者提供方便，消费者也享有了服务。又如自助餐是一种饮食服务方式，服务上桌、分餐制等又是另一种饮食服务方式。所以，服务业提供服务的方式必须同服务商品的使用价值联系起来考虑，以便使消费者得到更高的服务效用。

四 服务商品使用价值的特征

本质上，每一种商品都是一种特殊的使用价值。从社会产品分作农产品、工业品和服务产品三大类来讲，在大类商品中进行比较，就需要分析它们的共性和特性。服务商品和工、农业商品的共性，一是物质性，二是有用性。这也是商品使用价值的共同本性。我们现在研究的是服务商品的特殊性。

首先，服务商品使用价值的存在形式，不论是流动形态还是附着形态，都具有无形性，所以服务产品也称"无形产品"。马克思以演员劳动的特征为例说明服务劳动的非实物性和无形性，他说："因为它们的买者不能以商品的形式，而只能以活动本身的形式把它们卖给观众。"[①] 这就是说，服务不能以实物的形式

---

① 《马克思恩格斯全集》第26卷，Ⅰ，人民出版社1972年版，第165页。

让观众带走，只能以活动的形式出现。服务经营者是以服务活动来满足消费者的需要，为消费者提供所需的使用价值。服务商品使用价值形式的特殊性，决定了服务经营方式的特征。例如，服务商品的生产过程有消费者介入，边生产边消费，并相互发生作用；服务企业必须接近消费者，因而服务业具有鲜明的民族性与地方色彩；服务经营者与消费者需要保持良好的交往关系，才能保持生产和经营的稳定性。总之，服务商品使用价值的主要形式是无形的，非实物的。

其次，服务商品使用价值的生产和消费具有同时性。服务商品使用价值的生产，分为两个阶段。第一阶段为准备阶段。这个阶段服务经营者要把生产所需的原材料、工具和设施以及服务劳动者准备好。在实施过程中往往是制作为半成品。例如旅店在接待前的准备。第二阶段为生产阶段或实现阶段。消费者到来，介入了生产过程，服务商品的生产和消费同时开始又同时结束。因此，服务商品生产和消费的同时性，主要指第二阶段上的特性。

再次，服务商品使用价值生产的风险性较大。由于它的生产分作两个阶段，而准备阶段的劳动量往往大于生产阶段的劳动量。例如旅游服务，在旅游者到来之前，经营者对游客的吃、住、游、行、购、娱等都要事先做好准备，如果游客全部来到，从准备过程转入生产过程，也进入了消费过程，旅游服务商品的使用价值得以实现。如果游客不来，或者仅来20%或30%，那么，旅游服务商品在生产准备阶段上的各种劳动耗费就会全部、大部或一部分不能实现。因此，在服务商品生产上，它是消费决定生产，而不像实物商品那样，是生产决定消费。

最后，服务商品使用价值不可储存。服务以活动形式提供给消费者使用，当然其活动结果是不能储存的。服务商品边生产、边消费决定其流通时间是等于零或近于零的。因此它没有也不需要使服务商品进入储存过程并成为储存商品。但这并不意味着服务业没有任何形式的储存。服务业为了保证服务商品的生产和供应不致中断，他们必须拥有生产资料的储存，即服务工具、设备、原料、材料等储存。但这是生产储备而不是流通储存，它不妨碍服务商品使用价值的不可储存性。有形的服务商品使用价值，如照片，餐厅的菜肴，洗染和修理的附着形态服务商品，它们生产出来以后立即交给消费者使用，因而也不存在储备问题。所以，服务商品使用价值的不可储存性，为社会节约了更多的流通时间。

（原载《财贸经济》1989年第12期。

署名：孙福利、白仲尧（执笔））

世界服务经济的发展和我们的对策

我国现阶段的情况，从所有制角度考察，是以公有制为基础的社会主义社会；从生产者之间的交换方式或联系方式考察，是有计划的商品经济社会；从生产的主要对象考察，还处于农业经济向工业经济过渡的历史时期，没有完全进入工业经济社会。发达国家以及中等发展程度的国家，都在尽力发展服务经济，以期尽快地全面提高本国的生产力。这对我们来说，既要有发展经济的紧迫感，又要从中吸收经验与教训，为更好地发展社会主义经济服务。

一 服务经济发展的动力

一个国家或地区的生产，从以生产农产品和工业品为主转向以生产服务产品为主，是进入服务经济社会的标志，也可以称之为经济服务化。从人类社会第三次大分工以来，农业、工业、服务业三大产业部门是同时存在的。但在不同的历史阶段和生产水平下，各产业部门的社会意义是不同的。封建制及其以前的社会以生产农产品为主，农业是主要的产业部门，工业和服务业居于次要地位。资本主义社会大部分劳动者从农业转向工业,工业生产成为主要的,农业和服务业其次。随着工业化的完成,服务业逐渐成为主要的产业部门,农业和工业居次要地位。现今世界各国的经济情况生动地反映了这一规律。请看表1。

表1　　　　　　　　国内生产总值的部门构成*　　　　　单位:%

	农业		工业		服务业	
	1965	1986	1965	1986	1965	1986
低收入国家	42	32	28	35	30	32
中下收入国家	30	22	25	30	43	46
中上收入国家	18	10	37	40	46	50
发达工业国家	5	3	40	35	54	61
美国	3	2	38	31	59	67
日本	9	3	43	41	48	56
联邦法国	4	2	53	40	43	58
英国	3	2	46	43	51	55

*根据国家统计局国际统计和外事司编《国际经济和社会统计提要—1988》第21页资料制表。

上述资料表明,低收入国家的农业比重大,中等收入国家农业和工业所占比重之和大于服务业,发达国家则是服务业的比重大于工业与农业之和。

社会生产和生活的需要,是服务经济发展的内在动力。无论是个别服务企业还是整个服务产业,社会需要是第一位的。社会对服务产品的需要推动着服务产品的供给,供给又反作用于需求。在作用与反作用的循环往复中,服务业不断成长、壮大并上升到主要产业的地位,这是不依人的主观意志为转移的。

服务经济发展的一般过程是，先以对居民提供生活服务为主，辅以对生产的服务。但在社会经济工业化进程中和实现工业化以后，服务业便逐渐转向以对生产服务为主。所以现代服务业是同工农业生产一道发展的。因为，生产劳动一般是由主要劳动和辅助劳动构成的。随着生产的发展，辅助劳动逐渐独立，由劳动者的附带活动变成劳动者的专门活动。当辅助劳动在同一生产者或生产组织内的时候，它以自我服务的形态存在，不易为人们所注视。在辅助劳动脱离了它所依附的主要劳动并成为独立的专门劳动，自我服务便转化为社会服务。这时，生产者对社会服务的需求则着眼于节约和效率，要求社会服务比自我服务有更高的劳动效率和经济效益。一般的情况是，由社会服务的专门化和对当代科学技术成果的采用，能够满足生产者的要求，生产者乐于购买社会服务。在科学技术高度发达的今天，企业（或生产者）从市场上购入的商品分作软件和硬件两个部分。采用高、精、尖技术越多的企业，软件（服务）的购入也越多。这样，购买软件的多少，日益成为衡量企业技术水平的标志。日本把这种实物投入与服务投入的比例关系可以称之为经济软化率。例如，一家计算机生产企业，以100万元购买生产资料，其中80万元购买机器设备、原材料等，以20万元购买产品设计，技术咨询等服务商品，它的经济软化率就为0.2。经济软化率的测定，不仅对工业生产是必要的，对农业和其他行业也是必要的。

居民生活水平的高低，与其对服务商品的需求是成正比例关系的。例如，日本在1975年以后，居民消费水平不断提高，以1980年为100.0，1965年为62.0，1975年为96.0，1982年为104.2。他们平均每户家计支出中的服务消费支出所占比重，则随着总支出的增长而上升。1975—1982年的8年中，服务消费占全部支出的比重上升了6.65，平均每年上升近1个百分点，这个速度是不慢的。就每户服务消费支出的绝对量来讲，若以1965年为100.0，到1982年，平均每年增长10.5%；以1975年为100.0，到1982年，平均每年增长9.9%[①]。这说明，一个国家或地区，实物供给短缺，居民的消费水平低，必然以实物消费为主，随着实物供给的充裕，对服务的需求就会增大。人们对实物消费的追求，终归有一个量的限制。例如粮食，人均每天1公斤足够；电视机一户一台变为一人一台也随之饱和。而对服务消费的追求，在居民支付能力范围内却没有限制。例如旅游，从国内到国际，从一国到走遍全世界甚至别的星球，只要支付能力和个人体力许可，都是需要的。所以服务消费在居民生活消费中的增长也是一种必然趋势。

当代科学技术的进步，也是服务经济发展的重要力量源泉。首先，农业和工业生产的发展不在于多投入机器设备，而在于科学技术的采用，使生产过程软化。其次，脑力劳动者增多，体力劳动者减少。一方面，科学家和技术人员的作用增强；另一方面，人们的劳动不以体力为主，而以知识和技术为主，创造了工作上的男女平等竞争条件。这样，妇女从家庭走向社会，一是她们要求更多的服务，二是大批妇女进入服务产业部门。再次，科学技术也武装了服务业，促进了服务业的专门化，提高了服务水平。

服务业自身的经营管理水平的提高，也推动着服务经济的发展。以日本的饮食业为例，他们以家庭为主要服务对象，组成低价格的供给系统，实行集中加工，分散供应，一个三、四人的家庭每餐只需2000—3000日元，对于月消费支出在20万日元以上

---

① 日本经济企划厅调查局编《经济要览—1984》，昭和59年版，第276—277页。

的日本家庭来说,这是很便宜的。服务业的高效率的经营管理给社会生产和居民生活带来巨大的效益,同时也给自身的发展创造了光明的前景。

二 服务经济发展的过程

社会经济的发展,由农业到工业,工业到服务业,依次递进。服务业随之从小到大,它的社会地位也从量变到质变。反映社会经济态势的除产值指标外,劳动者在各产业间的分布状况也是重要标志。在农业社会里,大部分劳动者集中在农业部门。工业社会中工业部门的劳动者居多。服务业发展了,大量劳动者又涌向服务产业部门。劳动者的转移,既是社会经济中心的变动,又是生产发展、社会进步的表现。这是合乎规律的行为。请看下表2。

表2　　　　部分国家劳动就业情况变化表　　　单位:%

	年份	1870	1890	1910	1930	1950	1965	1974	1980	1986
美国	农业	50.8	43.1	32.0	22.6	11.6	5.0	4.0	4.0	3.1
	工业	25.1	28.3	32.1	31.8	37.4	35.0	32.1	31.0	27.9
	服务业	24.1	28.6	35.9	45.6	51.0	60.0	63.9	65.0	69.0
	年份	1866	1901	1921	1946	1962	1965	1973	1980	1985
法国	农业	43.0	33.1	28.5	25.6	19.8	18.0	11.9	9.0	7.5
	工业	38.0	42.0	36.6	36.4	37.6	39.0	37.5	35.0	31.5
	服务业	19.0	24.9	34.9	38.0	42.6	43.0	50.6	56.0	61.0
	年份	1861	1881	1901	1921	1951	1965	1966	1980	1986
英国	农业	19.0	12.3	8.7	6.7	4.5	3.0	3.1	3.0	2.5
	工业	49.0	50.3	46.3	50.1	49.7	47.0	46.6	38.0	30.9
	服务业	32.0	37.4	45.0	43.2	45.8	50.0	50.3	59.0	66.6

续表

	年份	1882	1907	1925	1948	1961	1965	1972	1980	1986
德国	农业	35.5	23.8	17.8	15.4	13.4	11.0	7.2	6.0	5.3
	工业	37.4	50.6	48.9	50.2	48.6	48.0	48.2	44.0	40.9
	服务业	27.1	25.6	33.3	34.4	38.0	41.0	44.6	50.0	53.8
	年份	1872	1890	1910	1930	1955	1965	1975	1980	1986
日本	农业	84.9	76.2	63.0	49.7	41.1	26.0	13.9	11.0	8.4
	工业	4.9	10.4	17.7	20.5	23.4	32.0	34.4	34.0	34.5
	服务业	10.2	13.4	19.3	29.8	35.5	42.0	51.7	55.0	57.1

注：本表1965、1980年资料摘自世界银行《1988年世界发展报告》第383页；1985、1986年根据《国际经济和社会统计提要——1988》第231—234页绝对数换算；其他各年资料转引自陶永宽等著《服务经济学》第63页。

英、法、德是资本主义发展较早的国家。他们的劳动就业情况循着先农业、次工业、后服务业的规律转移。他们在20世纪50年代仍以工业生产为主；到20世纪70年代，开始从工业经济到服务经济的转变。美国和日本的资本主义发展较晚，有老牌资本主义国家创造的环境和条件可以利用。美国服务业同工业几乎是并驾齐驱，而在1910年以后就超过工业，因此它最早进入服务经济社会。日本的资本主义发展比美国更晚，从1872年起，服务业的发展超过工业，一直到1986年。这两个国家的经济实力强、发展速度快、居世界领先地位，服务业的"优先"发展不能不说是重要原因之一。

不管美国和日本的情况多么特殊，服务业的发展总要以工农业为基础。因此，社会的经济服务化过程，不是始于农业经济时代，而是始于工业经济时代。农业社会的商品交换不发达，对社会服务的需要少。工业社会是商品经济社会，分工发达，交换频繁，它们对服务的需要本质上是当作生产要素来追求的。工业生产和服务生产互为条件、互相依存，从而共同发展。与此同时，农产品的商品化程度提高，农业对工业和服务业的依赖程度加深。人们通常看到的农业机械化或工业化，是工业对农业的改造。其实，那是工业和服务业（其中起作用最大的是商业）联合起来对农业进行的改造。现代的技术和周密的服务，是把农业推向高峰的根本原因。总之，一个国家或地区的经济服务化，其革命意义就在于服务业能够为工农业生产提供全面的和系统的服务，促使整个国民经济稳步高涨。

在服务经济的发展过程中，有的行业发达兴旺，有的行业衰落萎缩。据日本总理府统计汇编的《事业所统计调查报告》中反映，1969—1981年间，增长较快的行业有物品租赁业、保险业、航空运输业、各种专门服务业、金融业、公路旅客运送业、情报与调查服务业、广播业、汽车修配业、房地产业、运输附带服务业、保健业、垃圾处理业、饮食业等；同期呈衰落状（增长较慢）的服务行业有日用品及饮料食品零售业、修理业、电影业、铁道业和水运业、其他个人服务业等[①]。在服务业中，增长的行业与衰退的行业交替出现，不仅在日本，在其他国家也是有的。例如，我国的浴池服务业尽管各方面的呼声很大但仍日趋萎缩，而运输业、汽车修理、咨询和信息服务等行业却不声不响地日益兴起。所以，服务业的总体发展并不意味着所有行业都要发展，有快有慢，有进有退，才是合乎规律的运动。

服务业的企业化和企业大型化，对加快服务经济发展过程也有重要作用。所谓企业化，既指服务劳动者从个体经营转向企

---

① 这些情况来自殷作恒同志编译的《日本经济的服务化和第三产业的发展》一文，该文作为第一次全国第三产业理论讨论会资料而未发表，特此致谢。

经营，也指原来的企、事业单位内部的自我服务专门机构面对社会、成为社会的服务企业。企业化有利于服务商品的生产和经营管理水平的提高，也有利于服务业总体发展。服务企业的大型化，不仅是服务生产社会化的发展与表现，而且也是服务业的经济力量和组织力量的增强。日本按资本金的多少把企业分作8个类型。据此，将资本在500万日元以下的划作小型企业，500万—3000万日元的为中型企业，3000万—10亿日元的为大型企业，10亿日元以上的为特大型企业。1975—1981年，日本服务企业总数由52.83万个发展到71.97万个，其中小型企业由占总量的74.2%下降到65.8%，中型23.8%上升到28.5%，大型企业由1.9%上升到5.6%，特大型企业一直保持在0.1%；速度上看，总量增长36.2%，小型企业增长20.9%，中型企业增长63.1%，大型企业增长295.2%，特大型企业增长43.8%[①]。可见，中型、大型、特大型企业的增长速度都超过了总量的增长速度。尤其是大型企业竟在短短的6年中增长了3倍！这是令人吃惊的。在资本主义制度下，竞争和垄断的规律促使资本集聚和集中，促成大企业的发展，这固然是原因之一，但另一方面也反映了服务产品的生产朝着社会化大生产方向发展，是服务业技术上、经济上和管理上的革命的必然结果。

三 我国服务经济情况和对策思考

发达国家的实践表明，经济服务化是社会经济发展的必然趋势。任何一个国家迟早要经历这一过程。更重要的是，经济服务

---

① 参见日本经济企画厅调查局编《经济要览—1984》，第154—155页，其行业包括：商业、金融、保险、运输、不动产、狭义的服务业等。

化还是经济合理化、促进社会经济、文化全面高涨的途径。我国还是一个发展中的社会主义国家，经济、文化的相对落后状态仍然存在。面对我国的国情，能否以服务业来带动农业和工业，或者像美国和日本那样服务业和工业同时发展？这是一个需要深入探讨的经济社会发展的根本战略问题。

近年来，服务产业也有了巨大的发展。服务业产值在国民生产总值中的比例由 1979 年的 20.6% 上升到 1988 年的 25.7%。服务产业部门的劳动者人数也占社会劳动者总人数的 17.9%，详见表3。

表3　　　　按产业分配的社会劳动者人数　　　单位：万人

年份	合计 人数	合计 构成	农业 人数	农业 构成	工业 人数	工业 构成	服务业 人数	服务业 构成
1952	20729	100.0	17317	83.5	1531	7.1	1881	9.1
1957	23771	100.0	19309	81.0	2142	9.0	2320	9.8
1962	25910	100.0	21276	82.1	2059	8.0	2575	9.9
1965	28670	100.0	23396	81.6	2408	8.4	2886	10.0
1970	34432	100.0	27811	83.8	3518	10.2	3103	9.0
1975	38168	100.0	29456	77.2	5152	13.5	3560	9.3
1980	42361	100.0	29181	68.9	7836	18.5	5344	12.6
1985	49873	100.0	31187	62.5	10524	21.1	8162	16.4
1988	54334	100.0	32308	59.5	12295	22.6	9731	17.9

资料来源：《中国统计年鉴—1989》。

我国在 1965 年以前，工业和服务业的劳动者人数的增长是齐头并进的。以 1952 年为 100.0，1965 年工业增长 57.3%，服务业增长 53.4%。从社会劳动者人数的构成比上看，服务业还大于工业。在这种情况下，产业结构大体合理，无论是产品销售、原材料供应和其他方面的社会需要，也大体能够得到满足。许多人在总结我国的国民经济发展的经验与教训时都认为"一五"时期的产业关系协调，各业兴旺，市场平稳，社会安定，这是事实。在这期间，服务业适应工农业发展的需要，是一条重要原因。1965年以后，工业一枝独秀，服务业渐次落后，各种欠账日益增多。尽管80年代对产业结构进行了反复调整，仍未达到预期目的。

在我国，服务业的发展是必要的，而且是紧迫的。农业和工业之间，工农业内部各行业之间，地区与地区之间，都需要相互联系、彼此协调，才能求得共同的发展。农业和工业生产的是实物产品。它们的生产过程是独立的，只有当其产品投入流通过程之后才彼此发生关系。而他们之间的联系和协调，需要经常地进行。联系的渠道、联系的方式以及联系过程中发生矛盾的解决，都需要专门的职能部门。有的人把服务业称作柔软的产业。它能帮助各部门、各地区柔和地和紧密地结合起来。这种结合会产生出巨大的效率和效益。如广州电池厂每年要以1200美元一吨的价格进口电解锰，而国内生产电解锰的工厂却以1000美元一吨出口，两家既相逢又相识，但做不成生意，这是服务业落后的典型表现。所以，联系，协调，服务，是大有文章可做的。

计划经济与市场调节相结合，是社会主义商品经济的基本特征。计划经济与市场调节怎么结合以及如何实现，表面上是体制问题，本质上是产业关系问题。实行计划经济的目的是保证国民经济各部门按照客观形成的比例关系协调发展。但国民经济的比例关系，形成于生产，实现在流通，在生产和流通的相互作用中进行调整，最终达到彼此适应、大体平衡的状态。科学的计划就是反映这种客观要求。服务业的主要产业部门在流通。流通是按消费的要求运行的。它经常地、实际地解决着生产和消费之间的矛盾。国家制订计划的主要任务，是在一定时期内保持财政、信贷、物资和外汇的平衡。服务业中的金融、商业、粮食、供销合作社、物资供销等部门，实际承担和进行着各种平衡的操作。社会主义国家实行计划经济的实践中，侧重于生产计划，主要抓基本建设投资和主要产品的产值与产量，往往忽略流通，从而导致了计划与实际脱节。反之，如果侧重于流通计划，以流通带生产，即使不完善的计划，也不致发生计划经济下的国民经济比例关系失调的问题。在商品经济条件下，国家对整个国民经济的计划管理程度，取决于国家的经济力量与组织力量。经济力量是指国家实际掌握的商品与货币。组织力量则是生产、收集、储存和分配这些商品和货币的机构。所以，国家抓住了流通部门或流通环节，也就实际地掌握着社会主要的经济力量和组织力量。在这种条件下，国家根据"有多少钱办多少事"的原则，对全社会的商品生产和商品流通，力所能及的实行计划经济，力所不及的让其市场调节。这样，国家就可以主动灵活地掌握和指导社会主义商品经济。

我国人口众多，在目前的经济条件下劳动力过剩。开辟就业途径，是我国经济社会发展面临的重大问题。据统计1988年，我国劳动力资源总数为66960万人，社会劳动者人数为54334万人，占80.1%[1]。虽然处于待业状态的人不到20%，但其绝对数也在12000万人以上。到20世纪末，如果人口总数达到12亿，劳动力按60%匡算，那就是72000万人，待业人口按20%匡算则有14400万人。农业和工业的劳动力容量已趋饱和，不少地方和企业还须"消化"自己的多余劳动力。从"有事没人干"的

---

[1]《中国统计年鉴—1989》，第103页。

现实看，主要是服务业中许多事情没人干。1998年服务业劳动者的人数为9731万人，如果以1952年为100.0，36年间平均每年增长4.7%，若以5%的速度递增，到2000年，服务业的劳动者就可能达到17476万人，占预计72000万人的24.3%。我们应当看到，1988年服务业的劳动者人数仅占当年劳动力资源总数的14.5%。按这个比例计算，服务业在2000年等于多吸收7000万人，相当于多余劳动力的1/2！这对于我国经济的发展、社会的稳定具有很重要的意义。

笔者认为，现阶段（2000年以前）服务业发展的目标模式，应以为农业、工业和提供优质服务为目标，建立农业生产服务体系、工业生产服务体系和居民生活服务体系。

农业生产服务体系的建立，要以农产品的产、供、销为中心，全面提供产前、产后和产中的服务。全面发展农村第三产业是实现这一任务的根本。我国农村第三产业中以供销合作社的经济力量和组织力量最强，同农民的关系最为密切。发展农业生产服务体系，自然要以农村供销合作社为依托。我国的主要市场在农村。由于历史的原因，供销合作社就是农业市场上的主要经营者。各部门、各经济成分为争夺农村市场阵地，几乎无不通过行政的、经济的以至其他手段排挤和削弱供销合作社。但是，农村经济曲折反复的实践表明，真正与农业风雨同舟的是供销合作社；在困难时期依靠供销社，在顺利时期削弱供销社，是农村经济不稳定的一个重要因素。如果确立以发展农业生产服务体系作为提高农业生产、繁荣农村经济的根本措施，那么加强供销合作社就是实现这一战略的起点和重点。当然，除供销合作社外，农村的其他服务行业如商业、运输、金融、保险、植物保护、科技咨询、生活服务等，也要组织起来，彼此协作，共同为农业生产服务。

工业生产服务体系的建立，要以提供科学技术服务为先导，以运输、金融、商业、外贸、物资为骨干，促进工业生产的全面发展。所谓市场疲软，是产品销路不畅的表现。在社会主义条件下，为什么会发生产品销路不畅呢？简单地说，就是质次价高，货不对路。要创造价廉物美、适销对路的商品，除实行正确的经济管理体制外，还要一靠科学技术，二靠生产的协作。我国已有一支具有一定水平和实力的科学技术队伍。但同生产的需要相比，还是不足的。发展科学技术服务，如技术咨询、管理咨询、信息服务等，就可以少量的人力为多数的企业和单位服务。在工业生产的正常运转中，物资供应和产品销售是主要问题。商业、物资、外贸以及各生产部门的自销机构，本质上都是商业机构。当前的根本问题是批发环节薄弱。它们的经营分工粗，机构和人员的数量少，服务质量不高。长期以来，一方面认为批发是多余的中间环节，使批发商业总在精简、砍伐、受批判中过日子；另一方面，力图通过批发商业管流通、管市场，这又培养着批发商业的官商作风，强调管而不注重服务，缺乏社会主义商人的气质。以小生产者的眼光看待社会主义的生产和流通，是建立和完善工业生产服务体系的大障碍。发展社会主义的工业大生产，没有与之相适应的庞大的服务系统，它的健康运行是不可能的。

城乡居民生活服务体系目前已经基本形成，问题在于不充实、不完善。社会主义国家是为人民服务的国家，关心群众生活是它的本质表现。在建立和完善城乡居民生活服务体系问题上，国家仍须坚持以公有制企业为主的方针，同时还要统筹规划，适当安排，促进那些方便居民生活的服务行业健康发展。

许多服务行业，如交通运输、邮电通信、金融保险等，既为农业、工业和服务业的生产服务，也为居民生活服务。各种服务体系的划分与组织，没有非此即彼的绝对界限。重要的是，我们应当树立为提高工农业生产和改善人民生活必须更好地发展服务业的观念。有了这种观念,围绕工农业生产和人民生活的需要发展服务业,我国服务经济的兴旺发达是指日可待的。

(原载《财贸经济》1990年第5期)

中国第三次产业的发展

人类社会即将进入21世纪。新世纪的重要特征之一是第三次产业的高度发展。中国在1995—2010年期间，第三次产业将继续快速发展。这首先是国内工农业生产的需要，工农业生产的增长既为第三次产业创造了物质基础，又为第三次产业开辟了广阔的市场。其次是科学技术的进步将促进第三次产业扩大服务范围、优化产业结构、提高劳动效率。再次是对外贸易中服务贸易的比重日益增大，第三次产业现代化、国际化的速度加快。第三次产业的大发展，将进一步改善我国的经济结构。

第一节 第三次产业发展的历史回顾

一 第三次产业的发展成就

从1979—1993年的15年中，第一次产业增长1倍，第二次产业增长4倍，第三次产业增长3倍。它们的平均增长速度分别是5.1%、11.4%、9.8%。由于我国第三次产业的统计还不够完善，1993年在全国范围内进行了普查，结果表明，第三次产业在国内生产总值中的比重已经超过33%。所以它的实际增长速度可能更高一点。

1978—1993 年，一、二、三次产业构成变化情况如表 8—1。从表中可以看出，15 年以来我国第三次产业的发展已取得了很大的成就见表 1。

表 1

年份	GDP（亿元）	第一次产业（亿元）	比重（%）	第二次产业（亿元）	比重（%）	第三次产业（亿元）	比重（%）
1978	3588.1	1018.4	28.4	1745.2	48.6	824.5	23.0
1980	4470.0	1359.4	30.4	2192.0	49.0	918.6	20.6
1983	5787.0	1960.8	33.9	2646.2	45.7	1180.0	20.4
1985	8527.4	2541.6	29.8	3866.6	45.3	2119.2	24.9
1987	11307.1	3204.3	28.3	5251.6	46.5	2851.2	25.2
1989	15997.6	4228.0	26.4	7278.0	45.5	4491.6	28.1
1990	17681.3	501.7.0	28.4	7717.4	43.6	4496.9	28.0
1991	20188.3	5288.6	26.2	9102.2	45.1	5797.5	28.7
1992	24362.9	5800.0	23.8	11699.5	48.0	6863.4	28.2
1993	31380.3	6650.0	21.2	16244.9	51.8	8485.4	27.0

资料来源：1994 年《中国统计摘要》第 32 页。

1. 恢复了原有的服务能力。新中国成立初期，一些大、中城市的服务业比较发达。但在计划经济条件下，由于重生产、轻流通、轻服务的思想与政策，限制了第三次产业的发展。例如，"变消费城市为生产城市"这一口号就是针对服务行业提出来的。在传统的计划经济体制下，认为第三次产业的生活服务行业为消费者服务，其劳动是"非生产的，消费性质的"，自然被划入精简之列。特别是在 1958 年的"大跃进"中，各行各业支援工业、商业、服务业的资金和人员有很大一部分转向了工业。"文化大革命"中对服务业的否定更进一层,到处提倡自我服务。如解放初期全北京市有饭馆15000余家,"文化大革命"后期仅剩600余家,80年代初"吃饭难"、"住店难"、"理发难"、"做衣难"、"乘车难"几乎是全国性的问题。经过十多年的发展,这些老大难问题已基本得到解决。

2. 偿还了旧账。50—70年代的20多年中,工业"一马当先",造成农业基础薄弱、服务业十分落后的经济结构失衡的局面。80年代的产业结构调整,尽管没有提出首先应当调整三次产业的结构,但客观现实要求偿还第三次产业落后的旧账。交通运输和邮电通信业同工农业生产以及经济交往的极不适应,使人们认识到它们是影响国民经济的"瓶颈"产业。企业办社会,即由企业把社会对生产和生活服务的各种行业承担起来,形成"大而全"、"小而全"的"都市里的村庄"。这种自给自足的方式不仅造成了企业的沉重负担,而且束缚了社会生产力。所以偿还经济建设中对第三次产业的欠账,也是80年代第三次产业迅速崛起的重要原因。

3. 繁荣了市场。改革开放首先表现为国内外经济社会交往的频繁与活跃。无论何种交往,都必须具备吃、住、行、游、通信、娱乐等基本生活条件,否则出不去、进不来,便无交往可言。而交往的过程也是商品交换和资金流动的过程。人流、物流和资金流动规模的扩大,带动了第三次产业的发展。十多年来,我国的商业、外贸、交通运输、邮电通信、金融保险、科技和信息的咨询与服务、广告宣传、职业介绍与培训、房地产等,每年都以10%以上的速度发展。旅游业更以超常的速度发展。1980年旅游外汇收入为6.17亿美元,1993年上升到43.83亿美元,年平均增长速度高达16.3%。

4. 扩大了劳动就业。我国的人口和劳动力过剩，安置就业的压力很大。农业实行家庭联产承包责任制后，农民生产积极性和劳动效率大大提高，本来已经过剩的农业劳动力更加显露出来。城镇的企、事业单位因实行"低工资、多就业"的办法使人浮于事的现象相当严重。人口和新成长起来的劳动力还在不断增加，也要开辟就业途径。在第三次产业落后的情况下，"有人没事干，有事没人干"又相当突出。而第三次产业的劳动容量十分巨大，第一、二次产业的劳动力不断向第三次产业转移又是客观规律，这就促成大量劳动力涌向第三次产业。1978 年我国在第三次产业就业的劳动者有 4869 万人，占就业总人数的 12.1%；1993 年达到 12248 万人，占 20.2%；年平均增长速度为 6.3%，同一时期劳动就业总人数的增长速度仅为 2.7%。第三次产业吸纳劳动力的优势的充分展示，其特殊意义是极其明显的。

5. 促进了居民物质文化生活水平的提高。改革开放的 15 年同时也是人民群众物质文化生活水平不断提高的 15 年。第三次产业的一个重要方面就是满足人类除实物需要以外的服务需要，如生活中的便利、娱乐和精神上的需要。人们生活水平提高的过程也是从实物需求向服务需求倾斜的过程。我国农民家庭平均每人生活消费支出构成（%）资料也证明这一点，见表 2。

表 2

年份	1978	1980	1985	1988	1990	1992
商品支出	97.3	97.4	97.1	94.3	93.1	91.3
非商品支出	2.7	2.6	2.9	5.7	6.9	8.7

资料来源：根据《中国统计年鉴—1993》，第 315 页材料编制。

所谓商品支出实际是指实物商品的消费支出，非商品支出则是指服务商品的消费支出。尽管农民购买服务商品的支出不高，但是逐年有所增加。城镇居民的服务商品消费支出比农民高，1993年"城镇居民家庭平均每人全年消费性支出及构成"的情况是，总支出2110.81元。其中实物商品的支出为：食品1058.2元，衣着300.61元，耐用消费品105.8元，居住87.08元，共计1608.34元，占总支出的76.2%；服务商品支出包括医疗保健、交通通信、娱乐教育文化服务、其他等共计492.47元，占总支出的23.8%。随着我国城市文化生活水平的不断提高，城乡居民对于服务消费的需求也将不断扩大。

二 第三次产业发展中存在的问题

1. 由于恢复和还账是前15年第三次产业发展的主流，我国第三次产业的落后状态还没有得到根本改变。世界生产结构状况表明，国际社会已开始进入服务经济社会发展阶段。见表3。

表3

年份	GDP（百万美元）		农业（%）		工业（%）		服务业（%）	
	1965	1989	1965	1989	1965	1989	1965	1989
低收入	163040	956340	44	32	28	37	28	31
中收入	206000	2118080	20	13	35	37	45	50
高收入	1413280	14764510	5	3	41	33	54	64
合计	1782320	17838930	11	6	39	34	51	60

资料来源：根据世界银行《1991年世界发展报告》第208—209页资料编制。

1989年，世界各国的国内生产总值为178389.3亿美元，产业构成为，第一次产业（农业）占6%，第二次产业（工业）占34%，第三次产业（服务业）占60%。可见，第三次产业已成为世界经济的重要产业。在现代社会中，第三次产业的情况如何是衡量一个国家经济社会发达程度的重要标志。目前我国的交通运输、邮电通信、商业外贸、金融保险、文化教育、科学研究等重要行业的发展仍然滞后。第三次产业总量不足的格局还要持续一段时间。

2. 在第三次产业总量增长的同时服务质量却有所下降，有的地方已经成为第三次产业发展中的隐患。服务质量下降的表现是多种多样的。首先，是服务设备陈旧，更新速度较慢，不适应现代生产与生活的需要。例如铁路机车中功率小、效率低的机车还占相当大的比例，客、货车厢许多是五、六十年代的产品，其中带病运转的也为数不少。科研、教育设施设备相当短缺，而且一些中小学的危房都有待解决，等等。服务设施设备的更新速度慢于第三次产业的增长速度，必然导致质量的不断下降。其次，是服务业劳动者的文化技术水平下降。大量劳动者涌向第三次产业，其中经过正规教育或培训的是少数。服务是服务业劳动者的劳动活动，若劳动者的服务意识不强，服务技术不高，必然限制服务质量的提高。再次，服务质量中的精神要素受不良社会风气的影响，这对服务业的危害更为严重。因服务商品多数是无形商品，服务质量高低的弹性幅度较大，对服务过程中的劣质服务与违法活动时常起遮掩作用，这又加速了服务质量的下降。

3. 服务价格上涨过快。在80年代初期，服务价格过低是影响第三次产业发展的重要因素。因此，放开服务价格，充分发挥价格杠杆的作用，是发展第三次产业的一条重要政策。应当肯定，它发挥了应有的效果。但是，近几年服务价格的上涨幅度过高，几乎涉及所有的服务行业。特别是有的垄断性服务行业的服务价格攀上了世界最高价格的水平,"宰人"和"挨宰"的呼声此起彼伏。高昂的价格往往又同低劣的服务结合在一起,使消费者望而生畏。第三次产业的高价格不仅影响产业本身的形象塑造,更重要的是直接影响了群众的生产和生活,影响到社会经济、政治、思想文化各个方面,对第三次产业的发展和市场的稳定带来了消极作用。

4. 第三次产业的内部结构不尽合理。这表现为:①为居民生活服务的行业发展较快,为社会生产服务的行业发展较慢。20世纪80年代困扰居民的诸多"难"事,除交通问题外,吃饭、住店、理发、制衣等基本解决,生活中的便利日益增多。但生产上的困难还比比皆是。例如,建立农业社会服务体系问题,虽然不少地方以供销合作社为依托建起县、乡、村三级服务组织,对农业生产服务有一定改善,但从全方位的、系列化服务要求来说,差距很大。因为,对农业生产的社会服务不能局限于当地。拿农产品的流通来说,任何一个农户生产的产品都可以超越村、乡、县界,以至出省、出国,为农产品流通服务的商业机构最好是遍布城乡、内外贸兼营、收购加工全能的商业集团,才能有效地为农业产前、产中和产后服务。又如对农业的科学技术服务,县、乡、村三级服务网只能提供普及和推广性的服务,高新科技服务则需较高层次的科技机构来承担。所以农业生产社会服务体系远没有形成。工业生产社会服务体系也十分落后。许多工业企业搞"大而全"、"小而全"就是因为社会服务不健全,使企业迫不得已而为之。总之,第三次产业为生产服务尚少,需要加大发展的力度。②传统服务业的发展较快,新兴服务业的发展不足。新兴服务业一般是指旅游业、广告业、信息业、科技服务与咨询服务业等。旅游业、广告业发展较快,需要的是巩固与提高。科技、信息和咨询等服务行业仅仅是开端,产业规模尚未形成。但它们是第三次产业走向现代化的先驱，也是经济社会进步的力量源泉。鼓励和支持它们的发展是全社会的责任。

5. 第三次产业的法制建设落后。第三次产业中一些行业的服务质量不高，有一个重要原因在于还没有把服务经营纳入规范化、法制化的轨道。由于第三次产业的活动关系社会生活各个方面，许多服务活动既有商品价值实现问题，也有社会行为准则和道德规范问题，如果法制建设跟不上第三次产业发展的需要，第三次产业就不可能健康发展。

第二节 第三次产业的发展目标

一 第三次产业发展的条件和趋势

第三次产业是为物质产品的生产、流通和人们的物质文化生活提供服务的经营性活动。它的发展要受生产力发展水平、社会需求状况以及经济运行方式的制约。我国第三次产业的发展，主要取决于以下三个方面的条件：

1. 取决于第一、二次产业的发展水平。第一、二次产业的发展规模和效率是发展第三次产业的基础。只有在第一、二次产业劳动生产率不断提高和剩余产品不断增加的情况下，国家才有可能扩大公共开支，发展各项公共事业，城乡居民的家庭生活费收入才能不断提高，并提高其支付能力用于购买第三次产业提供的各种服务。从1978年以来我国经济发展的实际情况看，凡是第二次产业增长较快的年份，第三次产业也增长较快，当第二次产业的增长速度下降时，第三次产业的增长速度也出现下降。

总的来看，1978年以来我国第三次产业增长与第二次产业的增长基本上是同步的。在今后的一个时期内，我国第三次产业的发展仍将呈现出这种趋势。

2. 第三次产业的发展取决于我国人口城市化的程度。只有当大多数人口从农村转向城市，产生了人口的集聚效应，才能为第三次产业的发展提供更大的市场，第三次产业在国民经济中的比重也才有可能大幅度上升。目前发达国家第三次产业占国民生产总值的比重平均在65%—70%之间，这些国家城市人口的比重则在90%以上。作为服务业的第三次产业，同样有一个市场需求量和经营规模效益问题。在大多数人口仍然分散居住在农村、农民生产和生活的商品化程度很低的情况下，由于对第三次产业的市场需求量小和达不到规模经济效益，第三次产业就难以有较快的发展。从1980年到1992年我国城市人口与第三次产业的增长情况看，这二者的发展也基本上是同步的。1980年，我国城市人口所占的比重为19.39%，当年的第三次产业在国民经济总产值的比重为20.15%；1992年城市人口比重上升到27.63%，第三次产业的比重则上升到27.8%。在过去12年里，我国城市人口比重每上升1个百分点，第三次产业的比重则上升0.886个百分点。根据对过去10年的我国城市人口上升与第三次产业增长的实证分析，第三次产业的增长速度将略低于人口城市化速度。到2010年，我国城市人口预计可上升到42%，比1992年上升14.4个百分点，那么第三次产业预计可上升12.7个百分点，第三次产业占国民生产总值的比重将达到40%左右。如果再考虑到目前第三次产业统计中的低估因素，第三次产业占国民生产总值的比重则可能达到45%左右。

3. 第三次产业的发展取决于生产和消费的社会化与商品化程度。由于受自给自足的自然经济观念和生产方式的影响以及传统的计划经济体制的束缚，我国的生产和生活消费方式的社会化程度仍然较低。企业在生产过程中，建立了"大而全"、"小而全"的生产服务和保障体系，如仓储、运输等生产服务系统。大多数党政机关、社会团体和企事业单位还普遍建立了自我服务的生活保障体系。这些生产和生活服务体系，实际上是隐性的第三次产业。由于它们被局限在一个企业或一个单位，利用效率低，造成资源配置的严重浪费。随着市场经济机制的形成和发展，企事业单位内部的自我服务的生产和生活保障体系将逐步分离出来，成为社会化的第三次产业的一部分。这种分离，必将加快我国第三次产业的发展。

我国城镇居民生活消费中的福利范围过宽，补贴的比重过高是阻碍第三次产业发展的一个重要原因，其中最突出的是城镇居民的住房无偿分配和低房租制度。目前房租支出仅占家庭生活费收入的3%左右，这种近似供给制的住房分配制度，严重阻碍了城镇房地产业的发展。住宅商品化和市场化的进展对今后我国第三次产业的发展将会起到重要的推动作用。预计当城镇居民住房消费的支出占家庭生活收入超过12%以后，住房流通和消费所带来的增加值占第三次产业增加值的比重可上升到10%以上，第三次产业在国民生产总值中的比重亦将上升4.5个百分点。住房消费的商品化和市场化，将创造更多的就业岗位，吸收从第一、二次产业转移出来的劳动力。

二　第三次产业的增长目标

20世纪80年代我国第三次产业平均每年递增10.6%，比国民生产总值的平均增长率高1.6个百分点。但1990年和1991年由于整个国民经济增长波动的影响，第三次产业增长率分别下降到2.1%和5.6%。1992年随着经济增长率的大幅度上升，第三次产业的增长率也回升到9.6%。按1990年不变价计算，到2000年我国第三次产业的增加值占国内生产值的比重应力争达到30%，即由1990年的4946.9亿元上升到12520亿元，平均每年递增9.7%。

到2010年,第三次产业的增加值达到31020亿元,比2000年增长1.4倍,年均每年增长9.5%,2010年第三次产业占国内生产总值的比重为36%。1990—2010年的20年,第三次产业的年均增长率为9.6%,比80年代的平均增长率低1.1个百分点。

三 第三次产业中主要行业的发展

第三次产业包括了具有多种不同生产方式的行业,既有高度社会化和现代化的资本密集与技术密集型的产业,也有分散的以手工操作为主的劳动密集型的服务性行业。由于生产力的层次不同,它所要求的生产关系和经济运行方式也不相同。因此国家对第三次产业的发展应当采取分类指导、突出重点的方针。

1. 商业的发展速度应高于第三次产业的平均增长速度。商业包括国内外贸易、仓储业,是第三次产业的支柱产业。它的内部按经营商品大类划分为不同行业,如百货、五金、钢材、木材等;按经营方式分为批发商业、零售商业;按服务范围分为国内商业、对外贸易。它为商品交换服务又是商品交换的载体,因而是国民经济各个部门、各个地区经济活动联结者和一定意义上的组织者。商业的发达程度,往往是当地经济社会发展情况的标志。商业在第三次产业中的比重见表4。

表4   产值单位:亿元

年份	1978	1980	1983	1985	1988	1990	1993
总值	824.5	918.6	1180.0	2119.2	3656.0	4946.9	8485.4
商业	265.5	213.6	171.0	577.0	980.0	837.0	1782.4
%	32.2	23.3	14.5	27.2	26.8	16.9	21.0

资料来源:《中国统计摘要—1994》第7页。

商业增加值在第三次产业总值中所占比重以 1978 年最高，为 32.2%。1983 年最低，为 14.5%，1993 年又达到 21%。在 1978 年以前，我国第三次产业十分落后，产业结构单调，其他行业相对微小，所以商业比重大。1983 年的商业处于下滑的低谷，所占比重小是自然的。1993 年的比重是 21%，以此作为商业发展目标的参照数据。1991 年到 2000 年，按平均每年增长 9.7% 计算，第三次产业的增加值为 12520 亿元，商业的增加值为 2503.8 亿元，年平均增长速度为 11.6%。到 2010 年，第三次产业增加值为 31020 亿元，商业增加值为 5521.2 亿元，增长速度为 8.2%。

我国商品流通中的根本问题是，条块分割，内外脱节，从而效率低、效益差。主要原因在于政企不分。无论内贸外贸，抓紧体制改革，使商业企业成为真正的企业，是发展的第一步。从商业本身分析，批发商业薄弱，是流通不畅、渠道不通的主要原因。要根本扭转商业流通产业滞后的状况，应积极发展批发商业，使批发商业摆脱行政区域的约束，克服数量少、分工粗、服务质量不高的弊病。

2. 加强交通运输和邮电通信业的基础产业地位。交通运输和邮电通信业是为生产、交换和居民生活服务的产业，特别是它同生产过程和交换过程的实物运动紧密结合，因而成为保证经济社会顺利运行的基础产业。它在第三产业中的地位见表 5。

表 5   单位：亿元

年份	1978	1980	1983	1985	1988	1990	1993
总值	824.5	918.6	1180.0	2119.2	3656.0	4946.9	8485.4
交通	178.2	205.0	264.9	406.9	661.0	1117.6	1901.0
%	21.6	22.3	22.4	19.2	18.1	22.6	22.4

资料来源：《中国统计摘要—1994》第 7 页。

交通运输和邮电通信业不适应国民经济发展和改革开放的需要，已在全国上下取得共识。表5表明，交通运输和邮电通信业产值在第三次产业产值中的比重一般在22%左右。参照这个数据，预计1991年到2000年的年平均增长速度为9.7%或10.9%；到2010年为8.2%，或9.4%。同商业11.6%—12.9%和8.2%—9.4%比较，明显偏低。我国疆域辽阔，地形复杂，交通不便是经济社会发展的重大障碍，在一些地方已成为当地经济发展的主要障碍。它的平均增长速度应当高于商业，至少要把发展目标定在13%—14%和10%—11%。

3. 积极发展金融保险业。金融业是货币经营业，它为消费者提供货币信用服务，其产值是存款利息与贷款利息之间的差额。在市场经济条件下，货币信用的发展，使全社会的生产者和消费者彼此倾向以信用为纽带，结成一个债务网或债务链。经济社会便沿着债务网络或链条的脉络运行。这样，货币信用反过来就成为经济社会运行的组织者和指挥者。很简单，货币投向哪里，哪里就产生有支付能力的需求，一切商品（包括劳动力）就会流向那里。所以，货币信用经营者不仅是为货币信用服务，而且还调节或制约消费者的经济活动。我国建设社会主义市场经济体制，整个国民经济对货币信用从而对银行、对金融业的依赖程度越来越高、越来越大。金融业的大发展是必然趋势。

金融业的增加值，在第三产业总产值中约占10%左右，1990年金融业产值为494.7亿元。金融业的发展目标，可以按平均增长9.7%和8.2%或11.0%和8.4%考虑。按第一方案，金融业到2000年的产值为1248.6亿元，到2010年，其产值为2745.9亿元。按第二方案，金融业的产值，到2000年为1404.6亿元，到2010年为3449.3亿元。改革开放以来，我国金融机构已改变了国有银行独家经营的局面，现有中央银行（中国人民银行)、专业银行(中国工商银行、中国农业银行、中国人民建设银行、中国银行),还有交通银行、中信实业银行、中国投资银行、广东发展银行、福建兴业银行、深圳发展银行、蛇口招商银行、烟台住房储蓄银行、蚌埠住房储蓄银行、光大银行、城乡信用合作社以及合资银行、外资银行、证券公司等。建立社会主义市场经济体制,国家必须牢固掌握金融产业的主体。主体是国有银行,即中央银行(中国人民银行)领导下的国有商业银行。国有银行健全、完善和高效,不仅能够更好地为社会生产和居民生活服务,而且能够有效地调控金融市场,发挥金融业对经济社会的积极作用。我国金融业发展过程中的问题也是不少的,如行业规模较小,调控体系不健全,管理体系不顺,服务手段落后,服务质量较差,市场法制不完备,等等。这些都应当在发展过程中抓紧解决。

保险业是为社会生产和居民生活提供保险服务的行业,属于社会保障系统的一个方面。保险业出售的是保单,消费者购买保险服务所支出的费用为保费。保费相当一部分要转化为资本金而进入金融市场,所以保险业同金融业结合紧密,或者银行办保险公司,或者保险公司办银行,是很自然的。

我国保险业的发展情况见表6。

表6　　　　　　　　　　　　　　　　产值:万元;速度为环比

年份	1978	1980	1983	1985	1988	1990	1991	1992
总值	88575	132541	170595	223154	325429	385759	367620	330017
速度	100.0	149.64	128.71	130.81	145.84	118.54	95.30	89.77

资料来源:历年《中国统计年鉴》。

保险服务在六七十年代被取消,改革开放后重新操办,所以头几年的发展速度较高，进入 90 年代又呈下降趋势，可见保险业的发展还不稳定。保险服务不仅是在发生灾变或事故时提供赔偿服务，更重要的是为投保者提供预防灾变或事故的服务。有些保险服务企业"收保费积极，提供服务消极"，依靠行政手段搞强制保险，这会导致保险行业的衰落。保险服务质量不高的原因在于国有企业独家经营。为了发展保险服务，逐渐完善社会保障体系，就要改变独家经营的状况，允许多家经营，通过竞争，提高保险服务质量，繁荣保险市场，从而促进保险业健康发展。

4. 振兴教育、文化，提高民族素质。现代社会是经济技术高度发达的社会。而经济技术的发达则要以全民族的思想道德和科学文化水平为基础。在我国，没有发达的教育文化事业，就不可能实现社会主义现代化。

各级学校在校学生人数是反映教育发展状况的数量指标。据国家统计局统计，1990 年，在校学生总人数为 17553.1 万人，占全国人口总数的 15.4%，平均每万人中大学生 18 人，中学生 447 人，小学生 1071 人。1978 年，在校学生总人数为 21346.8 万人，占全国人口总数的 22.18%，平均每万人中大学生 8.9 人，中学生 690 人，小学生 1519 人。1990 年与 1978 年比较，在校学生的绝对数和相对数都减少了，只有大学生人数增加了。现阶段的我国教育事业，中、小学教育是基础、是重点。基础削弱，重点不保，尽管高等教育有发展，仍然是全民族科学文化水平降低的表现。这远远不能满足我国走向 21 世纪的需要。因此，到 20 世纪末，应当普及九年制义务教育，消灭文盲，到 2010 年，力争做到基本满足经济社会发展对各类专门人才的需要。

文化服务产业也包含多种行业，如电影、广播电视、演出团体、文物单位、图书馆、博物馆、出版发行、体育事业等。在市场经济制度下，文化服务产业分为两部分，一部分是社会福利事业，由社会（政府）组织其服务活动，另一部分是商品性文化服务，受市场规律调节。在许多情况下，同一个文化服务单位既接受政府经费补贴、对社会提供福利性服务，又根据市场需要提供商品性服务。在现代社会中，文化服务的福利性与商品性并存的状态是必然的。国家要从经济社会发展的根本利益出发，结合财力状况，确定发展目标和福利性与商品性的比例关系。我国文化服务的发展目标第一是增加数量和提高质量。应当看到，无论广播电视还是体育馆、博物馆、图书馆，都需要提高覆盖率，让人们有更多的学习和锻炼的机会。文化服务质量问题是文化服务产业中的根本性和方向性问题。文化服务的社会性十分明显，它必须符合现行社会制度的利益。在为社会主义精神文明建设服务的前提下，既要品味高雅，又要为群众所喜闻乐见。高质量的文化服务是经济社会发展的力量泉源之一。至于文化服务的福利性与商品性的划分，要受政府政策和城乡居民对文化服务的需求双重因素影响。文化服务单位有三种，一是事业性的，二是商业性的，三是半事业半商业性的。各个行业和各个单位以何种性质对实现文化服务的发展目标有利，就鼓励和引导它们向何种性质转变。

医疗保健服务，既是文明生活的一部分，又是社会保障体系的一部分。所以它同样具有福利性和商品性两种性质。它的发展目标是在全国城乡建立多层次的医疗保健服务体系，使所有居民能够得到基本的医疗保健服务。1980年，全国卫生机构总数为18.05万个，其中医院6.54万个，卫生机构人员总数为353.5万人，其中医生人数115.3万人，平均每千人口的医生数为1.17人。1990年，卫生机构总数为20.87万个，其中医院6.24万个，机构的平均增长速度为1.5%，医院平均每年下降0.5%；卫生机构人员总数为490.6万人，其中医生为176.3万人，平均增长速度分别为3.3%和4.3%。每千人口的医生数为1.54人，仅增加0.37人。这种发展状况同建立全国城乡医疗保健服务体系的要求是不相适应的。1991到2010年的20年中，它们的发展速度应当比1980到1990年提高2—3个百分点，才能有所改善。

5. 科学技术服务业应有较大的发展。1991年，全国科学技术活动的基本情况是，机构22591个，人员232.92万人，其中科学家、工程师134.99万人，科技活动经费收入总额为403.26亿元，支出总额为369.13亿元，科技市场成交额为75亿元。这说明我国科技服务产业已有一定基础。科学技术是生产力，其发展速度越快越好。但它受经济技术、文化教育基础的限制，只能在现有条件下追求较高的发展速度。我国在1991—2010年间，应建成能够跟踪世界先进水平的自然科学与社会科学研究体系，并能将科研成果迅速转化为生产力。

科学技术咨询服务业是新兴的服务行业，它是科学研究同生产相结合、科学技术转化为生产力的重要途径。据1992年统计，中国科学技术协会系统参加咨询活动的科技人员为77968人次，完成合同及决策咨询79068项，合同实现金额85626万元。一方面，这表明我国的科技咨询服务业已经发端，为科技产业的发展注入了新的活力。我国的科技力量虽然有限，但仍是一支有相当实力的队伍，关键是充分调动他们的积极性。第一是科研的环境和条件。自然科学的实验手段、社会科学的调研条件成为开展科学研究的首要制约因素。这需要国家从政策上制度上给予解决。第二是科研经费问题，应当随着经济的发展逐步提高科研经费在国民生产总值中的比重。一些基础科学需要国家作出适当安排，保障科研活动正常进行。实用性强的学科需促其商品化、市场化，办好科学技术商品交易市场和科学技术服务市场，鼓励大型企业和企业集团建立技术开发中心。

6. 逐步发展房地产业。房地产业是经营土地开发、房屋设施建设、管理、维修的综合性服务行业。1990 年，我国房地产业的产值为 496.8 亿元，占当年国内生产总值 17681.3 亿元的 2.65%，占第三次产业增加值 4946.9 亿元的 9.5%。这说明房地产业已经成为第三次产业的一大支柱产业，也是国民经济中的重要行业。我国现在城市 570 个，小城镇数以万计，拥有数十亿平方米的房屋建筑面积。在计划经济时期，国有土地多是行政划拨、无偿使用，公有房屋先是行政分配，然后低价出租。这样，土地和房屋的使用价值不能转化或不能完全转化为商品，阻碍了房地产经济的发展。1991 年到 2010 年，房地产经济的主要趋势是商品化与市场化。它的发展速度，可以参照房屋建筑面积见表 7 增长情况考虑。

表 7　　　　　　　　　　　　　　　　　　　　　单位：万平方米

年份	1978	1980	1983	1985	1988	1990	1993
施工面积	102261	129188	148859	168951	137171	152813	182327
竣工面积	86325	111610	122084	135943	107793	119107	122021
住宅	69444	86540	90972	104801	86289	94002	80779

资料来源：历年《中国统计年鉴》。

按房地产业产值占第三产业总值的 10% 左右概算，到 2000 年房地产业产值为 1251.9 亿元，其年平均增长率为 10.3%；到 2010 年，其产值为 2760—3100 亿元，平均增长率为 9.5% 左右。

（原载李京文主编《走向 21 世纪的中国经济》第八章，经济管理出版社 1995 年版，第 185—201 页）

为发展中国服务贸易开路

服务贸易是第三产业的对外贸易。自 1986 年关税与贸易总协定谈判乌拉圭回合提出服务贸易问题以来，各国服务贸易额增长很快。当前世界贸易总额大约 5 万亿美元，服务贸易占 1/5 左右。一些服务贸易发达的国家，发展服务贸易不仅是增加外汇收入的重要来源，而且还是补偿贸易逆差的有力手段。

一 服务贸易高速发展的原因

服务贸易高速发展不是偶然的，是世界经济社会发展的必然结果，首先是世界各国的服务业（第三产业）蓬勃兴起。从世界产业结构看，第三产业产值达到了 60%。我们知道，第三产业是把服务当作商品来生产和经营的产业。服务商品同实物商品一样，是没有国界的。第三产业的生产发展到如此高度，特别是发达国家大多超过 60%，国内市场有限，必然要开拓国外市场。所以服务贸易就是在第三产业大发展的形势下发展起来的。

产业的国际化创造着世界经济的一体化。在这个过程中，国际交往不断扩大并日益紧密，它们也直接呼唤着服务贸易。

从1980年到1992年的12年间世界进出口贸易总额增长了34.7%，美国和日本增长了一倍多，中国增长三倍多。世界贸易这样大幅度的增长，一方面货物运输量增加，运输、仓储、保险、加工等各种服务随同增加，另一方面商务活跃，与商务旅行有关的各种服务行业相应发展起来。所以在世界贸易活动中，货物贸易与服务贸易是紧密联系、互相促进的。

科学技术的进步也是推动服务贸易发展的重要因素。当今世界科学技术飞速发展，正在形成独立的产业部门。在这个产业部门中的科学技术人员的研究成果的面世，则以提供有偿技术服务的形式出现。这样一来，科学技术服务业就转化为商品性服务，亦即科学技术服务商品。一些发达国家的科学技术情报服务业作为新兴的服务业日趋繁荣，它们跨出国门，为他国提供这种服务，自然成为服务贸易的组成部分。

人民生活水平的提高，相关服务行业发展很快。例如，旅游活动原来是少数富裕阶层的奢侈性的消费，现在正成为发达国家和中等发展程度国家多数人的生活必需，旅游业已经是旅游发达国家的支柱产业。围绕日益扩大的旅游消费，各种生活服务行业纷纷迈向国际服务商品市场。

二 中国发展服务贸易的条件

按世界第三产业产值大约10万亿美元、服务贸易额9000亿美元估算，服务贸易额占第三产业产值的9%左右。我国第三产业产值已6000亿元，服务贸易额在540亿元左右。若服务贸易进出口各占一半，服务商品出口额在270亿元左右，相当于50亿美元。然而，1992年我国旅游外汇收入总额达39.47亿美元，对外承包工程完成营业额为 24.03 亿美元，对外劳务合作完成营业额 6.46 亿美元。还有相当一部分外汇收入未作统计，如交通运输、邮电通信、金融保险、文艺、体育、医疗等部门的对外服务收入，粗略估计也将有数 10 亿美元之巨。这样，我国仅服务商品出口大约就有 100 亿美元左右。我国第三产业的发展低于发展中国家的平均水平，服务贸易却超过世界的平均水平，这是值得我们高兴并引起关切的事情。

我国发展服务贸易的优势是明显的。

——中国是拥有五千多年历史的文明古国，无论过去、现在和将来，对世界经济、社会的发展都起着重要的作用。世界上许多民族，或多或少、程度不同地受到中国文化的影响，他们渴望得到中国文化的服务。所以中国文化服务的世界市场是十分广阔的，前景不可限量。

——我国的疆域辽阔，地形多样，气候温和，景色瑰丽，自然景观和人文景观都十分丰富，这赋予我们发展旅游业的优越条件。当然，从旅游资源到旅游商品要经过一个生产过程，需要投入一定的人力物力。但由于旅游业是投资少、见效快的产业，中国旅游市场的扩大又是逐步进行的，只要不是遍地开花，择优、择急、有重点地进行旅游资源开发，是办得到的。

——中国劳动力资源丰富是举世公认的。在服务贸易领域中，有知识密集型和劳动密集型两类行业。各种文化服务行业，以知识密集型为特征；对外劳务合作，多以劳动密集型为主；对外工程承包，属于知识密集与劳动密集相结合的行业。一般地说，我国劳动力的知识水平不高，有文化的劳动者相对较少，但就绝对数而言，知识劳动者还是不少的。1949—1992 年合计，高等学校毕业生累计 860 万人，中等专业学校毕业生累计数为 1243 万人。这 2000 万知识大军，不少人在服务行业中劳动，他们完全能够对我国的服务贸易作出贡献。对境外消费者的服务，无论在国内还是在国外，简单的体力劳动为主的服务总是需要的，这正是我们的优势。

——改革开放以来，我国的科学技术事业有长足的进步，并拥有一定的实力。1992年，我国国有和集体的企事业单位有专业技术人员1822.5万名。在科学技术领域中，各个国家都有所长，也有所短，各国的科学技术服务贸易是取其所长，补其所短，积极开展科学技术的服务贸易。

有优势的要发展，没有优势但有需要也能够发展。服务行业是围绕人员、信息和货物的运动而提供服务的，交通运输、邮电通信、金融保险等服务行业，同世界先进的国家或地区比较，虽无优势可言，但只要这些服务市场仍在继续扩大，它们就有发展的天地。应当看到，我们有些服务行业的基础较好，在世界服务贸易发展的敦促下，它们也是大有作为的。

三　把服务贸易提到议事日程

中国在关税与贸易总协定中的地位的恢复，只是时间问题。在乌拉圭回合关于《服务贸易总协定》谈判中，我国的航运、银行、广告、旅游、专业服务、近海石油勘探等部门已递交了初步承诺开价单。这样，我国已经参与了服务贸易的谈判，一些服务部门也已进入了世界服务贸易市场。为了更好地开拓服务贸易市场，取得更大的经济效益，我们必须把服务贸易这一新兴业务组织好。

服务贸易既然是国际贸易，国家的宏观调控与管理就显得十分重要。现在，从中央到地方的各级政府都建立了第三产业办公室。它是专司第三产业的行政级管理机构，他们应当也必然要把服务贸易列入自己的工作范围。首先是开展调查研究，了解和熟悉国内外服务贸易的情况、问题和发展动向，制定我国服务贸易的发展战略，以及相关的产业政策，指导我国服务贸易健康发展。其次是协助立法机关制定有关的法律和法令，这非常重要。因为，国外有关服务贸易的法律法令比较健全。如果我国没有相应的法律和法令，我们在交易活动中必定处于不利地位，不但吃亏上当，还可能蒙受巨大的经济与政治的损失。所以关于服务贸易的立法事宜应当抓紧进行、越快越好、越早越好。再次是为服务贸易企业的经营活动作好服务与协调。我国旧经济体制的影响是根深蒂固的，"条条""块块"的分割，束缚着服务贸易的正常开展。一方面，深化改革、建立起社会主义市场经济新体制，是克服条块分割的根本途径；另一方面，高层次的政府机构进行组织和协调，任何时候都必不可少，尤其是在改革和发展的过程中，其任务更加繁重。

第三产业的各个服务行业和各类服务企业，凡有条件进行服务贸易业务的，就要积极开展活动。这既有利于企业广辟市场、扩大经营、增加收益，也有利加快企业（或有关产业）的国际化、现代化进程，提高经营管理水平。服务贸易市场的竞争是激烈的，竞争虽然是多方面角逐与较量，但其重点还是服务质量的较量，价格竞争的时代已经过去。尽管某些商品、某些地方和某些时候还有价格竞争，但终究是个别的、暂时的而不是普遍的和经常的。所以，服务质量是服务贸易中的第一要素，牢固树立优质服务意识，以质量求生存、求发展，应成为每个服务贸易企业的第一要义。在我国第三产业大发展的初期，人们重视数量的扩大是可以理解的，但忽略质量的重要性、忽视质量的提高，则是危险的。

在服务贸易活动中，竞争是国际性质的，本国企业之间的团结与协作十分重要。竞争，一方面是商品的质量、数量、价格等与市场客体有关的竞争；另一方面就是市场主体——商品的生产者与经营者之间的能力竞争。商品的生产者和经营者的能力，既有单独的或个人的能力，又有联合的或集体的能力。这种力量在市场竞争中特别是在世界市场竞争中是实力和势力强大的表现，是取得竞争胜利的基础和保证。在服务贸易大发展的形势下，所有从事服务贸易的企业应当尽可能地团结起来，组织起来，到世界市场上去争取国家的和企业的利益。

（原载《经济日报》1993 年 12 月 3 日）

服务贸易:"狼"真的来了

当今世界,服务产业的状况如何,不仅是一个国家和地区经济社会发展程度的标志,也是国力强弱的表现。可是,我们有不少人还没有意识到服务经济时代已经到来,对发展服务产业,研究服务经济还持观望的态度,甚至还要打入另册,这是令人忧虑的。现在,不是我国要不要发展服务贸易,而是许多国家的服务商品大批涌向中国,逼迫我国必须发展服务贸易,我们应当迎头赶上。

一 深刻认识中国发展服务贸易的紧迫性

目前,尽管我国国民生产总值排列世界前十名,但人口众多,人均产值在低收入国家中属于中等水平。而服务产业在国内生产总值中不到1/3,也属于低收入国家中的中等水平。同发达的服务经济国家比,我们的经济社会的发展程度落后二、三十年。落后就可能受剥削、受压迫、受奴役,落后就可能挨打。国际上的强权政治,就是发达国家欺侮落后国家的具体表现。要摘掉落后帽子,真正自立于世界先进民族之林,在服务经济时代就必须加强服务产业,拥有自己的先进的服务产业。

关税与贸易总协定关于《服务贸易总协定》的签订，一方面标志着世界贸易的新时期的开始，服务商品贸易日益成为各国商家关注的重要对象；另一方面，这也是服务经济发达的国家瓜分世界服务商品市场的开始。美国的服务业产值在国内生产总值中的比例高达64%以上，服务业使用着全部劳动力的70%以上，国内服务商品市场有限，服务商品生产过剩，不能不到国外去寻找市场。这正是美国在关贸总协定谈判中率先提出服务贸易问题的深刻原因。其他服务经济发达国家，如英、德、法、日、意等国，都存在着服务过剩问题，他们同美国一样要找国外市场。中国不仅是最大的货物商品（工农业产品）市场，而且也是最大的服务商品市场。许多国家的服务行业纷纷涌入中国市场，如商业、银行、保险、运输、电信、科技咨询、文化教育、会计事务、餐饮旅游……既要使用中国的廉价劳动力，又要掠取最大限度的利润。为了达到目的，当然要同中国的服务业展开竞争。在中国服务市场上，"狼来了"不是喊，而是真正的狼、真正地来到了。

我国曾经在工业国家坚船利炮的轰击下沦为殖民地半殖民地。现在，我们面对汹涌澎湃、滚滚而来的服务商品浪潮，会不会重演历史悲剧呢？服务商品以无形商品为主，服务渗透也行之于无形，更何况服务的华丽外衣具有如梦如幻、温情脉脉的表象，让人在舒舒服服、丧失警觉中间啖饮"糖衣裹着的炮弹"。例如，外国金融、保险业进入中国服务市场，一方面提供金融、保险服务，另一方面吸收中国居民和企事业单位的储蓄和保费，大量资金流入外国银行和保险公司。他们的势力越是膨胀，左右中国经济发展的能力也就越强，若不严格控制，掌握中国经济命脉的可能性随时存在。再如，随着世界信息高速公路的开通，若我国不尽快建设自己的信息服务网络，不但我国信息服务市场将为外国垄断组织所把持，而且他们还会大量掠取信息资源，我国经济、政治、军事、文化种种机密的保守也将处于困难境地。在信息时代，对经济社会发展举足轻重的信息流通受制于他人，一个民族或国家的地位是可想而知的。总之，服务贸易的方方面面都关系着国家的前途和命运，岂能掉以轻心！

二 优化服务产业结构，发展新兴服务行业

我国服务产业亦即第三产业，总量不足，是外国服务行业野心勃勃地发起进攻的根本原因，所以我们要大力发展第三产业。但不少人有顾虑，怕我国工农业生产水平低，基础薄弱，承载不了迅速增长的服务行业。这是多虑了。总量不足所反映的就是第三产业低于工农业现有水平，不能满足生产发展和生活提高的需要。以工业基础为由，延缓第三产业的发展是不明智的。同时，第三产业是中间产业，既处于农业与工业之间，以工农业为基础，又处于不同地区、不同国度之间，为它们之间的商品交换和人员交往服务。两个国家或两个地区的经济社会发展状况都是第三产业的基础。例如巴拿马、新加坡、中国香港等国家和地区的第三产业，就充分利用了国外或境外工农业生产发展的成就。在世界经济一体化进程不断加快的今天，发展第三产业，国内基础固然重要，国外基础也是需要考虑的。

我国第三产业的发展自然是立足国内、走向世界。国内服务商品供应不足，首先要满足国内社会生产和居民生活的需要。传统服务行业，如商业、运输、电信、教育、文化娱乐以及日常生活服务行业，既需要质的提高，又需要量的增长。从当前经济发展的迫切要求看，交通运输是国民经济的瓶颈，这已取得共识，正在加大发展力度。从长远看，教育落后，居民文化素质低，对经济社会发展的制约将日益突出。人们寄希望于"希望工程"，

愿望是良好的，但从产业发展的观点看，成效是微小的。教育产业发展的基础是教育服务劳动者——教师。从幼儿园到高等学校，如果没有高素质教师，各种文凭也徒有其名。因此，首先是教师的培养，教师的生活待遇、社会地位等问题，然后才是建学校、置设备、招收学生。这些问题的解决，需要国家统筹安排。新兴服务行业主要是科学技术、电信、旅游等行业。旅游业近年发展可观，但需提高。电信业也有较大进步。我国科学技术的发展虽然成果累累，但其产业规模不大，跟不上世界科技进步的潮流。总之，优化第三产业结构，重点是克服薄弱环节，特别要突出具有战略意义的教育、科技、电信等行业。

在我国第三产业中，具有进入世界服务市场的条件的行业主要有旅游、运输、对外工程承包、劳务出口、卫星发射等。我国的文化服务产业正在兴起，对国外消费的服务也越来越多。一是亚洲及太平洋地区的汉文化圈诸国，经济日益发达，对汉文化服务的需求不断扩大。二是我国经济、文化建设成就举世瞩目，了解中国，同中国交往，必须学习中国文化。三是许多文化体育项目，如戏曲、音乐、武术、乒乓球等，也受到各国人民的欢迎。根据世界服务市场的需要，发展我国具有优势或略具优势的服务行业，有利于较快进入服务贸易市场。

三 建立大型服务企业，提高服务商品经营水平

在服务贸易市场上，大型服务企业的优势是明显的。首先是资本雄厚，实力强大，其次是人才集中，最后是技术水平也较高。所以，大型企业的货物和服务的产品成本低、质量高、效益好。例如，美国电信行业由 Harris 等 8 家巨头所统率，日本则以富士通等 3 家为首。尽管他们已经具有较大规模，但还不满足，还在进行兼并。

如美国的IBM公司购买Lotus公司,以形成硬件与软件的优势结合;一些跨国公司还在组建"全球信息集团",在寻求更大的世界市场份额。与发达国家发展大型服务企业的状况相反,我国虽有15000多家从事信息产业活动,但大多规模细小,难以形成市场优势。在外贸货物运输方面,实际有4000—5000家经营和揽货的企业和个体户,同世界20大集装箱船公司比,船的吨位小,续航能力差,海损、海难多,自然服务水平低下。

在跨国集团控制世界服务市场的情况下,我国必须建立自己的大型服务企业。可以说,凡是进行服务贸易的各个服务行业,都应当拥有自己的大型企业或带头企业。社会主义经济的巨大优越性之一就是能够集中人力、物力、财力办大事。我国现有经济实力为各个服务行业办一、两个能跻身国际行列的大企业,是完全做得到的。当然,这样的企业必须是采用先进技术、实行科学管理的现代企业。经济管理体制不顺,是发展现代大型企业的主要障碍。地区分割和部门分割继而形成地区封锁和部门垄断,是我们在服务贸易中不能一致对外的根源。例如,货运业中一拥而上争货源,旅游业中纷纷外出争客源,外商趁火打劫,抢我市场,压我价格,坐收渔利。这种"对外竞争乏力,内部竞争过分,肥水外流"的"剧目"再不能继续演出了。解决这个问题的主要办法是,在承认和保障地区和部门既得利益的基础上建立以资产为纽带的联合体——大型集团公司,并给予进行服务贸易的优惠,对于中小企业则加以适当限制。

四 正确处理服务产业对外开放与对内搞活的关系

发展本国服务业最重要的是优先发展关系国家经济命脉的行业,如金融、保险、电信等行业。在计划经济体制下,这些行业是由国家垄断经营的。改革开放以来，尽管有所松动，但仍然保持垄断经营的基本态势。国内其他部门或系统要获得垄断经营行业市场准入，十分困难。现在，金融、保险、电信市场对外开放了，数以百计的外国企业涌入中国，就不能实行对内垄断、对外放开的政策。一般地说，对外开放要以对内放开、搞活为基础。对外开放，引进外国的资金、技术、管理和企业，目的是促进国内相关产业的发展，促进国内经济的发展。只有国内相关产业发展起来，并足以替代外国的时候，这才意味着对外开放的政策获得实际的成功。过去清政府实行"宁赠友邦，勿与家奴"的政策，祸国殃民，人所不齿。我们允许外国金融、保险、电信企业进入中国市场，首先要打破行业垄断，允许国内符合市场准入条件的企业进行经营。对外开放同时对内搞活相结合，相得益彰，是制胜之本。

五 走出去与请进来相结合，以发展本土对外服务为主

《服务贸易总协定》关于服务贸易的形式（或定义）中已经明确，一参加方在本国（境内）向他方提供服务或在他方境内为当地消费者提供服务，均为服务贸易。从我国服务经济尚欠发达的现实出发，在服务出口方面，以在国内向国外消费者提供服务为主。我国的旅游业就是这样的行业。旅游业的外汇收入占服务出口总值的60%以上，1996年高达120亿美元。所以，实际也是把国外消费者请进来使用我国服务。这样做的好处：第一是服务成本低，不仅劳动力价格低廉，而且相当大一部分工农业产品与服务的价格也是低廉的。成本低，盈利自然较高。第二是带动相关产业发展。外国消费者进入我国，其消费就不是单一的，他们多种多样的需要，较高水平的要求，必然在生产和服务等方

面促进有关行业的发展。第三，促进本国服务资源的开发和利用，如旅游资源、文化资源、科技资源等，都可以在对外国消费者服务时提高利用程度。第四，减缓外国服务企业对中国服务企业的竞争压力。虽然开放了，外国服务企业毕竟是少数，目前总是本国服务企业居多数，从而在竞争中处于有利地位。第五，服务是离不开国家管理的。在自己国土范围内，国家对服务企业、对外国消费者的管理比较方便。在国外，则要通过外交途径来保护本国企业和国民的利益。

服务出口也有需要打出去的行业。如劳务出口、对外工程承包、远洋运输以及餐饮、文艺等项服务，要直接面对境外的不需流动的消费者。他们必须走出去，在海外开辟市场。

六 充分发挥国家的职能

服务贸易是国际的服务商品交换。交换的当事人无论是企业还是个人，都同自己的国家紧密相连。国家是一国进行贸易的总代表，这在参与服务贸易谈判、参加关贸总协定和世界贸易组织等项活动中国家的作用最为明显。没有国家的组织与支持，就没有世界贸易，也没有服务贸易。所以，国家充分行使组织经济的职能，是保证服务贸易顺利发展的基础和关键。

保护民族服务产业，增强民族自立与自强意识。首先，是大力推动关系本国国计民生的、独具特色和优势的、国际市场急需的服务业的发展。以一国经济实力为后盾，结合不同行业采取不同措施，他们可以较快地赶上国际水平。其次，对发达国家服务行业进入本国市场应适当加以限制。在《服务贸易总协定》中规定，"每一缔约方应在其承担义务计划安排表所列服务部门或分部门中和根据该表内所述任何条件和资格，给予其他缔约方的服务和服务提供者，就所有影响服务提供的措施而言，其待遇不低于给予其本国相同的服务和服务提供者。"这一规定，对发达国家的服务业已相当有利了。我国对外资企业（包括服务业）还有特殊的优惠，使其利上加利，享受"超国民待遇"。而本国服务企业处于相对劣势，不能在"同一起跑线"上平等竞争。这对于我国服务企业来说，真是"雪上加霜"。当今世界各个国家都十分注重本民族、本国家经济以及服务经济的发展。优待外国企业，抑制本国经济的做法，是不符合本国利益的。我们既不做民族沙文主义者，也不拱手相让、甘居人下。所以，国家要充分保护本国利益，不仅在国内要正确处理内资与外资的关系，而且对已走出国门、对外服务的企业要给予经常的关怀和帮助，保护他们对外提供服务的正当权益。无论在国内还是在国外，我国的服务企业只有在国家多方保护和扶持下才能在国际服务市场站稳脚跟。

健全法规，依法治理服务贸易。这就要求国家针对不同项目、不同行业制定不同法规。当然，国家立法不能事无巨细、统统制定相关法律，只能根据服务经济发展的需要，分清主次和轻重缓急，逐步健全和完善有关法规。我国对外开放的服务行业中，已经制定许多法规，如《中华人民共和国对外贸易法》、《中华人民共和国外资金融机构管理条例》、《中华人民共和国邮政法》、《中华人民共和国海上交通安全法》、《中华人民共和国专利法》、《中华人民共和国著作权法》，等等。这些法令的颁布，对服务贸易的作用是十分巨大的，但距服务贸易的要求还有一定距离。

（原载中国国情国力杂志社编《中国热点》，中国统计出版社 1999 年 4 月版，第 162—168 页）

服务业与综合国力的关系

一国的综合国力是由多种力量形成的。农业、工业、服务业都是形成综合国力的基本力量。只是在我国的历史条件下受重视工农业生产、轻视服务业的传统观念的影响,服务业是不是综合国力的一部分、发展服务业能否提高综合国力才作为问题来讨论。

一 服务经济时代的到来

时代,是具有一定特征的历史时期。在人类社会发展的历史长河中,时代的更替,往往是社会前进或倒退的表现。在一定历史条件下,人们对自己面临的时代的态度,是基于对时代的认识而作出选择。所以,人们力求正确认识时代,以便弘扬时代主旋律,紧跟时代潮流。

当今世界的时代特征是什么,大家非常关心。人们从不同的角度,分析时代的特征,力求把握时代的主旋律。提法很多,如"知识经济时代"、"信息时代"、"后工业时代"、"服务经济时代",等等。在这诸多的议论与认识中,我们何去何从,理应作出自己的判断。

首先，1997年美国总统克林顿采用了"知识经济"的提法。有关"知识经济"和"知识经济时代"的论述车载斗量，不胜枚举。例如，冯瑄同志说，"事实上，农业社会可以追溯到公元前8000年，也就是说，除去蒙昧野蛮的原始时期，人类文明已经历了两个主要的经济时代，即以使用人力资源与自然资源为主的农业经济时代和以使用能源与机器为主的工业经济时代。这两个时代已经为人类的发展和社会财富的积累做出了巨大贡献。知识经济时代是人类将要进入的第三个经济时代。知识经济兴起的背景是：在工业文明中的物质生产和经济技术达到一定水平后，经济比以往任何时候都依赖于知识的生产、扩散和应用；知识密集型产业在社会中的地位与作用愈益突出，知识作为投入要素的重要性与日俱增"。[1] 知识作为投入要素，在人类社会的生产过程中，任何时代都存在。在这里，作者划分时代的标志是知识的重要性，亦即产品（工农业产品和服务产品）中的知识含量。与知识经济相对应的只能是愚昧经济，同产业部门划分时代，是不统一的。

李京文同志说，"在工业经济时代，整个社会的经济基础是工、农业生产和服务业，生产和消费工、农业产品和交通、通讯、商贸、旅游、餐饮、金融、教育等第三产业提供的各类劳务是社会生活的主要内容。此时，知识以及它所包含的信息、科学技术，在生产产品和服务的过程中，起着重要的作用，它是生产的必要因素之一，而且随着科学技术的进步和生产力水平而提高。""但是，在工业经济时代的多数年份里，知识（科学、技术）还仅仅是一种生产要素，或者说是经济增长的一个要素，

---

[1] 冯之浚主编：《知识经济与中国发展》，中共中央党校出版社1998年版，第4页。

尽管它的份额在不断提高，但它仍然只是一个因素。到了知识经济时代，知识就不仅仅是生产的因素或经济增长的一个要素，而且成为生产的支柱，成为经济增长的决定性要素。""同时知识本身成了产品，它不断生产出来，并通过加工、处理、传输和经营而为越来越多的全球居民所消费。许多知识被物化，出现了各类软件、网络以及音乐磁带、激光唱片、影视录像等等；出现了一系列知识产业，如信息产业、教育、科研开发企业及设计、创意、咨询、旅游等产业，其中有的产业已成为国民经济的主导产业或重要支柱。"① 李京文同志给我们的启迪是，产业可以决定时代的变更，可以成为时代的特征。知识产业现在是否达到了足以引起时代更替的程度，是可以讨论的。

秦言同志说，"农业社会以土地为中心，牧业社会以牲畜为中心，商业社会以货币为中心，工业社会以资本为中心，信息社会以信息为中心，知识经济社会以人为中心。"② "我们所赖以生存的地球上，知识已成为时代发展的主流。""人类经历的四个经济时代"是"石器时代"、"农业时代"、"工业时代"、"知识经济时代"③。社会的中心，是时代特征的表现。土地、资本是社会生产的条件，牲畜、信息是社会产品，货币是交换的工具，人，任何时候都是社会的中心，作者这里对社会或者时代的划分却没有一致的标志。

其次，认为现代社会已处于信息时代。萨·科马里说，"经过几个世纪的发展，人类社会经历了三个不同的时代——农业时代、工业时代和现在的信息时代。信息时代是以全球化、迅速的

---

① 李京文：《知识经济：21世纪的新经济形态》，社会科学文献出版社1998年版，第16—17页。
② 秦言：《知识经济时代》，天津人民出版社1998年版，第199页。
③ 同上书，封4。

技术变革以及知识在获得和保持竞争优势中的重要性为标志的。"① 守增也说,"人类正处在由工业时代向信息时代快速过渡的历史变革时期,信息化浪潮正以独特的方式改变着世界战略格局。"② 农业时代、工业时代的区分,是以社会主要生产农产品或工业品来确定的。工业时代和信息时代的区分,也应当按社会主要生产信息产品为标志。但当今世界,尽管人们普遍使用信息产品,而信息产品远没有成为社会的主要产品。所以,我们不能认为现在就是信息时代。

再次,新工业时代的来临。韩民青同志认为,"到目前为止的人类文明已经经历了三种形态,这就是采猎文明、农业文明和工业文明"。"人类对自然的认识与改造的全过程将经历三个大的历史阶段","这就是:生命物质的认识与改造时代→化学物质的认识与改造时代→物理物质的认识与改造时代"。"三个大时代共可分为六个小阶段或小时代,具体地说就是:天然生物时代与人工生物时代、天然化学时代与人工化学时代、天然物理时代与人工物理时代。""工业文明的实质是'天然化学时代',即'采掘和利用天然化学物质的时代';工业之后的人类文明将进入一个'人工化学时代',即'人工创造和利用化学物质的时代'。""新文明革命的实质:新工业时代的来临。传统的工业文明属于'采掘和利用天然化学物质的时代',那么,新文明革命的实质就应该是走向'人工创造和利用化学物质的时代'。"③ 文明,是对人类社会发达程度的表述。它既包含经济、技术,也包含文化。如果单纯从生产技术或者认识与改造自然的角度看待文明,将经济关系、

---

① [美]萨尔坦·科马里:《信息时代经济学》,姚坤、何卫红译,江苏人民出版社2001年版,第1页。
② 守增:《抢占信息时代军事制高点》,《光明日报》2002年7月31日。
③ 韩民青:《文明的演进与新工业革命》,《光明日报》2002年4月11日。

文化演变置之度外,就不能说明时代变化的全貌。

最后,迈向服务经济时代。杨圣明同志说,"对于我们当前所处的经济时代,有多种说法。如服务经济时代,金融经济时代,知识经济时代,二元经济时代,三元经济时代等。我认为,我国已走出农业经济时代,正处于工业经济与农业经济并重的二元经济时代或三元经济时代,准备迎接服务经济时代、金融经济时代和知识经济时代的来临"[①]。金融经济与知识经济,现在都是服务经济的组成部分。一旦它们成为独立的经济时代,服务经济时代也就不复存在了。所以它们不能并列在一起。

我们认为,从世界一体化的角度看,人类社会正在迈向服务经济时代。

人类社会发展历史阶段的划分,是根据观察和分析历史演变的需要从不同角度、采用不同标志进行区分的。观察所有制的变化,以生产资料归谁所有为主线,人类社会的历史可以分为原始社会、奴隶社会、封建社会、资本主义社会、社会主义社会。分析产业发展过程,可以分为农业经济、工业经济、服务经济。按生产技术状况划分,可分为石器时代、青铜时代、铁器时代、机器大生产时代等。按照社会的经济联系方式划分,可分为自然经济、商品经济、市场经济。我国还按照社会统治者(朝代)的变化划分,夏、商、周、秦、汉、晋、唐、宋、业、明、清等。历史发展的无穷无尽,研究历史的需要多种多样,所以历史阶段的划分是多元的。这有助于我们从不同侧面了解历史,认识未来。

经济是人类社会发展的基础。而对经济的分析,首先是分析产业结构。一个社会生产什么,以什么产品的生产为主,对社会的性

---

① 杨圣明主编:《服务贸易——中国与世界》,民主与建设出版社1999年版,第13页。

质具有决定意义。在农业经济社会中，人们以生产农产品为主，大多数人从事农业生产，农业部门成为社会劳动的主要部门。在工业社会中，工业是社会的主要劳动部门，工业品是主要产品。所谓工业化，就是国民经济以工业生产为主。当今世界是否进入服务经济社会，不是人们的主观断定，而是看产业结构的实际状况，见表1。

表1　　　　　　　　全世界1998年产业结构状况

	国内生产总值（百万美元）		农业	工业	服务业
	产值	比重	比重	比重	比重
全世界	28,854,043	100.0	5	34	61
低收入国家	1,811,106	100.0	21	41	38
中等收入国家	4,420,845	100.0	9	36	55
高收入国家	22,560,624	100.0	2	33	65

资料来源：世界银行：《1999—2000年世界发展报告》，中国财政经济出版社，第249页。

全世界1998年的产业结构状况是，农业占国内生产总值（GDP）的5%，工业占34%，服务业占61%。这就是说，服务业在世界经济中已经成为主导产业。所谓经济服务化，实质就是服务业在整个国民经济中起主导作用和支配作用，服务产品成为主要产品。例如，在市场经济条件下，工农业是按定单生产，以销定产，商业或贸易在产销之间就起决定作用；金融业是市场经济的核心，许多工农业企业和服务业企业依靠金融业保持正常的资金周转，一旦发生金融危机，整个国民经济都将处于危机状态。其他如交通运输业、通信业等，都有撼动整个国民经济的力量。现有数据足以说明，服务业不仅在质量上成为国民经济的主导命脉，在数量上也成为主要产业。世界经济性质的变化，完全在情理之中。

经济发展的不平衡性,在一国之内存在,在全世界更加剧烈。从国内生产总值的总量上看,低收入国家占6%,中等收入国家占15%,高收入国家占79%。这似乎说,世界进入服务经济时代只是少数发达国家的事,发展中国家、中等发达程度国家还排不上队。但在世界市场纵深发展的推动下,世界经济一体化的进程也在加速。绝大多数国家都与世界市场发生程度不同的联系。发达国家进入服务经济时代,不能不对发展中国家和中等发展程度国家发生影响。这种影响的直接表现是国际贸易。20世纪90年代,世界贸易组织通过了《服务贸易总协定》,就是世界进入服务经济时代的标志。一个国家只要参与了《服务贸易总协定》,即在事实上进入了世界服务经济体系。无论愿意或不愿意,发达国家服务经济力量的作用便是客观存在,只不过作用的程度和范围有所不同罢了。

2002年,我国的国内生产总值为104790.6亿元,其中,农业占15.4%,工业占51.1%,服务业占33.5%。可见,我国处于发展中国家之列,工业化程度较高,服务业则比较滞后。面对世界经济的服务化趋势,大力发展服务业自然是我们的基本国策。

二 服务经济时代服务业的特征

当今世界既已进入服务经济时代,服务业就是现代社会的主导产业和主要产业。由于我国还处于工业经济阶段,党和国家提出"走新型工业化道路"、"加快发展现代服务业"[①] 的指导方

[①] 江泽民:《全面建设小康社会,开创中国特色社会主义事业新局面》,人民出版社2002年版,第22页。

针。服务业的发展,自然要同世界现代服务业同步。什么是现代服务业,它具有什么特征①,有讨论的必要。

服务业是中介性质的产业。它处于工业与农业、生产与消费、城市与乡村、各个地区、各个国家之间,为它们服务,促进它们之间的交往与交换,从而推动经济社会的发展。服务业的这种中间地位,决定了它的依托性、适应性与带动性。依托双方的经济社会基础,适应双方的生产力水平与社会文明程度,只有这样,才能带动和促进双方经济社会的发展。经济社会发展的历史经验表明,是先进带动后进。服务业更多地依靠先进的生产方式、先进的产业和地区,以带动相对落后的产业和地区。服务业大多集中于城市,越是经济文化发达的地方服务业越发展,服务水平越高,这就是鲜明的例证。所以,服务业的发展要与时俱进,不仅要向国内的先进水平看齐,也要向世界的先进水平看齐。这样的服务业就是现代服务业。

(一)拥有先进的科学技术

服务业生产服务产品,提供优质服务,同工农业产品一样,需要一定技术。它既需要体现现代技术水平的服务设施设备,也需要服务劳动者相应的业务技术能力。事实上,服务业的产业史,就是一部同科学技术一道进步的历史。以交通运输服务业为例,从独木舟、骡马大车到轮船、汽车、火车、飞机,无不紧紧追踪当时最新科学技术成果在交通运输工具中的运用;反过来,交通运输服务业的状况,又成为一个国家或地区科学技术水平的

---

① 现在,不少地方对传统服务业、新兴服务业、现代服务业没有明确区分,尤其是对新兴服务业与现代服务业没有区分。我们认为,传统服务业与新兴服务业是对应的,现代服务业则是指整个服务业的现代化。

标志。又如教育服务业，或称教育产业、教育服务产业，它们不仅要传承已有的文化知识，而且要及时向学生传达最新科学技术成就，还要进一步指明其发展方向，具有超前意识，这才是现代的教育服务。

传统服务业与新兴服务业的区分，是一定时期内当代社会分工发展而新产生的服务业与过去社会分工形成的、现在仍然继续发挥作用的服务业的比较。新兴服务业虽然产生于现代，如果远离现代科学技术，也不能算作现代服务业。所以，无论传统服务业还是新兴服务业，都需要运用先进科学技术武装自己、改造自己，实现现代化，成为现代服务业。

(二) 蕴藏丰富的文化内涵

产品的文化内涵，或丰富，或贫瘠，只有量的差别。由于文化是由知识、情感、社会制度等因素组成，产品必须具有相关的文化因素，才能满足人们物质和精神的需要。产品的科学技术含量是根本。科技含量越高的产品，文化内涵越丰富，反之亦然。人们的物质和精神需要是互相依存、互相影响的。产品的外观与内在的审美情趣，给产品的设计者和生产者无限广阔的文化空间。正是这样，茶文化、酒文化、饮食文化、服装文化、汽车文化，林林总总，数不胜数。可以说，自古至今没有产品不具有一定的文化内涵。

服务产品与实物产品相比，其文化内涵更加丰富。服务产品的生产过程，是服务劳动者与服务消费者在不断交往中完成的。交往的介质就是文化。他们必须语言相通，心心相印，劳动者才能提供优质服务，消费者才能得到最大的满足。这说明，服务劳动者的文化素质越高，产品的文化内涵越丰富。服务业的行业众多，不同行业有不同的情况。文化产业的文化服务产品，其文品位应当高些，其他行业的服务产品的文化品位相对低些。这种差别并不意味着非文化服务行业可以降低要求。相反，各个服务行业根据自己的情况扩大文化内涵、提高文化品位，方可跻身于现代服务的行列。

现代服务产品的文化内涵中最重要的特征是必须具有良好的服务道德，这也是服务企业和服务劳动者形象的鲜明表现。在中世纪，一方面，商业就是欺诈，或者说无商不奸；另一方面，货真价实，童叟无欺，讲求商业道德和商业信誉。正反两方面的作用，延缓了商品经济向市场经济转变的过程。在市场经济中，商品的质量和经营者的信誉是生命。这也是现代服务业生命力的源泉。服务道德是服务劳动者的行为规范。首先，是强烈的服务意识。服务是劳动者在消费者支配下满足其需要的活动。尊重消费者，尽可能地满足其需要，应当成为服务企业和服务劳动者的根本观念。其次，诚实守信，不仅是对消费者，对其他经营者、对国家行政管理机构，都是必须严格遵守的行为规范。坚决杜绝和消除服务欺诈、服务敲诈、不信守合约等不良现象，服务业才能步入现代服务业的行列。

(三) 日趋合理的产业结构

服务业的产业结构是服务业内部的行业配置关系。但各个行业所面对的是整个国民经济的需要。对服务业产业结构的研究，第一要从产业关联出发，观其适应当前需要、促进未来发展的状况；第二是观察服务行业内部比例关系，了解发展趋势。

现在，发达国家服务业在 GDP 中的比重高达 65%，中等发展程度国家占 55%，发展中国家仅占 38%，我国只有 34%。这表明，经济社会越发展，服务业的水平就越高，服务业与国民经

济的关联程度也越大。以日本国的产业关联为例[①]见表2

表2　　　　　　　投入结构变化情况

	农业		工业		服务业		合计		民间消费	
年份	1975	1985	1975	1985	1975	1985	1975	1985	1975	1985
农业	0.289	0.367	0.068	0.057	0.019	0.012	0.062	0.049	0.031	0.022
工业	0.482	0.422	0.718	0.726	0.438	0.431	0.640	0.640	0.332	0.306
服务	0.229	0.211	0.214	0.217	0.543	0.557	0.298	0.311	0.637	0.672
合计	1.000	1.000	1.000	1.000	1.000	1.000	1.000	1.000	1.000	1.000

服务产品投入生产为生产资料，投入民间消费为生活资料。日本服务业在1985年占全社会生产投入的31.1%，当年国内生产总支出为3241590亿日元[②]，即为1007513亿日元。日本民间消费中服务消费占67.2%，当年民间最终消费支出为1905754亿日元[③]，即为1280666亿日元。两项合计为2288179亿日元，生产投入占44%，民间消费占66%。这就是说，日本服务业的产业结构可以概括为，农业生产服务占10%，工业生产服务占10%，服务业服务占24%，民间消费服务占66%。这可以作为现代服务业产业结构的参照系。

我国服务业2001年的产业结构状况是，农林牧渔服务业占0.8%，地质勘探业和水利管理业占1.0%，交通运输、仓储及邮电通信业占18.0%，批发和零售贸易餐饮业占23.9%，金融、

---

① 参阅白仲尧主编《中国服务贸易方略》，社会科学文献出版社2001年版，第4页。
② [日]经济企画厅调查局编:《经济要览》，平成4年版，第41页。
③ 同上。

保险业占16.8%，房地产业占5.7%，社会服务业占11.6%，卫生体育和社会福利业占3.0%，教育、文化艺术及广播电影电视业占8.4%，科学研究和综合技术服务业占2.1%，国家机关占7.8%，其他服务行业占0.9%[1]。由于服务业的中介性质，它的产业结构是否合理、必须同生产与生活的需要相联系。又由于人们对实物产品的需要是有限的，而对服务产品的需要却具有无限性，服务业创造需求的能力大大超过工农业。所以，服务业内部行业之间的关系应服从对农业、对工业、对服务业自己、对居民服务的要求，这样才能建立起农业生产服务体系、工业生产服务体系、服务业生产服务体系、居民生活服务体系、社会公共服务体系，以形成现代服务业的合理产业结构。

三 发展现代服务业，提高综合国力

物竞天择，适者生存。这同样适合世界上国与国之间的相互竞争关系。综合国力强大的国家在国际竞争中处于有利地位，综合国力弱小的国家则受制于人。因此，增强综合国力是所有国家追求的根本目标。

（一）综合国力与国际竞争力

综合国力是一个国家生存发展的全部能力的总和。自国家产生以来，人们便注意到国家盛衰存亡的力量源泉，亦即注意到综合国力的状况。《孙子兵法》中说，"兵者，国之大事，死生之地，存亡之道，不可不察也"，同时提出了"存亡之道"的经济、政治、军事、天时、地利、人和诸因素。近代，西方国家对

---

[1] 国家统计局编：《中国统计年鉴—2003》，中国统计出版社2003年版，第60页。

综合国力的理论研究较多。他们的基本立足点是"一个国家控制别国的能力"①。我们研究综合国力则是探讨自立于世界民族之林的方略。尽管目的不同,但都要研究国力、发展国力,以保障自己国家的利益。

当今世界是一个充满竞争与对抗的世界。在世界市场上,企业的或产业的竞争力,往往取决于国家的国际竞争力。出于国际竞争的需要,一些国家和国际机构对国际竞争力进行研究。例如,瑞士国际管理发展学院提出,一国的国际竞争力主要由4大平衡关系(资产与过程、引进吸收能力与输出扩张能力、全球经济活动与国内经济活动、经济发展与社会发展)、8大要素、46个领域、259个指标进行综合测定。这8大要素是,国家经济实力、国际化程度、政府管理能力、金融体系、基础设施、企业管理、科学技术、国民素质等②。他们所列出的指标体系表明,国际竞争力的核心是综合国力。综合国力强大的国家,国际竞争力也一定强大。综合国力增强,自然能够提高国际竞争力。

综合国力是由多种因素构成的。一般地说,"可以概括为:政治、经济、科技、国防、文教、外交、资源等7个方面"③。我们认为,综合国力应概括为政治、经济、国防、资源4个方面。外交力是政治力的一部分。科技作为产业是经济力的一部分。这样,在综合国力中,政治力包括政治制度、政府素质、决策能力、国民凝聚力,经济力是产业的能力(包括农业、工业和服务业),国防力即军事能力,资源力是国家拥有的自然资源

---

① 参阅黄硕风《综合国力新论,兼论新中国综合国力》,中国社会科学出版社1999年版,第1—3页。
② 参阅谭影慧《中国国际竞争力浅析》,《商业研究》(哈尔滨)1999年第11期。
③ 黄硕风:《综合国力新论,兼论新中国综合国力》,中国社会科学出版社1999年版,第12页。

(海洋、土地、森林、矿藏、水、人口等)、人文资源、信息资源等。经济是基础，各种产业的生产和经营能力是综合国力的主要组成部分。

(二) 服务业在提高综合国力中的作用

1. 经济增长力。国内生产总值（GDP）及人均国内生产总值的大小，是衡量综合国力的重要指标。当今世界经济服务化，服务业的产值及其在国内生产总值中的比重，既是综合国力的表现，也是经济社会现代化程度的重要标志。服务业产值的增长，就是经济力的增长。2001年，我国服务业在GDP中的比重为34%，低于世界发展中国家的平均水平。而我国的经济发达地区，如北京市服务业产值占GDP的58.9%，上海市占50.7%，广州市占54%，天津市占46.9%，深圳市占45.1%。它们鲜明地表现出经济实力越强的地方服务业产值越大。所以，服务业的发展，产值增加，不但提高了国内生产总值、加大了服务业的比重，而且提高了国民经济的质量，从而增强综合国力。

2. 生产推动力。服务业对生产的推动力来自四个方面，科学技术的推动，知识创新的推动，市场开拓的推动，资本运作的推动。科学技术服务业以科学技术服务产品问世。如技术成果转让，技术指导服务，它们在国民经济各个部门都能直接形成生产力，推动社会生产的发展。知识就是力量。在服务业，它以教育服务产品、文化艺术服务产品、体育服务产品、信息服务产品等形式满足人们需要。人们享用这些服务，提高了业务技术素质、身体素质，从而工作效率提高、创新能力提高。这就随之转化为生产力，推动国民经济的发展。商业、外贸、交通运输都具有开拓市场的能力。向生产的深度和广度进军，是它们的重要职能。正如恩格斯所说，"商人走到那里就把那里的产品加上货币的形式而卷入流通之中"。可见，商业和外贸以及交通运输扩展到那里，市场也就扩展到那里。在市场经济中，生产跟随市场转，有市场就有生产。这就是商业、外贸和交通运输对生产的推动力。同样，在市场经济条件下，金融业的资本运营，只要符合实际需要，经常大量的直接的转化为生产力。服务业对国民经济的推动或带动力随着整个产业的发展而发展。社会生产和生活对服务追求的无限性，导致服务业发展的无限性；服务业发展的无限性，对社会生产的推动力就越来越大。这正是服务业越发展、在国民经济中的比重日益增大，不但不妨碍经济发展，反而促使经济社会加速发展的根源所在。

3. 产业协调力。它的作用是促进产业互相适应，改善产业结构，实现国民经济的良性循环。服务业是中间产业或中介产业。它处于生产和消费之间、工业和农业之间、各个地区之间、不同国家之间，为它们充当纽带和桥梁。我们知道，产业结构问题实质是彼此之间的生产和消费的结合问题。产业结合紧密，资源合理分配，需要得到满足，在这种状态下，产业结构就是合理的，经济循环就是良性的。这种状况的形成，归功于服务业的发展。商业贸易连接国内外市场，它们成功的营销，帮助生产者实现按定单生产，使产销紧密结合。金融业合理组织货币流通，形式上是加速商品与货币的流通，实际上是促进资源的合理分配，从而增强整个经济的活力。交通运输、现代物流保证着人员交往方便、货物流通顺畅，缩小产销之间的空间距离，密切产销关系。信息服务、咨询服务以及各种中介服务，都是产业之间相互了解、彼此接近的促进剂。服务业的协调功能，人们誉之为"柔软的产业"。有了它，不仅国民经济可以"软着陆"，各个产业都可以"软着陆"。

4. 劳动吸纳力。社会经济发展的历史过程是，第一次产业为农业，第二次产业是手工业脱离农业而独立形成工业，第三次产业是第三次社会大分工、商人脱离农业和工业以及随之而来的交通运输等服务业的诞生。在农业经济社会里，大多数劳动者禁锢在农业部门，少数人从事工业和服务业，新增加的劳动力一般处于世代相传的状态。在工业经济社会里，农业劳动者减少，他们向工业和服务业转移，工业部门和服务部门的劳动者人数不断增加。当世界进入服务经济社会，服务业不仅要接受农业和工业转移来的劳动者，还要接受社会新增的劳动力。因此，当今世界的发达国家中，60%以上的劳动者都在服务业中劳动。我国劳动者的增长和转移情况见表3：

表3　　按三次产业分的年底从业人员数　　单位：万人

年份	从业人员 总数	增长率	第一产业 总数	构成	增长率	第二产业 总数	构成	增长率	第三产业 总数	构成	增长率
1952	20729	100.0	17317	83.5	100.0	1531	7.4	100.0	1881	9.1	100.0
1965	28670	138.3	23396	81.6	135.1	2408	8.4	157.3	2866	10.0	152.4
1970	34432	166.1	27811	80.8	160.6	3518	10.2	229.8	3103	9.0	164.9
1975	38168	184.1	29456	77.2	170.1	5152	13.5	336.5	3560	9.3	189.3
1980	42361	204.4	29122	68.7	168.2	7707	18.2	503.4	5532	13.1	294.1
1985	49873	240.6	31130	62.4	179.8	10384	20.8	678.2	8359	16.8	444.4
1990	63909	308.3	38428	60.1	221.9	13654	21.4	891.8	11828	18.5	628.8
1995	67947	327.8	35468	52.2	204.8	15628	23.0	1156.7	16851	24.8	895.8
1999	70586	340.5	35364	50.1	204.2	16235	23.0	1060.4	18987	26.9	1009.4

资料来源：根据《中国统计年鉴—2000》第116页。

我国从业人员从1952年的20729万人增加到1999年的70586万人，增长了2.4倍。与此同时，农业部门从业人员增长1.04倍，工业部门增长9.6倍，服务业部门增长9.09倍。这反映了农业经济转向工业经济的劳动就业状态的一般规律。由于我国人口基数大，劳动力充沛，三大产业部门的从业人员都保持增长的态势，亦即都吸纳了新增劳动力，几乎没有劳动者的劳动部门转移。但在1990年前，工业是新增劳动力的主要吸收部门，服务业从业人员的增长速度慢于工业。从1995年起，服务业的从业人员总数及其在三次产业中的构成均超过工业，农业及工业部门的劳动者减少。这才开始出现农业和工业部门的劳动者向服务业部门转移。尽管是开始，它却预示着服务业不仅吸纳新增劳动力，而且还能吸纳农业和工业转移过来的劳动力。

5. 社会凝聚力。社会凝聚力是由多种因素构成的。其中，服务业的贡献十分显著。服务业向社会提供服务产品的特征是，消费者和劳动者同处于服务产品的生产和消费过程。在这个过程中，消费者和劳动者的交往是提供服务和享受服务的基本前提。在交往中，消费者和劳动者彼此协调配合，既是服务经济顺利运行的保障，也是社会成员之间的和睦相处、互相帮助的表现。这里就蕴藏着社会凝聚力。在服务业中，对社会凝聚力的形成作用最大、影响最深的要数文化产业。无论教育、体育、文学艺术、新闻出版、广播电影电视等各种文化服务行业，它们所生产的文化服务产品，一方面是传承民族的和国家的优秀文化成果，另一方面在同世界各个民族、各个国家交流中吸收外来文化，并去其糟粕、取其精华以丰富、提高本土文化。这样的文化服务产品凝结着民族的魂魄、时代的精神，必然为人们喜闻乐见、乐于接受。人们在享用和欣赏文化服务产品的过程中，陶冶情操，鼓舞进取，自然形成巨大的社会凝聚力。服务业中为居民日常生活服务的各种行业，如商业、餐饮、旅馆、美容、洗染、医疗、交通、通信、园林等，为人们创造出舒适、便利、卫生、安定、安全的生活环境，人人怡然自得，幸福美满，就会激发出对祖国、对社会的无限爱意。这也是社会凝聚力的滔滔源泉。

6. 形象感召力。服务行业也被称为窗口行业。它们是一个国家的窗口，一个民族的窗口，一个地方的窗口。人们通过这个窗口，也就是通过服务业的形象，能看到国家的、民族的、地方的形象。服务业的服务好，态度和蔼，耐心细致，体贴周到，满足需要，消费者满怀喜悦。虽然他们直接面对的是服务业的服务劳动者，但他们深深感触的是这个地方、这个民族、这个国家的温暖、高尚与可爱。服务业的服务好，最重要的是诚信。因为，服务劳动者和服务消费者的交往是以互相信任为基础的，特别是消费者对劳动者的信任起主要作用。服务劳动者、服务企业如果都能做到重承诺、守信用，再加服务设施优良、服务技术精湛，那么，整个服务产业的形象就会光彩照人，具有强烈的感召力和吸引力。

7. 设施承载力。服务业的服务设施分为两类，一类是公共服务设施，一类是企业服务设施。但它们是一个国家或一个地方的生产和生活的基本条件，或者说基本生存与发展的条件。大到机场、港口、铁路、公路、输电网、光缆、堤坝等，小到图书馆、博物馆、电话亭、路灯、路标等，许许多多服务设施都是现代社会的生产生活以及国家安全必不可少。它们的身影，看似寻常。一旦短缺，一旦发生异常情况，它们的面容立即展示出来，有时赛过千军万马，有时胜似阳光雨露。所以，国家的基础设施，企业的服务设施，都具有保障社会生产和居民生活的能力，任何时候都是只能加强、不能削弱。服务业对综合国力的贡献，随着社会经济服务化的进程加快而不断加大。服务业对整个国民经济的推动力也将伴随服务业的发展而增强。

8. 安全保障力。现代经济社会的安全保障，绝大部分同服务业的发展息息相关。例如物资储备、粮食、棉花、食用油、钢铁、煤炭、石油、防汛物资、防火器材、医疗用品……大凡有关国计民生的重要物品，为预防自然的、战争的及其他人为的灾害，需要商业、物流、仓储等部门作必要的储备。保护国家的金融和信息安全，金融和信息部门负有重大责任。维护社会稳定、国防安全，是国家机关和军队的根本任务。可见，建立、健全和完善国家的安全保障体系，必须以发达的、现代化的服务业为基础。

总之，服务业的生产能力就是综合国力的组成部分，提高综合国力就必须大力发展现代服务业。

（原载《财贸经济》2004 年第 8 期，
署名：白仲尧（执笔），依绍华）

论服务经济的文化基础

我国正处于全面建设小康社会的加速发展时期。加快发展服务业，是调整经济结构、转变经济增长方式的重要途径。如何又好又快地发展服务业，党和国家十分关注。由于服务业具有产业之间、生产和消费之间的中介性质，加强服务文化建设，便成为服务业发展中的根本性问题。

一 什么是文化

文化是人类的一种社会活动。由于文化同人类的生产、生活紧密联系，人们的一切活动都以文化为依托、为指导，因而在界定文化范畴时难以取舍。这就产生了数以百计的文化定义。例如，"文化是历史上所创造生存式样的系统"。"文化是一个'复合体'，它包括知识、信仰、艺术、道德、法律、习俗以及作为社会成员的人所具有的一切其他规范和习惯"。[①]"文化从广义来

[①] 孙凯飞：《文化学——现代国富论》："有关文化的定义不下几十种，有人说上百种"，经济管理出版社1997年版，第23—24页。

说,指人类社会历史实践过程中所创造的物质财富和精神财富的总和。从狭义来说,指社会的意识形态,以及与之相适应的制度和组织机构。"① 许嘉璐先生说,"什么是文化?——一个不能不思考的问题"。他把文化分为表层文化(又称为物质文化)、中层文化(又称为制度文化)、底层文化(有称为哲学文化)等三个层次②。他们都承认,文化是人类的一种社会活动。为什么只有人类有文化,其他动物有没有呢?这便成为令人困惑的问题。

由于各种动物都有由个体组成的群体,形成各自的社会。在它们的社会中,个体与个体、个体与群体、群体与群体都有其特殊的交往方式,特别的社会活动,因而误认为动物也有文化。"狼也有他们特有的行为方式和交流方式,我认为不妨称其为狼文化。"③ 把动物之间的交往方式通称为"文化",还有许多,如猩猩文化、猴文化、狮文化、园丁鸟文化……几乎有一种动物就有一种文化。这就把文化空泛化了,文化的积极意义也随之泯灭了。

文化的基因是语言和文字。动物的交往行为和交往方式中有语言④,但它们只是本能。本能升华为文化,不仅语言要日益丰富和发达,而且记录语言的符号——文字——也要日趋成熟。人类在社会活动中相互交往和沟通,产生和形成语言;语言的发达,需要表现和记录的符号;符号的稳定和规范,产生文字⑤。

---

① 《辞海》,上海辞书出版社1980年版,第1533页。
② 见《中国社会报》2006年6月2日。
③ 叶厚荣:《文化断想》,《光明日报》2003年5月17日。
④ 王艳坤:《动物语言也丰富》,《光明日报》2007年2月12日。
⑤ 世界上独立形成的古老文字有埃及文、楔形文、印章文、玛雅文、汉字等,只有汉字历史久远并延续至今。关于汉字的起源,从初始到成熟,必然经过一段较长的历史时期。鲁毅、冯其庸先生们认为,在甲骨文之前已有文字,可以推到1万年以上。见《光明日报》2007年4月6日、19日。

"世界上现存的6000多种语言中大约有一半的语言处在危险之中或濒临消失,平均每个月就有2种语言消失。"① 除了强势语言的渗透、造成语言倚重外,重要的是这些濒危语言没有发展形成表现自己的独特文字。没有文字,语言的传承和发展,不仅极其有限,而且十分缓慢。人类的语言创造文字,文字丰富语言,语言成为有声的文字,文字则是无声的语言。它们互为表里,互相促进,逐渐形成完善的语言文字体系。人类运用语言文字进行交往、表现和反映自己的活动——生产与生活,思想与行为,从而产生文化。文字是文化最基本的元素,也是人类最终脱离动物界的根本标志。除了人类,其他动物没有文字,因此也就没有文化。人们运用语言文字进行交往并反映和表现交往中各种事物,既源于这些事物,又不同于这些事物。语言文字承载着人类对事物的观察、分析和思索,承载着人类的发现、创造和历史。这样,人类的行为从本能驱动走向理智驱动,即"行成于思",用思维指导行动。有了文字,人类社会的知识就有了载体,可以积累和传承,从根本上改变了动物本能及经验的简单重复。可见,文化发端于文字,文字起源于语言。语言—文字—文化,是文化产生的全过程②。

人类文化活动的主要内容大体是三个方面。首先,人类对自然和社会的观察分析及改造实践,产生经验。经验升华为科学技术,形成各种反映自然和社会发展规律的知识。知识通过语言和文字的记录、整理和传播,成为社会成员的生产与生活理念和生存技能,推动社会经济的发展。其次,人有喜、怒、忧、思、

---

① 吴利琴:《语言的"空间偏向"和语言生态》,《光明日报》2007年4月1日。
② 恩格斯在《家庭、私有制和国家的起源》一书中指出,"文明时代是学会对天然物进一步加工的时期,是真正的工业和艺术产生的时期"(见《马克思恩格斯选集》第4卷,人民出版社1972年版,第23页)。

悲、恐、惊七情和生、死、耳、目、口、鼻六欲。在交往中，人们以各种语言文字表达自己的情感，形成文学艺术、体育、休闲等，既有利于增进人的身心健康，也有利于人与人之间的相互了解。最后，人的社会性是人类基本要求的共同性。一个民族，一个国家，人们除了共同的语言和文字之外，就是共同的行为准则，风土人情、风俗习惯、道德规范、社会制度等。这是群体、民族和国家稳定和发展的基石。所以，文化是人类借助语言文字进行交往并反映和表现人们交往的内容及其方式的活动。人类社会有了文化，人类才最终脱离动物界，人类社会才走向文明社会。

二　服务与文化的关系

服务是人类交往中的一个方面、一种行为方式。在人类发展的初级阶段，例如蒙昧时期和野蛮时期，服务表现为人们之间的互助友爱行为。随着人类社会文化的发展，社会分工的出现，服务才从互助友爱、自我服务发展成为独立的社会劳动，成为同农业、工业相并存的服务业，服务、服务劳动才成为独立的经济范畴。恩格斯说，"文明时代巩固并加强了所有这些在它以前发生的各次分工，特别是通过加剧城市和乡村的对立（或者象古代那样，城市在经济上统治乡村，或者象中世纪那样，乡村在经济上统治城市）而使之巩固和加强，此外它又加上了一个第三次的、它所特有的、有决定意义的重要分工：它创造了一个不从事生产只从事产品交换的阶级——商人"[1]。第三次社会大分工，

---

[1] 恩格斯：《家庭、私有制和国家的起源》，《马克思恩格斯选集》第4卷，人民出版社1972年版，第161—162页。

商人的出现，是服务劳动独立化、服务业产生的标志。商业的运行，必然带动运输、旅店、餐饮等行业的发展。我国西周时期，据《逸周书·大匡》记载，"四方游旅，旁生忻通，津济道宿，所至如归"，表示欢迎商人到来，并帮助解决食宿、交通问题；《周礼·地官·遗人》记载，"凡国野之道，十里有庐，庐有饮食。三十里有宿，宿有路室。五十里有市，市有候馆，候馆有积"，庐是饭馆，路室是旅店，候馆既可住宿，有可以存放货物①。这说明，第三次社会大分工不仅创造了一个商人阶级，而且创造了围绕商业活动展开多种服务的服务阶级。所以我们认为，第三次社会大分工是服务业脱离农业和工业而独立的过程，是服务业的产生和发展。

服务业的产生和发展表明，人类社会已进入文明时代，文化也已成为人们社会活动的一部分。一些条件较好的人，掌握知识较多，能力较强，并能够帮助和带领人们开展文化活动。于是，他们逐渐脱颖而出，成为专门的教师、乐师、舞伎、医师、巫师、各种技师、武士等。他们是文化活动中的优秀分子，也是为人们进行文化活动服务的文化服务劳动者。这些专业人士的出现，是社会分工的巨大进步。可以说，这是"创造了一个不从事生产只从事文化服务的阶级——文人"。尽管国外学者不甚了解，我国则早有认识。管仲（约公元前730—前645年）明确提出四民分业定居论，即把统治区域内的人民群众分为士、农、工、商四部分。"士农工商，四民有业：学以居位曰士，辟土殖谷曰农，作巧成器曰工，通财鬻货曰商。"② 这里，"学以

---

① 转引自胡寄窗《中国经济思想史》（上），上海人民出版社1962年版，第34、37页。

② 参见《辞海》（缩印本），上海辞书出版社1980年版，第757页。

居位曰士","他们大多受过礼、乐、射、御、书、数等六艺教育,有一定的知识","士中大部分人专门从事政治文化活动,一般都具有相当的知识或某一方面的专长,思想比较敏锐,善于思索,敢于作为"[①]。文人,文化服务劳动者,这一社会阶层的兴起,其中产生了众多的科学家、教育家、文学家、艺术家、政治家、军事家……科学技术的进步,社会制度的变革,文学艺术的繁荣,无不同他们的活动有关。他们大多是社会先进文化的引领者,是社会的和历史的英雄人物,极大地促进了经济社会的发展。士人阶层的出现,亦即文化服务劳动者、文人的出现,我们可以称之为第四次社会大分工,也是人类社会发展的一次大飞跃。所以,人类社会的文化活动也是推动服务业发展的源泉。

见下表:

2004年我国第三产业产值结构分析

	第三产业总值 金额:亿元	构成	文化服务%	准文化服务%	亚文化服务%
第三产业合计	64561.3	100.0	27.9	17.5	54.6
交通运输、仓储和邮政业	9304.4	14.4			14.4
信息传输、计算机服务和软件业	4236.3	6.5	6.5		
批发和零售业	12453.8	19.3			19.3
住宿和餐饮业	3664.8	5.7			5.7
金融业	5393.0	8.4		8.4	
房地产业	7174.1	11.1			11.1
租赁和商务服务业	2627.5	4.1			4.1

[①] 房列曙、木华主编:《中国文化史纲》,科学出版社2001年版,第36页。

续表

	第三产业总值 金额：亿元	构成	文化服务%	准文化服务%	亚文化服务%
科学研究\技术服务和地质勘察业	1759.5	2.7	2.7		
水利、环境和公共设施管理业	768.6	1.2		1.2	
居民服务和其他服务业	2481.5	3.8			3.8
教育	4892.6	7.6	7.6		
卫生、社会保障和社会福利业	2620.7	4.1		4.1	
文化、体育和娱乐业	1043.2	1.6	1.6		
公共管理和社会组织	6141.4	9.5	9.5		

资料来源：根据《中国统计年鉴—2006》有关资料计算。

正是这样，商人与文人奠定了服务业发生和发展的基础。商人提供便利服务，文人提供文化服务。与此同时，商人提供便利服务时需要文化，文人提供文化服务时候需要便利。他们相互依存、相互作用，共同促进服务业的发展。这样，服务业可以划分为三个部分：商人围绕实物产品（货物）的生产、流通和消费的服务，可称为亚文化服务或便利服务；文人为满足人们文化活动需要的服务，为文化服务；介于两者之间的服务，可称为准文化服务。

以提供文化服务的有关行业，在第三产业的总产值中占27.9%的份额。这里，信息传输、计算机服务和软件业，是文化服务性质的行业。信息可以转变为知识，知识也可以作为信息加以传播。所以他们是为人们进行文化活动服务的文化服务业。科学研究、技术服务和地质勘察业，教育，文化、体育和娱乐业的文化服务性质是毋庸置疑的。

所谓"准文化服务",是指以非文化产品的形式提供文化服务的行业。这首先是金融、保险业。他们的产品是金融、保险或称金融服务产品、保险服务产品。他们的服务是以信用制度为前提,以诚信道德为基础。货币、信用卡(证)、保单不过是一纸承诺,需要事后兑现。制度、道德均属于文化范畴。在这个意义上,我们可以称之为金融文化服务、保险文化服务。他们的文化服务性质是显而易见的。其次,卫生、社会保障和社会福利业,包括医疗卫生各个行业,社会保险、救济及福利事业,他们以关爱生命、救死扶伤、济困扶危为宗旨,"观乎人文,以化成天下"①,体现行业、社会的人文关怀。再次,居民服务和其他服务业,包括理发、影印、化妆、美容、旅游、咨询、殡葬等,大部分堪称"准文化服务"。最后,水利、环境和公共设施管理业,这里园林绿化、环境卫生、风景名胜区管理、自然保护区管理等,属于环境文化范围,应为"准文化服务"。粗略计算,它们占服务业产值的17.5%。而洗染、沐浴、托儿所、市内交通、市政工程管理等,则为一般服务,因缺数据,未剔出,但产值不大,影响有限。

亚文化服务或便利服务,亦即一般性服务,为人们方便地获取货物或实物、节约时间、协调关系和提高效率的服务。交通运输、仓储和邮政业,批发和零售业,住宿和餐饮业,房地产业,租赁和商务服务业,均可视为便利服务。它们占第三产业总产值的54.6%。在经济发展过程中,便利服务是工农业生产中的辅助劳动和自我服务。随着劳动生产率的提高、科学技术的发展,辅助劳动和自我服务日益独立化和专门化,进而脱离主业或主要

---

① 《易经·贲卦》,载孙映逵、杨亦鸣《易经对话录》,社会科学文献出版社1996年版,第186页。

劳动转化为社会服务。在社会分工和商品经济的作用下，社会服务成为服务业，服务产品转化为商品。"分工是社会生产发展、劳动生产率提高的结果"，"服务业的发展也体现出这一规律"①。这样，服务业便成为同工农业并肩独立的产业。

在经济社会发展的历史长河中，文化服务滞后于便利服务或亚文化服务。因此，便利服务的发展快于文化服务，在服务业中的比重大于文化服务业；便利服务业遂成为服务业的主体。但是，文化是人类社会进步的动力源泉，人们对文化活动的需要总是与日俱增的。特别是现代社会，科学技术高度发达，知识成为各种产业的灵魂，成为许多人生活的第一需要，以致一些人认为"知识经济时代"到来。这些现象的本质是文化的兴盛，是文化服务的发展。所以，自20世纪90年代起，文化产业迅速增长，成为许多国家国民经济的新的增长点。文化服务及准文化服务必然日益兴旺，在服务业中占主要地位，这是必然趋势。

三 服务经济的文化内涵

服务经济就是服务业的产业活动。服务业的产业活动，是服务劳动者生产和经营服务产品的全部活动。一方面是服务产品，服务业为消费者提供的使用价值或效用；另一方面是服务劳动者的生产、经营和生活。由于服务产品主要是无形产品，其生产和经营活动一般是在劳动者和消费者直接交往中进行。在文化已经成为人类社会活动的导向的情况下，服务劳动者和消费者的交往，从而服务经济，自然是在一定文化的指导下运行。这样，服务经济的文化内涵便由服务产品的文化内涵和服务劳动者的文化

---

① 白仲尧：《服务经济论》，东方出版社1991年版，第29页。

素质两部分组成。

　　服务产品的文化内涵贯穿于生产和消费的整个过程。服务产品的生产过程，有准备阶段和生产阶段两个阶段。服务产品的主要内容，有产品设计、服务营销、售后服务三个部分。一般地说，产品设计、服务营销属于准备阶段，售后服务属于生产阶段。

　　产品设计是对服务产品功能的具体规定。它首先要体现对消费者的人文关怀。消费者的生产消费或生活消费需要服务，是需要取得社会服务行业的帮助；服务行业"以人为本"、提供服务，满足其要求，无论文化需要还是便利需要，都具有人文性质。这也是服务产品必然具有人文性质的规律性。其次，产品的科学技术含量亦即知识含量，是服务质量高低的决定因素。消费者摒除自我服务，根本原因是需要更专业、更效率、更节约的社会服务。因此，在一定的历史时期内，服务内含的科学技术水平是否超越自我服务能力，是其生存、发展的基础。再次，服务产品生产和消费的同时性，决定服务过程是在消费者和生产者在交往中完成的。例如教学服务，学生从入校到毕业，整个教学过程就是老师同学生在交往中完成的。人与人的交往，不但需要共同的文化基点，而且需要人的文化素质。一般地说，对服务劳动者文化素质的要求要高，既要求专业素质，也要求个人品质。特别是在一些个人品质对服务质量起决定作用的服务行业，如教学、医疗、中介服务等，他们的品德和学识直接影响产品质量和消费者的满意度。所以，在产品设计中，什么样的服务，由什么样的人去完成，都要从产品文化内涵的需要出发，越丰富越好。

　　服务营销是服务业或服务劳动者向消费者宣传服务产品的性能和从业者的品德。这是生产者同消费者之间的服务文化沟通，是一种文化活动，是一种营销文化，借以"同消费者建立良好的交往关系"①。营销文化的主要内容,一是产品文化,二是品牌文化,三是公关文化。产品文化就是产品的文化内涵,就是产品的功能及其对消费者的人文关怀。服务产品的无形性,售买之前没有实物形态的产品,仅仅是一个"观念形态上的产品"。在营销中,它采取广告、展销、说明书、产品推介等多种形式,让这个还没有生产出来的"产品"在消费者心目中有一个良好的印象,引起购买的欲望。品牌,是产品和企业在市场或消费者购买选择中的地位。在商品市场上,品牌意味着优质产品和优秀企业。只有生产出优质产品、办成优秀企业,才能建成优良品牌。优质产品特别是服务产品,文化内涵是使用价值的主要成分。优秀企业是以义为利②,诚信立业,形成高尚的价值观。所以,品牌的根本是文化底蕴的深浅。品牌的文化底蕴越深,品牌的价值越高。例如同仁堂等百年老店,都是文化成就其品牌。公关文化是社会组织在处理公共关系中的道德风尚和行为方式。"所谓公共关系,是社会组织为了生存发展,通过传播沟通,塑造形象,平衡利益,协调关系,优化社会心理环境,影响公众的科学与艺术。"③ 不管怎样定义公共关系,服务业及其企业是社会的成员。行业和企业在生产与经营活动中必然也必须同社会、同其他成员发生关系。文化便成为处理公共关系的指导思想与沟通桥梁。这里的文化必须是先进的文化,必须摒弃逃避社会责任、弄虚作假、欺诈蒙骗等落后、腐朽以至反动的文化。当然,行业和企业建设先进的公关文化,有助于形象塑造、品牌提升和商品营销,是营销文化的重要部分。因此,营销的文化内涵越丰富,文化形

---

① 白仲尧:《服务经济论》,东方出版社1991年版,第130页。
② 曾参:《大学》,山西古籍出版社1999年版,第64页。
③ 李兴国编著:《公共关系学》,中国人民大学出版社2005年版,第5页。

式越多彩，营销效果就越好。

售后服务一般是指某种物品出售之后的服务，如汽车、家用电器等。而服务业的售后服务则不同，它是服务产品实际的生产过程。在消费者到来并购买之前，服务产品生产的一切活动均处于准备阶段；消费者到来并购买之后，服务劳动者才实际地提供服务，进行服务生产，习惯上称呼为售后服务。由于服务生产和消费的同时性，服务产品的生产是在消费者同劳动者相互作用中完成的。他们相互作用的过程就是交往过程。任何交往都是一定文化的交往。所以，服务产品的生产过程，或者售后服务过程，本质上是一种文化交往过程，是服务文化的表现、发扬与创新的过程。在服务经济的现实运行中，从时间跨度上看，有短暂的和长期的。一买一卖，转瞬结束，这是短暂的。而科研、教育、旅游、金融、保险、物业等服务，少则几日几周，多则成年累月，十年、几十年、甚至终身服务。服务劳动者与消费者长期交往，唯有文化，特别是诚信文化，才是生生不息的情结。因为，服务业的产品销售，仅仅是可能提供服务的承诺；售后服务则不仅是实际的生产，而且是兑现承诺，把可能变为现实。服务业是否信守承诺，是产生服务冲突的主要原因。这里，人是决定因素，亦即服务业员工的文化素质起决定作用。员工对工作的勤恳敬业，对消费者的诚信礼貌、热情周到、耐心细致，温文尔雅地同社会各阶层人士交往，时时、事事展现出品德高尚、办事可靠的服务精神和服务情操。售后服务才能圆满，整个服务过程才能圆满。

四　服务文化建设

服务经济是与文化紧密结合的经济。可以说，它是文化起决定作用的经济。加快服务业的发展，必须加快服务文化的建设。

尤其是，在我国服务业数量增长较快、服务质量提高较慢的情况下，又好又快地发展服务业，服务文化建设需要放在非常重要的地位。

服务业必须具有高度的文化自觉。文化自觉，是指"生活在一定文化中的人们对其文化要有'自知之明'，明白它的来源，形成过程，所具有的特色和它发展的趋向"[①]。"文化自觉是一种深刻的文化思考，是一种广阔的文化境界，是一种执著的文化追求，是一种具有高度人文关怀和社会责任感的文化理念"[②]。服务从人与人之间的一种交往方式发展为人与人之间的一种商品交换关系，是历史的巨大进步。但在服务文化自觉问题上没有随着历史的前进而提高。我国根深蒂固的轻商思想，使服务文化难以与时俱进。在服务经济已成为世界经济一体化的主要内容的今天，服务文化实际上是国内外经济、文化联系的纽带。服务文化自觉凸显重要和迫切。

服务业需要在民族性、特色性、协调性、创新性等几个方面保持文化自觉。文化首先是民族的。各民族在不同的自然和社会历史条件下创造和发展起来的文化，不仅是各民族生存、发展的根，也是世界文化多样性的根。没有文化的独立性，就没有民族的独立性。所谓文化殖民，就是以一个民族的强势文化取代或消灭另一个民族的弱势文化，以达到奴役或统治这个民族的目的。我国服务业必须以继承和发扬中华民族优秀文化为己任、为基础，把中华民族的优秀文化熔铸于服务产品之中。当然，文化是在交流中发展的。在服务劳动者和消费者的相互交流中，一方面要适应消费者的文化诉求，另一方面要发挥自己的文化优势，在

---

① 汤一介：《文化自觉与问题意识》，《文汇报》2006年10月22日。
② 卢渝：《树立文化自觉意识》，《光明日报》2003年6月17日。

相互影响中达到提供优质服务的效果。服务业的文化优势，深藏于服务特色之中。一个民族、一个地方、一个企业和产品的服务特色，主要的是文化特色。文化底蕴越深厚，服务特色越鲜明。中华民族文化的博大精深，是人所共识。服务业及从业者从中吸收和掌握多少，取决于自觉程度的高低。多吸收、多掌握，服务业的发展就越好，服务业对经济社会的贡献就越大。服务业是中间性质的产业。纽带和桥梁是对它的作用的形象而又生动的说明。纽带和桥梁所承载的是文化，不仅是服务业自身的特色文化，而且要同两端消费者的需要相适应。文化的共性是真、善、美[①]；文化的个性是新、奇、特。服务过程中的文化交流，就是以新、奇、特的真、善、美的服务文化满足消费者的诉求。消费需求的满足，服务业在生产与消费、地区、部门和人与人之间的连接作用充分，就是帮助他们互助合作、紧密结合、协调发展，从而创造经济社会的和谐与美满。文化的本质是创新。人类社会的发展与文化的创新是互为条件、互相促进的。服务文化也必须在继承优良传统、发扬创新精神中自觉创新、不断创新，服务业才能保持旺盛的生命力。

服务劳动者的文化素质就是服务文化的载体，就是服务文化的体现者和传播者。加强服务劳动者的文化素质的培训，是服务文化建设的要点。劳动者的文化素质由业务技术能力、思想道德水平和业余生活质量所构成。劳动者的业务技术能力来自个人的科学技术知识的丰富或浅薄。知识越丰富，业务能力越强；知识浅薄，则业务能力弱。在科研、教育、文艺、医疗等文化服务和准文化服务的行业需要大量知识渊博的劳动者，

[①] 人们的科学技术知识真实，行为方式善良，情感表达美好，就是文化的力量源泉及其魅力所在。

各种便利服务行业同样需要科学技术知识丰富的人员。服务业员工的思想道德品质决定其待人接物行为的优劣。劳动者的道德风范，能否让消费者可敬可信，是服务业生存发展的生命线。员工的业余生活质量，是影响员工情感的重要因素。劳动者不仅需要工作和生活的愉快，而且需要情感的丰富多彩，他们在服务过程中才能激情迸发，富有创造精神。在提高业务技能和职业道德水平的培训方面，既要从职业教育抓起，也需要形成终身教育体系，让劳动者真正体验到做事做人都要活到老、学到老。在业余文化生活方面，主要是积极组织业余文化生活、不断完善文化生活设施。服务劳动者业余文化生活的活跃，身心健康，从而有利于培育积极向上的精神，形成团结、和谐的工作与生活氛围。

科学技术知识是文化的根本内涵，服务文化亦如是。因此，发展科学技术，加强服务业的研究与开发，是服务文化建设的制高点。服务业的发展，首先是科学技术水平的提高。以交通运输服务为例，从原始的独木舟、伏牛枥马，到现代的飞机、轮船、高速公路、高速列车，都是依靠科学技术进步来提高服务能力。所以，一切服务行业，只要不断采用最新科学技术武装自己和改造自己，都可以跻身于现代产业行列，成为现代服务业。在科学技术高度发达的现代社会中，一切服务行业，都必须努力采用最新科学技术。一方面要紧跟服务产业领域科学技术发展的最新踪迹，另一方面必须加强自身的研究与开发，认真落实人才、资金及组织制度。只要真正把发展科学技术放在第一位，作为服务文化建设的重中之重，服务业的展翅高飞，为期不远。

加强服务监督是服务产业发展的永恒主题，也是服务文化建设的重要课题。服务业是以诚信为本、视诚信为生命的产业。在承诺与兑现的过程中,是否完全履行同对方的约定,服务机构与劳动者的服务意识与道德风尚起决定作用。面对诚信缺失的现状,一方面要加强教育,提倡自律,在全社会尤其在服务行业,以诚信为荣,以不诚实、不守信用为耻,形成时时事事自觉遵守诚信规范的风尚;另一方面,要加强监督,完善法制,使不讲诚信的机构和人员受到相应的惩处。思想教育与法制规范相结合,社会监督与国家行政监督相匹配,监督有力,诚信建设才能走上成功之路。

主要参考文献

1. 马克思:《剩余价值理论》,人民出版社1972年版。
2. 《马克思恩格斯选集》,人民出版社1972年版。
3. 胡寄窗:《中国经济思想史》,上海人民出版社1962年版。
4. 孙凯飞:《文化学——现代国富论》,经济管理出版社1997年版。
5. 房列曙:《中国文化史纲》,科学出版社2001年版。
6. 袁行霈等:《中华文明史》,北京大学出版社2006年版。
7. 程恩富等:《文化经济学通论》,上海财经大学出版社1999年版。
8. 刘永佶:《经济文化论》,中国经济出版社1998年版。
9. 周浩然等:《文化国力论》,辽宁人民出版社2000年版。
10. 柯可等:《文化产业论》,广东经济出版社2001年版。
11. 谢名家等:《文化产业的时代审视》,人民出版社2002年版。
12. 李江帆:《第三产业经济学》,广东人民出版社1990年版。
13. 李江帆:《中国第三产业发展研究》,人民出版社2005年版。
14. 任旺兵等:《我国服务业的发展与创新》,中国计划出版社2004年版。
15. 秦言:《知识经济时代》,天津人民出版社1998年版。
16. 李京文:《知识经济:21世纪的新经济形态》,社会科学文献出版社1998年版。

17. 汪丁丁:《市场经济与道德基础》,上海人民出版社 2007 年版。
18. 白仲尧:《第三产业经济纵论》,中国财政经济出版社 1997 年版。

(原载《财贸经济》2007 年第 12 期,发表时略有修改)

推进我国服务业现代化的对策建议

"现代服务业"一词,在我国已广泛使用。但若将服务业分为现代服务业与传统服务业,则它们的内涵不清,外延模糊,不利于服务经济的发展。从我国实际情况出发,笔者建议,以推进"服务业现代化"取代"大力发展现代服务业",并采取相关政策措施推进我国服务业现代化。

一 服务业不应笼统划分为现代服务业与传统服务业

"现代服务业"自 20 世纪 90 年代后期开始使用以来,发展现代服务业几乎成为共识。但什么是"现代服务业"?按现代服务业与传统服务业的概念对服务业进行分类,甚为不妥。

第一,服务业是一个古老的产业。自第三次社会大分工以来,服务业就同农业、工业一道发展。社会的历史分期,自然规定各产业的历史划分。现代,作为一个历史时期,现存的所有服务行业都是现代服务业。而今是把现代服务业与传统服务业相区分,以金融、商务、信息、物流、研发、设计等为现代服务业,其他为传统服务业。这样划分是不科学的。我们知道,有货币就有金融服务。早在公元9世纪的我国唐代就有了"飞钱",清代票号"日升昌"要汇兑全国。可见,金融服务业是一种传统服务业。拿物流服务来说,它是商品储运的现代形式,如果商业、运输业都是传统服务业,物流单列为现代服务业就难以成立。其实,运输业的现代化程度很高,轮船、飞机、高速列车,以至火箭、飞船,都是运输工具,是现代服务业的典型行业。所以,按行业划分服务业的现代与传统,是不合适的。当然,服务业也是发展变化的,新的产生,旧的淘汰,各个历史时期都有新兴服务业与传统服务业的区分。今天,科技服务、计算机服务、软件服务、旅游服务、信息服务等,是新兴服务,其行业是新兴服务业。商业、运输、住宿、餐饮、教育、医疗等为传统服务业。但无论新兴服务业还是传统服务业,都需适应当代或现代社会生产和生活的需要。一般地说,新兴服务业的适应性较强,传统服务业则需做一定的努力,才能跟上时代的要求。

第二,当今世界已进入服务经济时代,服务业产值占据国民生产总值的首要地位。在发达国家,服务业产值已占国内生产总值的70%左右。我国服务业的发展虽然滞后,但也超过国内生产总值的40%,北京、上海等大城市已超过70%。这说明,我国国民经济结构正在发生重大变化,调整经济结构的重点已开始转入服务业。而现代服务业与传统服务业的区分,不利于服务业产业结构的调整。调整产业结构的目的在于提高整个国民经济的质量,促进经济社会的全面发展。对于服务业来说,只要有利于实现产业结构调整的目标,不管新兴服务业还是传统服务业,或扶持,或限制,或淘汰,均一视同仁。现在不少地方把目光集中在列为现代服务业的行业上面,其被列为传统服务业的商业、运输、餐饮、住宿等行业则不大注意。其实,服务业中关系国计民生的、关系国家经济社会安全的行业都需扶持。市场经济本质上是服务经济。社会主义市场经济必须建设高度发达的服务经济。商业，特别是批发商业和对外贸易，是在资源配置中起基础作用的主要产业。把它排斥在"现代服务业"之外，是很不应该的。

第三，人类社会发展的不同时代有不同的科学技术水平。服务业的生产力也是随着科学技术的进步而提高的。现代服务业就是采用现代科学技术生产服务产品或提供服务的行业。这里，各服务行业都有采用现代科学技术的权利。被列为现代服务业的行业，如果不采用现代科学技术和经营管理理念，其经营活动处于落后状态，它们作为现代服务业，只是徒有虚名。相反，传统服务业中一些行业，如交通运输、商业、住宿业（特别是星级宾馆）等，积极采用现代科学技术和经营理念，同样可以进入现代服务业的行列。所以，在服务行业之间划分现代服务业与传统服务业，就等于忽略或者限制被认作传统服务业的服务行业采用现代科学技术的权利，也可能降低被称为现代服务业的行业赶上或超过世界先进水平的积极性。

第四，服务业是以文化为基础的。社会越发展，产业越进步，消费者对服务业服务产品的文化内涵要求越丰富，服务业对消费者的人文关怀越厚重。在现代服务业与传统服务业的划分中，很少或者基本上没有考虑文化因素。服务是人们交往中的一种活动。文化是人们交往的桥梁。服务只有通过或采取一定的文化方式和文化内容才能形成一定的服务方式和服务内容。在这个意义上，服务就是一种文化活动。当服务从自我服务转变为社会服务、社会服务发展成为产业活动之后，服务产业内逐渐形成众多的服务行业，各个服务行业同文化的关系随之产生差异。大体可分为三类：一是文化产业，为人们提供知识、教学、文学、艺术、音乐、舞蹈、体育等文化服务；二是准文化产业，以非文化形式提供文化服务，如金融业的信用服务、旅游业的景观服务，本质上都是文化服务；三是亚文化产业，服务中必须把对消费者的人文关怀、诚实守信等道德准则放在第一位，如商业、物流、交通运输等行业。尽管不同服务行业同文化的紧密关系有差别，但越是现代的越要求它们的服务产品必须具有丰富的文化内涵。而现代服务业与传统服务业的划分，恰恰淡化了文化的基础性，忽略了现代服务业的本质特征。

第五，服务业中不少行业关系国计民生。这里既有被称为现代服务业的金融服务、信息服务等行业，也有被视为传统服务业的商业、交通运输等行业。从服务行业在国民经济中的地位和作用考虑，只要同国计民生关系重大，无论现代或传统，都应大力发展。如果只注意到现代服务业的行业，忽视传统服务业中的行业，不但限制服务业的发展，对整个国民经济也会带来不利的影响。

总之，在服务业分作现代服务业与传统服务业基础上"大力发展现代服务业"的提法，是不够稳妥的。今天，只要符合社会需要、远景良好的服务行业，都可以称为现代服务业。但它们的现代化程度不同，有高有低。同当今世界发达国家的服务业相比，几乎都有差距。因此，在我国，加快服务业的现代化，才符合实际。

二 服务业现代化的内涵

服务业现代化的内容宽广，但可以归纳为科学技术先进、人文关怀厚重、经营服务精细、政策法规完善四个方面。

（一）采用当代先进的科学技术

服务产品的生产过程就是科学技术的传播、运用和创新的过程。科学技术是动态的、发展的，不同时代有不同的水平。现代社会的科学技术，有先进、一般、落后等多种水平。现代科学技术应当是当代社会科学技术先进水平的表现。服务业的科学技术现代化，是要求各个服务行业或服务企业采用当代先进的科学技术以从事服务产品的生产和经营。这不仅是对新兴服务行业的要求，也是对传统服务业的要求。在传统服务业中，除交通运输业已达到相当高的现代水平外，医疗、教育、体育等行业也在向现代科学技术水平靠近。我国服务业中有些传统技术，如中医、烹饪、书法等，当代的高水平也就是现代水平。

（二）体现对消费者的人文关怀

服务源于人们的互助行为。尽管在社会分工的支配下专门服务劳动者的服务由互助行为转变为商品交换行为，但仍包含着浓厚的互助基因。这正是服务业以服务为宗旨的根源。互助是以人际交往为前提，交往是以文化为载体。服务业对消费者的服务，就是以文化为基础，以人文关怀为前提。随着时代的发展，一方面，服务业服务的文化内涵不断丰富，对消费者的人文关怀不断加强，从而对消费者需要的满足程度也不断提高；另一方面，消费者的生产与生活方式的改善，新的愿望和要求层出不穷。如何满足现代社会消费者对服务业的需要，如何体现服务业对消费者的人文关怀，是摆在每一个服务行业、服务企业和服务劳动者面前的现实问题。消费者需要的满足程度与消费者利益的实现程度是成正比的。服务业对消费者的人文关怀，必须把对消费者需要的满足和对消费者利益的保护放在同等重要的地位。服务业的现代化，既要更充分地满足消费者的需要，又要更严格地保护消费者的利益，从而形成厚重的人文关怀。

(三) 经营与服务的精细化

服务业的生产过程,是产前、产中、产后的全程服务过程。这一方面是服务业者投入产出、精打细算地经营活动;另一方面,是服务劳动者与消费者的交往和交流,及其对消费者的精心照料、周到服务。经营与服务同时进行,两方面都需要精心细致,精益求精。一般地说,企业的经营管理有一个由粗放到精细的发展过程。这个过程虽然同企业的主观努力分不开,但同时代的发展也紧密相连。时代敦促企业不断改善经营管理,加快由粗放到精细的成长过程。现代社会中,一切企业都应注意及时采用最新科学技术成果,把自己的经营管理提到更新的高度。所以,精细是现代服务企业经营管理的基本要求。当今,服务企业不仅要以信息化催动现代化,而且还要认真学习国内外企业的先进经验,才能进入现代社会的先进行列。

(四) 完善的政策法规支持

规范服务行为方式不仅是国际问题,也是国内问题。世界贸易组织的各种协定,包括服务贸易总协定,力图规范世界市场上的各种服务行为方式,但其效力有限。真正起作用的是各个国家针对国内服务业发展的需要而制定的法律、法令、条例、规章制度,以及支持本国服务业开拓国外市场的方针政策和具体措施。所以,促进服务业现代化,或者,发展现代服务业,国家的政策措施和指导方针起决定作用。第一是规范服务业的行业行为,引导企业诚信服务,杜绝欺骗、敲诈勒索、危害社会的不良行为的发生。第二是制定产业发展规划,形成合理的产业结构,适应经济社会发展的需要。第三是培养人才,服务业需要一大批掌握现代科学技术、拥有深厚文化功底的人才,这是以国家培养为主,企业培养为辅。第四是积聚财力,形成各种储备基金、引导基金。第五是树立高大鲜明的国家形象,国家形象既是产业形象的依托,又是对产业和企业树立形象的指导。第六是保护国内市场与开拓国外市场并重,既要反对国际上的贸易保护主义,又不能让外国服务企业在国内市场上无所顾忌。总之,国家在管理和指导服务业的法律法令、战略策略和方针政策的现代化,是服务业现代化或建设现代服务业的根本。

服务业的现代化是对服务业内所有行业和企业的要求,即使是现代化程度较高的行业或企业,在同当代国内外先进行业或企业比较时也会有差距。只有不断前进,走在时代的前列,才能成为真正的现代服务业。

三 推进我国服务业现代化的对策建议

我国服务业不仅金融、信息、物流、设计、研发等几个行业需要成为现代服务业,而且当今社会需要的所有服务行业都应当成为现代服务业。这是我们大力发展服务业的根本出发点。

(一) 深刻认识服务业的整体性

如果国民经济是一个人体,工业是骨骼,农业是肌肉,服务业就是血液循环系统和神经系统、精气神的生长机制和展现平台。这也是服务业能够发展成为国民经济的基础产业和主要产业的原因。在服务业中,金融、商贸(包括批发、零售、物流、对外贸易)、信息、交通运输等行业都是关系国计民生的重要行业,也是市场经济的基础产业。科研、教育、文化、医疗、卫生、房地产等行业则是社会生产与生活不可须臾缺少的行业。它们时刻关系着国家的经济安全、文化安全、生态安全以至军事安全、政治安全，时刻关系着社会的和谐与稳定。特别是全球经济一体化加速发展，地区之间、国家之间、民族之间的复杂而又深刻的矛盾，往往通过服务商品市场上的竞争和博弈表现出来。在这种形势下，我国服务业如果现代化水平不高，同发达国家服务业的差距过大，势必处于劣势，处于被动挨打的地位。这是我们必须清醒认识的。服务业同国家经济社会发展、同世界各国平等交往的重要性日益提高，日益成为关系国家盛衰的主导产业。我们建设中国特色社会主义社会，必须倾国家之力，建成强大的现代化的服务产业。

（二）完善法律法制体系

服务业的生产是以无形产品为主。无形产品是在服务劳动者与消费者相互交往的行为过程中产生的。服务行为的规范与否，对交往双方亦即对社会就十分重要。对服务行为的规范，一是道德，二是风俗习惯，三是规章制度，四是法律法令。当今社会，法律法令起主要作用。服务行业首先面对的是国内消费者和同行，其次要面对外国消费者和同行。因此，国家在制定法律法令的时候，国内外服务市场的需要都要考虑。在国内，各种法律法令和规章制度要促使企业和个体经营者在兼顾社会效益和经济效益的前提下合法经营，公平竞争，保障消费者的合法权益；在国际市场上，主要是针对进入国内市场的经营者和消费者，让他们遵守我国的法律法令并保障他们的合法利益。在服务贸易市场上，尽管有一个各国共同约定的《服务贸易总协定》，但各国同时也在保护国内服务市场、扩展国外服务市场，斗争尖锐复杂，其中也包括对国内有关服务业的法律法令的利用。所以，服务业法律法令的制定需要同时考虑国内外服务市场的需要。由于服务业的行业众多，各个行业都需要符合自身特性的法律法令，从而要求形成完备的国家法律法令体系。国家的服务业法律法令的制定，必然立足当前、着眼长远，具有鲜明的现代性。反过来，它便成为推动服务业现代化的动力。

(三) 建立健全服务业监督机构

服务业的服务行为方式是否按照社会要求运行，完全依靠服务劳动者的自觉是不够的，必须时刻监督，才能逐渐走上正轨。监督机构有国家的、行业的、群众的，而发挥主要作用的是国家的监督机构。它的主要作用是，督促企业依法经营，守法、执法，严肃法纪；保护消费者和企业的合法权益；制定产业发展规划，指导企业加快现代化步伐。监管机构的监管方式具有决定意义。它必须跟随时代的变化而变化。在世界已进入服务经济时代的形势下，服务监督机构及监管方式的现代化是服务业现代化的引导力和推动力。

(四) 建立服务业发展基金

几乎大多数服务行业都具有公共性和市场性（也可称作私人性）双重属性。而且，公共性和市场性有时还互相转化。这取决于社会投入和企业社会责任的状况。社会投入大、企业社会责任重，服务业的公共性质强，市场性质弱；反之，则服务业的市场性质强，公共性质弱。发生转化的原因，一是社会投入量的变化，国家或社会的投入增多，公共服务产品随着增多，市场服务商品相应减少，反之亦然；二是自然灾害、战争等天灾人祸的发生，全社会全力以赴，市场服务商品也会转化为公共服务产品。现代服务业的市场性强，公共性也很强。但它扎根于国家的人力、物力与财力。国力的强弱是服务业盛衰的基础。因此，国家针对服务行业在经济社会发展中的地位，特别是对那些关系国计民生的重要行业，建立各种发展基金，如物资储备、科研教育、文化建设、灾难防备等，是加速服务业现代化的重要举措。

（五）培养高素质的服务人才

服务业的服务过程，无论直接或间接，都是服务劳动者面向消费者的人对人的服务。服务劳动者的文化素质——科学技术知识能力与思想道德水平——具有决定意义。特别是"知识经济时代"，服务业的服务劳动更多的是智力劳动。没有以现代科学技术知识武装起来的服务劳动者，就没有现代服务业。反过来说，服务业的现代化，要求服务劳动者的文化素质跟上时代前进的步伐，掌握现代先进的科学技术知识，拥有崇高的精神境界，高质量、高效率地为社会提供服务。因此，采取多种形式、利用各种渠道，尽可能为各行各业培养高素质的服务劳动者，是当务之急。

（原载中国社会科学院财贸经济研究所编《财经论坛》2010年第10期，中国社会科学院要报《领导参阅》2010年第13期转载时略有删节）

论服务监管

服务业是服务经济社会的基础产业，它关系着国力的强弱与社会的盛衰。由于服务业从产生之日起就具有两重品格：一方面满足市场需要，体现人文关怀，具有促进经济社会发展的功能；另一方面又存在以追逐利润为目标、损害消费者利益的行为，发生阻碍历史前进的消极影响。国家和社会对服务业的监管到位，服务业健康运行；反之，监管缺位，服务业就会产生破坏力量，形成一株株社会毒瘤。本文就监管的必要性、监管的内容、监管的方式方法等问题作一初步探讨。

服务监管的必要性

《中华人民共和国国民经济和社会发展第十二个五年规划纲要》指出，"把推动服务业大发展作为产业结构优化升级的战略重点，营造有利于服务业发展的政策和体制环境，拓展新领域，发展新业态，培养新热点，推进服务业规模化、品牌化、网络化经营，不断提高服务业比重和水平"①。服务业对我国经济社会

---

① 见《中国文化报》2011年3月18日。

发展的重要性十分鲜明。同样,对服务监管重要性的认识也要提到新的高度。

(一) 服务业是综合产业

服务业的中介性质,突出其桥梁、纽带和指挥棒作用。服务业在经济上,它联系农业与工业、生产与消费、城市与乡村以及各个地区和国家;在文化上,它肩负着传承与创新的双重职责;在社会上,由于服务是一种生产与生活方式,它的变化自然影响着人们的社会行为。这样,服务业在经济社会发展中具有多种作用,是综合性很强的产业。

首先,服务业是国民经济的基础产业。人类社会产业发展的顺序是,第一次产业为农业,第二次产业为工业,第三次产业为服务业。在三次产业形成之后,人类社会发展的不同时期,各产业在国民经济中的地位有所差别。农业经济社会,农业是国民经济的基础。到了工业经济社会,工业则是国民经济的基础。现代社会是服务经济社会,服务业就是国民经济的基础。当今世界,发达国家的服务业在国内生产总值(GDP)中的比重超过70%;中等发展程度的国家,均超过50%;我国作为发展中国家,服务业的比重也在43%以上。服务业在国民经济中的基础地位是毋庸置疑的。就各个产业来看,交通运输是经济社会发展的前提。"若要富,先修路",成为社会发展的一般规律。党和国家提出的"科教兴国"战略,把科学研究和教育服务摆到了基础产业的地位。市场经济中,商业即市场,金融是核心。至于信息服务产业,在现代,在未来的"信息社会"中,其重要性更日益突出,这里不需——列举。总之,服务业的基础性、不可或缺性,是一目了然的。

其次,服务业是文化传承的实践产业。服务业的服务,是服务劳动者与服务消费者在一定文化基础上的交往与交流,彼此都在进行文化实践。但服务业的生产和经营中,服务劳动者的服务,更具有文化的传承和创新的功能。文化是由知识传播、行为规范、情感交流三者组成。服务业以其厚重的人文关怀、先进的服务技艺、规范的服务言行为消费者提供服务,一般的说是文化传承,如有创造便是文化创新。文化产业是最具文化传承与创新的实践产业特征。文化产业生产和经营的文化产品,第一要传承,否则便是无源之水;第二要创新,文化产品才有生命力。文化产业在文化服务过程中的传承与创新,就是实实在在的文化实践活动。其实,所有服务企业都有自己的企业文化,都要在具体的服务过程中贯彻执行。可见,服务业的文化传承功能是十分鲜明的。

最后,服务业是社会变革的引导产业。服务业对社会变革的引导作用,古往今来每时每刻都在发生。商业的产生和发展,导致自然经济的瓦解、商品经济及市场经济的飙扬。交通运输服务缩短了空间距离,促进人际关系和地域关系的改变。文化、教育、医疗卫生服务的发展,不断提高着人们的文化素质与健康水平,扩展了人们的思想境界,增强了人们的创造力。科学技术服务不仅促进生产力,也在改变着生产关系。当今互联网服务的发展,使新的生产方式、流通方式、生活方式、交流方式、学习方式……都在静悄悄地发生变化。甚至餐饮服务也在为打倒"灶王爷"做准备。服务业改变社会、改造人类的作用,表面上是微不足道的,实际上,量变积累到一定程度就会发生质变,其威力难以估计。

(二) 服务业的积极作用与消极影响

服务是人类社会的一种交往方式。人与人之间进行交往,彼此为对方提供帮助,提供服务,是一种文化诉求,亦即人文关怀。起初，人们互相帮助、诚挚服务，是自愿的、没有交换条件的。随着经济社会的发展，社会劳动分工日益加深，商品生产和商品交换不断扩大，许多产品被加上商品的形式卷入交换之中。人们生产和生活中的相互服务，也从自我服务逐渐朝着社会服务的方向转化，进而转化为商品性服务。特别是自第三次社会大分工商人阶级和第四次社会大分工文人阶级出现以后，社会产生了专门为他人提供服务为业的服务劳动者[①]。他们为社会或为个人提供服务，作为商品，一方面，服务劳动者满足消费者的需要，仍体现服务对消费者的人文关怀；另一方面，又是服务劳动者的价值创造，要求等价交换与劳动补偿。这样一来，服务业的生产和经营活动中自然存在着人文关怀与价值补偿的矛盾。

　　服务业服务产品的生产过程，一般由准备阶段和生产阶段构成。在准备阶段，服务业对消费者的人文关怀承诺与劳动价值补偿要求一般是统一的。而在生产阶段，服务业能否兑现承诺，则取决于服务劳动者的具体行为。在人类社会中，文化始终是在先进与落后、真善美与假丑恶相对立而存在和发展的。服务业的文化诉求，也毫不例外地从中选择和定位。而服务业的价值创造，其使用价值是以兑现承诺为目标，但兑现程度的大小难以确定；其价值中必要劳动与个别劳动的差距、价格与价值的背离，更胜于实物产品。在商品经济或市场经济中，商品生产者的逐利本性往往是他们的行动指南。服务业如果以先进文化诉求为指导，以优质服务及合理价格兑现承诺，其经济社会作用就是积极的；反之，如果奉行落后文化，偷工减料、漫天要价、制毒贩黄、甚至敲诈勒索，服务业的经济社会作用就是消极的。可见，服务业内人文关怀与价值补偿的矛盾必然导致积极与消极两种因素的产生，使服务业具有两面性。因此，发挥

---

① 参阅白仲尧《论服务经济的文化基础》，《财贸经济》2007年第12期。

积极性，克服消极性，促使服务业健康发展，是国家的职责。监管就是国家履行职责的主要方式。

服务业的积极作用是主要的。这正是我们主张大力发展服务业的理论根据和出发点。当今世界，服务业是国家综合国力的组成部分。在我国，服务业所展现的能力是多方面的[①]：

——经济增长力。国内生产总值（GDP）及人均总值的大小，是衡量综合国力的重要标志。当今世界经济服务化，服务业产值及其所占比重，既是综合国力的表现，也是国民经济质量与社会现代化程度的重要标志。

——生产推动力。服务业对生产提供科学技术、市场开拓、资本运作、管理创新等方面的服务，作为生产要素是活跃的，作为辅助手段是强有力的。它们都推动着生产力的发展。

——产业协调力。产业结构实际是彼此间的结合问题。服务业的中介性质，就在于促进各产业相互适应、紧密结合，实现国民经济的良性循环。

——劳动吸纳力。社会劳动是在农业、工业、服务业三大产业部门进行分配的。一般规律是，农业劳动力向工业和服务业转移。在经济服务化过程中，农业和工业的多余劳动力转向服务业。服务业的包容性和开拓性，使其具有吸纳劳动力的巨大潜能。

——社会凝聚力。社会凝聚力是由多种因素构成的。其中，服务业的贡献十分显著。服务以对消费者的人文关怀为基础，既有物质上的帮助，也有精神上的慰藉。人们生活的舒适、便利、卫生、安全、怡然自得、幸福美满，就会激发出无限的爱国爱家热情，形成巨大的社会凝聚力。

---

① 参阅白仲尧、依绍华《服务业与综合国力的关系》，《财贸经济》2004年第8期。

——形象感召力。服务行业也称为窗口行业。它们是国家、民族和地方的窗口。服务业的服务好，态度和蔼，耐心细致，体贴周到，努力满足消费者的需要，消费者满怀喜悦。他们虽然直接面对的是服务劳动者，但感到的却是这个国家、民族和地方的温暖、可爱和光辉形象。

——设施承载力。服务业的服务设施，一类是公共服务设施，一类是市场服务设施。它们是一个国家或一个地方的生产与生活条件，或者说是基本的生存与发展条件。服务设施越先进越完善，承载力越强，对经济社会发展的推动力也越强。

——安全保障力。现代社会的安全保障，绝大部分同服务业的发展息息相关。各种物资储备，资本运转，信息传递，等等，都同市场竞争、社会稳定、国防安全紧密联系。服务业的稳定，一有灾难发生便能从容应对。

服务业各种能力的提高，既促进社会进步，又增进人民福祉，就是积极作用的发挥。

这些年来，服务业的消极影响日益显现。初步研究表明，服务业的负面影响也是多方面的：

——制造假冒伪劣。服务产品的无形性，难以形成和制定准确的标准，给偷工减料、假冒伪劣开了方便之门。同时，服务的专业性较强，消费者一般不能准确把握服务质量的尺度；在服务过程中，服务劳动者居于主动地位，消费者往往是被动接受。服务劳动者在服务过程中的支配地位，就可能随心所欲，做出损人利己的事来。

——滋生服务欺诈。在大多数情况下，服务劳动的专业性，消费者对所需服务的非专业性，往往被某些企业或个人用作非法牟利的手段，成为滋生服务欺诈的土壤。

——散布低俗文化。文化是人类特有的活动，人之所以为人就是有文化。人类不仅有共同的文化脉络，而且也有不同人群的特殊文化诉求。如果，人群按其生活与精神状态区分，则有先进与落后、高尚与低下之分。他们相应的文化表现，有先进文化与落后文化、高雅文化与低俗文化。低俗文化所反映的是生活及精神处于不良状态的人的文化。低俗文化的表现是庸俗；其本质，在知识方面是感性的、肤浅的，在行为上是任性的、缺乏道德约束，在情感上是动物本能的骚动。任何社会都有崇尚高雅文化和追逐低俗文化的人群。服务行业和服务消费的人群，也必然分成这样两类。服务业对消费者提供服务时，是以高雅文化为依托还是以低俗文化作引导，全在服务经营者的掌握之中。消费者是要享受高雅文化服务还是攫取低俗文化垃圾，也由他们选择。如果消费者中对文化垃圾有需要，服务业中有供给，就会造成低俗文化的泛滥。服务业因之成为传播低俗文化的源头之一。

——扰乱市场秩序。无论商品经济抑或市场经济都是逐利经济。逐利行为有正当与不正当区别。市场秩序维护正当的逐利行为、限制和反对不正当的逐利行为。服务业中的不正当逐利行为，同正常市场秩序格格不入。它们必然兴风作浪，扰乱和破坏正常的市场秩序。

——孕育经济危机。经济危机发源于生产，形成于市场。服务业置身于流通领域，服务于市场运行，往往成为经济危机的加速器和发动机。经济危机的突出表现是商业危机和金融危机。商业服务中，当商品买进而不能卖出时，就存在危机的可能性。金融服务是市场经济的核心。金融服务存有大量资产泡沫以及各种损害信用制度问题的积累，就成为金融危机的策源地。

——助长黄毒泛滥。色情、赌博、毒品是社会生活中的恶性肿瘤，不仅毒害社会成员的身心健康，而且严重影响社会的和谐与稳定。但在服务业中，有的行业在暴利的驱使下专门提供有关

"服务"。这种犯罪服务,对社会和人民危害极大。

——隐藏黑恶势力。黑恶势力是非法使用暴力压迫和剥削人民群众的机构和人员。市场供求不平衡经常存在,由于服务业的中间产业性质,容易为黑恶势力所利用。他们以服务为名,掠夺为实,是社会文明与进步的绊脚石。

——败坏社会风尚。社会风尚是人们交往中的和谐、友好、诚挚的氛围和行为。服务业的优良服务,不仅构成良好的社会风尚,而且还能促进社会风尚的改善和提高。反之,服务业的劣质服务、低俗服务甚至犯罪服务,则起着败坏社会风尚的作用。

服务业负面作用的表现多种多样[1],深入探索还可能有更多的发现。

(三) 建设中国特色社会主义社会的需要

服务业提供服务,满足消费者需要,对消费者的人文关怀,是义的表现。但服务产品是商品,必须劳动交换,要求价值补偿和价值实现,是利的追求。服务业是以义取利还是重利轻义、见利忘义,在不同社会、不同企业有不同的表现。

在社会主义制度下,服务业生产和经营的目的,就是对人民群众、对消费者的真情服务、厚重关怀;而获取利润只是手段,只是为了可持续服务打下坚实基础。这样,作为中国特色社会主义服务业,必须以人为本、以义取利。它就是经济社会发展的动力源泉,就是社会主义社会的功勋产业。反之,服务业如果以逐利为目的,以服务为手段,必然见利忘义,背离社会主义核心价值观,成为危害国家、阻碍社会进步的罪恶产业。在大力发展服

---

[1] 服务业中的不良现象,仅各种媒体曝光的事例就不胜枚举,时常令人触目惊心、不寒而栗。

务业的今天,加强监管,发挥积极作用,防止毒草滋蔓,至关重要。

服务监管的职责

服务业的发展有两种模式,一是市场主导,一是政府主导。由于服务业在社会生产和居民生活中的中介地位,其强烈的社会性自然要求社会的最高管理机构——政府——进行管理与指导。政府管理与指导的方式就是监管,对服务业的一切经济社会活动进行监督与管理。这要求政府的监管应该做到全面、系统、切实、廉洁。全面,要求对所有服务行业、企业、人员加以监管,不留空白。系统,从市场准入到生产、分配、售后服务等各个环节、各个方面都要监管。切实,对服务业的一切监管举措需符合实际并贯彻执行。廉洁,监管机构和人员必须廉洁奉公,维护国家和社会发展的利益。

服务监管的主要职责如下:

(一) 立法与执法

服务是人与人之间的一种行为方式,社会及国家对人的行为方式必须加以规范。根据人们行为方式方法与作用程度的不同,其规范要求随之有别。一是道德,在某种思想或精神的感召下,人们自觉实行或遵守的行为规范。二是风俗习惯、乡规民约,一定范围的人群对其行为方式的要求,具有一定的强制性。三是规章制度,社会各种组织机构(家庭、企业、机构团体等)对其成员行为方式的各种规定,有较强的强制性。四是政府颁布的、强制性的法律法令,人人必须遵照执行。

服务监管是政府依照一定的法律法规对服务业的监督与管

理。首先必须有法可依，这就要立法。服务业的行业众多，不同行业应有不同的法律法规。各个行业都有各自独特的经济运行过程，各个环节、各个方面都需要相应的法规作为行动的准绳。随着科学技术的不断进步，服务业快速发展，新兴服务业要求相应的法律法规作指导，发展了的传统服务业要求除旧布新，有新的法律法规护航。立法要与时俱进，才能适应产业发展的需要。所以，服务监管中的立法工作是服务监管的基础，是经常的、长期的、艰巨的任务。

法律法规重在执行。有法不依，执法不严，等于无法无天。服务业如没有法律法规制衡，消极因素上升到主要地位，不仅直接危害消费者，而且会进一步危及社会稳定、国家安全。所以，有法必依，执法必严，是服务监管的首要职责。

（二）规划与实施

服务业自生自灭、自由发展的时代已经过去。特别是在服务经济时代，在中国特色社会主义经济中，服务业作为关系国家前途和命运的产业，更不能自发运行。它必须是在科学规划指引下，又好又快地发展。

规划的实施是执行监管要求的具体行动。这需明确规划实施的方法、步骤和保障，困难的是保障措施的落实。一方面，监管机构要有必须的人力、物力与财力；另一方面，也要动员和调动相关机构和人员的力量，形成合力，以促进规划的落实。

（三）市场与竞争

服务监管主要是监管服务业的市场活动。从市场准入开始，就要对服务企业的资质、服务劳动者的从业能力进行审查，凭证营业，持证上岗，应成为服务行业的起码要求。在服务的准备阶段，服务业除了进行物资、技术、劳力等生产要素的准备外，主要市场活动是广告。广告的真实性与虚假性有时是对立的，有时还搅和在一起。监管就要倡导诚信、打击欺诈。在生产阶段，服务质量成为监管的要点。企业服务质量与消费者要求的矛盾是产生服务冲突的根源，如医患冲突。其次是服务价格。价格与价值严重背离，几乎是服务业的特点。服务价格的监管，既是难点，也是重点。但只要掌握其服务成本，明晰成本与利润的关系，监管的难度会减轻。

服务市场上的竞争同样是激烈和复杂的。在经济全球化的浪潮下，国与国的服务竞争，国内的地区竞争、行业竞争、企业竞争，它们还相互交错、彼此缠绕，这就给服务监管提出了高要求。监管要在保证服务市场健康运行的前提下，反对垄断，保护合法竞争，打击违法犯罪，力争产业利益最大化、国家利益最大化。

(四) 科技与信息

在现代，服务业的基本特征是科学技术先进，人文关怀厚重，经营管理精细。显然，科学技术先进是服务业现代化的基础。因此，推动服务业开展科学技术研究，采用先进科学技术，既是产业发展所必须，也是服务监管的任务。

在服务经济时代，信息技术得到广泛应用，信息传播迅速及时。对于服务监管来说，既要收集整理国内外服务业发展的各种信息，以备监管之必需；又要为服务业开展业务提供有益信息，以信息化促现代化。

(五) 教育与培训

服务业劳动者的素质是服务水平高低的决定因素。现代服务的高水平，主要是服务劳动者高素质的表现。许多服务行业

（如科技服务、文教服务、医疗服务、软件服务、金融服务等）没有高素质的劳动者，他们便难以生存。培养高素质的服务劳动者，首先是国家、社会的责任。这个责任自然落到监管者的肩上。其次是企业，也要不断提高员工的业务能力和文化素质。

社会各个方面所需人才，服务业几乎都需要。正规教育或学历教育，特别是高等教育与职业教育，需考虑服务业的专业需要。在职培训鼓励企业自办或与教育机构合办。监管的检查、督促、支持、帮助具有特别重要的作用。

（六）监管监管者

监管是国家通过一定的行政机构规范服务业的活动，并经常进行督促和检查，以保证服务业的健康发展。所以，监管的本质是服务。监管机构既然要求服务业的服务活动必须规范，那么，自己的服务活动也要规范，还应更高更严。这样，监管机构在对服务业进行监管的同时必须对自身进行监管。监管者的模范行为，既是监管权威的表现，也是感召力、亲和力、执行力的抒发。

总之，服务业的一切经济社会活动都需要监管，都必须监管。强有力的监管，是服务业健康发展的根本保证。

加强服务监管的建议

服务监管涉及政治、经济、文化多方面的理论与实际问题，加强监管绝非易事。但没有监管就没有符合社会利益的服务业；在现代社会，没有监管的现代化就没有服务业的现代化。

（一）完善法律法规

服务业的发展与法制建设应是同步的。商业服务产生最早，尽管原始，但国家对商业监管很重视。《周礼》称"六曰商贾，阜通财货"，"还设置一系列管理商贾的官吏，如质人主管各种货物的供求；廛人监督商业纳税事务；胥师取缔商人作伪；贾师主管物价之平议……"①。这说明有服务，就有法制规范和监管机构。

现代社会是法制社会。同服务业相关的法律法令是法制规范中的主要部分。在这个意义上，服务经济是在法制监督下运行的经济，是监管经济。服务监管作为国家行为，是在法律法令指导下进行的活动。如果法律法令不完善、不健全，服务监管也必定不完善、不健全。因此，法律法规是服务监管的基础。

有关服务业的法规，应当反映各个服务行业的需要。有一项服务，就应当有一项专门的法律。如果某些新兴服务行业来不及制定专门法规，也应有行业标准、行政管理条例暂管，但应尽快过渡到正式的法律法规。

(二) 健全监管机构

有法不依等于无法可循，必须有执法机构和人员来维护法规的尊严及作用。监管即执法，执法是服务监管的本质。我国现行的服务监管是把完善和执行法律法规同指导业务经营分别考虑的。这样，一方面是多头管理，公安、工商、税务、环卫等，一个服务企业往往要对几个、十几个行政部门的监管；另一方面，对服务行业中的违法、违规行为和经营困难，又缺乏监管、甚至无人过问。"成绩是大家的，问题是自己的"，越位和缺位并存。这是我国服务监管中的主要问题，应当引起注意。

服务监管机构是一个管理体系。基本上，它是由国家行政机关

---

① 胡寄窗：《中国经济思想史》（上），上海人民出版社1962年版，第34页。

监管、行业协会自律、群众及消费者监督三个层次构成。国家行政机关的主要职能是，进行法制建设，引导健康发展，保护合法利益。由于承担服务监管的国家行政机关多数是按行业分工的，容易产生"部门观念"，注重"部门利益"，从而影响监管的公正性。如果坚持依法监管、科学发展的原则立场，这个问题是能够解决的。行业协会是经营者的自愿组织，它一要组织业内从业者合法合规经营，二要反映行业的正当要求和利益。现在，一些行业协会的行政色彩浓重，甚至成为变相的国家行政机构。这就难以发挥自律作用，形同虚设。群众及消费者的监督机构，目前大多数行业和大多数地方都没有建立起来。服务业缺乏群众监督带有普遍性。所以，建立健全服务监管机构是发展服务业的重要方面。

（三）创新监管方式

监管也是对监管对象提供促进健康运营的服务。这就必须讲究方式方法。然而，方式方法是随着时间、地点、条件的变化而变化的。有变化，即可能有创新。

创新中，一要强化基本的监管方式，行政机关的依法监管，服务行业、企业及服务劳动者的自律，群众及消费者的监督，是基本的监管方式，不可偏废。二是结合服务行业中的突出问题，具体问题具体分析、具体解决，如专题研究、专项治理等。三是监管机构和监管人员的科技水平和文化素质的提高而创新工作方法，如网络监管、网上接待等。总之，以提高监管服务质量为手段，达到提高服务监管水平的目的，监管创新是没有止境的。

（四）建设信息平台

监管机构为监管对象提供信息服务，是现代监管的特征之一和重要内容。为此,建立服务经济技术信息平台十分必要。信息平台的建立,首先是为监管服务,使各项监管都建立在及时、准确、高效的基础之上。其次,为行业和企业服务,为他们提供相关的科学技术信息、经营管理信息、人才流动信息和市场供求信息等,促进服务业更好更快的发展。再次,为消费者服务,让消费者明白消费,回避陷阱,适时监督。

服务信息平台是一个系统。服务业是一个大系统,各个服务行业是子系统。综合服务平台,应由国家的服务产业主管部门创办。各子系统则应由各服务行业的分管部门承办。它们一方面是收集、整理和加工国内外已有的服务经济技术和文化信息;另一方面,自身也要生产信息,发掘经济技术开发以及文化创新等诸多方面的信息资源,以充实和扩大信息平台的内容。

(五) 采用先进技术

服务业永远是跟随科学技术的发展而发展的产业。它从自我服务转变为社会服务,其根本点就在于社会服务采用优于自我服务的先进科学技术,有更高的劳动效率。除因社会发展而需淘汰的服务行业外,无论传统服务业还是新兴服务业,都要尽力采用现代科学技术。所以监管,一方面自身要运用先进科学技术,才能取得及时、高效、正确的监管效果;另一方面,还要督促监管对象努力采用先进科学技术,以提高服务质量,创造更高的服务价值。

采用先进科学技术,一是引进国内外同服务业相关的科学技术,二是自身的科技力量,探索、创新、奋发图强。在科学研究中,自然科学和社会科学应并重。特别是服务经济学科的研究环境,虽有所改善,但没有引起普遍的重视,还需进一步加强。

(六) 建立服务基金

服务业是一个复杂的产业群，既有公共服务，也有市场服务，还有公共服务与市场服务结合在一起的服务。公共服务是国家对纳税人应尽的义务，所需资金由国家财政支付。由于人民群众具有热爱公益事业的天性，结合某些特殊事业需要，时常以捐赠的形式募集一些资金，从而形成各种基金。这些基金是发展公益事业的宝贵资源，也是人民群众高尚道德和崇高精神的表现，监管机关应帮助它们保值、增值、管好、用好。市场服务对资金的需要，一是融资，特别是中小企业的融资仍需扶持；二是投资引导，向社会急需或超前发展的行业投资；三是风险保障，自然的、社会的各种灾害和风险产生的需要，往往集中表现于服务业，风险基金的设立对服务业、对全社会都十分必要。

(七) 尊重服务人才

服务业是知识密集型产业。服务业依靠服务劳动者同消费者直接交往而经营，服务劳动者的文化素养对服务质量具有决定意义。知识是文化的基础。服务劳动者的知识越丰富，文化素养越高，服务质量越高，服务业就越是兴旺发达。服务业较之工农业，更需要知识型劳动者。在这个意义上，服务业应为知识密集型产业。

人才，即有劳动能力的人。但人的能力有大小，能力强的为优秀人才，能力弱的为普通人才。一般说来，人才指的是优秀人才，某一行业、某个领域的专家。具体地说，科技、教育、医疗、文艺、旅游、金融、商业等拥有的科学家、教育家、医学家、文学家、艺术家、金融家……他们拥有大家、大师，才能把本行业引向高端，推向巅峰。

培养优秀服务人才既是服务监管的重要任务，就要设定切实可行的措施。社会教育，小学、中学、大学是培养服务人才的基础。在大学教育中，要特别关心有关服务专业人才的培养。在职培训和业余教育，应看做培养行业和企业优秀人才的摇篮。实际工作中的考察与锻炼，更是发现人才、培养人才的土壤。这三方面都是不可缺少的。

使用人才是人才问题的指挥棒。然"千里马常有，而伯乐不常有"[①]。挑选人才的人必须懂得人才，敢于使用人才。否则，他们不过是好龙的叶公而已。帮助服务业培养人才、发现人才、使用人才也是服务监管的一大重点。

(八) 培育服务品牌

品牌是服务企业积极作用的具体表现。在服务业中，凡是做出品牌的企业及其产品，都是行业中的佼佼者，如"新华书店"、"同仁堂"、"全聚德"、"稻香村"、"北京医院"，等等。他们的产品优异，经营诚信，以义取利。这就确保他们在经济社会中的积极作用，在市场上也占优势地位。

对品牌的监管，一是审查，二是保护。企业及其产品都有自己的名称与标识。监管要审查其合法性、真实性与可靠性。只要他们依法经营、诚信服务，就要保护他们的合法权益。品牌监管的重要任务是培育和扶持享誉国内外的优秀品牌。它们是优质服务的代表，恪守社会责任的典范，彰显产业健康发展的方向。监管机构扶持这样内涵丰富的优秀品牌，也是以点带面，从正面引导产业的发展。

---

① 韩愈《杂说四》，《古文观止》，文学古籍刊行出版社1956年版，第330页。

(九) 坚持反腐倡廉

监管机构和监管人员的清正廉洁，是成功监管的保证。反之，如果监管机构和人员腐化堕落、贪赃枉法、玩忽职守，必然产生有监无管、甚至助纣为虐、为虎作伥的现象。

改革开放以来，党和国家一贯重视党风廉政建设和反腐败斗争。今年1月，胡锦涛同志在中国共产党第十七届中央纪律检查委员会第六次全体会议上强调，"党风廉政建设和反腐败斗争贯彻落实以人为本、执政为民，一是要着力加强以人为本、执政为民教育，加强党的性质和宗旨教育，引导党员干部牢固树立群众观点、坚持党的群众路线，自觉站在人民群众的立场上，坚持思想上尊重群众、感情上贴近群众、工作上依靠群众，始终与人民群众同呼吸、共命运、心连心。二是要着力建立健全体现以人为本、执政为民要求的决策机制，作决策、定政策必须充分考虑群众利益、充分尊重群众意愿，统筹协调各方面利益关系，坚持问政于民、问需于民、问计于民，坚持科学决策、民主决策、依法决策。三是要着力按照法律法规和政策开展工作，大力增强法制观念和依法办事意识，大力推行依法行使权力，大力提高依法办事能力，大力实施各项公开制度，保证权力在阳光下运行。四是要着力维护人民群众权益，保障人民群众的经济、政治、文化、社会等各项权益，切实把改善人民生活作为正确处理改革法制稳定关系的结合点，切实解决损害群众利益的突出问题，切实健全党和政府主导的维护群众利益机制，完善中央惠民政策落实保障机制。五是要着力查处损害群众切身利益的案件，维护群众利益。六是要着力加强基层干部队伍作风建设，教育引导基层干部加强党性修养，继承和发扬党的优良传统和作风，帮助基层干部掌握新知识、新技能、新本领。要理解基层干部工作的困难、体谅基层干部的艰辛,真正重视、真情关怀、真心爱护基层干部,使他们不断为党和人民作出新的工作业绩"[1]。只要认真贯彻胡锦涛同志的指示,一定能够取得反腐倡廉的胜利。

(十) 建立长效机制

服务监管的长效机制,第一是不断完善法律法令。法规需要稳定性,但是相对的。新旧事物的更替,必然要求对原有法规的修改和补充。在不断完善的法律法令规范下,服务监管的能力和水平不断提高,适应服务业发展的需要。

第二是不断健全监管体制。监管体制是监管成败的决定因素。体制改革首先要完善和健全现有体制,其次才是体制创新。而体制改革的困难在于利益格局的调整。现行的部门利益和地区利益,往往妨碍体制的合理性。只有根据产业——服务业——发展的需要,调整利益格局,创新管理体制,才能保证服务监管的顺利运行。

第三是培养监管人员。他们是服务监管政策法令的执行者。他们的道德品质、业务能力、文化素养直接决定监管的成效。完善的服务监管要求监管人员的劳动素质必须高于普通服务人员的素质,所有监管人员更应持证上岗。这就要求监管机构必须高度重视监管人员的培养,并列为提高监管水平的根本战略。

第四是经常有效的政治思想教育。在社会主义社会,监管人员应当具有强烈的清正廉洁为人民服务的意识,并贯穿到监管活动中去。政治思想教育中的形式化、表面化是工作中的大问题。政治思想工作不仅需要鲜活的内容与方式方法,更需要领导者、思想工作者的模范带头作用。他们的自觉程度、言行一致,是最

---

[1] 见《光明日报》2011年1月11日。

有力的政治思想工作。

主要参考文献

1.《中华人民共和国国民经济和社会发展第十二个五年规划纲要》,《中国文化报》2011年3月18日。

2. 中华人民共和国国务院新闻办公室:《中国互联网状况》(2010年6月),《光明日报》2010年6月9日。

3.《国家中长期教育改革和发展规划纲要(2010—2020年)》,《光明日报》2010年7月30日。

4. 中共中央国务院印发:《关于实行党风廉政建设责任制的规定》,《光明日报》2010年12月16日。

5. 荆林波、史丹、夏杰长主编:《中国服务业发展报告——面向"十二五"的中国服务业》,社会科学文献出版社2011年版。

6. 魏作磊:《中国服务业发展战略研究》,载李江帆主编《中山大学服务经济与服务管理论丛》,经济科学出版社2009年版。

7. 于丹:《服务业经济"稳定器"作用研究》,载李江帆主编《中山大学服务经济与服务管理论丛》,经济科学出版社2009年版。

8. 胡寄窗:《中国经济思想史》(上),上海人民出版社1962年版。

(原载2011年7月27日《中国社会科学网》"本网首发"栏)

第三篇 商业经济

商业的主要矛盾和体制改革

商业是一个复杂矛盾的统一体。毛泽东同志说:"任何过程如果有多数矛盾存在的话,其中必定有一种是主要的,起着领导的、决定的作用,其他则处于次要和服从的地位。因此,研究任何过程,如果是存在两个以上矛盾的复杂过程的话,就要全力找出它的主要矛盾。捉住了这个主要矛盾,一切问题就迎刃而解了"。[①] 对于商业的主要矛盾的分析,是商业体制改革的主要依据。

什么是商业的主要矛盾呢?这是大家关心的问题。笔者这里的一些意见,供大家探讨。

一 商业的主要矛盾

新中国成立以来,国营商业的管理体制曾有五次较大的变动。第一次,1950年建立全国性的专业公司,实行物资统一调拨、资金统一回笼的高度集中的商业体制。这对当时打击投机倒

[①] 《毛泽东选集》第1卷,人民出版社1966年版,第310页。

把、稳定市场物价、加快国民经济的恢复起了很大的作用。第二次，1953年实行统一领导、分级管理，下放了部分管理权限。第三次，1958年取消专业公司，实行政企合一，二级站以下商业机构由省、市领导。这样一来，市场分制，调度不灵，经营管理不善，损失浪费严重。第四次，1962年随着整个国民经济的调整，恢复和建立专业公司，商业又有了新的发展。第五次，1970年再次取消专业公司，实行政企合一，按行政层次设置商业机构。商业又出现了严重的问题。现在正逐渐进行第六次变动。我们从中应当引出什么经验和教训来呢？

供销合作社商业，也走过了曲折的路。全国解放后，供销合作社在农村互助合作运动中广泛地建立和发展起来。在国民经济恢复时期和第一个五年计划时期，发挥了重大的作用。1958年供销合作社商业同国营商业合并，出现的问题同国营商业第三次变动相类似。因此，1962年国营商业同供销合作社商业分开。1969年国营商业同供销合作社商业再度合并。1975年又分开。有的同志提出，供销合作社同国营商业合并时说合并好，分家又说分家好；到底是分好呢，还是合好？应当讲出个道理来。

国营商业和供销合作社商业的经营管理体制的多次变动，表面上似乎可以时撤时并、时分时合。实际上，人们的行动是受客观规律支配的。凡是符合客观规律的时候，商业就发展、就前进，就给整个国民经济带来好处。凡是不符合客观规律的时候，商业机构重叠、人浮于事、损失浪费严重，妨碍国民经济的发展，又迫使人们去改变商业体制。恩格斯指出："生产归根到底是决定性的东西。但是，产品贸易一旦离开生产本身而独立起来，它就会循着本身的运动方向运行，这一运动总的说来是受生产运动支配的，但是在个别的情况下和在这个总的隶属关系以内，它毕竟还是循着这个新因素的本性所固有的规律运行的，这个运动有自己的阶段,并且也反过来对生产运动起作用。"① 历史的经验正是这样。

恩格斯说:"要精确地描绘宇宙、宇宙的发展和人类的发展,以及这种发展在人们头脑中的反映,只有用辩证的方法,只有经常注意产生和消失之间、前进的变化和后退的变化之间的普遍相互作用才能做到。"② 商业是宇宙间的一个客观事物。只有运用马克思主义的辩证法,才能揭示出它发生、发展和消亡的客观规律性。"矛盾着的对立面又统一,又斗争,由此推动事物的运动和变化。"③ 我们又只有研究商业内部的矛盾着的对立面的统一和斗争,才能把握事物的发展。

大家知道,商业的联系面广,问题复杂。为了不分散我们的注意力,我们只在流通过程中并同时假定全部商品流通都由商业来组织的前提下,揭示商业的主要矛盾。

在任何一个商业企业中,无论是批发商业企业还是零售商业企业,他们进行的每一次交易,每一次买卖,都反映出下述事实:一方面是商品和货币的互换;另一方面是进行买卖的当事人。这是几千年来、亿万次交易所重复进行的基本事实。这个事实说明,没有商品和货币的运动,就没有持有商品或货币的人们的相互联系或关系;反过来说也一样,如果人们不相互发生联系或关系,商品和货币也不会自行运动、自行流通。所以,我们在商业领域中,凡是看到商品和货币运动的地方,就能看到人们相互发生着一定的联系或关系;凡是有从事商业活动的人们相互发生的一定的联系或关系,就有商品和货币的运动。这种形影不离

---

① 《马克思恩格斯选集》第 4 卷,人民出版社 1972 年版,第 481 页。
② 《马克思恩格斯选集》第 3 卷,人民出版社 1972 年版,第 62—63 页。
③ 《毛泽东选集》第 5 卷,人民出版社 1977 年版,第 372 页。

的紧密关系,便产生了商品、货币和从事商业活动的人们之间的矛盾运动。

商品、货币和从事商业活动的人们之间的矛盾运动,是商品流通和商业关系的矛盾。商品和货币是物。它们只有在人们相互关系的作用下,在人的劳动推动下,才能活跃在商品市场上,才能成为商品流通。商业是流通过程中的一种经济现象。商业的职能是媒介成商品交换,或者说,组织商品流通。人们为了媒介成商品交换,组织商品流通,相互之间必须发生一定的社会联系,结成一定的社会关系。人们的这种联系和关系,我们称之为商业关系。在商业领域中,有商品流通就有商业关系,有商业关系也一定有商品流通。商品流通和商业关系互相联系、互为条件、互相影响、互相斗争,共处于商业活动的有机体中,这就构成了商业不同于工业、农业、不同于其他事物的特殊本质,构成了商业的主要矛盾。

商业的主要矛盾的两个方面的相互关系,就是商业发展的客观规律性。

在商品流通和商业关系的矛盾运动中,商品流通起着主导的、决定的作用,也就是说,商品流通决定商业关系。商品流通,一方面是生产物经过流通过程进入消费领域;另一方面,生产物采取商品、货币的社会形态进行流通,从而实现生产者和消费者之间的社会联系,所以商品流通过程也是一种社会关系的运动过程。商品流通就是在这两个方面决定商业关系的发展。

商业是社会劳动分工的一个部门。商业关系首先是商业劳动者之间的分工和协作的关系。由于商品流通既是生产物的运动又是社会关系的运动,因此商业劳动既要完成生产物从生产到消费的转移,又要完成生产者和消费者之间的社会关系的结合。这就使商业劳动成为生产性劳动和非生产性劳动相结合的一种特殊劳动。我们分析商品流通和商业关系的相互关系，就要从商业劳动的特殊性出发。

商品的使用价值由于物理的化学的性能不同和效用不同，在流通过程中也就具有不同的特点。商品的使用价值的差异，是商品经营分工的基础。煤用于燃烧或做化工原料，丝绸主要用于衣着，它们不便于在同一个商店里经营。经营食品的商店里不能同时经营石灰、水泥和砖瓦。这说明，为了适应不同商品使用价值流通的需要，必须建立和发展不同的商品经营机构。当然，很明白，笔者并不是说，任何一种特殊的商品都要建立特殊的经营机构。商品经营分工，专业经营还是综合经营，不仅取决于商品质的差异，还取决于商品量的多少。解放初期，中国工业器材公司经营多种工业品，随着工业生产的恢复和发展，经营的品种和数量不断增加，不得不分为五金、交电、化工原料三个公司。湖北省宜昌地区，1964年以前水果由土产公司兼营。这个地区在1964年水果大丰收，人力、物力和经营方式都不适应水果流通的需要，损失很大，因而于1966年建立了湖北宜昌水果公司。当石油还沉睡在地下的时候，绝不会有石油公司。将来我国日用电器生产多了，也一定会有日用电器公司。所以，商品经营分工，亦即商业内部的劳动分工，取决于商品流通的结构和规模。这是不依人的意志为转移的。

商业企业内部的劳动分工，也是服从商品流通的需要的。农村的代购代销商店，经营品种有限，数量不大，一般只有一、二人，商品的购进、保管、销售等各种劳动，都要承担。一般的或较大的商业企业，不仅购进、销售、保管、会计、出纳等由专门的劳动者担任，往往还要根据经营商品的情况进一步专业化。

各种商业形式的发生、发展和消亡，其根本原因也在于商品流通的运动和变化。当商品生产者之间还处在"抱布贸丝"的直接物物交换的情况下，商业就不能插足其中。春秋战国时代的弦高、计然、端木赐等人，他们经营盐铁、牛羊、布帛、珠宝之类，甲地购进，乙地卖出，大多采取贩运贸易的形式。商品交换的广度和深度的发展，商品流通在时间和空间上的扩大，商业进一步发展起来。不但逐渐有了盐商、铁商、粮商、茶商等经营分工，也逐渐有了行商、坐贾的区别。批发、零售、专业公司等商业形式，是在商品流通有了较高发展的近代才出现的。最近时期，国外超级市场的发展，给零售商业又增添了新的形式。

所以，商业劳动者之间的分工和协作，商业形式的发展和变化，都是由商品流通发展的自然过程所决定的。商业经营管理体制的一切变化，都要受这个客观过程所制约。

商品是使用价值和价值的统一。商品的使用价值的流通，决定着商业劳动分工的发展。而商品的价值的流通，也决定着商业劳动过程中人们相互关系的变化。大家知道，商品的价值，主要是商品生产者的劳动创造的，其次是商业劳动者的生产性劳动追加的。它在生产过程中创造，在流通过程中实现，体现着一定的社会关系。商业在完成商品的使用价值的流通的同时，实现商品的价值，实现一定的社会经济关系的结合。

商业一般是按低于商品价值的价格购进，按等于商品价值的价格出售，从而形成购销差价。这是商业赖以生存的根本条件。购销差价是商品价值的一部分。商品价值的社会性质决定购销差价的社会性质。购销差价的社会性质决定商业关系的社会性质。事实上，商品生产和商业都有几千年的历史了。在不同的社会制度下，商品价值所体现的社会关系是不同的。例如，在奴隶制度下，绝大多数商品是手工业奴隶、农业奴隶生产的，商品的价值必然反映奴隶主剥削奴隶的社会关系。商业的购销差价就是奴隶剩余劳动的一部分；商业领域中人们的相互关系也就是奴隶主剥削奴隶的关系，奴隶主和奴隶的关系等。在资本主义制度下，商品价值体现的是资本主义的生产关系，购销差价是剩余价值的一部分，商业关系的性质当然是资本主义的。

在商品的价值中，商品的生产者、消费者和经营者各占多大比例，是他们之间的经济结合及其矛盾的焦点。在通常情况下，表现为价格高低，利润大小。商业媒介成不同商品生产者之间的商品交换，实现了生产和消费的结合，因此商业劳动是社会的必要劳动，在商品的价值中应占有一定的份额。但是，商业占的比重不能太大。太大，妨碍生产的发展。太小，也使商业活动受到限制。在商业内部，从事商业活动的人们之间的经济关系，也就是商业在商品价值中占有的那部分价值在他们之间如何分配的关系。商业劳动者的劳动积极性，归根到底，取决于他们的必要劳动所实现的价值在购销差价中所占的地位。这也是商业关系是否合理的一个重要方面。

所以，商业在实现商品价值的过程中，参与商品价值的分配，是商业活动的经济条件。因此，商品价值的流通，也是商业关系发展的决定因素。

商品流通决定商业关系，商业关系反作用于商品流通，这是辩证的统一。对于一切通过商业进行的商品交换来说，正确的商业关系能够促进商品流通的发展，不正确的商业关系则妨碍商品流通的发展。如湖北省宜昌县年产柿子200多万斤。在宜昌水果公司统一经营的时候，大小水果、畅销滞销统筹安排，宜昌市内柿子销售量达70多万斤，该公司还积极组织社队加工柿饼出售。1970年撤销了宜昌水果公司，分别建立宜昌市果品公司和宜昌县果品公司。产销关系脱节，宜昌市柿子销量大减，宜昌县只好自行外出推销。因销量不大，减少收购，使大量柿子挂在树上烂掉。所以，在一定条件下，商品流通是否顺畅取决于商业关系是否恰当。

综上所述，商业主要矛盾的两个方面的关系是，商业关系应当适应商品流通发展的需要。这就是商业本身固有的主要的规律性。任何一种事物，都是活生生的、多方面的。主要矛盾只是决定事物发展的主要方面。主要规律只能反映事物的本质方面。对商业领域中各种复杂矛盾的研究，揭示商业关系各个方面的客观规律性，是无穷无尽的。

二 社会主义商业的特征

商业是生产物流通的一种历史形态。商品流通和商业关系的矛盾在不同的社会制度下具有不同的社会性质。在社会主义制度下，进一步分析商业的主要矛盾的性质和特征，对搞好社会主义商业有重要的意义。

列宁说："我认为，学会了解商业关系和经商是我们的责任。只有当我们直截了当地提出这个任务时，我们才能好好学习和学会……我们应该学习。要学习由国家来调节商业关系，这个任务是困难的，但决不是什么不可能完成的任务。"[①] 列宁的这个指示，是要我们了解社会主义的商业关系，学会经营社会主义商业。这的确是一个困难的任务，需要付出一定的代价。新中国成立30多年来，我们商业工作的经验是相当丰富的。从我们的经验与教训中学习了解商业关系和经商，是很重要的。

社会主义商业有五大特征：

（一）公有性

社会主义社会是以生产资料公有制为基础的社会。社会主义

---

① 《列宁全集》第33卷，人民出版社1957年版，第82—83页。

社会的商品生产和商品交换也根本改变了私有性质。商业的社会性质，即商品流通和商业关系这一矛盾的社会性质，也随着商品生产和商品交换的社会性质的改变而改变。

我国的社会主义商业，一部分是在革命根据地时期就建立和发展起来的社会主义性质的国营商业和合作社商业，新中国成立以后进一步加强和扩大了；另一部分是对私营商业实行社会主义改造，对资本主义商业经过公私合营转变为国营商业，对小商贩则组织成合作店组改变为集体所有制的合作化商业。我国社会主义商业发展的速度是比较快的。商业企业商品批发额的比重的变化情况是：1950年，国营商业占23.2%，合作社商业占0.6%，国家资本主义及合作化商业占0.1%，私营商业占76.1%；1957年，国营商业占71.5%，合作社商业占23.8%，国家资本主义及合作化商业占4.6%，私营商业占0.1%。商业企业商品零售额的比重变化情况是：1950年，国营商业占8.3%，合作社商业占6.6%，国家资本主义及合作化商业占0.1%，私营商业占85%；1957年，国营商业占41.7%，合作社商业占24%，国家资本主义及合作化商业占31.6%，私营商业占2.7%。尽管社会主义商业包括原来的非社会主义经济成分转变为社会主义经济成分在发展过程中，出现了一些问题，在某种程度上影响了商品流通，但毕竟建成了以公有制为基础的社会主义商业。这是"没有大小资本家参加的商业，是没有大小投机分子参加的商业。这是特种商业，是历史上从来没有过而只有我们布尔什维克在苏维埃制度发展条件下才实行的商业"[①]。这就建立了同志友好、互助合作、没有根本利害冲突的社会主义商业关系。

现在，全民所有制商业和集体所有制商业，是我国社会主义

---

① 《斯大林全集》第13卷，人民出版社1956年版，第184页。

商业的主要组成部分。商业中的个体劳动者是很少的。维护和加强社会主义商业的公有性质，是商业发展的历史需要，符合国家和人民的根本利益。有些商业企业之间互争市场，互争利润，互甩包袱，有损于社会主义商业关系的互助合作性质。至于损公肥私，铺张浪费，贪污盗窃，更是社会主义商业的蛀虫。这些不良现象，妨碍社会主义商业的公有性的提高，是必须反对的。

（二）统一性

社会主义商业的公有性质，要求社会主义商业必须具有统一性。社会主义经济是有计划的商品经济。国民经济各个部门有计划按比例的发展，是在流通过程中实现的。在生产过程中，一个部门、企业或单位，彼此是独立的。我国工业生产企业有几十万个，农村基本核算单位有数百万个。他们的生产是在自己企业或单位内独立进行的。他们之间的经济联系，是在流通过程中彼此交换劳动产品即进行商品交换取得的。在我们国家，他们生产的商品 90% 以上是经过商业部门收购和销售的。因此，社会主义商业通过组织商品交换的活动，把这几百万企业单位联结在一起，形成统一的国民经济。我们通常把商业的这一重大作用比喻为桥梁、纽带、血脉。如果没有统一的社会主义商业，就不能有统一的国民经济。

社会主义商业的统一性的主要表现是，所有商业企业都通过各种形式组织起来，形成一个统一的有机体，例如各种专业公司、中心商店、基层商店，等等。由于我们国家有这样一个组织起来的、统一的社会主义商业，在顺利时候促使经济发展的速度更快，在困难的时候又减轻了困难所造成的危害。只要认真分析一下我国经济曲折前进的历史，就能看到社会主义商业的丰功伟绩。

旧中国是一个半殖民地半封建的国家，小农经济占极大的优势。解放后，在党和国家的领导下，进行有计划的大规模的社会主义经济建设，积极提倡"发展生产，繁荣经济，城乡互助，内外交流"，全国各地区和各部门之间的经济联系大大加强，商品生产和商品流通有了很大的发展。但是，由于林彪、"四人帮"的破坏，对外闭关锁国，国内一些地方也闭关锁境。本地一些商品不准擅自出境，为了保护地方产品也不准外地商品自由入境，到处壁垒森严，关卡重重。在这种情况下，"协作"便成为一种"合法"的经济形式。各地的"王牌"商品，实际上成了地方货币。这样，统一的社会主义市场，人为地分割为无数小而又小的小块。与此同时，按行政层次设置商业机构，按行政区划组织商品流通，各级商业机构在核算关系上又从属各级财政，商业企业之间的组织联系和经济关系也人为地拆散了，割断了。商品在全国范围内的正常流通受到了严重的阻碍。这对国家从全局出发、统筹安排整个国民经济极为不利，也不符合各地充分发挥当地的有利条件发展商品生产的利益。

整个社会主义商业的统一性同个别商业企业的相对独立性是相辅相成的。商品流通的本质是超出地域的、民族的界限的。只有打破各种阻碍商品正常流通的框框，加强统一性，扩大独立性，整个流通过程才能十分活跃。

(三) **计划性**

社会主义商业的伟大作用之一，就在于它能够促进整个国民经济有计划按比例的发展，保证国民经济计划综合平衡的实现。过去，我国的国民经济发生严重的比例失调，不注重利用商业来实现计划平衡。不注重商业的计划性，也是一个重要原因。例如，我国棉纺工业所需要的棉花，是由国内商业收购和外贸进口来保证供应的。如果他们在棉花经营上存在着很大的盲目性,棉纺工业以及同棉纺工业有关的其他工业部门,很难有计划按比例地发展。因此,社会主义商业的计划性,不仅是商业本身发展的需要,而且是整个国民经济的需要。

一切计划,都是人们对客观事物的发展趋势的认识的反映。计划和实际,总是存在一定的差异。计划不能也不可能包罗万象。这就要求计划性和灵活性紧密结合。社会主义商业的计划性和灵活性,不是消极地适应生产的需要,而是积极地影响生产的发展。商业接触面广,对生产和消费的变化最为敏感。商业应当有较大的灵活性,才能适应生产和消费的经常的变化,才能发挥较大的影响作用。计划管得过细、过死,就把生意管死了,是不适宜的。

社会主义商业的计划性,同商业企业执行计划的严肃性是一致的。计划如果失去了严肃性,就等于没有计划。例如,某地区产工业用的乌桕子油,1975 和 1976 两年,收购计划完成 87%,上调计划完成 75%,上调量占收购量的 73%;1977 和 1978 两年,收购计划完成 91%,上调计划完成 56%,上调量仅占收购量的 40%。收购计划完成不好同乌桕子的生产受自然条件影响有关,是计划对生产实际的反映问题。而上调计划完成不好,则是执行计划不够严肃。社会主义商业的计划性,是社会主义商业发展的客观要求。我们要加强商业计划的科学性,必须同维护计划的严肃性结合起来。

(四) 服务性

在资本主义制度下,商业资本家经营的目的就是利润,通过贱买贵卖取得利润。因此,"在任何一次买卖中,两个人在利害关系上总是绝对彼此对立的;这种冲突带有完全敌对的性质,因为各人都知道对方的意图是和自己的意图相反的。因此，商业所产生的后果就是互不信任，以及为这种互不信任辩护，采取不道德的手段来达到不道德的目的"①。社会主义商业是在彻底否定资本主义商业的基础上建立和发展起来的。社会主义商业经营的目的，是为生产、为消费服务，为人民服务，而不是为了取得利润。这就从根本上改变了商业同生产者和消费者在利害关系上的绝对对立的关系，建立起在根本利益一致基础上的互助合作关系。

社会主义商业同生产者和消费者的新型关系，是在不断提高服务质量的过程中得到加强的。社会主义商业的服务性的具体表现是，满足群众需要，方便群众购销。但归根到底，社会主义商业的服务性，是根据社会再生产的要求，尽可能地节约流通时间。流通时间的节约或浪费，不仅是衡量整个社会的商业是否合理的标准，也是衡量个别商业企业是否合理的标准。有的部门，或有的单位，不顾商品流通的实际情况，单纯考虑自己工作方便或者为了获取商业利润，随意设立商业机构，其结果往往同他们的主观愿望相反。例如，中药材的大部分是农民种植和采集的。特别是野生的中药材，商业部门组织生产就有，不去组织就没有。这种零星、分散的情况，决定了它的收购活动不可能实行专业经营。又如，某市附近几十公里的地方产柑桔，从收购到零售，中间经过了五个环节，过一道环节就加一道综合差，使商品的价格从每斤收购价 0.2 元到零售价 0.35 元，差价高达 75%。如果按照当地商品流通的客观需要，只需两个至多三个环节就够了。这样，收购价格还可以提高，销售价格还可以降低。那些"凭开条赚综合差""吃环节饭"的商业机构，就不是为生产、

---

① 《马克思恩格斯全集》第 1 卷，人民出版社 1956 年版，第 600 页。

为消费服务,而是生产者和消费者的额外负担。所以,商业机构是否合理,是它能否更好地为群众服务的一个重要的前提。

社会主义商业经营的目的不是为了利润,但是它需要取得一定的利润。这一定的利润,是社会主义商业为生产、为消费服务的手段或条件。因为,社会主义商业的利润,一部分是为国家积累的建设资金;一部分属于企业,作为扩大商品经营、提高服务质量之用。所以,商业部门通过各种途径降低流通费用,节约流通时间,取得一定的商业利润,同为生产和消费服务是一致的。

(五) 政治性

列宁说:"国家必须学会经商,使工业能够满足农民的需要,使农民能够通过商业来满足自己的需要。必须把工作安排得能使每一个劳动者都拿出自己的力量来巩固工农国家。"[1] 我国农民占总人口的80%以上,工农联盟的情况如何,关系着整个国家的命运。工业和农业,城市和乡村,主要是通过商业进行经济联系。社会主义商业已成为全国人民的生产和生活不可须臾离开的事业。广大人民群众,经常从社会主义商业的经营状况和经营作风来衡量国家的政治经济形势,了解党和国家对人民群众生产和生活的关怀,观察共产党员、党的干部的思想作风。社会主义商业起着党和国家的经济化身的作用,比历史上任何一种商业的政治性都要强烈和鲜明。

我们国家的商品经济的发展较慢,轻视商业的思想和做法渊源很深。远在战国时代,韩非子就宣称"工商之民"为"邦之蠹也"。西汉初年,"天下已平,高祖乃令贾人不得衣丝乘车,

---

[1] 《列宁全集》第33卷,人民出版社1957年版,第53—54页。

重租税以困辱之"①，实行贱商政策。这种封建的传统观念，至今还侵蚀着我们一些同志的思想。他们认为，商业工作的好坏无关大局，商业机构的建设无关紧要，商业工作低人一等。一句话，轻商思想、贱商政策还在作怪。这种思想和做法，对于动员近千万的商业职工积极努力地去实现社会主义商业的政治经济任务，是十分有害的。

在人类历史上，商业曾经"吞并了工业，因而变得无所不能，变成了人类的纽带"②。我们的国家，随着社会主义四个现代化建设的开展，社会主义商品经济的大发展，社会主义商业必定有它光辉灿烂的未来。社会主义商业是一条伟大的战线。从事商业工作的共产党员、共青团员和革命战士，就是在这条伟大的战线上为人民谋利益，为共产主义事业奋斗。我们一定要有高度的政治责任感，做好商业工作，发展社会主义商业。

社会主义商业的公有性、统一性、计划性、服务性和政治性，是互相联系的。公有性是基础。统一性和计划性是经营的形式和方式。服务性和政治性是经营的目的。我们发展社会主义商业，应当加强这几个方面，而不要削弱这些方面。在商业领域中坚持社会主义方向，深入探讨社会主义商业的基本特征，是很有好处的。

三　商业体制改革刍议

我们现在要进行的商业体制改革，从根本上说，就是改革商业中一切不符合社会主义经济发展要求的经济关系和经营管理制

---

① 《史记》第四册，第1418页。
② 《马克思恩格斯全集》第1卷，人民出版社1956年版，第674页。

度，多快好省地组织商品流通。这就是在社会主义制度下，按照商业的经济规律的要求，正确处理商业关系，合理组织商品流通，发展社会主义商业。商业的主要矛盾及其在社会主义条件下的基本特征，是进行商业体制改革的客观依据。但要着手改革，还必须深入实际，调查研究，才能根据我国的具体情况，建设和发展中国式的现代化的社会主义商业。

笔者对全国商业的情况和商业经营管理体制中存在的问题，是很不了解的，只能发一点刍议，供大家参考。

（一）调查研究商品流通的具体情况

各种商品流通的具体情况，是确定对其采取什么样的经营管理体制的基础，是第一性的东西。离开了对各种商品流通情况的具体分析，便不可能得出正确的结论。例如，有的地方曾经决定，二级站一律砍掉。但对一个地区的商品流通情况作初步的调查之后，这个结论就需要修改了。某市是地、市、县三级行政机构的所在地，商业上也有三套批发机构，显然不合理。但是如何去留，就要从当地商品流通的具体情况出发了。当地农业生产资料公司有三套，地区二级站和市公司的业务很小，每年亏损一、二百万元，人浮于事，有时连工资也发不出去，就应当调整。当地的县、市郊和市附近的几个县，都产水果，除部分留在市区销售外，大部分需要调外地销售。为了减少流通环节，集中力量，统一调度商品，可以将这三套机构合并为一个单位，实则保留二级站，精简县、市机构。我国的绝大多数商品，是分别由商业、供销、粮食、物资、外贸等部门主管。在体制改革中，各主管部如果首先对自己主管的商品的生产和流通情况作深入细致的调查，然后根据其特点和要求确定经营管理方式，调整商业机构，部署商业网点。在正确解决商业机构和商品经营管理方式的基础上，再解决行政管理问题。这样就可能少走弯路。

我国现行商业体制中的主要问题，是按行政层次设立商业机构，按行政区划组织商品流通。这是违反商品流通的客观要求的。因此，按行政区划组织商品流通，还是按经济区域组织商品流通，便成为当前商业体制改革的矛盾焦点。经济区域是商品流通的产物。商品在由分散到集中，再由集中到分散的过程中，不断为自己寻求流通时间最短、劳动耗费最少、最顺畅的流通路线，尽快地进入消费领域，经过长时间的选择和取舍，逐渐形成了不同地区之间的这样的经济联系。所以，经济区域，是商品在空间上面的流通而形成的、以一定的地点为中心的集散区域，是生产和消费之间、不同地区之间合理的相对稳定的经济联系。它是商品流通的合理流向的经济规律的表现形式。因此，我们一般地赞成按经济区域组织商品流通。但是，商品流通的路线有长有短，不同经济区域的情况也各有特殊。这要求我们在一定的经济区域内，也要从具体情况出发，对不同商品的生产和流通情况做认真的调查研究，按照实际需要，调整和改革商业的经营管理体制，不能搞一刀切。

（二） 确立正确的经济核算关系

经济核算关系是社会主义社会公有制内部的经济关系，是国家和企业、企业和企业、大集体和小集体、集体和集体之间的经济关系，是全民所有制和集体所有制的具体形式。拿全民所有制来说，属于全民的或者国家的财产是分别由许许多多的企业和单位管理和使用的。在一定的时期内，国家对企业和单位采取一定的核算形式，便形成了特定的经济核算关系。

现在，按行政层次设立商业机构，各级商业机构的财务活动属于各级财政管理。商业企业的盈亏状况和收支情形，直接影响着当地财政。商业企业绝大多数虽然是实行独立经济核算的企业，但它们不过是各级财政统收统支中的一个单位。这种经济核算关系决定了商业企业只能是行政机关的附属机构。与此同时，商业各个环节之间的经济联系削弱了，上下之间共同的经济利益割断了。这是商品流通环节多、机构重叠的根源。所以，改革商业体制首先遇到的问题是如何解决商业企业同当地财政的经济核算关系问题。

由于商品流通要按经济区域来组织，必须打破行政区划的限制，商业企业的经济核算关系应当超出一定的行政层次。根据商品流通的需要，经营全国范围内统一调度的商品的专业公司，应当实行全国统一核算，商业企业主要是同中央主管部门发生经济核算关系。在一定的地区范围内调度的商品，商业企业主要同省（市、区）主管部门发生经济核算关系。无论中央所属还是省（市、区）所属的商业企业，都要向所在地方财政交纳税收。商业企业获得利润，按主管部门的规定交给主管部门，主管部门按中央和省（市、区）财政部门的规定上缴国库。为了促使各主管部门更关心商业企业的经营成果，他们的行政管理费用可以在商业利润中按比例提留。

在我们国家，全民所有制的商业占主要成分，首先搞好全民所有制商业的建设，是发展社会主义商业的根本利益所在。集体所有制商业是重要的，应当发展，集市贸易也需要搞好。在社会主义市场上，商业的各种成分、各种形式，互相补充，共同发展，才能把商品流通搞活。

（三）扩大商业企业的自主权

社会主义商业是由商业企业组成的统一的有机体。商业企业是商业劳动者进行劳动的组织形式。各种商品的流通过程，主要是在商业企业的劳动者的操作下完成的。因此，商业企业的相对独立性和与此相适应的一定的自主权，是商业经济活动的客观要求。扩大商业企业的自主权，主要是赋予商业企业独立的商品经营者的权利。特别是在工业、农业企业单位有了独立的商品生产者的权利以后，商业企业没有相应的自主权，是很难做好工作的。

我们国家对商业企业进行行政管理的部门过多。除商业主管部门外，计划、财政、物价、劳动、工商等，都代表党和国家对商业企业的有关活动进行管理。笔者认为，商业主管部门就是代表党和国家对商业企业实行全面管理的国家行政机关，其他部门主要同商业主管部门发生关系和联系，一般不要直接干预商业企业的活动。这是扩大商业企业自主权的一个重要前提。

扩大商业企业的自主权，主要是让企业在业务经营、财务活动和人事管理等方面有较大的主动性和灵活性。国家对商业企业的管理宜简不宜繁。只有这样，国家才能抓住主要方面，抓住重点，减少烦琐的日常事务。只有这样，商业企业才能在国家统一计划、统一方针政策的指导下，充分调动群众的积极性，把生意做活。具体地说，在计划管理上，除少数有关国计民生的重要商品，由国家规定品种、数量、价格以及购销调存盈亏指标，其他商品则只规定购销总额和物价指数。国家管少些，管好些。企业在总的计划范围内，有充分的活动余地。在财务方面，主要是在商业利润的分配上，要正确处理国家、企业、职工三者的经济利益。要让商业企业在完成税收和上缴利润后，有一定的财力，用以改善经营管理、扩大商品流通，提高职工的物质福利待遇。在人事管理方面，商业企业应有权根据业务的需要实行定员定额，有权对本企业的干部和职工进行调配、奖惩和调级；至于招收新职工，创办专业学校，调配和培训干部职工，商业主管部门可以多管一些。

(四) 制定商业法规

商业经济管理体制改革的同时,就要制定商业法规。这是体制改革的一个重要方面。因为,正确的商业关系,需要用法律的形式固定下来,才能得到巩固和发展。过去,许多地方都曾建立过良好的商业关系和有关规章制度。但由于没有法律保障,说变就变,说冲就冲。这次改革不能重复过去的教训。工、农、商企业都扩大了自主权,互相在平等、互利、自愿的基础上往来,但有时为了各自的经济利益,发生这样或那样的矛盾,特别是经济合同执行过程中的矛盾,需要法律来调解。商业中的不正之风,光凭借经济改革和思想教育是不够的,还要依靠法律强制的力量。总之,体制改革后,商业企业的独立性强了,灵活性大了,更需要加强党和国家的领导。党和国家根据人民的利益和意志,制定商业法规,设立监督、检查机构,人们在商业活动中就有了行为规范。国家执法,企业和职工守法,群众监督,都有章可循,从而保证党和国家的正确领导,保证商业企业坚持社会主义方向。

恩格斯说:"每一个社会的经济关系首先是作为利益表现出来。"[1] 毛泽东同志也说:"马克思列宁主义的基本原则,就是要使群众认识自己的利益,并且团结起来,为自己的利益而奋斗。"[2] 在我国,商业是与九亿人口有联系的经济活动,是社会经济政治生活的一个重要方面。我们分析商业的主要矛盾,了解社会主义商业关系,进行商业体制改革以办好社会主义商业,都

---

[1] 《马克思恩格斯全集》第 18 卷,人民出版社 1964 年版,第 307 页。
[2] 《毛泽东选集》第 1 卷,人民出版社 1966 年版,第 1317 页。

是为着发展社会生产、改善人民生活、加速实现社会主义现代化的建设。商业职工和广大人民群众，一定会团结起来，为建设中国式的现代化的社会主义商业而努力。

（原载山西财经学院编《商业经济与管理》论文集，1980年5月）

商业是调整时期的中心环节

商业是国民经济的一个部门。在一般情况下，生产决定流通，决定商业，商业要适应生产发展的需要，是国民经济各个部门实现经济联系的一个中间环节。在特殊情况下，商业也决定生产。它对社会生产或社会生产的某些方面起决定作用和支配作用，成为带动整个国民经济发展的中心环节。这就是商业的反作用的鲜明表现。

我国正处在国民经济的调整时期。如果经济发展的客观进程提出了必须把商业当做中心环节来抓的时候，我们不是回避现实，而是不失时机地抓住这个环节，就会收到巨大的经济效益。相反，如果我们不能冲破反对"流通决定论"或"商业中心论"的禁锢，贻误了时机，也会给社会经济带来灾难性的后果。我们希望不致发生这种情况。

一 商业与生产的关系

生产决定流通，决定商业，自然是我们的出发点。商业如果脱离生产，便是无源之水，无本之木。但在生产的一定的基础上，商业却能纵横驰骋，推动生产前进。所以，马克思和恩格斯在阐述生产和流通的关系的时候，说明生产的决定作用的同时，也说明流通对生产的反作用。

马克思说："一定的生产决定一定的消费、分配、交换和这些不同要素相互间的一定关系。当然，生产就其片面形式来说也决定于其他要素。例如，当市场扩大，即交换范围扩大时，生产的规模也就能扩大，生产也就分得更细。随着分配的变动，例如，随着资本的集中，随着城乡人口的不同的分配等，生产也就发生变动。最后，消费的需要决定着生产。"[1] 很清楚，在生产、分配、交换和消费的不同要素之间，生产是基础，对分配、交换和消费起决定作用。但在一定的条件下，分配、交换和消费，都可能反作用于生产，决定生产，支配生产。如果社会经济发展过程中，分配、交换和消费这些因素对生产没有反作用，它们就不能成为独立的事物，它们的存在也就失去了意义。

恩格斯说："生产和交换是两种不同的职能。没有交换，生产也能进行；没有生产，交换——正因为它一开始就是生产的交换——便不能发生。这两种社会职能的每一种都处于多半是特殊的外界作用的影响之下，所以都有多半是它自己的特殊规律。但是另一方面，这两种职能在每一瞬间都互相制约，并且互相影响，以使它们可以叫做经济曲线的横坐标和纵坐标。"[2] 社会一旦有了生产和交换，它们在各自的独立运动过程中相互联系，又必然要相互发生作用和反作用。至于哪一方面起主导作用、处于支配地位，则依经济运动过程的具体时间、地点、条件为转移。

毛泽东同志也说过："生产力和生产关系的矛盾，生产力是

---

[1] 《马克思恩格斯选集》第 2 卷，人民出版社 1972 年版，第 102 页。
[2] 《马克思恩格斯选集》第 3 卷，人民出版社 1972 年版，第 186 页。

主要的；理论和实践的矛盾，实践是主要的；经济基础和上层建筑的矛盾，经济基础是主要的；它们的地位并不互相转化。这是机械唯物论的见解，不是辩证唯物论的见解。诚然，生产力、实践、经济基础，一般地表现为主要的决定作用，谁不承认这一点，谁就不是唯物论者。然而，生产关系、理论、上层建筑这些方面，在一定条件之下，又转过来表现其为主要的决定的作用，这也是必须承认的。"① 所以，我们从总体上看，从长远上看，生产对交换、对流通、从而对商业是经常地处于支配地位，起决定作用；但在一定条件下，在某些时间、某些阶段内，流通、商业对生产也能处于支配地位和起决定作用。

马克思主义看问题不是从原则出发的。如果在现实生活中，交换、流通、商业等经济现象没有对生产发生过决定作用，矛盾双方的地位并不互相转化，马克思主义的辩证唯物主义和历史唯物主义也就不能成为科学。

商业同生产的相互关系，也是对立面的统一的关系。在人类社会经济发展的历史长河中，商业在整个社会经济生活中以及对生产的某些方面起决定作用，是一件平常的事情。但在我们国家，由于商品经济不发达，长时期轻视商业的经济思想作祟，人们不大承认商业对生产有决定作用，更不愿看到社会主义社会中商业对生产也有决定作用。这种思想是"左"倾经济思想的一个重要组成部分。这严重地阻碍了我国商业的发展。所以我们应当加以研究。

二 商业的重要性

人类社会是从自然经济发展到商品经济的。商品经济也有一

---

① 《毛泽东选集》，人民出版社1966年版，第313—314页。

个从低级到高级的发展过程。商业是商品经济的一个重要组成部分。但在商品经济的发展过程中，商业的重要性在不同时期是各不相同的。

在小商品经济向发达的商品经济过渡的过程中，商业的发展曾经决定着生产的发展。这主要是在资本主义发展之初，工场手工业相当活跃的时期。他们的产品不仅需要在本国找寻销路，也需要在国外找寻市场。同时，他们进行生产所需要的原材料，也逐渐超出了地方的狭小范围。一些大商人，既掌握着原材料，又控制着成品的销路，从而迫使工场手工业者依附于商业。马克思和恩格斯在研究这个时期的社会经济状况时指出："工场手工业，在它能够输出自己的产品的时候，是完全依赖于贸易的扩展或收缩的，而它对贸易的反作用却是比较小的。这一点说明了工场手工业的意义是次要的，同时也说明了18世纪商人的影响。""18世纪是商业的世纪。"① 大家知道，老牌资本主义国家荷兰，在17世纪时，国家的一切经济部门都受到商业资产阶级的控制，是"一个占统治地位的商业国家"②。17世纪英国的织袜、花边等工业的工厂主，实际上是商人，让分散的织工为他们劳动。到18世纪，英国的商业更加发达，许多贵族人物也积极参加商业并从事商业经营活动。18世纪的法国，许多大商人掌握着原料；他们将原料发放给手工业者去生产，然后收购成品，因而在工场手工业中起着领导作用。

商业支配这一个历史时期，对社会经济的发展有极大的革命意义。它为工业生产的发展创造了广阔的国内外市场，也就是为资本主义产业革命创造了条件。马克思说："现在，工业上的霸权

---

① 《马克思恩格斯选集》第1卷，人民出版社1972年版，第65页。
② 《马克思恩格斯全集》第25卷，人民出版社1974年版，第372页。

带来商业上的霸权。在真正的工场手工业时期，却是商业上的霸权造成了工业上的优势。"① 历史经验告诉我们，今天的绝大多数发达国家，如果超越了商业在社会经济生活中起决定作用的历史阶段，他们的生产就不可能达到今天的成就。产业革命以后，商业资本服从产业资本。这就是说，生产起决定作用，商业服从属于生产。但资本主义社会是商品经济高度发展的社会。商业随着商品生产的发展也达到了前所未有的高度。虽然在总的方面是产业支配商业，而在个别生产部门和个别地区，当商品的销路成为主要问题的时候，商业的发展就对他们的生产起决定作用。特别是由于资本主义社会固有的矛盾引起经济危机的时候，一般首先表现在商业上即商业危机，然后发展成为生产危机。在商业危机期间，商业问题自然成为整个社会的经济与政治的中心问题。

社会主义革命胜利以后，社会主义经济还是商品经济。商业仍然是社会主义商品经济的重要组成部分。商业对生产的反作用同样有着巨大的力量。对商业的力量，我们千万不能低估。

俄国十月革命后，由于帝国主义的干涉和国内战争，社会经济受到了严重的破坏。当时苏联的经济生活非常困难。1920年农业总产量只相当于第一次世界大战前（1914年7月）的50%左右，工业产量只有战前的17%左右，燃料不足，最必需的生活用品如粮食、油料、肉类、衣服、靴鞋、食盐、火柴等极其缺乏，交通运输也受到了严重的破坏。在这种形势下，要振兴农业、工业、交通运输业，恢复残破的国民经济，应当着重抓什么呢？列宁果断地提出："在我们所谈的当前的工作中，这样的环节就是在国家的正确调节（指导）下活跃国内商业。在历史事件的链条中，即在1921年——1922年我国社会主义建设的整个

---

① 《马克思恩格斯选集》第2卷，人民出版社1972年版，第258页。

过渡形式中,商业正是我们无产阶级国家政权、我们居于领导地位的共产党'必须全力抓住的环节'。如果我们现在紧紧'抓住'这个环节,那么不久的将来我们就一定能够掌握整个链条。否则我们就掌握不了整个链条,建不成社会主义的经济关系的基础。"① 苏联新经济政策的成功,证明了列宁把商业当做中心环节以带动整个国民经济的恢复的政策是完全正确的。到1925年苏联恢复时期结束,农业达到战前水平的87%,工业达到战前水平的75%,工人和农民的生活也有了改善。

我国解放初期,也面临着恢复遭受帝国主义和国民党反动派严重破坏的国民经济的艰巨任务。国家为了恢复工农业生产,争取财政经济状况的好转,在实际上也着重抓了商业这个环节。当时的经济,具有半殖民地半封建的经济特征。占工农业生产总值的90%的农业,是小商品经济。占10%的工业主要是以农产品为原料的轻纺工业。我们接收下来的是一个农业凋敝、工厂倒闭、投机泛滥、物价飞涨的破烂摊子。我们这时,如果不是建立起强大的国营商业和供销合作社商业以打击投机、稳定市场、沟通城乡物资交流,要恢复和发展工农业生产、克服财政困难是根本不可能的。

20世纪60年代初,我们国家遭受自然灾害和"左"的政策的影响,出现了国民经济比例关系严重失调,工农业生产下降,因而成为新中国成立后的三年困难时期。为了克服困难,党中央提出了调整、巩固、充实、提高的八字方针,作出了发展农业生产、商业工作问题等决议。就关于商业工作问题的决议而言,是我们党和国家第一次把商业工作提到重要议事日程。由于党中央狠抓商业工作,商业部门才能在商品极其匮乏的情况下调剂供求,回笼货币,稳定物价,为顺利实现国民经济调整的任务创造了条件。

---

① 《列宁选集》第4卷,人民出版社1972年版,第578页。

尽管我们在20世纪50年代和60年代初期都没有把商业提到中心环节的地位，但在实际上紧紧抓住了商业，尽可能地让商业发挥其积极作用，促进了整个国民经济的发展，确是我们应当记取的宝贵经验。

三　充分发挥商业在调整时期的重要作用

我国现又处在国民经济的调整时期。调整时期的主要任务是克服国民经济主要比例关系的严重失调，实现财政、信贷、物资的基本平衡，为经济体制的改革做好准备。所有这些任务的完成，都离不开商业，都要依靠商业，都有待于商业的发展。

（一）发挥商业的自然机制，克服比例关系的严重失调

国民经济的比例关系，就其实质而言，就是交换关系。大家知道，社会的总生产是分成两大部类的，一个是生产资料的生产部类，一个是消费资料的生产部类。这两大部类的生产互相适应，形成正常的交换关系，国民经济的各个部门也就有了合理的比例关系。马克思在分析社会总产品的再生产时所提出的三个重要结论是对国民经济比例关系的高度概括。他指出：（1）生产消费资料的第二部类体现工资和剩余价值的那部分产品，必须在第二部类内部各个部门之间相互交换；（2）生产生产资料的第一部类体现工资和剩余价值的那部分产品，必须同第二部类的体现不变资本的那部分产品相交换；（3）第一部类的体现不变资本的那部分产品，必须在第一部类内部的各个部门之间相互交换[1]。这些交换，如果它们在数量上恰好相等，国民经济各个部

---

[1] 参阅《马克思恩格斯全集》第24卷，人民出版社1972年版，第441—442页。

门就能按比例地发展；如果它们在数量上不相等，无论哪一个部类生产多了或者生产少了，破坏了正常的交换关系，国民经济的比例关系就会失调。

所以，国民经济的比例关系的基础在生产过程，它的实现是在流通过程。在生产过程中，社会生产的各个部门生产多少，总是带有一定程度的盲目性；只有投入流通过程，通过互相交换，从实现的实际情况中才能实实在在地看到他们的生产在多大程度上符合客观存在的比例关系。因为，"凡是存在着社会规模的分工的地方，单独的劳动过程就成为相互独立的"①。"流通是商品所有者的全部相互关系的总和。在流通以外，商品所有者只同他自己的商品发生关系。"② 这就是说，社会生产的各个部门、各个单位，在生产过程中彼此独立地进行生产，相互间的经济联系是极其有限的。只有在流通过程中，生产者之间通过相互交换生产物而发生联系和关系，才形成统一的国民经济有机体，国民经济的比例关系才表露出来。他们才相互了解和自我了解。这种了解，是从流通的自然机制所提供的信息中得到的。流通的自然机制是，社会产品在多大程度上符合社会的需要即符合客观存在的比例关系，就在多大程度上顺利地通过流通过程，完成相互间的交换，实现国民经济的比例关系。一种产品越是符合社会的需要，它的流通就越是顺利，它的生产也越是流畅，便有了保持原有规模或扩大再生产的条件。一种产品如果不符合社会需要，在流通过程中发生停滞和积压，就迫使他们调整生产，否则便不能维持他们的再生产。正是这样，社会生产的各个部门、各个单位，在流通过程中互相交换产品、互相适应，不断调整自己的生

---

① 《马克思恩格斯选集》第 4 卷，人民出版社 1972 年版，第 481 页。
② 《马克思恩格斯全集》第 23 卷，人民出版社 1972 年版，第 188 页。

产，国民经济才有了合理的比例关系。

在商品经济中，社会生产两大部类的一切交换，国民经济的各种比例关系，是经过商品流通来完成的。而商品流通，是由商业来组织的。商业活动是为卖而买。商业经营的商品，必须符合消费者（包括生产的消费）的需要，才卖得出去，它才能够向生产者购买。因此商业在本质上是反映社会需要的。商业活动的这种本质规定，对社会生产来说十分重要。商业向生产者购买，意味着他们的生产符合社会的需要，有发展和扩大的条件。如果商业不买，则意味着他们的生产不符合社会的需要，必须进行调整。所以，流通对生产的自然机制，即是商业对生产的自然机制。我们国家长期存在着重生产、轻流通、轻商业的思想，对流通和商业在实现国民经济比例关系、促使经济结构合理化方面的重要作用认识不足。"生产什么收购什么，生产多少收购多少"，只顾生产，不问流通，在实际上已经成为相当一部分同志的经济指导思想。流通和商业失去了它们对生产的制约作用，盲目生产日积月累，必然导致国民经济比例关系的严重失调。

党的十一届三中全会以来，提出了对国民经济实行调整、改革、整顿、提高的方针，总的说来经济形势很好，取得了很大的成就。但是经济上潜伏的问题还很多。现在，一些地方盲目生产、重复建设相当严重。据辽宁省19个行业和产品的调查统计，重复建厂达3823个，1980年1—8月工业品积压达41800万元。各种小厂遍地开花。据湖北省的不完全统计，1980年有小酒厂4000多个，小印刷厂600多个，小纸厂70多个，小制革厂60多个，小烟厂10多个。这些厂的消耗高，质量低，浪费大。又如四川省原有造纸厂90多家，年产30万吨，产销基本平衡；现农村社队和二轻系统又办起300多个小纸厂，年产6万余吨，从而造成新的积压。更有甚者，如发电设备1979年末库存已达

625.5万千瓦，可供周转659天，1980年又安排生产419.3万千瓦，比1980年全年使用量266.7万千瓦还多152.6万千瓦，使用周转期延长到943天。生产部门如此无所顾忌地盲目生产，就是对销路有恃无恐。行政机关抓生产，只要生产出来了就强令商业部门收购，这还美其名曰"支持生产"。这样就生产来调整生产，不可避免地会出现"按下葫芦浮起瓢"的现象，使问题得不到彻底解决。在这种形势下，我们若不再抓紧流通、办好商业，以克服盲目生产和重复建设、促使经济结构的改变，就会拖延调整时间、延长调整过程，影响整个社会经济的发展。

（二）商业是稳定市场物价的主要力量

国民经济的比例关系严重失调，反映到商品流通过程中，使货币的流通和商品的流通相互间的矛盾加剧。当前财政、信贷的不平衡，主要是财政、信贷资金的支出大于收入。1980年财政收支相抵，赤字121亿元；银行信贷收支相抵，净投放货币76.8亿元。货币流通的数量大大增加，形成了没有物资保证的货币购买力。这就加大了商品供应量和货币购买力之间的不平衡。反映到市场上，便是商品供应紧张、物价上涨、市场不稳，整个社会的经济生活以至政治生活都会受到影响，也难以顺利地进行经济调整。所以，力争财政、信贷平衡，求得市场物价的基本稳定，是调整时期的重要任务。

一般说来，克服财政、信贷不平衡的基本措施是增加生产、厉行节约。但在一定的时间内，例如一年，社会生产和货币投放都已确定的情况下，因财政、信贷不平衡给社会经济生活带来的负担是落在流通中了。例如，从1953年到1980年的28年中，只有7年是回笼了货币，21年是投放，从而使商品可供量和社会购买力之间经常处于紧张的状态。在这种情况下，如何解决矛盾，就取决于商业的工作情况了。

商业的职能是媒介成商品交换，组织商品流通。也可以说，商业就是解决商品和货币之间的矛盾运动，组织商品可供量和货币购买力之间的平衡的一种经济活动。商业同商品、货币的关系是鱼水关系。鱼儿得水，可以任意遨游。在商品、货币的量为已定即在一定的供求状况下，商业有很大的弹性，"可以导演出许多有声有色威武雄壮的活剧来"①。

商业可以广辟货源。在市场上，平抑物价主要靠商业掌握一定的物资、按一定的价格售卖。没有一定的物资力量，单纯的行政措施则达不到目的。无论在总的方面，还是具体到某一种商品，商业掌握的物资越多，就越有力量去稳定市场物价。我们说过社会生产的产品数量为已定，商业还能不能动员出更多的物资投入流通过程呢？能的。因为，在任何时候，社会生产的产品数量同投入流通过程进行交换的商品数量是两个不同的量。特别是在我们这样一个商品经济不够发达的大国里，有许多产品沉淀在生产领域中而没有走向市场。商业如能深入到社会生产的各个领域、各个角落，那么一定会有许多产品将被商业加上商品的形式而拖入流通之中。例如，我国水果年产700万吨左右，商业部门收购450多万吨，不到70%。这就是说，在市场商品紧缺的情况下，充分发挥商业的能动的革命的作用，还有许多产品可以动员出来增加市场供应。其次，社会生产也不是静止不变的，只要条件合适，也可以增加商品的生产。例如，商业部门可以千方百计地支持轻纺部门增加卷烟、呢绒、手表、自行车、缝纫机等紧缺商品的生产，积极支持农村发展多种经营；帮助那些货不对路、质次价高的生产单位改产适销对路、价廉物美的产品。总

---

① 《毛泽东选集》，人民出版社1966年版，第175页。

之，商业在支持生产、扩大收购，以增加市场供应的物资力量，是大有作为的。

扩大销售，是商业稳定市场物价的主要方式。在流通领域中的商品，大体上有畅销、平销、滞销三种情况。一般的规律是，畅销商品的价格要上涨，平销商品的价格稳定，滞销商品的价格会下降。商业部门努力工作，变滞为畅，吸引一部分购买力，减少畅销商品的压力，畅销商品的价格也就会稳定下来。我国因盲目生产、盲目收购而发生的商品积压是相当严重的。例如，全国机电产品库存达600多亿元，可供一年半使用，超储200亿元以上。1981年商品可供量和货币购买力之间的差额远远达不到这个数字。商业部门如能将超储部分的一半投入市场，就能基本解决供求不平衡的问题。其实，超储严重的何止机电产品，钢材、木材、水泥以及许许多多的工商企业何尝不存在超储问题。仅商业部系统就可以压缩库存32亿元，回笼货币30亿元。我们国土辽阔，市场广大，经济联系又不够紧密，一种商品此地积压彼处脱销、此地滞销彼处畅销，回旋余地很大。商业部门只要合理调度商品，积极扩大商业销售，就能大量回笼货币，保证市场物价的稳定。

商业部门不但通过合理组织商品流通来克服财政、信贷不平衡给市场造成的严重困难，而且还可以通过改善经营管理，降低商品流通费用，为国家多上缴税收和利润，直接增加财政收入。从1950年到1978年的29年中，商业部门上缴国家财政的税利共达2003.9亿元，占国家财政总收入的13.8%；其中有些年份如1956年、1957年、1961年，商业部门上缴的税利占国家财政总收入的23.5%—24.4%。例如，1978年，商业部门上缴税利共136.62亿元，占国家财政收入的12.2%，如能提高到占国家财政收入的20%，国家将多收入87.6亿元。现在商业部门大量承担政策性亏损和对生产部门实行补贴，要大幅度地增加上缴任务确有困难。但不容否认，商业部门的潜力还是很大的。通过抓好商业来增加财政收入，确是"吹糠见米"的办法。

实现财政平衡、信贷平衡和物资平衡，都是货币流通和商品流通的事情。在流通领域中，商业就是起决定作用的因素。我们要重视流通，首先要重视商业。商业活跃了，整个社会主义商品经济才能活跃起来。

（三）发展商业为经济体制改革做准备

社会主义经济还是商品经济。我国经济管理体制的改革，主要是按照社会主义商品经济的要求，把所有的企业单位办成相对独立的商品生产者和商品经营者。大家知道，商品经济是由商品生产和商品流通两个部分组成的。商品生产是为市场、为交换而生产。在我国，工业品自销大约10%左右，国营和供销合作社商业收购的农副产品也占农副产品量的80%以上。在这种意义上，商业即市场。商业发展，意味着市场扩大，交换活跃，反过来又促成生产流畅。所以，调整时期加强商业的建设，对经济改革来说等于未雨绸缪，为社会主义商品经济的繁荣兴旺作准备。

在社会主义制度下，国家对全社会的商品生产和商品流通必须实行计划调节，同时发挥市场调节的辅助作用。我国有几十万个生产企业，几百万个农业生产队，上亿的农户。它们在生产过程中存在着程度不同的分散性和独立性。国家对它们的生产实行直接的计划调节，显然是相当烦琐而又困难。在商品经济的条件下，国家通过掌握流通去掌握生产，才能提纲挈领，从而掌握整个国民经济。商业正是国家组织计划调节和发挥市场作用的主要经济手段。

商品流通的物质运动过程，一般是由分散到集中，再由集中到分散。在分散到集中的阶段，商业部门将社会生产的各种商品收购起来。这对于商品生产者来讲，他们的个别劳动已转化为社会劳动，个别企业、个别单位和个人的经济活动已经同整个国民经济发生了联系。这个过程是从微观到宏观的过程。在集中到分散的阶段，商业部门将集中起来的社会产品按照国家计划和社会需要调拨供应，分别满足各个企业、单位和个人的需要，使社会再生产顺利进行。这是从宏观到微观的过程。国家通过商业部门的经济活动，就能将整个社会的经济生活从微观到宏观、再从宏观到微观有机地结合起来。

国家实行计划调节，目的在于保证国民经济按比例的发展。国民经济各部门之间的比例关系是否恰当以及它们的每一变化，都迅速而灵敏地通过供求矛盾在市场上反映出来。商业部门组织商品流通，在供大于求的时候，积极为生产者推销商品；在求大于供的时候，努力扩大货源，满足消费者的需要。这样，商业部门经常地、主动地、积极地组织供求平衡，保持社会经济的稳定和健康发展。列宁说："经常的、自觉地保持的平衡，实际上就是计划性"①。所以，商业是国民经济比例关系的自动调节器。

我国经济调整的本质是为了更好的发展生产。调整时期告一段落，社会生产必然有长足的进展。社会主义的商品生产的发展，也要求有广阔的国内外市场。这就需要有强有力的社会主义商业组织去开拓市场，组织市场，为我国工农业生产的飞跃发展创造良好的前提。当前有些工农业生产单位在调整中有否定商业的倾向，强调自办商业。生产部门经商，对社会来说，纯系浪费。马克思说："一个商人……可以通过他的活动，为许多生产者缩短买卖时间。因此，他可以被看作是一种机器，它能减少力

---

① 《列宁全集》第 3 卷，人民出版社 1959 年版，第 566 页。

的无益消耗，或有助于腾出生产时间。"① 在调整时期办好社会主义商业，让商业有精明的经营管理，能够为生产者和消费者提供优质的服务，从而充分满足商品生产者在流通领域中进行经济活动的需要。这样，不但促使生产者将更多的时间用于管理生产过程，而且能够促使整个经济更加活跃。

我国的经济，由于长期受到"左"倾思想的束缚，商品经济的发展十分缓慢。经济体制改革后要求发展商品生产，许多生产部门和生产单位都要有一个熟悉市场、学会按照商品经济的要求经营管理本部门、本单位的生产的过程。在这个过程中，他们会迫切需要商业部门的支持。特别是我国农业长期落后，发展农村商品生产主要是根据社会的需要因地制宜地开展多种经营。这就有一系列的问题需要解决，如生产什么、生产多少、资金问题、技术问题、原材料问题，等等，都需要商业部门的支援。供销合作社在支持农村发展商品生产方面积累了丰富的经验。例如，地处大别山区的湖北省罗田县，是个八山一水一分田的山区县，当地农村社队和社员在县供销社的帮助下，发展油桐、木梓、生漆、板栗、茶叶、木耳、茯苓、百合等土特产品。1980年，该县虽然遭到山洪和虫灾的袭击，粮食减产，但多种经营丰收，其收入达 3961 万元，占全县农副业总收入的 53.5%，农民的实际收入比 1979 年还略有增加。罗田县供销合作社在支援当地发展商品生产方面，不仅贷给资金，供给种子、肥料，培训技术力量，而且还帮助社队和社员改善经营管理，落实党在农村的经济政策，从而促进该县农村走上了富裕的道路。这样的事例是不胜枚举的。可以说，如果离开了商业的发展，就不可能有商品生产的发展。农村的多种经营如果没有商业多方面的支援是很难

---

① 《马克思恩格斯全集》第 24 卷，人民出版社 1972 年版，第 148 页。

发展起来的。所以，商业越是发展，它的经济力量越是壮大，不仅能够适应经济体制改革的需要，而且进一步支持商品生产的力量也越大，越能巩固和扩大经济体制改革的成果。

综上所述，在国民经济调整时期，商业具有特别重要的作用。不搞好商业，就不能完成国民经济调整的任务。因此，我们必须紧紧抓住商业这个环节，带动整个国民经济的调整。

四 关于商业体制改革的几点建议

我国商业的现状，还没有能力带动国民经济各个部门的发展。急需改变这种状态，才能适应经济调整的要求。前一段时间，各方面对我国商业的弊病作过许多批评，多数意见是正确的。但如何改变现状，发展商业，则莫衷一是。现在的问题，是怎样抓好商业、办好商业的问题。只有办好了商业，商业才能起到中心环节的作用。要办好商业，又必须改革商业现行经济管理体制。商业体制的改革确确实实是有利于调整的改革，应当尽快地进行。

商业体制的改革，也是一件复杂的事情。这里提几点意见，供同志们参考：

（一）要从我国商品流通的实际情况出发

现阶段我国商品流通的基本特点是，工业品和农产品的相互交换，它们是商品流通的主要部分和主要方面。由于各地生产发展水平的差别较大、层次较多，地区间经济不平衡，商品流通的广度和深度在不同地区、不同品种上的差别也较大。多种经济成分的存在，流通过程中的经济关系复杂。由于国民经济比例关系失调，商品可供量和社会购买力的差距较大，一些商品长期供不应求。这些情况是决定我国现阶段商业体制的基本因素。在调查研究这些具体情况的基础上，确定全国的、或某一地区、某一类商品的经济管理体制，才能使商业体制适应我国商业流通发展的需要，做到有利于工农业生产的发展，有利于满足人民群众的物质和文化生活的需要。

(二) 坚持多种经济成分的、多种多样的商业形式并存

我国正处在大力发展社会主义商品经济的历史时期，各种商业形式都要发展。但主要是发展以公有制为基础的社会主义商业。我国商业、供销、物资、粮食和外贸等五大商业系统，是组织全国商品流通的主要的和基本的力量。改革商业体制，发展社会主义商业，首先应当把它们组织好、建设好。其次才是帮助城乡集体商业的发展，发挥个体商业的作用。只有这样，社会主义商品市场才能有组织、有领导，真正做到活而不乱。

(三) 打破各种界限，让各种商业形式顺乎商品流通的自然需要进行经营活动

现行的商业体制，由于条条与块块的分割，使商业企业变成了"井中之蛙"。首先，不要把商品经营分工绝对化。在国内市场上，除少数有关国计民生的重要商品由国家指定有关部门统一经营外，一般不实行垄断经营。要让各种商业形式充分发挥自己的长处和优势，放手进行商品经营活动。其次要改变商业企业成为各地行政机关附属机构的状态。这是造成市场分割、画地为牢、商业奴隶般服从生产的根本原因。如不改变这种状态，一切合理组织商品流通的打算都会落空。

(四) 建立正确的经济核算体制，加强经济责任

国家应当要求各商业系统、各商业企业用自己的收入抵偿自

己的支出，保证盈利，并要承担完全的经济责任。各商业系统对国家来说，是一个独立的核算单位。在各系统内部，则根据商品流通的实际需要分别实行不同形式的核算。例如，生产高度集中、在全国范围内调度的商品实行全国统一核算；在一个地区范围内流通的商品分别由地区或企业核算。总之，根据商品流通的需要，建立正确的经济核算体制，把各商业系统、所有商业企业的权力、责任和利益统一起来，从而调动广大商业职工的社会主义积极性，办好社会主义商业。

（五）国家对商业进行调节

在社会主义社会中，国民经济各个部门、各个企业以及所有社会成员，虽然在根本利益上是一致的，但他们不能不受部门的、地区的和个人的利益的影响，彼此之间必然要产生这样或那样的矛盾。这就要求国家对商业进行调节。国家调节商业，既要有经济手段，又要有行政措施。列宁说，"无产阶级国家必须成为一个谨慎、勤勉、能干的'主人'，成为一个精明的批发商"[①]。我们的国家也需要这样做。

（六）制定商业法规

商业体制改革以后，各商业系统、商业企业的相对独立性加大了，活动的天地广阔了。国家要保护合法经营，打击违法活动，使人们在商业活动中有一定的规范。这就必须制定商业法规。有了商业法规，国家执法，企业和职工守法，群众监督，都有章可循。这更有利国家掌握商业，指导商业，使商业真正成为国家的经济力量和经济手段。

[①] 《列宁选集》第 4 卷，人民出版社 1972 年版，第 572 页。

社会主义商业是人类历史上从来没有过的新型商业。它的作用，它的事业，也必定会超过任何历史时代的商业。只要大家关心和支持商业的发展，它一定会担负起自己的历史责任。

（原载辽宁商业经济学会编《商业经济通讯》
1981 年第 17 期）

从群林服装公司看商业的经济联合

重庆市群林市场,是一家经营男女服装、针纺织品、大小百货的国营零售企业。它是四川省商业部门扩大企业自主权的试点企业之一。1980年4月,他们又试行"独立核算,自负盈亏,交所得税"的扩权办法。这就调动了企业的积极性。

怎样适应经济发展的新形势,把生意做活,扩大购销业务?他们进行了反复的讨论。他们看到,该场地处市内商业中心,周围百货商店林立,对面又是全国十大百货商店之一的重庆百货商店,如果再着重经营百货,显然是竞争不过。而他们自己,有着30多年经营服装的历史,拥有一批熟悉服装购销业务的职工和七、八级缝纫技工,其中不少是重庆市的名师巧匠,还同21个服装厂保持着缎料加工关系。于是,他们决心以经营服装为主,走联合之路。

开始,他们同8家工厂、6个商业企业建立了不同形式的联合经营关系。到1980年底,同群林市场联合的已有31家工厂,1600多名职工,近1000台机车。1980年11月,由14个单位发起,经过民主协商,决定成立"重庆群林服装公司",并于当年12月2日经当地政府正式批准。这样,在重庆市的服装行业中,一个以群林为中心的服装生产和销售体系正在形成。从群林服装公司的产生和发展的过程中，我们看到，商业的经济联合在此领域内是可行的。

一　商业的经济联合，有利于社会主义商品经济的发展

群林市场1980年的各项经济指标有显著的增长：全年商品购进总额1957.76万元，比1979年上升59.8%；商品销售总额2158.12万元，比1979年上升54%；实现利润159.92万元，比1979年上升55.59%，上缴所得税130.59万元，比1979年上升2.51%。和群林联合的一些企业，生产和销售都有不同程度的增长。如合资经营的工农兵服装厂和自贡市衬衫厂，1980年的生产总值为421.22万元，比1979年增长102.51%，工业利润24.5万元，比1979年增长246.04%。群林取得良好的经济效益说明，商业发展经济联合，适应商品生产和商品流通发展的需要。这种新的经济关系，符合当前国民经济调整的要求，也符合繁荣社会主义商品经济的要求。

二　专业化协作是商业发展经济联合的基础

服装生产早已成为专业化的生产。群林市场原来就是在这个基础上产生的以经营服装为主的专业商店。但由于"左"的思想影响，工商双方扯皮事多，矛盾加深。工厂的生产和商店的经营都程度不同地脱离市场需要。工厂方面原料来源和成品销售遇到困难，生产任务不足。群林市场在1965年经营服装的销售额占全店商品销售总额的60%，以后逐年下降到30%，失去了经营特色。

但是，社会经济的发展，人民群众对服装的要求日益提高，要求生产部门和流通部门共同解决群众的"做衣难"问题。群林市场和它周围的服装厂都是围绕服装的生产和流通进行经济活动的，有条件组织起来，形成生产和销售的联合体。在党中央提出的"保护竞争，推动联合"的方针指引下，他们就很快联合起来了。

在生产专业化基础上实现的联合，联合起来又推动了专业化程度的提高。例如自贡市衬衫厂，1979年原料有困难，产品缺销路，年产值仅146万元，利润2万元；1980年同群林联合后，在群林的帮助下，1—7月的产值就达126万元，利润6万元。群林市场经营服装的比重也有了提高，1980年服装销售额达到946万元，占它销售总额的43.8%。工商双方共同发展，联合也就更加牢固。

三 要坚持自愿互利的原则

经济联合实质是经济利益的联合。工业的利益在于发展生产。他们通过联合，主要是取得原材料供应、成品销售的便利条件，还能从商业方面获得技术和市场信息方面以至经营管理方面多种支持。这样就能降低生产成本，提高劳动效率，增加工业利润。而商业的利益在于扩大商品流通。它通过扶持生产，掌握货源，扩大销售，做好供应，从而获取商业利润。双方的经济利益的要求都应得到尊重和满足，联合才有可能。

群林一开始就是在自愿互利的基础上实现经济联合。充分尊重双方的经济利益和要求，使经济联合成为他们的经济活动过程的自然的必然的结果。他们的具体做法，一是坚持所有制不变、行政隶属关系不变。在最初联合的14个企业中就有全民、集体等不同所有制，有工、农、商三个经济部门，逐步扩大到市内外六个地区。因此必须承认现状。联合后，各单位既挂原牌子如自贡市衬衫厂，工农兵服装厂等；又挂群林的牌子，如果是工厂就挂群林一厂、二厂等，商店就挂群林服装经销店、代销店；商品使用群林的商标和装饰设计。这就既统一，又独立。二是坚持独立核算。联合经营的利润，首先按原渠道上缴各种税利以及主管部门规定的各种提成，然后才按联合的协议或合同进行分配。这就照顾了各方面的利益。这样的联合就有生命力，就有发展远景。

四　不拘一格地发展多种形式的联合

我国的商品生产和商品流通的发展水平参差不齐，各地区、各行业的情况各异，因此商业在发展经济联合时必须从实际出发，不拘一格，什么形式对生产和流通有利就建立什么形式。群林就是这样做的。

群林同工业的联合，有合资办厂是选择条件较好的厂，群林以企业发展基金拨付入股，工厂以现有的固定资金和流动资金折合为股，双方以同等股份合资经营。利润分配是在完成各项上缴任务以后，以 60% 用于企业扩大再生产，作为双方股金增值，5%—15% 作为职工福利和奖励，25% 股金分红。扶持办厂是对一些经济力量薄弱的厂（如利民知青农场服装厂，集体所有制企业），由群林贷给资金、派出人员，帮助其扩建改建，增加生产能力。群林的资金有限，不能大量投资，便同一些厂签订长期加工合同，由群林保证原材料供应和成品销售，工厂接受群林的工艺设计和技术指导，形成专业生产线。

群林同重庆市郊区南坪公社发展经济联合。它帮助南坪公社建立了冬衣厂并签订长期加工合同，合资开办群林服装公司南坪分公司，设立三个门市部。双方以同等资金参加流转，按股份进行销售、费用和利润的结算。

在商业联合方面，群林主要搞经销、代销。凡签订经销、代销协议的单位，由群林免费送货上门，滞销商品按季清点退货。群林还派出人员帮助改善经营管理，美化店堂陈设。经销单位享受55%—60%的批零差率。代销是由群林付给5%—6%的手续费。经济联合也有一个从低级向高级的发展过程。群林根据自己和对方的情况，分别采取不同的形式，体现了经济联合的发展要求，因而他们能够打破各种框框的束缚，跨出市区，超越省界，面向全国，滚雪球式的不断发展壮大。

五 发展经济联合，要依靠企业的力量

发展经济联合有自上而下和自下而上两种方式。自上而下地搞经济联合，往往离不开国家财政的支持，受国家财力的影响。自下而上则是在企业有一定的自主权的基础上，根据经济活动的需要和本身的人力资力，去实现经济联合，这还有利于调动企业的积极性。

群林是自下而上搞起来的。它在扩权试点中，1979年得到利润9万余元，1980年又得利润22万余元。他们就利用这笔企业基金来发展经济联合，有多少钱，办多少事，特别注意资金使用的经济效果，避免一哄而起、一哄而散的现象。群林的经验表明，只要企业有一定的自主权，有一定的经济力量，自下而上地发展经济联合，不但不增加国家负担，还能给国家增加收入。可见，鼓励、支持和指导自下而上的经济联合，于国于民都是有利的。

六　以商业为中心的经济联合,加强了生产和消费的联系

群林同各生产单位的联合,有一个共同的要求,就是服从市场需要。如 1980 年 3 月,群林给工农兵服装厂投放 10000 多米的什色涤府,安排生产 8000 件女长袖衬衫。4 月 4 日投入市场 400 件,销势不好,改产短袖衬衫。5 月 17 日短袖衬衫投入市场 500 件,仍不好销,又改做裙衫,增做长短袖衬衫。这样先后五次改产,适应了市场的需要。商品生产是为市场而生产,商业是要反映消费需要的,为市场生产和根据商业的要求进行生产应当是一致的。商业同生产的联合,生产服从商业的需要,这就加强了生产和流通的结合,密切了生产和消费的关系,所以生产单位乐于接受商业的指导。因此,以商业企业为中心,同较多的生产企业联合经营,应是我国商品经济发展的一种方式。

商业的经济联合还仅仅是开始。群林在经济联合中取得的成功也只是初步的。但群林的经验,对商业、供销、外贸、物资、粮食等商业系统在发展经济联合时,有不少地方是可以借鉴的。

(原载北京商学院《学报》1982 年第 2 期)

原编者按:群林服装公司的经济联合在商业体制改革中,仅仅是个尝试,商业的经济联合是一新课题,有待大家进一步研究和探讨。

试论商业服务

社会主义商业的基本任务是为社会主义生产和人民生活服务，这已是经济学的常识。但是，一说商业服务，有些同志就把商业活动中的经营和服务分开了，形成经营、服务"两张皮"。尽管实际生活中商业工作者天天在对人们提供服务，但不了解自己活动的性质。这应当归咎于理论研究的滞后。笔者对商业服务这一范畴谈几点意见，仅供参考。

一 商业的本质是服务

商业的基本职能是媒介成商品交换，为生产者和消费者节约买卖时间。马克思说，商业"这种职能由于分工，由多数人的附带工作变为少数人的专门工作，变为他们的特殊行业，那么，这种职能的性质本身还是不会改变的。一个商人（在这里只是看作商品的形式转化的当事人，只是看作买者和卖者）可以通过他们的活动，为许多生产者缩短买卖时间"[1]。商业劳动从而

---

[1] 《马克思恩格斯全集》第24卷，人民出版社1972年版，第148页。

商业劳动者或商人就是在多数人买卖商品的附带劳动变为少数人的专门活动的过程中产生的。商业劳动者为生产者提供的附带劳动的服务，就是为其买卖商品，为其缩短买卖商品所耗费的生产时间。这对生产者来说，或者对整个社会来说，不是生产时间的简单转移，而是由多数人的附带劳动变成少数人的专门劳动之后有更高的劳动生产率。商业是这样，运输业、邮电业、旅店业、修理业、饮食业等服务行业从生产分离出来都是这样。所以，商业劳动只是服务劳动的一种特殊形式，商业劳动就是服务劳动。

我们再从商业活动的全过程亦即商品经营的全过程来看，经营过程就是服务过程。经营活动的起点是购买，把商业看作整体，就是从生产者那里购买，为生产者服务。商品进入商业领域，它就朝着满足消费者需要的方向运行。在商品运行中，商业劳动者付出大量劳动，为商品进行加工、整理、挑选、包装、运输、储存，这一切都是为了让消费者得到满意的商品。商品到达零售市场，商业劳动者还要为消费者的购买活动提供多种服务，以便利消费者购买。消费者买到了商品，不管他用于生产消费还是用于生活消费，一般地说，商业的服务活动是结束了；但对某些耐用品或需要特殊使用技能的商品（主要是生产资料特别是农用生产资料），还要提供售后服务，如修理、指导消费等。在商业的商品经营活动全过中，商业劳动者是围绕商品的运行进行劳动的，也就是以商品为载体提供服务劳动。

商业为社会提供的是服务劳动，商业劳动者的劳动成果也同其他服务劳动一样创造服务产品。商业服务产品的使用价值是为生产者和消费者提供了买卖商品的便利。由于商业服务产品的无形性，尽管生产者、消费者、商业劳动者都明白无误地感受到服务和提供了服务，但是大家都看重商品，忽略了附加于其上的服务，忘记了缺少商业服务产生买难、卖难的痛苦。这种忽略，是社会上轻视商业劳动或商业劳动低人一等的思想的反映，应当改正过来。没有服务，就没有商业；没有商业，就没有为生产者和消费者提供服务的机构和人员。在商品经济的社会中，如果没有商业服务，让生产者和消费者直接买卖，是不可想象的。

商业差价是商业劳动者所创造的服务商品价值的货币表现。它恰如其分地追加到商业所经营的商品价格中，即，商品的购进价＋差价＝销售价。一般地说，商业差价的物质承担者是商业服务商品的使用价值，这是毋庸置疑的。但是，由于传统观念的影响太深，不少人把商业差价当作没有物质承担者的"虚拟价格"。这样，各种否定商业服务、否定商业服务劳动创造产品和创造价值的议论便堂而皇之地"成立"了。在人们没有揭示商业劳动创造服务产品并附加到它所经营的商品上之前，对商业劳动的非生产性已经提出了质疑。不过，这种质疑的理论基础不牢，不能以崭新的理论去阐明商业劳动对社会的贡献。现在，我们说明了商业劳动是服务劳动的一种特殊形式，生产服务产品和服务价值，它便是一个独立的产业部门，依靠自己的劳动为社会创造财富。所以，商业的本质是服务，有助于我们在更深的层次上认识商业、把商业服务提高到一个新的水平。

二 商业服务质量

商业服务是由两个方面组成的。一方面，商业劳动者围绕所经营商品的运行，提供购、销、调、存的服务；另一方面，商业劳动者还要根据生产者和消费者在买卖商品时引发的连带需要，提供非实物商品的服务。前者是商业活动的主要劳动或基础；后者是次要的或附带的劳动，或称作辅助劳动，但它们是有利于生产者和消费者买卖商品的环境和条件，不仅是必要的，而且是重要的。围绕商品运行的服务和买卖商品时的连带服务，都形成服务产品从而都具有使用价值。服务质量是服务产品的使用价值的大小及其对消费者需求的满足程度。服务产品的使用价值大，对消费者的需求的满足程度高；服务产品的使用价值小，对消费者的需求的满足程度就低。这个原理也适用于商业服务产品。也就是说，商业服务也应当为生产者和消费者提供优质服务。

服务质量是一个经济范畴。它具有丰富的内涵。绝大多数服务产品的使用价值由三个要素构成，即物质的、精神的和时效的三要素。物质的要素是消费者对服务产品的物质内容的要求，任何一种服务产品都具有特定的物质内容。例如，旅店服务产品的物质内容包括房屋建筑、客房设施、水暖供应等，没有这些物质的服务设施设备，就不可能有旅店，消费者也就得不到旅店服务产品。精神的要素是服务过程中影响消费者心理活动的各种事物。其中，服务劳动者同消费者交往过程中的情况如何，对消费者心理状态的变化起主要作用。服务劳动者的服务态度又是服务劳动者同消费者交往中的决定因素。所以我们说，服务态度是处理交往关系的方式和方法。时效的要素是消费者对服务产品的时间要求，它要求服务业及时、准确地提供服务，为消费者节约时间耗费。

商业服务质量总的说来也是由物质的、精神的和时效的三要素构成。但商业服务的特殊性决定了商业服务质量的具体内容不同于其他服务行业服务质量的具体内容。商业服务质量也要分作两个方面来探讨。

1. 围绕实物商品的购、销、调、存活动所提供服务的服务质量。（1）实物商品的质量。商业服务是以买卖实物商品为其主要经营活动的。消费者首先的和基本的要求是得到自己需要的、质地优良的实物商品。商业企业或个体经营者出卖假、冒、伪、劣货物，不仅是服务质量低劣，而且是消费者所深恶痛绝的。货真价实是商业发展的规律，也是优质服务的基础和基本表现。所以，商业企业和个体经营者在多大程度上达到货真价实的要求，也就决定了他们的服务质量的优劣程度。（2）商业设施设备的质量，也可以称为商业服务设施设备的质量。商业服务设施设备是商业企业和个体经营者提供商业服务的物质技术条件。商业服务设施设备的质量如何，对商业服务活动有多方面的影响。大家知道，工农业生产者所生产商品的内在质量为已定。在它们进入商业领域后，有的保持原有的品质，有的则可能变好或变坏。这三种情形都同商业服务设施设备的质量紧密相连。商业服务设施设备的质量好，需要保持原有品质的其品质能够得到保证，有可能变坏的或防止其变坏或延长其变坏的时间，可能变好的商品也因其条件适宜而不断变好。商业劳动者劳动效率的高低同商业服务设施设备的现代化程度直接相关。商业服务设施设备是商业劳动者的主要生产工具，因此它的现代化程度越高，商业服务的劳动效率也越高。（3）商业劳动者的业务技术素质。同大多数服务行业一样，商业服务的主要过程是劳动者直接对消费者提供面对面的服务。劳动者的业务技术水平同服务质量高低是成正比的。劳动者的业务技术水平越高，商业服务质量就越高；劳动者的业务技术水平越低，商业服务质量就越低。我们说过，服务态度是处理劳动者同生产者和消费者交往关系的方式方法。劳动者在服务过程中服务方式方法的好与坏，首先是业务技术水平问题，其次才是思想认识问题。所以我们不能单纯地就服务态度谈服务态度，要把服务态度放在社会交往关系和商业服务劳动者素质等方面去考察。劳动者的业务技术水平和政治思想素质提高了，服务态度自然会改善。（4）商业服务过程的合理性。商业服务是一个由众多劳动者参加的，多方面和多阶段的长过程。

也就是说，商业服务产品的生产同工农业产品的生产一样，是一个复杂的过程。在生产或服务过程中，任何一个方面甚至一个岗位的工作情况，都会或多或少地影响整个服务产品的质量。因此，商业服务质量虽然是在对生产者和消费者服务的时候表现出来，但它是一个或多个企业的许多劳动者共同劳动的结果。商业服务过程是怎样组织起来的，这样组织的合理化程度如何，直接关系商业服务质量。

2. 满足消费者连带需要的其他服务的服务质量。商业为消费者提供的连带服务，主要是不以实物商品为载体的服务商品经营。例如，不少批发企业经营贸易大楼或宾馆、饭店，零售企业经营餐厅、舞厅、缝纫、修理等。不同的服务项目有不同的服务质量要求。但它们同样是服务质量的物质的、精神的、时效的三要素的具体化。

三　提高商业服务水平

目前，不少商业企业的服务质量差，服务水平低，不仅影响商品流通的正常运行，而且降低了社会主义商业的声望。尤其是国营商业和供销合作社商业，本来具有良好的市场形象，近期也因服务质量下降而受到损害。由于商业具有工农业之间、城市和乡村之间的桥梁与纽带作用，因而它也是社会主义国家组织社会生产和关心人民生活的经济手段和组织手段。社会生活的方方面面都同商业联系着。提高商业服务水平，改善商业服务质量，既是经济问题，也是政治问题。

1. 增强商业服务意识。商业行话中有一句"人叫人，千声不应；货叫人，不请自来"。这是一种强调货物、忽视服务的传统观念。我们应当从这种传统观念中解放出来。这就需要商业经济理论发挥作用。以往我们的商业经济理论是从商品流通的角度进行研究的，它没有揭示商业服务产品的存在及其特有的运动规律。现在，商业从单一的实物商品经营向着综合服务商品经营扩展，从而使商业的服务功能充分显示在人们面前，我们才有可能去探寻新的理论视角。笔者提出商业的本质是服务、商业活动是以实物产品为载体进行服务产品生产和经营等基本观点，不一定正确，意在抛砖引玉，希望和关心商业经济理论发展的同志们一道探寻商业服务的真理。随着商业服务理论的发展，人们对商业服务的认识会加深。

2. 开拓商业服务领域。目前我国商业服务不够理想，其主要表现是服务领域狭窄和现有服务的质量不高。扩大服务领域和提高服务质量之间有一定的矛盾。笔者认为，扩大服务领域是当前矛盾的主要方面。因为，商业服务领域狭窄是商业服务观念淡薄的现实表现，除买卖实物商品之外，增添其他服务项目成为分外事情。商品经营者既然不想为生产者和消费者提供实物商品买卖以外的服务，围绕实物商品买卖的服务也不可能做好。从当前我国商业经营的实际出发，以扩大服务领域为契机，带动整个商业服务，是比较可行的。扩大服务领域、增添服务项目，需要正确处理有偿服务与无偿服务的关系。一般地说，围绕实物商品买卖的服务是以"无偿"的形式提供，但由于服务劳动耗费在商品购销差价中得到补偿，实际是有偿的。而满足消费者连带需要的服务，是单独的服务项目即独立的服务商品，应当根据提供商业服务的劳动消耗收取服务费。但在形式上它们仍然可以采取有偿与无偿两种形式。总之，商业服务是把服务当作商品来生产和经营的，它的劳动消耗不论采取何种形式都必须得到补偿，否则，商业服务的再生产就会发生困难。

3. 增加商业服务投资。商业是社会分工产生的以生产商业服务产品为主的生产劳动部门。作为一个生产部门，劳动者必须拥有生产资料，这就是商业服务设施设备、工具、原材料等。我国商业服务设施设备不足，而且不少地方或企业还使用着原始、落后的工具。这严重影响着商业服务的扩大再生产。商业服务的扩大再生产能力弱小，不是商业劳动者没有创造积累。商业部门历来承担着为国家积累资金的任务，并作出了巨大的贡献。问题在于，国家留给商业企业和商业部门自我积累、自我发展的余地太小，不能满足扩大再生产的需要。从长远打算，还是让商业企业和商业部门自我积累、自我发展为好；在目前情况下，国家还要给予一定的投资。

4. 讲求经济效益。商业服务作为经济活动必须比较投入、产出。产出必须大于投入，商业服务的生产和再生产才能顺利进行。在社会主义制度下，一切从事商品生产和经营的企业及个人，都需要获得一定的利润。这是社会主义商品经济发展的客观要求。商业服务要取得利润是无可非议的。但不是说，商业服务只讲企业效益，不讲社会效益。为社会节约生产时间、节约劳动消耗，是商业服务存在和发展的基础。商业服务的发展，必然创造出更高的社会效益。但在某些具体情况下，社会效益和企业效益之间存在着矛盾。例如，某地苎麻生产发展了，但销售一时不畅，当地供销合作社的主营企业尽力收购、储存，解决了农民的困难，却加重了供销社的负担。遇到这种情况，国家或社会不能简单地要求商业企业牺牲企业效益，保证社会效益，而应当做具体分析。这主要是商业企业的劳动消耗的补偿问题。在商业企业力所能及的范围内，商业企业可以做一定的努力，以创造社会效益；若力所不及，则国家或社会应当给予商业企业适当的帮助，以克服社会效益和企业效益之间的矛盾。

5. 深化商业经济体制改革。商业经济体制改革的理论依据有多种观点，如"方便生产，便利生活"，"打破封锁，疏理渠道"等。各种观点可以归纳为两种类型：一种是以组织实物商品的流通为主；另一种则注重在组织实物商品流通过程中的服务。当然，合理组织商品流通与提供优质服务是互为因果的，但其侧重点不同。把组织实物商品的流通放在第一位，则以服务为手段。把服务放在第一位，组织实物商品流通则为达到目的的手段。笔者认为，商业应以提供优质服务为目的，组织实物商品流通为手段。商业经济体制改革就要从这一基本要求出发，来建立合理的经济管理体制。在实践上，前一段时期的改革是以满足实物商品流通为主的。今后深化商业经济体制改革，就应当以满足提供优质服务为主。

(原载《财贸经济》1992年第4期)

# 供销合作社的地位和作用

一 供销社在国民经济中的地位

供销合作社，简称供销社，是我国社会主义商业的一种形式，是农村市场上的一支主要的商业力量。我国供销社有悠久的历史。远在第一次大革命时期，我们党就领导和组织了合作社运动，开始发展合作社。在革命战争年代里，根据地内合作社运动有广泛的发展。全国解放后，供销合作社是农村合作化运动的组成部分，并于1957年以前建设成为全国性的商业系统。但从此以后，供销合作社走着曲折的道路。它曾同商业部系统两次合并，两次分开。1979年以来，对供销社又出现了各种不同的议论。这些变动和议论，实质是在我国商品流通领域中要不要保持供销合作社这种商业形式的问题。这是我国经济领域，特别是农村经济生活中的一个重要问题，有必要加以讨论。

供销合作社的主要业务活动是：收购农副产品，为工业提供农产品原材料和为城市居民提供部分生活资料；组织工业品下乡，满足农村社队和群众生产和生活的需要；通过购销业务，领导农村市场。所以供销合作社是工业和农业之间、城市和乡村之间相互联系的纽带和桥梁。随着供销社业务经营的发展，它对农业、工业特别是轻纺工业以及城乡市场的影响也将越来越大。农业当作商品生产出来的农副产品，有很大一部分是通过供销社出售的。1952年农业总产值为461亿元，社会农副产品收购总值（即农副产品的商品总值）为140.8亿元，供销社的农副产品收购总额为38.8亿元，占农业总产值的8.4%，占社会农副产品收购总值的27.6%。1978年农业总产值为1567亿元，社会农副产品收购总值为555.11亿元，供销社的农副产品收购总额为181.7亿元，占农业总产值的11.6%，占社会农副产品收购总值的32.7%。这就是说，农业的货币收入约三分之一是从供销社取得的。而且，农民出售的农副产品中，占第一位的是粮食，其次是猪禽蛋，供销社经营的农副产品除棉花、果品等少数品种属大宗货物外，多数是量小分散的小土特产品。所以农村社队多种经营和社员的家庭副业收入主要依靠供销社。

　　从供应方面说，供销社对农业生产的影响就更加重要。农村社队和社员个人所需要的生产资料和生活资料，主要是通过供销社取得的。1952年，农村商品零售总额为151.2亿元，其中，生活资料零售额为137.1亿元，农业生产资料零售额为14.11亿元；供销社的商品零售额为50.1亿元，占农村商品零售总额的33.1%，其中生活资料零售额为43.4亿元，占农村生活资料零售总额的31.8%，农业生产资料零售额为6.7亿元，占农业生产资料零售额的47.5%。1978年，农村商品零售总额为810.4亿元，其中，生活资料零售总额为516.7亿元，农业生产资料零售总额为293.7亿元；供销社的商品零售额为552.6亿元，占农村商品零售总额的68.2%，其中，生活资料零售额为392.7亿元，占农村生活资料零售总额的76.0%，农业生产资料零售额159.9亿元，占农业生产资料零售总额的54.4%。所以，供销社的供应业务,是农业再生产能否顺利进行的前提条件。如果供销社的供应业务搞得不好,农业再生产就会发生困难。

我国轻纺工业的原料,大部分来自农产品。1952年轻纺工业总产值为221.1亿元,其中以农产品为原料的产品产值为193.5亿元,占总产值的87.5%。1978年轻纺工业总产值为1805.7亿元,其中以农产品为原料的产品产值为1235.9亿元,占总产值的68.4%。轻纺工业所需的主要农产品原料为棉花、烟叶、蚕茧、麻类、桐油、生漆、羊毛、皮张等,大部分或绝大部分是由供销社从农村收购和组织供应的。供销社对这些农产品的收购、调运、储存等工作情况如何,直接关系着轻纺工业的发展。

在国内市场上,供销合作社也占有重要地位。1978年供销社的商品零售额占社会商品零售总额的36.2%;农副产品收购额占国家农副产品收购总额的39.5%;供销社有职工300多万人,占商业、饮食服务业职工总数的35.2%,如果加上供销社领导的农村商业人员则达460万人;供销社拥有行政管理和业务经营机构40多万个,这是一支庞大的商业力量。它的业务活动,关系着市场繁荣和物价的稳定,关系着城乡物资交流和工农联盟的巩固。

总之,供销合作社的状况如何,是一个带有全局性的重大问题。供销合作社的每一次变动,都对整个国民经济特别是对农业的发展产生巨大的影响。三十年来,供销社曲折前进的历史经验也是这样:在农业生产发展顺利的时候,取消供销社;在农业生产遇到困难的时候,又恢复供销社。我们不能再重复过去的教训,对供销合作社必须有一个长远的战略方针。现在要采取任何较大的变动措施,都应当认真调查研究,权衡利弊得失,切忌操之过急。

二 供销社的历史作用

任何一种商业形式，都是商品流通发展的产物。供销合作社是适应农村商品流通发展的需要而产生的一种特殊的商业形式。研究供销社的历史作用，必须从我国农村商品流通的特点出发。我国农村经济，是自给性生产同商品性生产相结合的经济。商品经济很不发达。1952年农副产品的商品率为30.5%，1978年为35.4%，26年的时间，仅提高了4.9%，说明我国农村商品生产发展的速度是相当缓慢的。

农村商品经济不发达，还表现在农副产品的商品结构简单。1952年，35种主要农副产品的收购额为116亿元，占当年社会农副产品收购总额的82.2%，其中粮、棉、油、猪、禽、蛋、菜、果等几个主要品种的收购额为101亿元，占主要农副产品收购额的87.6%。1978年稍有变化，35种主要农副产品的收购额为414亿元，占当年社会农副产品收购总额的74.5%，其中粮、棉、油等8种农副产品的收购额为320亿元，占主要农副产品收购额的77.4%。农副产品的品种是成千上万的，可是多年来都是生产少数主要农副产品。这一方面是我国农村长期发展单一经济的结果，另一方面也说明农业内部的劳动分工还仅仅是开始。这就使得绝大多数品种量小、分散、零星，其中不少品种的生产很不稳定。

农业提供的商品量少，农民的购买力也就不高。1978年，农村社队和社员出售农副产品的收入和劳务收入共581亿元，平均每个农业人口仅84.2元。虽然比前几年有所提高，但农业生产资金不足，农民消费水平较低，农村还不富裕。

农民是商品生产者。社队生产商品，社员家庭也生产商品。

在农村市场上，有国家和集体之间的商品交换，集体和集体之间的商品交换，个人相互之间的商品交换，集体和个人之间的交换，等等。在商品交换过程中，不同的交换关系有不同的经济要求，也有不同的交换形式。所以，我国农村的商品交换关系和商品交换形式多种多样，从而增加了农村商品流通过程的复杂性。以上所述，是我国农村商品生产和商品流通的基本特点。供销合作社就是在这个基础上产生和发展起来的。供销合作社采取购销结合、综合经营的方式，是同农业生产提供的商品量不大、农村社队和社员的购买力不高相适应的。供销合作社实行统购、派购、代购、代销、议购、议销、联合经营、组织产销挂钩，等等灵活多样的购销形式，则是同农村错综复杂的交换关系相适应，基本上能够满足国家、集体和社员的要求。供销合作社在长期的经营过程中，已经发展成为一个具有独特的经营方式和经营作风的特殊商业。所以它几经波折而不衰落，其根本原因就在它适应我国农村商品流通发展的需要。

供销合作社的历史作用有以下几点：

第一，促进农村商品生产的发展。农业生产发展的历史经验表明，农副产品的商品率，是农村经济发展水平的主要标志。我国农村经济落后，主要就表现在自给性生产部分占的比重大，商品性生产部分占的比重小。要改变我国农村的落后面貌，应当将自给性生产为主的状况变为以商品性生产为主。我国疆域辽阔，资源丰富，只要从各地的具体情况出发，充分发挥当地的优势，开展多种经营，发展商品生产，农村经济会很快地繁荣起来。首先，农村多种经营所生产的农副产品大部分是由供销社经营的。供销社通过合理组织商品流通，开展城乡物资交流，为各地的商品广辟市场、打开销路，同时又为各地组织生产和生活资料的供应。这就促使各地在紧密联系中求得发展，在相互交流中得到提高。

其次，供销合作社历来是把扶助农村开展多种经营、发展商品生产当作自己的一项重要任务。他们的做法，首先是参与生产、扶持生产，然后是收购产品、组织推销。每个基层供销社都有发展多种经营的专职干部，每个公社至少有1名，这就有5万余名。供销社还为每个生产大队的副业队长开支工资，又有70万人左右。在组织一种产品的生产的时候，供销社往往要从聘请技术人员、培训技术骨干、引进种子、组织所需各种生产资料的供应，到参与劳动、共同试验、成品销售……一包到底。供销社在利润分配中，专门提取一笔"扶持土副产品生产资金"，据统计，从1965年到1979年，全国共拨出61900万元。许多供销社在帮助农村社队发展多种经营上是非常努力的。例如四川省供销社，1979年经营农副产品的利润为1800万元，而用于支持农村发展多种经营的各项开支达2200万元。我国不少地区的农副产品的商品生产基地，就是在供销社的帮助下建立和发展起来的。在我国农村经济还没有发展起来的情况下，特别是还有一些落后地区，供销合作社这样真心实意地为发展农业生产出力，是十分宝贵的。

所以，供销合作社是农村发展商品生产、开展多种经营的得力助手和可靠力量。如果离开供销社这样一个点多面广、沟通城乡、联系全国各地区和各部门的商业网，一个地区或者一个社队孤立地去发展多种经营，无疑是相当困难的。

第二，组织农民的购销活动。供销合作社是在组织农民的购销活动中发展起来的。在农业合作化过程中，党和国家通过供销合作、信用合作和生产合作三种形式，把农民引向集体化的道路。供销合作社把个体农民的购销活动组织起来，促进了农业生产合作运动的发展。在实现农业合作化以后，集体农民的购销活动还需要进一步组织起来,才有利于发展生产,巩固集体经济,坚持社会主义道路。

农民由一家一户就是一个生产单位改变成生产队、大队、公社为生产单位,在生产关系上是翻天覆地的变化。但作为商品生产者,只是由个体的商品生产者,变为集体的商品生产者。集体农民所生产的商品必须出售,需要的生产资料和生活资料也必须购买。这一买一卖,是要花费时间的。大家知道,流通时间的延长或缩短,就是生产时间的缩短或延长。集体农民也需要更多的生产时间用于发展生产,生产更多的农副产品,创造更多的社会财富,这是农民富裕起来、农村兴旺发达的根本;因而不需要将宝贵的生产时间转化为流通时间。

现在有一种说法,叫做"农不经商不富"。这是不正确的。我们已经说过,现阶段农民投入流通的商品量不大。按 1978 年农民投入流通的商品 555.1 亿元计算,除去国家统购、派购的粮、棉、油、猪四项 278.4 亿元,还有 276.7 亿元,农村的基本核算单位为 469.5 万个,平均每个核算单位提供的商品为 5893 元。我们假定这些商品不经商业、全部由农民自己销售,能得到多少利润呢? 1978 年供销社系统的平均销售利润率为 2.83%,那么一个基本核算单位仅能得到商业利润 167 元。一个基本核算单位,辛辛苦苦搞一年的商业活动,仅能拿到百多块钱,是不合算的,也是富不起来的。

商业的职能就是为多数生产者节约买卖时间。1978 年,供销合作社有 35800 个基层社,平均一个基层社可以为 134 个农村基本核算单位服务。很显然,让每个基本核算单位自己运销产品、购买所需的商品,就不如让一个基层供销社代替一百多个单位进行购销活动。由于目前基层供销社从属于公社的行政管理,因此数量较多。如果基层供销社打破行政区划、按经济区域合理设置，数量还要减少，所服务的基本核算单位可以大大增加，还将大量地节省流通时间。供销合作社的经营目的是为农业生产和农民生活服务，而不是为了获取商业利润。它同农民有几十年深厚而又密切的经济关系，有组织农民购销活动的丰富经验。只要认真研究新情况、新问题，克服目前存在的缺点和某些不相适应的地方，就能受到广大农民群众的欢迎。例如四川省有些地方的社队要求同供销社联合经营农副产品，四川省供销社因势利导发展了联营形式。农民群众满意地说："我们的供销社又回来了。"

第三，加强工农结合。城乡结合、工农结合问题，是社会主义历史阶段中的一个根本战略问题。现阶段我国城乡结合、工农结合的主要形式仍然是商业。供销合作社则是实现城乡结合、工农结合的一种较好的商业形式。从商品流通上看，供销社既收购农副产品、组织农副产品进城，又供应农民工业品、组织工业品下乡，因而组织了工业品和农副产品之间的经常联系和经常交换。可以说，供销合作社的购销业务活动，就是城市和乡村、工业和农业的结合活动。供销合作社比起其他单纯收购农副产品或单纯供应工业品的商业形式，在实现结合问题上就优越得多。从经济关系上看，供销社吸收农民入股，农民把供销社看作自己的商业组织。供销社又是在国家出资金、派干部、给优待等直接组织和领导下建立和发展起来的。所以，供销合作社在业务活动中，总是要兼顾国家和农民两方面的利益，能够较好地实现国家和农民的经济利益的结合。

第四，领导农村合作商业。农村合作商业，是在社会主义改造过程中由农村小商小贩组织起来的合作商店、合作小组。它是农村的集体商业。由于国家委托供销合作社负责农村商业的对私改造，因此农村合作商业一直是在供销合作社的组织领导下从事经营活动的。在极左路线的影响下，急于过渡，有不少合作店

（组）变成了供销社的商店或门市部。但至今仍有 70 万合作商业职工活跃在各地农村。农村新集体商业也在发展。作为农村市场主导力量的供销合作社，应当义不容辞地担负起对他们进行指导和帮助的责任。

综上所述，供销合作社在促进农村商品生产的发展，组织农民的购销活动，加强工农结合，组织领导农村集体商业等方面有着重要的作用。当前的问题，不是讨论供销社的存亡问题，而是要研究如何加强供销社、提高供销社的经营管理水平，更好地为社会主义现代化建设服务的问题。

三　加强供销社的意见

如前所述，供销合作社的多次变动以及目前的各种议论，是同没有正确地反映它的性质有关系的。1957 年以前，供销合作社是集体所有制商业。而 1952 年基层供销社的自有资金为 4.96 亿元，其中社员股金为 2.44 亿元，占 49.2%；1957 年为 15.88 亿元，其中社员股金为 3.32 亿元，占 20.9%。1958 年急于过渡，宣布供销社为全民所有制，但并没有退还社员股金。1962 年恢复供销社，同时也恢复了供销社的集体所有制性质，这时基层供销社的自有资金为 19.23 亿元，其中社员股金为 3.54 亿元，占 18.4%。1978 年虽然又宣布供销社为全民所有制商业，基层供销社仍有社员股金 3.65 亿元，占基层供销社全部自有资金的 3.36%。所以，供销合作社自建国以来，既有国家资金，又有社员股金，一直是国家和农民联合经营的商业。供销合作社的特点和优点正在这里。我们应当根据供销合作社的这种经济性质，把供销社办好。

农村基层供销社是供销合作社全部经济活动的基础。要办好农村基层供销社，首要的问题是让农民对它的经营活动有实际的发言权，让农民在实践中体会到供销社是自己的商业机构。根据我国目前农村生产力水平和生产关系的特点，我们认为，基层供销社应当办成国家、集体和个人都可以入股的，国家、集体联合经营的商业企业。由于现在农民的经济活动是以生产队为基础，基层供销社应主要吸收农村基本核算单位为集体社员，并按股份多少享受权利、承担义务。国家、集体和个人都按股份实行股金分红。这样，社队就能当家作主，实行有效的监督；供销社也能进一步把农民群众团结起来。社员入股自愿，退股自由，坚持自愿和互利的原则。

县以上各级供销社的农副产品经营机构，应当根据农副产品流通的实际需要，因地制宜地进行调整和改革。在全国范围内流通的农副产品可以设立全国总公司，在一定地区范围内流通的则设立地区性公司，上下不一定对口。但一定要贯彻"上级社为下级社服务"，"批发为零售服务"的原则，更好地为基层供销社服务。

供销合作社经营日用工业品批发业务，是经济发展的必然趋势。首先，日用工业品工业自销的主要市场在农村，许多工厂不可能直接同广大农村的消费者见面，他们必然要通过供销合作社这个商业环节。其次，社队企业的发展，他们的产品不断增多，会越来越强烈地要求供销社为其推销。再次，供销社对农村的需求情况比较了解，经营批发业务能够促使工业部门生产更多的符合农村需要的产品。因此，供销合作社系统逐步建立和发展日用工业品批发机构，将更有效地保证工业品下乡的政策的贯彻执行。同时，日用工业批发业务独家经营的局面也需要改变，这样才有利于开展竞争，共同提高。

全国供销合作总社及各省（市、区）、地（市）、县供销社，是行政管理机构。由于我国长期实行政企合一、以政代企的经济管理体制，供销合作社的行政管理机构同业务经营机构合而为一，这种管理体制必须改革。行政管理机构是为业务经营机构服务的。只要把供销社系统的各种企业搞好了，并且贯彻为业务、为基层服务的方针，行政机构的精简或撤并，都会处理得当。总之，我国农村的商品生产和商品流通要大发展，适应农村商品流通需要的供销合作社也一定要随之大发展。这就要求我们认真贯彻党的"调整、改革、整顿、提高"的方针，把供销社办得更好，为促进我国农业生产的发展和加速社会主义现代化建设作出新的贡献。

（原载《财贸经济丛刊》1980年第5期）

中国仍需发展合作经济

50年前,毛泽东同志在延安南区合作社《关于发展合作事业》的讲话,一直是中国发展合作事业的指导思想。虽然几经反复,有时背离了毛泽东同志倡导的正确方针,但是人们经过挫折或失败的教训之后对正确原则的领会就更加深刻,执行也更加坚决。现在,中国的合作事业又在悄然兴起,在改革开放的东风惠顾下,必将生机勃勃,再展雄姿。

一 合作经济即人民经济

毛泽东同志指出,合作社"在组织人民的经济力量,减免中间剥削与发展人民经济上,起了相当大的作用",延安南区合作社"它发展了南区人民的农工商业,照顾了南区人民经济利益的各方面,成为南区人民的经济中心"。这就是说,合作社是组织人民的经济力量、发展人民经济的有效形式。实际上,延安南区合作社经济的发展,就是人民经济的发展。

人民是经济的创造者。但在历史发展的过程中,人民群众创造的经济被统治者所掌握,于是有了人民经济与统治者经济的区分。由于统治者掌握了社会经济的主要部分，统治者经济在社会中占主导地位。人民经济经常处于次要地位。尽管处于次要地位，人民群众总是要占有一定数量的生产资料和生活资料，否则人民无法生存、社会也无法生存。在个别群众手里，人民经济力量是细小的、分散的，似乎微不足道。一旦集中，涓涓细流汇成大河，就会汹涌澎湃，势不可当。所以，人民经济的力量，既容易忽视，又不可忽视。

在商品经济条件下，人民群众所掌握的这部分生产资料和生活资料可以转化为货币。货币可以变为资本。无论资本主义社会还是社会主义社会，人民群众集资入股，兴办合作社，就是人民经济力量的运用和表现。尽管人民经济力量有限，且集中起来的部分同未集中的部分比较仍然是少数，但资本主义社会和社会主义社会都在发展合作社、建立股份制企业。不管人们是否意识到了，其着眼点都是人民群众手里的那一部分货币或资本。

人民群众把自己手里的货币当作资本投入社会，目的是要为自己带来更大的利益。现实生活亦表明，给群众带来的利益越大，群众的关心程度越高，积极性也越高；没给群众带来利益，甚至造成损害，群众的积极性也随之下降。

人民群众是劳动群众。当他们运用自己手中的资本的时候，在多数情况下是要参加劳动的。小生产者不能脱离生产，他们的资本无论投入农业、工业或服务业，本人都必须参加劳动过程，参与资本的实际运用。绝大多数消费者同时是劳动者。他们是通过自己的劳动从社会取得生活资料的。他们的生活资料转化为资本，由于他们已有劳动岗位，自己就不一定直接参加运用资本的劳动。

人民经济力量的形成及其运行特点的要求，组织合作社便成为人民经济最恰当的形式。首先，合作社是群众自愿组织起来的。尊重群众的意愿，是合作社的基本原则。组织什么合作社，谁参加合作社，由群众自己作出决定。这样，合作社就成为群众乐意参加的、符合自己愿望的经济形式。其次，合作社没有离开社员群众的独立的经济利益。合作社的一切活动都是为着满足社员的需要，为社员谋福利、谋利益。合作社与社员休戚与共、利害相关，合作社就同人民经济融为一体，自然成为人民经济的一部分。第三，合作社经济的发展就是人民经济的发展。人民经济有组织起来的和没有组织起来的两个部分。没有组织起来的那一部分由于细小、分散和脆弱，对人民经济和整个国民经济发展的作用有限。组织起来的这一部分——主要是通过合作社——在社会经济生活中明白地表示了自己的存在，并对整个国民经济发挥重要影响。这样一来，合作经济自然成为人民经济的代表。延安南区合作社所做的一切，在当时的条件下不但显示了合作社经济的优越性，重要的是表现了人民经济的威力。

二 人民经济即社会主义经济

社会主义制度是以公有制为基础的。公有制一部分为国有制，即全民所有制，它的表现形式为国营经济；另一部分为集体所有制，它的表现形式是合作经济，或合作社经济。社会主义经济完全是为人民服务的，它的最终目的是为了满足社会生产和人民生活的需要，所以，社会主义经济本质上是人民经济。但是，国营经济是由国家支配的。国家在确定国营经济的经营方针的时候要从国家的根本利益出发，考虑全局，着眼长远。而合作经济是由参加合作社的社员决定其经营方针的。他们必然要从本社的社员群众的利益出发，如果违反了本社社员群众的要求，也就丧失了群众组织合作社的意义。这是社会主义社会的政府经济同人民经济的根本差别，不承认、不尊重这种差别，就不了解社会主义。

新中国成立后，合作经济曾有很大的发展。在1957年以前，农业合作化、手工业合作化以及供销合作社、消费合作社都有很大的发展。毛泽东同志高度赞扬合作化运动。他说，"这是五亿多农村人口的大规模的社会主义的革命运动，带有极其伟大的世界意义"（《关于农业合作化问题》）。在他看来，"人民群众有无限的创造力。他们可以组织起来，向一切可以发挥自己力量的地方和部门进军，向生产的深度和广度进军，替自己创造日益增多的福利事业"（《中国农村的社会主义高潮·多余劳动力找到了出路》按语）。事实也是如此，50年代是我国经济发展最好时期之一。可以说，合作经济的蓬勃发展是其根本原因。

但是，在急于过渡的错误思想影响下，农业合作社合并成为人民公社，手工业合作社、供销合作社改变为国营工业和国营商业，消费合作社则退股、解散。这些做法严重侵犯了社员群众的利益，合作经济的发展也随之遭到了严重的挫折。这段时间一直持续了近20年。合作经济停滞不前，整个国民经济亦步履维艰，导致了几次大调整。历史的经验告诉我们，建设具有中国特色的社会主义，离开了合作经济的发展，离开了人民经济的壮大，也是不可能成功的。

首先，中国农民经济的主要形式是合作经济。全国11亿人口，9亿农民。因此，在一个相当长的历史时期内，农民经济是中国经济的重要支柱。现时的农民经济包括农、工、商各业。它们都是以合作经济为主的。农业虽然已经承包到户，但因采取集体、农户双层经营的形式，仍然保留着合作经济的性质。在乡镇企业中，少数是农民个人办的，多数是农民的集体经济组织。供销合作社是以农民社员为主的商业服务组织，其商品销售总额和经营利润均已超过国营商业，是农民经济的重要组成部分。所以，合作经济在农民经济中仍占优势。

其次，人民经济的潜力巨大，要继续依靠合作社的形式来动员。人民群众手中究竟有多少可以投入社会再生产的资产，是难以估计的。我们仅从1万亿元左右的全国城乡储蓄存款余额就看到，它相当于全国国有固定资产的总和，数倍于当年的基本建设投资。这1万多亿元的存款中，相当大的一部分可以从消费基金转化为生产基金。靠什么组织形式来实现这一转化呢？股份制是一种形式。而合作社是群众喜闻乐见的形式，它能够最大限度地把群众的经济力量动员出来，组织起来，投入社会主义经济建设。

再次，合作经济有利于社会主义市场经济。合作社是在资本主义市场经济的作用下产生和发展的。这就是说，合作社在市场经济中既适应市场竞争的要求，又能够保护社员群众的利益。我们建设社会主义市场经济，合作社的作用更加显著。因为，合作社是公有制性质的经济组织。合作社的发展，就是社会主义市场上公有经济的发展。其二，合作社的内在机制是自主经营、自负盈亏、自我发展、自我完善，它不躺在国家身上"吃大锅饭"。其三，合作社通过联合，可以组成地区性的和全国范围的联合社。在市场经济中，商品的生产和经营组织越大，经济力量或竞争力量就越强，它们的市场作用也越大。还有，合作社是国际性的经济组织。只要消除人为的限制，它在国内外市场上的关系是通开的。它发展外向型经济的条件优越。总之，合作经济是社会主义市场经济的重要基础，发展合作经济是建立和完善社会主义市场经济体制的重要组成部分。

最后，合作经济有利于沟通政府与群众之间的关系。社会主义国家同合作社虽然在根本利益上是一致的，但在一些具体问题上的矛盾仍然需要及时地正确地加以处理。合作社居于政府和群众之中，它的职责就是要代表社员群众的利益与政府协商，以理顺政府和群众之间的关系。除国有企业外，合作社就是政府关心群众生产和生活的最好的组织机构。例如，近年来有些地区发生水灾，一些企业或单位因无利可图逃之夭夭，但扎根于群众之中的供销合作社则与当地群众患难与共，共同担负起重建家园的责任。所以，社会主义制度下的合作社过去、现在和将来都是人民政府的得力助手。

中国合作经济的重要性，随着社会主义经济建设的深入而不断提高。这是一般规律。我们有时看不起合作社，觉得公司比合作社更容易引人注目。其实，这种观念既缺乏远见，又不实际。无论何时何地，只要把群众的经济力量动员和组织起来，社会主义经济中的奇迹必将层出不穷。

三 大力发展合作经济

建设有中国特色的社会主义与发展合作经济的一致性及其动员人民经济力量的重要性，都要求在农业、工业、服务业三大产业中继续发展合作经济。同时，我国既有发展合作经济的深厚基础，又有组织合作社的历史传统。天时地利，无不具备。问题在于，对合作经济是早发展还是晚发展，是大发展还是小发展。我们主张，中国应当尽快采取大力发展合作经济的战略方针。一旦方针确定，具体措施就要跟上。为此，提出以下建议供大家考虑：

(一) 增强合作观念

以往的错误和挫折，现时一些合作社包袱沉重，步履艰难，再加上近年来合作经济的宣传也出现了断层，因此不少人对合作社产生了怀疑，合作观念逐渐削弱。这种状况不符合社会主义经济建设新阶段的要求。在全国范围内，再次进行合作思想的宣传和教育，以增强人民群众的合作观念，是非常必要的。

（二）培训合作人才

合作社运动是一种有组织的群众运动。在中国，如果没有成千上万的合作社运动组织者，要掀起合作社运动热潮，是不可能的。50年代，首都高等学府里尚有培养合作社高级人才的专业，但它们很快就烟消云散了。合作社应当建立为自己培养人才的高等院校。现在虽然有两所，但是数量太少，远不能适应当前需要。各地都有一批中等专业学校，对合作社运动作出了贡献，还需继续提高。当然，在合作社实际活动过程中培养和锻炼人才是最重要的。这需要在深化改革的过程中转变"用庸才不用人才"的传统观念与制度。

（三）强化服务意识

所有合作社都要不断增强为社员服务的意识。这是合作社不断发展、壮大的力量泉源。但当前合作社的一些企业中存在着为社员服务还是为企业服务的思想斗争。忘记社员群众的利益，只想企业发展、职工收入增加，甚至要求脱离合作社等不良倾向在不少地方显露出来。这种种错误思想倾向的产生，一是合作思想淡薄，二是对合作社改革的指导思想不明确。合作社及其企业的改革，必须从更好地为社员服务、壮大合作社事业出发。离开这个根本原则，就不能说是合作社的改革。合作社改革的成功与否的标志，是对社员的服务状况。为社员服务越好，改革越成功；

对社员服务越差,改革就是失败。因此,对社员服务的好坏是衡量合作社一切工作的根本标志。这要求全体合作社工作者事事从社员利益出发,处处维护社员利益,时时坚持为社员服务。只要合作社工作者树立起强烈的为社员服务的服务意识,就会得到社员的拥护。

(四) 再造市场形象

一些合作社企业不愿挂合作社的招牌,原因之一是合作社的市场形象不好。合作社在参与市场经济活动的过程中必然形成自己特有的市场形象。为此,第一要做好对社员的服务,以优质服务赢得社员群众的支持和赞赏。第二是发展,在竞争中发展合作社的各项产业,建立各种形式的合作社。第三是联合,各种形式的合作社要联合,全国的合作社也要联合起来。这样,既有声势,又有实力,还有优质服务,合作社在人们心目中的形象自然会改变,合作社的市场形象也会变得美好。

(五) 尽快颁布合作社法

我国的合作社经济已进入阳春二月,根据党的十四大精神,要发展社会主义公有经济。合作社经济是公有经济的组成部分,属于大力发展之列。在社会主义市场经济条件下,党和国家对合作社的支持和鼓励有多种形式,包括资金扶持、减免税负、培训人才、宏观调控等。但最重要的是立法支持,制定保护合作社健康和顺利发展的法律和法令。法律和法令首先是要保护合作社的资金财产不得受到任何形式的侵犯。其次是保护合作社社员的正当权益。第三是保护合作社正当经营活动。当然,国家关于合作社的法律和法令也是合作社各项生产和经营活动的行为规范。国家依法治理合作社,合作社依法进行经济活动，不但有利于合作社，也有利于整个国民经济。国家制定和颁布有关合作社的法律和法令应当是越快越好，不宜拖延时日，影响合作社的发展。

（原载《中国供销合作经济》1993年第2期）

供销合作社深化改革的方向研究报告

中国供销合作社是以农民社员为主体的合作经济组织。它以为农民生产和生活服务为宗旨,对于促进农村经济的发展,提高农村群众的物质文化生活水平,起着巨大作用。改革开放以来,供销合作社的购销业务及其生产加工,得到了飞跃的发展。现在供销合作社拥有 16000 万户社员,720 亿元资产,500 万名职工,年购销总额 8500 亿元,工业产值 400 亿元,不仅是农村经济的支柱,也是国民经济的一个重要产业部门。在建立和完善社会主义市场经济体制的新的历史条件下,办好供销合作社,是建设有中国特色社会主义的战略措施,具有重大现实意义和深远历史意义。

一 新形势,新作用

我国经济社会发展面临的新形势是,全面推进社会主义市场经济体制。这表现在,传统的计划经济体制朝着市场经济体制迅速转变;大批农民从第一产业走向第二、第三产业,向市场进军;地区封锁、部门分割逐渐消除,国内统一市场正在形成,国内外市场日渐沟通。这种形势犹如大江怒涛，奔流直下，冲击着一切旧的思想观念和社会制度，所有社会团体和社会成员都要接受它的洗礼与考验。供销合作社也不例外，推进改革开放，就能发展壮大；徘徊犹豫、畏缩不前，就会被淘汰。因此，我们必须认清形势，转变观念，以争取供销社改革与发展的胜利。

在建立社会主义市场经济体制的新形势下，供销合作社对自己的历史使命与作用要有正确的分析和认识。总的说来，它的任务是引导农民进入市场并在市场经济中生存发展、共同富裕。这首先是要为农民进行市场经济活动服务，满足他们生产、流通和生活的需要；其次是代表和保护农民社员在市场上的利益，并要为农民谋取更大、更多的利益。供销合作社的命运同这些任务的完成状况是息息相关的。适应农民社员的要求，它就生机勃勃，兴旺发达；反之，它就会分崩离析、或者变为非合作社的经营机构。当然，供销合作社时时刻刻都要注意社员的要求，全心全意为社员服务，在建设中国特色的社会主义事业中发挥作用。供销合作社的新作用表现在以下几个方面：

建设和完善农村社会服务体系的中坚。农村社会服务体系的完备程度是农村经济社会现代化状况的标志。建立完备的农村服务体系不是供销合作社一家所能承担的，需要交通运输、邮电通信、金融保险、商业外贸、饮食服务、文化卫生等众多行业的努力。但是，我国第三产业不发达、农村更差。供销合作社在农村的网点多、人员多，综合经营、多方服务自然成为农村服务行业的主力军。在许多乡镇中，供销合作社实际上是当地综合服务的中心。由于农村对服务的需要是多方面的，对第三产业的两大部门、四个层次的服务都需要，既要有设立在农村的服务机构，又要城市的服务机构对农村服务。这是一个超越地方界限的庞大的服务系统，而不是建立县、乡、村三级服务网络就能完成的。任何一个部门或经营系统都无力承担农村综合服务中心的重任。供销合作社本质上是农民群众组织起来为自己服务的机构。因而它为农村服务最直接、最坚决。同其他服务行业的机构比较，供销合作社应当而且必须成为农村社会服务体系的中坚力量。这也是供销合作社应尽的责任。

培育农村市场体系的基础。农村市场体系是由商品市场、资金市场、劳动力市场组成的。在市场体系的发育过程中，商品（和服务）市场是基础，资金和劳动力市场伴随商品市场的发展而发展。供销合作社在农村主要是发展实物商品和服务商品市场，相机发展为资金市场和为劳动力市场服务的行业。在商品市场方面，供销合作社经营什么商品，就参与或开拓了什么市场。它的经营量越大，辐射面越广，其市场越大。农民大量进入市场，供销合作社根据当地需要建设一些专业市场或综合市场以方便农民购销，也是必要的。任何市场都是从商品市场起步的。我国农村大多数地方也是以商品市场为主的。供销合作社的商品经营活动，既是农村市场的组成部分，又是农村市场发展的基础。在改革的推动下，供销合作社除了继续扩大实物商品的经营外，还逐渐提供金融保险、交通运输、科技信息、文化娱乐等多方面的服务。这就会带动农村多种市场的发展。所以办好供销合作社与培育农村市场体系是一致的。

乡镇经济的柱石。乡镇经济是以其周围的农业经济为基础的，也是周围农村的经济中心。但它本身的经济构成则以工商业为主。我国经济发达地区，乡镇经济以工业为主。其他地区大多以商业、服务业为主。在乡镇上，供销合作社作为一个企业同其他企业相比，经济能力与组织能力超过供销合作社的很少，同时它还有县社、省社和全国总社的支持和帮助。因此，供销合作社经济的发展对乡镇经济的发展有重大的影响，甚至起关键作用。

我国农村人口城市化的主要方向是进入乡镇，即农村人口乡镇化。乡镇经济发展越快，吸收农村人口的能力越大，农村人口城市化的速度就快，整个国民经济的发展速度也越快。供销合作社应当而且必须为乡镇经济的发展尽职尽责。

吸纳农村多余劳动力的一个途径。农业劳动生产力的提高，必然有多余劳动力游离出来，向非农业转移。这是经济社会发展的普遍规律。供销合作社为适应农村经济、文化生活的需要，三大产业都经营，也必然不断增添新的劳动力。全国供销合作社的职工，1952年仅有100万人，现在达到500万人，增长了4倍。新增职工主要来源于农村。供销合作社的用工制度改革以后，大量的合同工、临时工还未统计在内。同时，供销合作社还帮助农民组织非农的股份合作制企业或专业生产合作社，促进农民就地向第二、第三产业转移。所以，从整个国民经济的角度，把供销合作社作为一个实现农民转向第二、第三产业的产业部门来建设，对我国经济、社会的发展是十分有利的。

供销合作社在市场经济体制下的新作用，需要全社会和供销合作社职工认识它、重视它。更重要的是，供销合作社要通过深化改革，清除旧体制的各种弊病，用出色的生产和经营活动、巨大的经济力量和组织能力来证明自己的作用、发挥自己的作用。

二 总结经验教训

14年来，供销合作社的改革及其经营活动，紧紧围绕为农村改革开放服务这个中心。实践证明，供销合作社与农村改革开放的结合越是紧密，各项事业的发展越快；偏离农村改革开放的需要，就会产生错误和挫折。在农村实行家庭联产承包责任制后，供销合作社对农业生产服务的单位由500万个生产队变为

21000万农户。不仅工作量剧增,而且经营内容、经营方式也要作大的调整。供销合作社的改革必然相应进行。他们边改革边前进,在改革中求发展,在发展中深化改革,其主要经验是:

(一)为社员服务,为发展农村经济服务。合作社的宗旨就是为社员服务、为社员谋利益。供销合作社为社员服务和为农村经济发展服务是完全一致的。农民社员既是生产者,又是消费者。他们的物质文化生活水平取决于农村经济的发达程度。发展农村经济是社员的根本利益和基本要求。因此,供销合作社始终把促进农村经济的发展放在第一位。供销合作社的改革,也是把是否有利于农村经济、是否符合社员利益作为衡量改革正确与否的标准。供销合作社是在顺利与困难、成功与失败的交替运行中前进的,但从不忘记为农村经济服务的大方向。全国许多著名的果品生产基地、蔬菜生产基地、毛竹生产基地、畜产品生产基地……都是供销合作社一手扶植起来的。他们对当地经济的作用是交口称赞的。一些曾经提出取消或取代供销合作社的同志,经过一段实践,也回过头来提倡和支持供销合作社。这说明供销合作社是有生命力的。生命力的源泉就是为社员服务、为发展农村经济服务。这也是供销合作社改革的出发点和归宿。

(二)按合作社原则办事。合作社运动是建设有中国特色的社会主义的重要组成部分。供销合作社是合作社运动的一个分支。它必须办成真正的合作社,才符合社员的要求,符合中国社会主义的要求。在经济体制改革过程中,供销合作社总的说是坚持了合作社的办社原则的。首先遇到的问题是,供销合作社属于全民所有还是属于集体所有?这是供销合作社改革的基本前提:官办或民办。党和国家对供销合作社的指导方针是办成社员群众集体所有的经济组织。实践证明,民办的方针是唯一正确的方针。坚持集体所有,实行社员民办,才能有效地维护社员的利益，供销合作社也才有牢固的群众基础。如果供销合作社按全民所有制办，同国营商业一样，必然损害社员的权利，导致合作社性质的改变。所以供销合作社改革初期就开展了清理社员股金、扩股倍股、恢复组织上的群众性、管理上的民主性、经营上的灵活性等活动，维护了合作社的根本性质。其次，坚持联合的原则。合作社又是一定地域的居民为着某种共同的经济利益而建立的经济组织。特定的地域范围有限，单个合作社的规模细小。合作社需要彼此联合起来，才能相互支援，在市场经济中为社员谋利益。在改革之初，由于过多地强调基层的自主权和当地的利益，忽略了联合的原则，造成各自为战的局面。随着改革的深入，加强联合，发挥整体优势，已成为全国供销合作社的共同要求。最后，坚持民主管理的原则。办合作社，就要实行民主管理；没有民主管理，就不是合作社。供销合作社也一样必须实行民主管理。如果把民主管理当作形式，可有可无，也会导致合作社的变质。

（三）实行各种形式的经营责任制。供销合作社经济是社会主义公有制经济。公有制要求运用公有资产进行生产和经营的人们，对所有者承担完全的经济责任。没有经济责任制，公有资产就处于无人负责的状态。公有资产的安全就得不到保障。供销合作社在全国公有的工商企业中率先实行经营承包责任制，明确而又实际地提出公有经济的责任制问题，是对社会主义经济管理的伟大贡献。但由于它是移植农村家庭联产承包责任制的办法，对以手工劳动为基础的家庭经营同以大生产为基础的企业经营未作深入比较从而把职工的利益和发挥个人的积极性放到了不适当的位置。这就不能不产生这样那样的缺点和偏差。实践出真知。各级供销合作社现在已把明晰产权关系、确认公有制的所有者代表、注重规模效益、建立岗位责任制和自上而下的层层负责制等提到了深化改革的议事日程。供销合作社的经营责任制一定会更加健康、更加完善。

（四）扩大经营，开拓市场。改革促进发展，发展又推动改革。这一规律在供销合作社的表现也十分鲜明。供销合作社主要是围绕农民生产和生活提供系列服务的要求而开展经营活动的。首先对农业提供产前、产中和产后服务。这是以科技为先导，以供销合作社为依托，组织社会各种经济、技术力量，共同为农业服务。服务的形式多种多样。例如，建立骨干商品生产基地，发展贸工农联合体及专业生产协作组织，会同有关部门进行农作物联合承包，围绕农业生产资料的供应提供系列化服务，等等。特别是农业生产资料系列化服务的成绩显著。现在，全国已建立起农业生产资料服务网点 20 多万个，其中有庄稼医院、配肥配药站、机防队、咨询处等多种服务机构。这是一支活跃在农业生产第一线的服务队伍，是科技兴农的生力军。其次，在组织农副产品和乡镇企业产品流通方面，供销合作社既改进传统的推销方式，又积极发展各种商品市场。全国供销合作社拥有农副生产经营网点 80 余万个，农副产品批发市场 3800 个，工业品商场 8900 个，还有 53000 多个村级综合服务站。它们是活跃农村市场的基本力量。最后，积极发展以农副产品加工为主的工业生产，亦称社办工业。现有工业企业 25000 多个，职工 100 余万人，产值近 400 亿元，出口创汇在 6 亿美元以上。这些情况说明，供销合作社已摆脱一买一卖的传统经营方式，走上了生产、流通全面发展的道路。

合作社虽然已有一百多年的历史，但社会主义条件下的合作社如何建设，如何建设有中国特色的社会主义合作社，包括供销合作社，仍然是一个需要深入研究的问题。供销合作社在改革中出现某些缺点和偏差，是不可避免的。

(一)"左"的干扰很严重。50年代,供销合作社同国营商业合并,基层社下放人民公社,仅资产损失就达数十亿元。60年代供销合作社从集体所有制改为全民所有制,在合作社与社员之间筑起了一道篱笆。70年代,重申供销合作社的全民所有制性质,加剧了脱离社员群众的倾向。80年代是改革开放的年代,经过反复讨论,国家虽然肯定了供销合作社的集体所有制性质,但下放基层社、强行划拨经营业务及其机构、限制商品经营及活动范围、平调资产和人员等,仍不断发生。与"左"倾思想相左的小生产观念,也困扰着供销合作社的改革。在推崇小生产方式的人们看来,在企业的经营管理单位越小越好,劳动与分配越直接越好。在这种思想支配下,企业的经营管理以承包为主。从部门承包到个人承包,从集体或个人租赁到实行"租壳卖瓤",把完整的商店分别租给或卖给职工。这样,"供销社变成了个体户";不仅大生产的优越性不见了,而且从为社员服务变成为职工个人谋利。尽管这些现象发生在少数地区的基层单位,但它对供销合作社的改革不利,消磨职工办合作社的意识,瓦解供销合作社的机体。这不是建设社会主义市场经济体制,而是向小商品经济倒退,同党和国家改革开放的方针是背道而驰的。

(二)旧的计划经济体制的束缚。新中国成立以来,供销合作社实行计划经济管理体制,实际上是把合作社变成了国家行政机关的附属机构。在计划经济体制向市场经济体制过渡的今天,原来计划经济的管理方式仍然发生作用。不少地方政府继续把供销合作社当作一个行政部门,在人事调度、劳动安排、业务经营、体制改革等方面多数情况是由当地政府决策,不大尊重社员大会或社员代表大会的意见或决定。这就延缓了供销合作社向市场经济体制转变的时间。在支农、扶贫、救灾等活动中,供销合作社因执行政府决策而发生的政策性亏损200多亿元,许多基层社因此背上沉重的包袱，濒于破产。这也拖住了供销合作社深化改革的脚步。

（三）人才培养滞后。合作社是一项专门事业，需要大量具有合作社专业知识的工作者。他们既要有从事生产和经营的业务技术本领，又要有宣传群众、发动群众、组织合作社的活动能力，还要有热心为社员服务的强烈的合作社观念。50年代初期，高等学校设有合作社专业，各地有供销合作社干部学校，培养了一大批合作社工作者。但自供销合作社同国营商业合并之后，高等学校的合作社专业被取消，供销合作社干部学校中关于合作社的专业课程渐次减少到全部废除。为合作社培养专门人才的学校教育几乎停止。合作社专业人员短缺便成为全国性的事情。除合作社专业人才外，还需要各种技术人才，即精通农业、工业、服务业中的某个行业、某个方面的专业技术人才。这同样相当匮乏。总之，在深化改革中，供销合作社要办成真正群众性的经济组织，人才缺少的问题是非常突出的。

中国建立市场经济新体制，供销合作社也随之向新的发展阶段迈进。官办还是民办，国有还是民营，实质是要不要合作社、要不要供销合作社的问题。在计划经济时期，所有企业或生产经营单位都是行政机关的附属机构。供销合作社的存在，自然是有名无实的。市场经济体制是对这种计划经济体制的否定。它要求社会上的生产经营单位通通是商品生产者，以独立的身分在市场波涛中沉浮。合作社是市场经济的产物。在市场经济体制下，供销合作社必然也必须脱离政府序列，走民办的道路，真心实意为社员服务。与此紧密联系的问题是，供销合作社机关化还是企业化。官办的供销合作社，时时事事都以政府代表自居，对社员时常以管理者的面貌出现，官商作风严重。供销合作社日益机关化、日益脱离社员群众，是在所难免的。民办的供销合作社是以自己的生产和经营符合社员需要和市场需要而且经济效益好为基础的。要做到这一点，供销合作社内部的组织结构就要按企业的原则办理。供销合作社的企业化便成必然之势。市场和竞争是并存的。在市场竞争中，大企业经济力量强，占据有利地位，生存发展的条件优越；小企业的经济实力弱，竞争不过大企业，经常受到排挤和打击，在市场上难以立足。供销合作社之间的联合不但必要而且十分紧迫。所以，民办、联合、企业化既是14年改革所遵循的方向，也是供销合作社进入新的发展阶段的主要标志。

三 深化改革的目标模式

改革是继承和发展的统一。供销合作社为社员服务、为农民生产和生活服务的优良传统要保持和发扬，旧体制遗留的各种不合理的东西要革除和创新。供销合作社主要是在流通领域中以商业形式为社员服务的，在本质上和整体上适应市场经济的需要。而旧体制的作用，又使它不能执行合作社的职能。深化改革的任务就在于把供销合作社真正办成社员群众的经济组织。总结14年的经验教训，供销合作社深化改革的目标模式应当是：集体所有，联合经营，民主管理，自我发展。

集体所有是基础。
合作社是社员群众集体所有的自我服务组织，供销合作社也一样。这是事物的质的规定性。改革开放以来，党和国家多次明文规定供销合作社为集体所有制性质的经济组织。这就为供销合作社的改革确立了正确的道路。各级供销合作社及所属企业或其他机构，只要沿着这条道路前进，必定能够取得改革的胜利。

承认供销合作社的集体所有制性质，就是明晰产权关系：凡是供销合作社的资产，一律归供销合作社集体所有，任何部门、单位、个人都不得平调或侵占。只有这样，供销合作社的资产安全才有保障，供销合作社这支生产力才能充分发挥其创造社会财富的机能。但全国改革开放过程中，各个部门和各个地区的利益调整也在同时进行，因而划分公共财产实际控制权的斗争经常表现出来。全国供销合作社的资产几百个亿，一个省有几十亿，基层社一般也有几百万元。这样一笔诱人的公有财富，使一些部门和地方不愿轻易撒手。例如，某些地方将基层社下放给乡政府管理，或将供销合作社的企业宣布为国有企业，或口头承认供销合作社的集体所有制性质而在具体管理上仍按国有企业对待。因此，平调供销合作社的资产、人员、机构和强制划出经营业务的事件时有发生。他们干扰着党和国家关于供销合作社集体所有制性质的政策的落实。这说明，在全国范围内理顺供销合作社同各级政府的产权关系还需要时间。

供销合作社作为一个群众性的经济团体，或作为一个大型的企业集团，它的经济活动应当是独立自主的。资产的集体所有，资产的运用也必须归其所有者自主经营；自主经营才能巩固集体所有。这是集体经济运行的客观规律。因此，供销合作社应当是无上级的经济组织。但不是说，它不需国家管理。相反，它只有在国家的管理和扶持下才能更好发展，问题是国家如何管理。在市场经济体制下，国家对所有市场主体实行统一的政策法规管理，供销合作社也在其中。由于供销合作社实行综合经营，那么，它办农场受农业部门主管；建工厂受有关工业部门主管；经营商业受商业部门主管。国家行政部门不参与市场经营的条件下，他们代表国家对商品生产者和经营者实施行政法规管理，是毫无疑义的。现在的情况是，国家的各经济主管部门一般都有自己的直属企业，如果他们顾及直属企业的利益，执行国家政策法规的公正立场往往受到影响。这就增加了供销合作社实现独立自主经营的困难。从长远看，政企分开是行政机关改革基本点，终究是要实现的。在未完全实现以前，供销合作社需要充分估计它们的作用，力争国家行政部门的支持与帮助。

在理顺国家同供销合作社的产权关系后，内部的产权关系是明确的。现在，各级供销合作社都拥有一定数量的资产。各级社的社员代表大会是所有者。社务委员会及其负责人是所有者的代表。各级社的所属企业及负责人是经营者，对社务委员会承担完全的经济责任。应当指出的是，各级社务委员会的负责人只是所有者的代表，行使所有者的职能，但他个人并不就是所有者。有的负责人擅自决定将本社资产量化到职工个人，按职务分配不同的份额。这是违背合作社原则的，是对社员权利的侵犯。所以，这种方式不是产权制度的"改革"，而是一种应当纠正的偏差。另一种思想是，有的供销合作社企业也希望自己成为"无上级"企业。他们仍然是把供销合作社当作国家的一个行政部门对待，从目前实际情况看，各级供销合作社正在向企业化转变，还没有实现企业化，机关化气息还相当浓厚。他们不善于运用市场经济的法则指导企业和规范企业负责人的经营行为。这是各级社的领导人员在深化改革中必须尽快解决的问题。

联合经营是手段。

全世界合作社发展的共同经验证明，联合经营是制胜和致富的唯一途径。在发达的市场经济国家中，合作社不但实现了全国范围的联合，而且基层社的规模日益扩大。例如，加拿大已不是一县一社，而是一省一社。这是社会化大生产发展的必然结果。

大企业具有分工与协作的优势,劳动效率高,规模效益大,企业实力强,市场地位牢。这有利于合作社参与市场竞争。因为,合作社的竞争对手不是小商贩而是大企业,自己不强大就不能同其他大企业抗衡。如果竞争失败,不但社员利益受损,企业的生存也会发生困难。

合作与联合是同义语。合作社的根本目的是为社员服务。为着这个共同目的,全地区、全国、全世界的合作社都可以联合起来。联合除了组成强大的市场力量外,合作社之间互通有无、互相帮助也非常重要。作为商品生产者和经营者,组织货源,开拓市场,是他们的日常活动。一个合作社的买进,另一个合作社的卖出,若能互相结合,便能达到互通有无的目的。供销合作社曾经多次组织全国商品交流活动,对推动合作经济的联合起了很大作用。我国疆域辽阔,各地经济发展不平衡,各个合作社的经营管理差别也较大。因此,供销合作社之间的互相帮助、互相支援的要求十分强烈。全国供销合作社联合总社曾设立调剂基金,从富裕的合作社抽调部分资金以支援困难较多的合作社,促进所有合作社共同进步。

合作社经济的特殊需要,促使合作社联合起来,县、省到全国,组织成为统一体。特别是供销合作社,以在流通领域为社员服务为主,必须结成商品流通网络,才能把农村的小商品经济转化为市场经济。商品流通网络的形成,使各地孤立的、分散的供销合作社组成一个整体。供销合作社整体的形成,不仅使各地供销合作社有了坚强的整体作后盾,而且是工农结合、城乡结合,内外交流的重要渠道,是国民经济的一大支柱产业部门。所以,供销合作社整体优势的发挥,远远超出自身参与市场竞争的意义,更重要的是对整个国民经济的发展作用巨大。

民主管理是根本。

是否实行民主管理是判断真假合作社的重要标志。合作社的主人是社员。民主管理是社员的基本权利。否定民主管理，或把民主管理置于可有可无的地位，或使民主管理流于形式，都会导致合作社的变质。民主管理又是合作社特有的内在的机制。民主管理的基础是，合作社的全部经营管理高度透明。社员只有在各项管理——人事、财务、业务——都明明白白的情况下才能实际的参与合作社的管理，实现自己当家作主的权利。经营管理的高度透明是不容易的。首先要求管理者光明磊落、廉洁奉公，没有不可告人的私事。其次是管理制度完善、管理方法科学，企业的一切活动如水似镜，一目了然。所以，民主管理是合作社改善经营管理、实现经营管理科学化、现代化的根本途径。供销合作社以往经营管理中的重大缺陷就是民主管理薄弱。在深化改革过程中，一定要把加强民主管理作为一项重要任务。

自我发展是必然。

供销合作社既然是集体所有制的经济组织，它必然自主经营、自负盈亏，经营好，盈余多，经济力量壮大，它就得到发展。反之，经营不好，亏损严重，则难以维持生存。所以供销合作社要靠自己的努力去寻求发展。靠自己，即一靠社员，二靠职工。社员的集资是合作社资金的最初泉源和补充来源。资金积聚就是企业发展。社员生产的各种商品，是供销合作社的货源。社员购买生产资料和生活资料，就是供销合作社的市场。供销合作社同社员的鱼水关系只能加强、不能削弱。职工的劳动是供销合作社财富增长的源泉。现在供销合作社三大产业都经营，既从事工农业生产，又经营商业、服务业。无论工农业劳动还是服务劳动，都是生产劳动，都能够为社会创造物质财富。依靠职工，就要调动职工的积极性，让每个合作社职工都有献身合作事业的精神，供销合作社就会永远朝气蓬勃。

供销合作社自我发展，离不开政府的扶持。特别是在中国，几亿农民加入了供销合作社，供销合作社同农民利害攸关。政府扶持供销合作社，就是直接和间接帮助农民。政府对供销合作社的扶持是多方面的，颁布合作社法以指导和保护，给予宽松的政策环境促其顺利营运，发展合作社教育为其培养人才，等等。这都是促进供销合作社自我发展，当然不能去阻碍它的自我发展。

供销合作社深化改革的目标模式是反映供销合作社这一事物的本质特征以及深化改革所要解决的主要问题。前14年的改革，对集体所有、联合经营、民主管理、自我发展等四个方面，都程度不同地解决了一些问题。但由于改革中实行"摸着石头过河"的方法，对目标模式的讨论不多。现进入深化改革阶段，供销合作社改革所要实现的目标模式，就必须明确和肯定。我们的认识，作为一种思路，供大家讨论和参考。

四　健全合作组织

健全合作组织的核心是建成全国统一的强有力的供销合作社组织系统。一些地方供销合作社的松散状态，"合作社不合作，联合社不联合"，是经营无力、竞争乏能的根源。这是供销合作社深化改革应当努力解决的重大问题。

加强基层社仍然是首要任务。目前，全国有1/3的基层社发生亏损，严重者资不抵债，成为"空壳社"，处于艰难窘迫之中。各地情况不一，发生困难的原因各异。但从多数基层社的情况分析，一是政策性亏损大，包袱重；二是职工特别是干部素质下降，经营管理不善；三是改革路子不对，削弱了基层社实力。政策性亏损原则上应当由国家解决，按理说，应亏多少补多少；鉴于国家财政拮据，也要给予照顾，如挂账停息；总之，提请国家拿出办法。基层社的人员素质非一朝一夕之事，各级联合社要重视基层人员的培养。但目前若能够选贤用能，把合适人选提拔到基层社的领导岗位，可能取得立竿见影的效果。最重要的还是改革的思路。改革的方向正确，步子踏实，可以摆脱困境，走上发展的道路；反之，不但困难不能解脱，基层社的瓦解也是可能的。

基层社的经管理体制改革面临几种选择：以乡建社、以区建社、一县一社、柜组承包、社有民营等。

以乡建社、以区建社、一县一社的改革思路，共同点是如何加强基层社、发挥基层社的作用。比较而言，以乡建社规模太小。在市场经济体制下，小社难办大事，不利于当地经济走向更广阔的市场。小社实力弱，难以对付其他部门的排挤、打击和瓜分，也难以摆脱乡政权的附属机构地位。所以，基层社的建社规模不能太小。以区建社，是按经济区划建社。它是以重点集镇为中心，辐射周围乡村。按行政区划说，这是几个乡建立一个基层供销合作社。目前，多数地方能够建立这种规模的基层社。只要当地政府同县联合社的意见一致，以区建社的要求容易实现。现在，不少地方开始发展一县一社。一县就是一个基层社。山西省已有56个县实现了一县一社的建社方式。这是按市场经济要求改建基层的勇敢尝试。湖南省长沙市供销合作社、广东省连县供销合作社、内蒙元宝山区供销合作社等，均实现了一县一社。他们在改革、经营、经济效益等各方面都取得了可喜的成就。事实证明，经济发达地区、贫困落后山区都可以采用一县一社的基层社建社方式。

有的地方机械搬用农村家庭联产承包、双层经营的方式，在基层社内搞"柜组承包，双层经营"。他们的做法是，基层社的所有商店按柜组包给职工，多数是职工个人，基层社负责人向承包者收取承包费；基层社负责人还要直接进行商品经营，以弥补工资、奖金的不足。事实上，柜组承包费很难收齐，基层社还要担负承包人因经营不当而发生的损失。这就难以避免承包人把"好处归自己，损失归集体"而从中渔利。可见，"柜组承包，双层经营"对基层社是不适宜的。

"社有民营"又如何？首先，"社有民营"的提法就不正确。民营是与国营相对的概念。在我国，一切非国有的经营单位和个体劳动者均属于民营范围。合作社就是民营机构，或民营企业。因此，供销合作社不存在民营、也不需要这种"民营"。其次，各地推行的"社有民营"实际是把供销合作社所有的资产以各种形式分配给职工，合作社或收取资产占用费、或收管理费、或收承包费、或收租赁费等。在资产作价上，不少是低评估、低作价，即使这样也很难收回。据浙江省供销合作社调查，回收资金仅占应收量的9%左右。至于承包费或管理费，不少承包人采取"交—少交—不交"的办法，同管理者相对抗。"民营"后，基层社已名存实亡。最后，"社有民营"的出发点是职工利益，或者说，为了调动职工积极性。这同合作社为社员谋利益的宗旨完全背离。职工是合作社的雇员，是合作社社员的雇员，他们的利益只能在为社员谋利的前提下以工资、奖金等形式实现其利益。把解决职工的"吃饭"问题作为办合作社的主要目的，那就错了。在"社有民营"的背后，隐藏着"公有私营"的秘密。社会主义初级阶段允许私营经济的发展，但也需要发展合作社经济或公有经济，否定合作社经济，或把合作社经济改变为私有经济无论如何是违反供销合作社改革的要求的。"租壳卖瓤"不过是

"社有民营"的一种形式，它直接地削弱或瓦解着基层供销合作社，同样是不可取的。

基层社改革中出现的问题，有的是当地政府强制推行某种改革方式，有的是上级社指导不当。应当说，上级社的责任是主要的。上级社（联合社）自身改革的方向如果把握不当，当然不能正确指导基层社的改革。

联合社改革的核心是实现企业化。改革之前，各级联合社是同各级政府的商业部、厅、局并列的国家行政机关。80年代的改革中，全国供销合作社联合总社同中央商业部合并，省、县级联合社有的退出了政府序列、有的没有退出，但多数被视同政府机关。现实情况促使集体所有制的供销合作社组织体制机关化程度很深。这不符合市场经济和合作社对联合社的要求，必须改革。改革的方向，就是从机关化走向企业化。

联合社真正退出政府序列是深化改革的起点。首先是政府实际地和具体地确认和保护供销合作社的集体所有制及其资产，供销合作社被有关单位平调和占用的财产，应无偿地尽快地退还。各级联合社承担的政策性亏损也要给予补偿。这样，联合社才有独立生存发展的条件。其次，联合社由官转民后要把商品的生产和经营放在首位，联合社进行商品生产和经营目的是为下级社服务。联合社的必要性在于帮助参加联合社的社员社不断扩大再生产，以发展合作经济。所以上级社为下级社服务不光是发文件、下指示，主要的是通过自己的经济活动为下级社提供服务。最后，重建联合社的经济纽带。各级联合社原来是通过按一定比例（15%）上缴社员股金的办法组织起来的。随着联合社向国家行政机关转变，经济联系逐渐被行政隶属关系所取代。在条块分割的作用下，联合社与社员社，联合社与联合社之间的经济联系也日益疏远。联合社退出各级政府之后，这种状况就必须改变。第一是承认各社员社对联合社现有资产拥有一定的所有权，联产连心，使联合社的现有资产成为团结社员社的经济基础。然后，根据需要和可能，鼓励社员社向联合社投资，或联合社向社员社参股。以资产集聚、利润分配为纽带的联合，自然是经济的联合，巩固的联合。

在联合社退出政府、作为经济实体进入市场后，联合社同所属企业的矛盾显露出来。过去，联合社是以机关的面貌出现，同所属企业（公司）是主管关系。现在联合社要企业化，要进行商品的生产和经营，如何处理与所属企业的关系，就需要进行研究。有的直接从事商品经营，同所属专业公司争业务。有的对所属企业的具体业务干预过多，使企业的负责人无所措手足。有的在调集资金、调整人员、盈余分配等方面对所属企业特别是盈利企业的利益照顾不够，挫伤了企业的积极性。这都是前进中的问题，是可以解决的。各级联合社的社务委员会是本社资产所有者的代表或代理人，起董事会的作用。它对本社的社员代表大会承担完全的经济责任，即对全部资产负保值增值的责任，执行所有者的职能。这个基本体制确立了，如何发挥所有者的作用就简单了。作为所有者，第一是确定所属企业的经营方向，把握重大项目决策；第二是挑选干部，让企业家管理企业，并对其主要负责人进行监督检查、奖勤罚懒，充分调动企业家们的积极性；第三是为所属企业服务，如创造宽松的经营环境，解决单个企业所不能克服的困难；第四，根据经济社会发展的需要，组织新机构，开展新业务，为社员谋取更多的利益，推动供销合作社经济不断进步。联合社改革中最重要的是恢复和健全全国供销合作社联合总社。在市场经济条件下，只有建立全国联合总社，散布在全国各地的供销合作社才能化为一体，发挥整体优势，成为社会主义市场经济中的骨干力量。当今世界的市场经济国家，都拥有若干超出地区、跨越国界的庞大企业组织。它们的合作社组织也是成为全国范围的统一机构。不如此，它们既不能有效调控国内市场，更不能称雄世界市场。在中国，供销合作社在全国组成一体，受益最大的是农民和农村经济。在农业社会服务体系中，供销合作社是依托、是主力。目前，许多地方把建立和完善农业社会服务体系放在县、乡、村三级。从长远看，农业社会服务体系是多种产业的多层次服务的集合体。在现代社会中，各服务产业大多是以城市为中心，向农村辐射，以城乡结合的服务网络对农业服务，而不局限于农村。供销合作社也只有建立起全国范围的、城乡结合的服务网络，才能担当农村社会服务体系的依托的重任。合作社是国际性的组织。在国际合作社的交往中，一国的合作社也必须有自己的代表机构。这不光是供销合作社走出国门，更重要的是为中国农民通往世界开辟多条道路，以加快农村现代化的步伐。总之，恢复全国供销合作社联合总社是利国利民的好事，也是供销合作社深化改革的急事，需抓紧进行。

在城市市区日益扩大、郊区日益缩小的情况下，农村变成街道，农民变成职工。这给城市供销合作社提出了新任务和新要求。一方面要为农民社员的生产和生活服务；另一方面又要为脱离农业的社员服务。脱离农业的社员同城市居民的需求是一致的。供销合作社为他们服务，就是为城市居民服务。在我国市场经济发展初期，由于市场秩序的建立有一个过程，假冒伪劣和乱涨价乘机肆虐，对消费者的利益损害极大。供销合作社既能保护农村消费者的利益，又能保护城市消费者的利益。为此，供销合作社或者在城市发展社员，或者参与城市消费合作社的建设。这于国于民于社都是有利的。

五　扩大商品经营

中央规定，凡是农民生产生活需要的供销合作社都可以经营。实践证明这一决策是非常正确的。农民既是生产者，又是消费者。作为生产者，他们一、二、三产业都经营。作为消费者，生活的需要也是多方面的。所以供销合作社只有不受城乡分工、商品分工的限制，实行综合经营，才能较好地满足社员的需要。时至今日，仍有一些地方强令供销合作社交出这样那样业务，不准经营这样那样的商品，是违反中央规定和市场经济的要求的。

供销合作社认真执行中央的政策，积极投入改革开放，同农民一样，三大产业都经营。1991年，全国供销合作社系统完成国内纯购进1569亿元，国内纯销售2035亿元，社办工业产值376亿元，实现利税15.6亿元。一、二、三产业都经营，国内外市场都开拓，已成为供销合作社商品经营的基本战略。今后主要是根据国内外市场的需要把它贯彻到底。

参与农业生产，是供销合作社的优良传统。在新形势下，供销合作社参与农业既要有利于加快农业商品化、现代化进程，又要有利于提高自己的经济效益。根据各地经验，供销合作社主要采取自办试验、示范农场和同农民联合建立商品生产基地两种形式。例如：山西省离石县小神头供销合作社于1989年租下当地弃耕地和荒山荒坡1万余亩，创办黄土高原农业试验示范农场，现已育成木材林4400亩，经济林900亩，种植中药材500亩，养鱼17.6亩。他们不仅为当地农民脱贫致富开辟了门路，而且为综合治理黄河流域提供了新鲜经验。山东省寿光县供销合作社建立蔬菜生产基地3万亩。带头采用先进技术和先进经营方式，丰产丰收，农民和供销合作社两家受益，对寿光县的蔬菜生产与销售起了推动作用。河北省香河县供销合作社与英国樱桃谷农场集团、台湾巨轮企业有限公司合资建设樱桃谷鸭生产基地，年产鸭200万只，供销合作社年利600万元以上，每年为农民增收1400万元以上。这些事例说明，供销合作社直接投入农业生产，已成为农村先进生产力的一支重要力量，它对我国农业生产的商品化现代化的促进作用是巨大的。

供销合作社办工业，是在新形势下发展合作社经济的一大法宝。他们的社办工业是围绕农副产品加工展开的。例如，山东省潍坊市的肉鸡集团，联合全市12家冷藏厂、养殖场和饲料加工厂，集管理、服务、收购、加工、销售于一体，年产值达6000多万元，农民增收1500万元。四川省苍溪县供销合作社兴建一座肉类冷冻加工厂，年宰杀生猪11800头，兔子18万只，鸭7000只，产值近亿元。可见，供销合作社兴办以农副产品为原料的加工工业一举多得、大有作为。在发展支农工业方面，供销合作社也有广阔的天地。江苏省供销合作社办的仪征汽车厂，年产汽车万辆以上，农工商各业均可使用。农机厂、化肥厂等，各地供销合作社依据自身条件而采取积极兴办的行动。再生资源的回收与加工，是供销合作社发展工业生产的传统领域。全国现有再生资源加工厂1500家，年产值9亿元。再生资源加工属于朝阳产业范畴，前景非常光明。供销合作社在发展工业生产中的主要问题，一是市场，二是人才，三是资金。资金可以多方筹集，有多少钱办多少事，量力而行。关键是市场需要和技术人才。没有摸清市场行情，盲目上项目，不少供销合作社吃了亏。工业不比商业好掉头。一定要符合市场需要，努力避免盲目性。在工业生产中，技术具有决定作用。有的企业因技术人才短缺，产品质量不过关，人员、设备闲置，亏损严重。但也不能因噎废食。供销合作社办工业势在必行，市场、技术、资金全部到位，就无往不胜。

发展第三产业是供销合作社的优势所在。首先，搞好商品流通是重点。中国商品流通渠道不通的主要原因是批发商业落后，数量少，分工粗，服务质量差。供销合作社要搞活农村市场，活跃城市经济须大力发展农产品和工业品的批发商业，组成全国批发商业网络。这样才能较好解决农民的买难卖难问题。国内商业与对外贸易本是互为条件、互相结合的。供销合作社发展对外贸易已初见成效。如果继续改善和加强国际合作社之间的联系，坚持开拓国际市场，供销合作社的对外贸易还会有更大发展。其次，供销合作社发展金融、保险业务也是有条件的。全国700亿资产，就是一股雄厚的金融力量。50年代也曾办过中央合作金库。随着市场经济体制的确立，多家创办商业银行的局面必然出现。供销合作社创办合作商业银行既有必要性，又有可能性。供销合作社在农村实际上经常对农民提供保险服务。农副产品的生产和收购，乡镇企业产品的推销，供销合作社替农民承担或分担着大量风险。所以供销合作社为农民提供保险服务是顺理成章的。只要市场需要和社会需要，旅馆、旅游、照相、理发、洗染、修理、房地产、科学技术、交通运输、文化娱乐、信息咨询等服务，供销合作社都可以经营。供销合作社作为农村社会服务体系的中坚，应当为农民提供多方面的服务。人为地限制他们的服务范围是没有根据的，也不符合改革开放的要求。

供销合作社是我国农村先进生产力的重要组成部分，它带动和推动着农村经济的发展。扶助供销合作社事业，是促进农村现代化、帮助农民共同富裕的战略措施。

六　转换企业机制

企业机制，或者，企业经营机制，是企业在生产和经营活动中各个环节、各个方面互相联系、互相制约的规律的具体表现。企业机制一般包括决策机制、动力机制、发展机制、调节机制、约束机制等。不同性质的企业有不同的机制。机制是不可引进的。重要的是对本企业的生产和经营作真切的了解，创造必要条件，发挥机制的积极作用，避免它的消极影响。

供销合作社的企业机制转换有其特殊性。在计划经济时期，供销合作社处于半机关、半企业的状态。它的营运活动，既受企业经营机制的作用，又受行政机关运行机制的影响。这两种机制因性质不同而相互排斥。结果是政不政、企不企，生产和经营困难重重。现在，供销合作社企业转换经营机制，就是去掉或排除行政机关的机制，让合作社企业机制发挥作用。

企业资产的构成，是企业机制发生、发展的基础。供销合作社企业的资产归社员集体所有，经营成果当然也归社员集体所有，由此激发社员关心供销合作社的积极性。一些地方在供销合作社内发展股份合作制、吸收职工股金，以激励职工积极性。供销合作社本来就是社员集资入股组成的，职工最早也是从社员中选拔的。近年来，不少地方的供销合作社（如四川省三台县供销合作社）在吸收社员股金上，采取"入股自愿，退股自由"，不分对象，不限数量，任何人都可以入社、入股，自然包括职工在内。那里的职工，既参加社员股金分红，又领取工资、奖金。这是符合合作社原则的。供销合作社的一些有实力的企业，如农业生产资料公司，进行股份制改造，办成多种所有制的联合体，也是可行的。为社员服务的宗旨不变，多种联合形式、多种经营方式都可以采用。

集体所有制要求实行严格的经济责任制。这是公有制的本质要求，供销合作社在全国范围内建成统一的联合体，是一个公有程度很高的经济团体活动经济组织。如果管理和运用资产的人们对社员不承担经济责任，供销合作社的资产就无人保护，资产的损失、浪费、直至毁灭随时都可能发生。所以，供销合作社必须建立以资产为核心的经济责任制。

经济责任是人对人的责任，是经营者对所有者的责任；或者说是责任人（在企业里就是职工）对所有者的经济关系。资产量越大，覆盖面越广，经济责任制的层次就越多。供销合作社的经济责任制就属于这种类型。这种经济责任制的特点是自上而下地层层负责，即是下层（或下级）对上层（或上级）负责。最上层的是所有者，最底层的是责任人；中间的，对上是责任人，对下是所有者的代表。所有责任人都是对上负责，承担资产的保证安全、合理使用、取得增值的经济责任。责任人负责的资产越多，责任越大；反之，责任就小。在经济责任制中，责任人的责、权、利是统一的。责任是基础，权力是履行责任的条件，利益是承担责任的动力，三者不可偏废。所以，供销合作社企业的经营机制是从完善的经济责任制中迸发出来的。

工资、奖励、福利是责任人（职工）利益的体现。工资奖励、福利待遇越高，职工的利益越大；利益越大，积极性也越高。反之，职工的积极性就不高。每一个职工所承担的责任大小不一，对利益的要求也不一致。责任大的对利益要求高，责任小的要求低。岗位责任制和岗位工资制（包括奖励与福利）便相应产生。工资与职责挂钩，压力与动力相统一，是企业工资制度的根本要求。在计划经济时期，我们的工资制度可以概括为低工资、松要求、平均主义、低效率。改革的方向应当是高工资、严要求、按劳分配、高效率。工资的高低是相对的，这在于工资与利润的对比关系。例如，供销合作社的职工工资总额同利润总额相比，1980年工资为24.2亿元，利润为32.8亿元，以工资为1，其比率为1.36；1988年的工资总额为63.9亿元，利润总额为50.7亿元，比率为0.79。这说明，1988年的工资较高，1980年的工资较低。工资和效率是紧密联系的。以工资定效益，或者以效益定工资，使工资总额和利润总额保持在适当的水平上，然后再按工作岗位确定个人工资，从而达到工资制度的合理化。总之，制定符合本企业情况岗位责任制和岗位工资制，是转换企业机制的重要内容。

民主管理是合作社调动社员积极性的一种制度。社员是主人，是所有者，应当而且必须对合作社的一切活动有支配权。民主管理流于形式，是对社员权利的剥夺。当然，这也是对自己生存基础的损害。所以，加强民主管理也是供销合作社企业转换经营机制的另一个重要方面。首先，健全民主管理的组织机构。社员代表大会及其常设机构——社务委员会，一要保证非职工的社员代表的一定数量，二要保证他们的实际发言权和决策权。其次，社员代表大会和社务委员会要定期、按时召开，并保证会议做出的各种决定得到落实。职工参加企业管理，是企业民主管理的组成部分。职工大会或职工代表大会是其组织形式。这同样不能流于形式：通过民主管理的方式，把社员和职工办好企业的积极性激发出来，企业的各项工作都会充满活力。

建立合理的劳动人事制度，是转换企业机制、办好企业的重要方面。在旧体制下，供销合作社及其企业的负责人没有也不可能承担实际的经济责任，他们是上级任命的，企业经营好坏无所谓。这是用人不分贤愚的根源。在经济负责人切实承担经济责任，责、权、利真正统一的情况下，注重人才、选贤用能便是负责人必须尽到的责任。供销合作社从上到下人才济济，有了合理的劳动人事制度，大批人才会自动涌现出来。

历史的经验反复说明，自新中国成立以来，农业生产、农村经济和供销合作社是同命运、共呼吸的。农业是供销合作社生存发展的基础；供销合作社是农村经济稳定繁荣的保证。任何时候都不要忽视农业，同样，任何时候也不可忽视供销合作社。削弱或者打击供销合作社，受害最大的是农业和农村经济；扶助或者加强供销合作社，得益最大的也是农村和农业。供销合作社深化改革的成功，将为农村市场经济的兴旺发达和农业腾飞插上翅膀。

中国社会科学院财贸经济研究所《供销合作社深化改革研究》课题组
白仲尧执笔　1993.10.25

（原载中国社会科学院财贸经济研究所编《财贸经济资料》1994年第1期（总第128期），1994年1月5日）

供销合作社改革发展新思路：自己办银行

一 农业生产与经营资金短缺，急需供销社进行融资

供销合作社的各种业务经营活动，是企业性质的经济活动。它生存和发展的基础是资本或资金。1994年，供销合作社的商品销售额达9000亿元，如果按年周转3次计算，需要资金3000亿元，绝大部分来自银行贷款。随着经济体制改革的深化，银行贷款受金融市场供求规律的支配，国家计划分配的贷款指标时常得不到保证。供销合作社组织化肥、农药等重要农业生产资料供应，不少地方只能得到贷款计划指标的1/3甚至1/10，其余不得不去拆借市场找出路，而拆借市场上资金利息率之高，是供销合作社这类微利企业难以承受的。特别是供销合作社因资金短缺而耽误收购或供应的时间，对国家和农民造成的损失更难计量。

我国农业发展取决于科技投入和市场化的速度，但首先是市场化。供销合作社引导农民进入市场的第一步是服务生产，不能对农民的生产资金短缺置之不顾。过去供销合作社曾以扶持生产基金、预购定金等办法帮助农民，但回收困难，不少成了无偿支援，不但效率低而且难以坚持。在社会主义市场经济新体制下，

供销合作社帮助农民解决生产资金不足问题,最好是采取资金融通的办法,使有限资金发挥最高效率。由于供销合作社与农民长期休戚与共,深得农民信任。农民手中暂时不用的资金,也愿意存放在供销合作社。目前不少地方农民要求供销合作社提供资金融通服务。但限于现行体制,供销合作社不能满足农民需要。

二 供销合作社要生存与发展,最有效的办法是集中力量创办银行

供销合作社帮助农民按照市场需要生产优质高效的农产品,取得比较贸易利益,自己必须在国际国内市场上具有强大的贸易能力,才能在激烈的市场竞争中稳操胜券。因此,供销合作社在组织上应当是一个以资产为纽带的紧密团结的联合体。为加强供销合作社之间的联合,使供销合作社成为类似商社的企业集团,目前最实际最有效也最迅速的办法是集中全国供销合作社的资金力量创办商业银行,这也是各级供销合作社的迫切要求。供销合作社现有社员股金和社员集资100多亿元,从中提取一部分作为银行注册资本,完全办得到。一旦拥有自己的商业银行,全国的供销合作社自然形成一个紧密的联合体。它既能雄踞国内外市场,引导和帮助农民生产比较利益较高的农产品和乡镇企业产品,提高农民的收入水平,还可以监督和帮助供销合作社的各类企业有效使用资金,促进经营管理的现代化、科学化。

三 供销合作社办银行合乎国家政策

供销合作社这样一个关系9亿农民生产生活的、购销总额超过10000亿元的经济组织,是国内任何企业集团或经济团体所无

法比拟的。首钢、光大等企业可以办银行，供销合作社办银行更是合情合理合乎政策。从农村金融市场情况来看，金融服务机构也显不足。广西玉林地区第三产业普查资料反映，该地区金融保险业从业人员 1992 年仅有 12784 人，为当地农业人口的 0.15%。全国第三产业金融保险业从业人员为 259 万人，占全国人口总数的 0.22%，如果城乡分开统计，不会高于玉林地区的比例。农村金融服务的短缺，不但给高利贷者以可乘之机，而且不利于农村社会主义市场经济体制的建立。要繁荣农村金融市场，仅国有农业银行一家是不够的，需要多家金融机构、多种经济成分并举，逐渐形成金融服务的买方市场，才能给农民提供优质廉价的金融服务。我国金融市场已对外开放，外资银行在各地已设立 100 多家经营机构。我国在关贸总协定中的合法地位恢复以后，服务贸易将更加扩大，外资机构也将更多地进入我国金融市场。如果我国金融机构数量少、服务质量差，势必竞争不过外资银行，让外资银行操纵我国的金融市场。金融市场的对外开放，必须首先对内开放；允许供销合作社办银行，是国家应当施行的政策。

四　合作社办银行，国外有成功经验

　　合作社办银行，在国外很平常。合作社为社员服务，实物商品的买卖往往是微利、无利甚至赔钱，而合作社的金融机构对非社员服务的利润较为丰厚，因而有能力对社员给予补助。供销合作社的社员绝大多数是农民，对农民的服务同样是微利、无利和赔钱的。现有的数以百亿计的历史包袱，既是执行党和国家扶持农民的政策的结果，也是供销合作社为农民服务的基本矛盾的表现。由于过去不允许供销合作社发展金融保险服务，这个矛盾得不到解决。建立社会主义市场经济新体制,为解决这个矛盾创造了极其有利的条件。这就需要供销合作社特别是全国总社认真学习外国合作社的经验,切切实实地把自己的商业银行创办起来。当前的问题是,国家对金融市场的宏观调控政策较紧,对商业银行的发展速度有所限制;供销合作社还缺乏熟悉银行经营的专业人才。但这两大问题可以解决。供销合作社办银行,必须坚决执行党和国家的金融政策,有利于国家对金融市场的宏观调控,国家当然会支持供销合作社的要求。金融专业人才,既可以引进,也能够培养,现在着手筹办,只要措施得力,问题不难解决。

(原载中国社会科学院《要报》第 73 期,
总 1637 期,1995 年 9 月 25 日)

第四篇 旅游经济

试论旅游服务

旅游业是为旅游者的旅游活动提供服务的经营性行业。在商品经济条件下，旅游服务是有偿支付的，因此是具有商品性质的服务，也可称作服务商品。这样，旅游业从实质上说就是旅游服务商品的经营业。所以，要研究旅游服务，就必须从服务商品的基本属性开始。

一　服务与旅游服务

服务是一个包罗万象的总概念。广义地说，为满足他人需要而提供劳动的活动都可算作服务。它既包括商业饮食、金融保险、交通邮电等行业为沟通产销、方便人民生活而提供的服务，又包括文教卫生、科研体育等部门为提高科学文化水平和居民素质而提供的服务，甚至还包括机关团体，军队警察等部门为社会公共需要而提供的服务。社会上各个部门、各个行业都是互相服务的服务行业。

服务虽然包含的内容很多，但根据它是否具有商品特性，可以分为两类，一是商品性质的服务，一是非商品性质的服务。非商品性质的服务，它不以交换为目的，靠国家财政拨付服务活动经费。机关团体、军队警察等部门提供的服务属于此类。商品性质的服务，是把服务作为商品来进行生产和经营，服务劳动的具体结果是使用价值和价值的统一体。商业饮食、交通邮电等部门提供的服务属于这一类。旅游服务只是服务商品中的一种。

凡是商品都以其特殊的使用价值来满足人们的需要。粮食是人体所需的热能和蛋白质的主要来源，使人们的生命得到延续；洗衣机减轻人们洗涤衣物的劳动强度，缩短劳动时间。而服务商品则不同，它的基本特征是以劳动活动的形式来满足他人的需要。例如，照相业服务人员通过拍照、冲印等一系列的劳动活动，来满足人们留影的需要；交通运输业的服务人员通过装卸、驾驶等劳动活动，以实现人或物空间位置转移。

除此之外，服务商品的另一个重要特征是，它的生产、交换、消费一般是结合进行的，这和工农业产品比较，差异很大。工农业产品的生产与消费之间，由于存在着地区差异、时间差异等种种原因，往往是有一段距离的，如烟台苹果是一地生产、多方消费的，粮食是季节生产、全年消费的。这样，产消之间的差异就要靠运输和储存来解决。而服务则不同。上电影院看电影，是在消费者付钱买票之后，电影院的劳动者一边进行放映劳动活动，消费者一边欣赏电影。电影放映结束，消费活动也告结束。因此服务商品的生产、交换、消费是结合进行的。

服务商品的这些基本特征，也是旅游服务商品的基本特征。旅游服务是通过接送客人、翻译、导游等一系列劳动活动，来满足游客食、住、行、游等各种旅游需求的。旅游服务也是在旅游客人到来时才能进行的服务。除此以外，旅游服务作为服务商品中的一种，还有其特殊的一些方面。

第一，旅游服务是多行业服务的组合体。旅游活动是随着生产的发展而逐步发展起来的一种综合性的消费活动。旅游服务涉及文物、商业、旅行社等众多的行业与部门。据统计1973—1974年，澳大利亚涉及旅游的经济行业就有109个之多。我国情况也大致如此，各种人文、自然旅游资源主要由园林、文物等部门提供；住宿、购物、饮食等方面的服务由旅馆业、商业、饮食业等行业来提供；交通、通信等服务要由交通、邮电部门提供；而游客的迎送、翻译、导游等服务则大都由旅行社来提供。

第二，旅游服务的环节多。旅游服务首先要做广告宣传，让人们了解有些什么吸引人的旅游项目，通过怎样的途径、方法以及支付什么样的价格等，才能得到这些服务；接下来就是组织接待工作，在人们确定来旅游之后，要根据游客的兴趣爱好、时间、经济等条件，协助其确定旅游路线、时间、方式，解决车、船票，预订房间，到车站、码头、机场迎接客人并护送至下榻地等；游客到达之后，还要陪同其参观风景名胜景点，提供各种旅游纪念品或当地土特产品等，使其在精神、物质方面都能得到最大的满足；最后是将游客安全送出境。由此可见，旅游服务是由多个环节、环环相扣组成的综合服务过程。这是其他服务行业，如旅馆服务、商业服务等所不能相比的。

第三，旅游服务的过程长。以理发服务为例，它是在顾客到来之后，服务员根据其要求，提供洗烫、修剪服务，最多只需几小时。而旅游服务则不同，由于旅游是在一定的空间进行的，因此，旅游服务也是在一个较长的距离、较大的范围内进行。空间范围大、距离长，相应地服务活动的时间过程也就长。现在走一趟中国主要的旅游线路，大都需要10—20天时间。如华东黄山线：从北京出发，途经合肥、黄山、芜湖、南京、无锡、苏州、上海、杭州，最后到达广州，共10站，地跨两个直辖市、三个省区，行程近3000公里，历时20天左右。在这样广大而漫长的空间和时间范围内,旅游服务劳动者自始至终都要围绕旅游消费者的需要提供多种服务。

第四,旅游服务的项目多。旅馆为人们提供住宿服务,商业为人们提供购物服务,而旅游业一般来说要向游客提供吃、住、行、游、购五大类服务,每一大类又可分成许多小项目。如吃是以饱为目标,还是以享受为目标?是提供中餐,还是西餐?中餐中,是提供川菜,还是粤菜?再如,游和玩,既可提供风景名胜、文物古迹旅游服务,又可提供宗教朝圣、民风民俗旅游服务,还可提供会议、狩猎、体育活动、科学考察等旅游服务。如此等等,不胜枚举。随着旅游事业的发展,各类服务项目还会不断增多。

第五,对旅游服务的质量要求高。对于服务行业来说,服务质量是影响其生存与发展的重要因素,这一点对旅游业来说更为关键。旅游最早只是少数达官贵人的享乐活动,随着生产力的发展,国家、地区间的政治、经济交往日渐频繁;人们的收入除了满足生活基本需要外,有了一定的结余;闲暇时间逐步增多,甚至有了带薪假期;交通运输、邮电通信更加方便迅捷;再加上人们求新、求奇的心理,使旅游活动逐渐成了群众性的娱乐活动,旅游业也成了社会经济中的一个独立行业。由此可见,旅游服务是满足人们发展与享乐需求的,亦即满足中高层次的消费需求,所以对其服务质量要求更高。为了维护国家的声誉,旅游服务部门的声誉,促进国家、地区间的政治、经济交往,提高收汇创汇水平和经济效益,有关部门必须重视服务质量问题。这个问题解决不好,是发展旅游业的大忌。在我国目前旅游服务质量不高的情况下,更要重视这个问题。

旅游服务的这些特点,决定了旅游行业的特点,它集服务、组织和协调于一身,参与旅游服务活动的各个行业、部门相互制约、相互影响，因此必须建立起相互合作、协调发展的关系，不能只强调自己的局部利益，而忽视或不考虑全局利益。

二 旅游服务商品的价值及旅游业的经济效益

凡是商品，都是使用价值与价值的统一。价值是凝结在商品中的人类的抽象劳动，它由社会必要劳动时间来决定，它体现着商品生产者之间的社会关系。一切产品的价值实体都是人类的一般劳动，而旅游服务商品的价值实体则是旅游服务劳动。

尽管旅游资源总是特殊的，旅游服务劳动是具体的，特殊的，但作为特殊的旅游服务劳动，它的特殊性必然能还原于一般性，即同是人类劳动的支出。生产旅游服务商品的社会必要劳动时间，也是通过生产者之间的相互竞争来决定的。这就是在正常的生产条件下，以社会平均的劳动熟练程度和劳动强度，生产某种旅游服务的使用价值所需的时间。当然，价值是一种社会关系。在社会主义条件下，旅游服务商品的价值不仅体现着生产者之间的竞争关系，而且也体现着他们之间的互助合作的关系。

前面已说过旅游服务是多行业服务的综合体，它就像一台复杂的机器是由许多部件组成的一样，每一项服务都有自己的价值。各项服务的价值与整体价值之间的关系，不是简单地相加，而是相互影响、相互制约的。这也就是说，当某项服务的价值高（低）时，并不一定使总体的价值也高（低）。这种影响突出地表现在价值实现上。举例来说，如果航空服务的价值太高，高过旅游者所能承担的限度，使旅游者裹足不前。这样，不但航空服务自己的价值实现不了，而且使其他服务商品的价值也无从实现；反之，如果航空服务的价值较低，能够吸引相当数量的旅游者，不但自己的价值能实现，其他各项服务的价值也能实现，而且旅游者还可能将购买航空服务省下的钱，用于更多地购买其他服务，使整体价值得到更多的实现。

价值是通过价格表现出来的。旅游服务价格的制定，一要反映价值，二要反映供求。价格反映价值，就是要根据单位服务商品所含的社会必要劳动时间的多少，即价值量的大小，来确定价格。但市场供求不断波动，经常处于不平衡状态。在一般情况下，当供大于求时，价格低于价值；当供不应求时，价格高于价值。价格围绕着价值上下波动，从长期趋势看，两者是一致的。这就是价格对供求的反映。旅游服务商品的供求之间也经常存在着不平衡，最突出的一点是，旅游服务供给，即旅游服务设施和旅游服务的生产者是常年存在的，而旅游服务的需求则带有明显的季节性。旅游服务商品的价格要反映旅游服务商品的供求，就是要在旅游淡季时，将旅游服务商品的价格定得低于价值，吸引更多的客人；在旅游旺季时，要把旅游服务商品的价格定得高于价值，以求赚取更多收入，弥补淡季收入的不足。

各种旅游服务行业所生产的服务商品的具体价格，应当遵循生产价格的要求，使各种服务商品的经营者都能获得平均利润，这样才有利于各旅游服务行业的协调发展。如果各自为政，相互卡脖，不按平均利润来确定价格，那么，势必造成共同受损。这个道理和前面所讲的各项服务的价值与整体价值的关系是相互制约的、相互影响的道理是一样的。在我国，交通（主要是民航和铁路）、邮电、园林等一些部门具有一定的垄断地位。如果各自利用自己的垄断条件，获取部门利益，整个行业的即旅游业的利益就会受到损害。这一规律性将日益得到人们的认识和理解。

经济效益是价值规律作用的具体表现。旅游业作为社会经济中的一个独立行业，必须讲求尽可能地以最小的劳动耗费与占用，取得最大的经济收益，以便为社会节约更多的时间，为国家作更大的贡献，为企业发展奠定更雄厚的经济基础。

旅游服务的经济效益是指旅游服务企业在旅游服务商品的经营活动中获利的大小。像其他商品一样，旅游服务商品的价值也是由 C + V + M 三部分构成的，其中的 M 为剩余价值，是利润的源泉，是旅游服务企业经济效益的主要表现形式，是旅游发展的基础。

在我国，分析考察国际旅游服务的经济效益，主要应看下列三个指标：一是换汇成本。它是指换取的单位外汇与为之付出的各项旅游服务费用之比。换汇成本越低，说明企业劳动效率越高，经营管理状况好。二是外汇的支出，它是指旅游服务企业从国外购进旅游服务设施、物质资料等所花的外汇金额。如购买旅馆客房设备、外国名牌烟酒、食品等所花费的外汇。从外汇支出的构成、金额等，也能反映企业一定的经营情况。三是外汇纯收入，也就是外汇总收入减去外汇支出后的余额。它能反映旅游服务的经济效益，收入多，说明经济效益好，收入少，说明经济效益差。目前，我国的统计资料中，是用总收入来说明旅游服务企业的经济效益。这有一定的缺陷。假如一个旅游企业的外汇支出占其外汇收入的大部分，甚至超过自己的外汇收入，它的外汇收入就成为一个虚数。特别是目前各方面向旅游企业索取外汇，加上自己管理不善和不正之风的影响，外汇流失较多。这对国家、对旅游事业的发展都是极为不利的。因此单从一个总收入数字，我们无法从中了解企业是否盈利及盈利（亏损）多少。

企业不但要讲求经济效益，还要讲求社会效益。社会效益是每一种产业都必须具有的，它是利和害权衡的结果。纯粹的利是不存在的。旅游服务的社会效益是指旅游服务活动给整个社会政治、经济、文化等各方面所带来的影响。社会效益与经济效益是两个不同概念，用社会效益掩盖企业经济效益低下的行为是错误的，而单纯强调企业的经济效益，忽视社会效益也是不可行的。

旅游服务社会效益，主要有以下几点：第一，促进了国家、地区的政治、经济、技术、文化等各方面的相互交流，有利于社会、经济、文化事业的发展，有利于各国人民之间相互了解，增进友谊。第二，增加了国民收入，尤其是外汇收入，促进了众多经济部门与行业的发展。因为旅游服务是多行业服务的综合体，它的发展必然带动众多行业的共同发展。第三，增加了就业机会，提高了人民的生活水平。旅游服务是以人的劳动活动来满足他人的旅游需求的，它的发展，需要吸收众多的劳动力，使人们的就业机会增多。就业机会增多，收入增多，生活水平必然提高。第四，有利于民族文化的保护和发展。文化旅游是旅游一个重要方面，为吸引游客，提供人文旅游服务，必然要保护、修缮、开发、扶持各种民族文化遗产，诸如名胜古迹、民俗民风等。

旅游服务对社会效益不利的一面，主要包括：第一，带来旅游污染。大量旅游设施的建立、大批游客的到来，破坏了生态环境和自然景观，也加速了一些文物古迹的破损、风化。第二，对社会安定与传统道德观念带来一定的消极影响，例如资本主义社会的腐朽、堕落的思想意识等。所以，在发展旅游业的同时必须清除垃圾，尽量发挥积极作用，克服消极影响。

（原载《旅游论丛》1987 年第 3 期。
署名：白仲尧（执笔）、李京玮）

全行业管理,大公司经营
——旅游体制改革的思路

我国的旅游经济管理体制,是在全面进行经济体制改革的历史时期中发展起来的。由于旅游业的增长速度比始料的快,摸索中建立的经济管理体制往往不适应高速运转的经济活动的需要。同时,在经济体制转换过程中,初建的经济管理体制受到新旧双重影响,从而既有新面貌,又有旧痕迹。实践经验表明,旧体制的作用力比新体制强大得多。今日的旅游管理体制,尽管很年轻,但在许多方面仍沿袭旧的管理方式。因此,旅游经济管理体制的改革同样是旅游经济发展中的战略问题。

旅游经济管理体制的改革是在两个方面展开的:一方面是国家的行政管理体制的改革,另一方面是企业的经营管理体制的改革。我们在这两个方面的基本思路是:全行业管理,大公司经营。

一 全行业管理,大公司经营的提出

全行业管理,大公司经营的构想,是根据现行旅游经济管理体制政出多门、宏观失控和经营上细小分散、盲目竞争的实际情况提出来的。这种构想是否符合实际，是不是解决现存问题的最佳选择，在讨论过程中关键在于对现存问题的观察和分析。

在50年代，我国仅有国际旅行社、华侨旅行社和青年旅行社等几家旅游企业。它们的主要任务是友好接待，为国家的外交活动服务，是外事工作的一部分。1964年成立了中国旅行游览事业管理局，直属国务院。但它的基本任务仍然是作为开展民间外交的一条渠道；组织企业经营，仅仅作为一项任务提出，并未付诸实施。直到1978年党的十一届三中全会以后，我国全面进行经济管理体制的改革，国际旅游业才开始从友好接待、政治第一朝着旅游服务经营的方向转变。这一转变是积极的，推动了旅游业的发展。但是，国家旅游局虽然同外交部分开了、独立了，而许多地方的旅游局仍然同外事部门保留着密切的关系，或者是一套机构两块牌子，或者是旅游局隶属于当地外事部门。这就构成了现行国家旅游行政管理体制的基础。

1978年以后，随着国家改革、开放政策的推行，国际旅游业迅速发展。国家旅游行政管理机关无论是独立的还是非独立，都积极创办旅游企业，干预旅游企业的业务经营活动。政企不分是国家旅游局系统经济管理体制的基本模式。

由于旅游业具有吸引外汇、带动地区经济发展的特殊功能，国家提倡大力发展旅游业是完全正确的。国家、集体和个体，中央、地方和各部门等几个一齐上，推动了旅游业的发展，解决了旅游服务供不应求的矛盾。但同时也给旅游经济管理体制带来了许多新的问题。

各个部门办旅游，吸引了各部门的多余或闲置资金，加快了旅游业的发展。但是，各个部门办旅游，实际是政府各个部门办旅游。作为一级政府机构，它们同旅游局是平行机关、兄弟单位。作为企业的代表人，它们与旅游局又同是企业，在市场上是竞争的对手关系或伙伴关系。这样，旅游局要对旅游业以国家行政机关的身份进行管理就难以实现。

各级政府和政府的各个部门办旅游企业，不仅导致旅游业的宏观管理失控与软弱，而且也不利于政府机关本身和所属企业的微观管理。按我国现行制度的要求，政府机关和企业是实行两种不同的管理制度。而政府机关办企业之后，便具有半机关半企业的性质。经济管理体制改革中的一个重大原则是政企分开。而拥有旅游企业的政府机关从现实利益出发，不但不愿分开而且希望进一步强化，从而增加了经济管理体制改革的阻力。

国营旅游企业隶属于各地方政府和各个行政部门，就不是完全的企业，而具有半企业半机关的性质。企业的二重性，是企业发展的最大障碍，从而也是旅游业发展的最大障碍。

企业从创办之日起，便有先天不足的症候。政府机关投资办旅游，不论其经济因素的作用多么巨大，总有许多非经济因素起作用。我们所说的经济因素，是指旅游经济活动的各种需要，而非经济因素则指非旅游经济的各种需要。例如，树立个人政绩，为争项目和投资，为安排本部门、本系统的子女就业，为建小钱柜，弥补行政经费、资金、福利等费用的不足，等等。这些非旅游经济的因素，使企业后患无穷。

旅游经济活动具有一定的整体性。例如，中国旅游业在国际旅游市场的形象，是国内旅游企业及相关行业的企业共同创造的。国际旅游市场上的竞争，是以中国旅游业为一方同外国旅游业为一方展开的。而我国的旅游企业在条条与块块的纵横切割下，自然较多地考虑本地区、本部门的利益。个别地区或部门观念较重的企业，甚至在对自己不利的情况下，也不愿意维护整体的利益。在客源招徕中，低价竞销就是一例。当然，经济活动的整体性是由经济利益的共同性来维护的。由于企业的机关性质，企业与行业的共同利益受到削弱，组织起来争取共同利益的要求也随之淡薄了。

企业实行经营承包责任制以后也许会好一点，事实也是好一点，但从根本上说没有起变化。因企业经营承包的核心或基础是利润基数，而利润基数的确定取决于主管单位同企业之间的讨价还价和吵架。用企业的话来说，主管单位是鬼不过企业的。利润基数讨价还价的平衡点终归是对企业有利的。说到底，企业是只负盈不负亏，有盈余分配的权利，而没有资产亏损的责任。这不但没有解决企业吃国家的大锅饭问题，而且帮助了企业更舒服、更超量地吃国家的大锅饭。

国家机关的半机关半企业性质，旅游企业的半企业半机关性质，是现行经济管理体制的根本缺陷。国家机关终究是国家机关，它不能转化为企业。它直接干预企业的经营活动，代表企业的利益，这就使它从社会的公正机关、权威地位降低到斤斤计较、偏袒狭窄的小生产地位。同时，上下交征利，左右各顾各，这又损害了国家系统的完整性和国家权威的统一性。这是国家对旅游业的宏观管理失控和软弱无力的根源。而企业含有半机关的性质，它就难以跨入商品经济的门槛。旅游服务若不尽快实现商品化与商业化，到市场（首先是国际旅游市场）上去经受洗礼，它不但不能为社会创造财富还会成为社会的累赘，成为国家花钱养旅游。旅游业的危机迟早会降临。

所以，尽管旅游业在我国还是新兴的行业，但是潜伏危机。摆脱危机的困扰，促进旅游业健康发展，就要着眼于改革，正确地进行改革。我们认为，全行业管理，大公司经营，是针对旅游业的时弊、推动旅游业走向世界的正确方略。

二 全行业管理的实现

政企分开是国家各级行政机关克服半企业性质,不再充当国有资产的经营管理者;企业克服半机关性质,成为相对独立的商品生产者和经营者。政企分开的难点在于,谁来充任有国有资产的所有者呢?各级行政机关及各部门充任所有者,一是可能引起国有制演变为地方所有和部门所有,导致国有财产的重新分配,社会经济结构重新组合,继而酿成社会大动荡,因此不妥。二是所有权必然支配管理权,所有者必然支配经营管理者。这是客观经济规律。因而不论其形式如何,都会保持老样子,政企分开终成虚话。所以,国家各级行政机关作为资产所有者不可取。企业既是经营管理者、又是所有者行不行呢?那意味着国有制变为企业所有制。企业占有国有资产的数量和质量不同,占得多、占得好的企业会及早富起来;占有少、质量差的企业无疑会发生困难。企业所有亦即企业职工集体所有。职工进入企业就是所有者,离开企业呢?私有制转变为公有制,是从小到大,逐步推进。如果公有制退化为私有制,会从大到小,渐次演变。从企业所有到私有,不过一箭之遥。这同社会主义经济发展的要求是背道而驰的。

出路何在?国家最高权力机关是国有资产的所有者,它有权将国有资产交给任何单位和个人去经营管理,其中也包括各级政府机关和各个部门。经验证明,国有资产经过各级政府机关和各个部门交给企业,既不利于政府机关的建设,又不利于经济社会的发展。从巩固和发展社会主义公有制、保护国有资产出发,应当建立专门的国有资产经营管理机构,作为全国性的最大型的企业。国有资产遍及全国各地,这个全国性的最大型企业必然是一个庞大的经营管理系统。其子系统既可以按行业建立，又可以按地区建立，视生产和经营的具体情况而定。国有资产经营管理机构，对上即对国家最高权力机关，它是经营管理者；对下即对所属的系统和企业，它是所有者的代表，执行国有资产所有者的职能。它对于国家行政机关来说，仅仅是一个普通的经济法人，接受政府机关的行政管理与监督。

只有这样，我国经济管理体制改革中的政企分开原则才能真正实现；只有这样，旅游系统的政企分开原则才能真正实现。

国家旅游局作为国家行政管理机关，它必然按行政系统逐级建立，中央、省（市、自治区）、市（县）自成体系。在省级和省级以下的各级政府中，根据当地旅游业的情况，或设独立机构（局），或建专管机构（专管旅游业务的处、科、室等），或由其他部门代管，均因事设人，不需千篇一律。根据政府机关的组织原则，办成步调一致、统一协调和有效率的行政工作系统。

国家旅游局或国家旅游事业管理局系统，在摆脱了企业的具体经营事务的纠缠之后，不受原旅游业务经营系统的利益偏见所束缚，就能够代表国家对旅游业实行全行业的行政管理。它应具有以下职能：

（1）组织各种经济成分的旅游企业和个体劳动者按照国家法令和社会主义的要求，进行旅游服务经营，努力满足旅游消费者的需要；

（2）制订旅游业发展的中、长期规划，运用各种经济杠杆和经济手段，引导企业将其经营活动纳入国家计划轨道；

（3）协调各部门、各地区、各企业之间的关系；

（4）对所有同旅游经济活动有关的企业和个体劳动者执行国家的政策、法令、计划及其有关事宜的情况进行监督和检查；

（5）提供多种服务，因社会主义国家机关的本质是服务，应寓行政管理于服务之中。国家旅游行政机关在进行职能转变的过程中应强调更多更好地为旅游经营者服务，才能获得成功。

协助国家行政机关对旅游业进行全行业管理的机构是旅游业行业协会——旅游协会。旅游协会是企业自愿联合的民主协商组织。它是在国家的倡导与支持下建立起来的，因而具有半官方半民间的性质。它的主要职能是（1）协调政府与企业之间的关系；（2）协调旅游业内外各个行业之间的关系；（3）协调旅游企业之间的关系；（4）检查督促会员（企业）执行国家的方针政策及计划，履行企业对国家的各级义务。协会一身二任，正是加强国家对旅游业进行宏观调控的重要的组织措施。

三 大公司经营的设想

我国的旅游经济管理体制是由国家行政机关的旅游业的管理体制和旅游业务经营的管理体制两部分组成的。行政体制的改革要点是政企分开、转变职能、真正站在国家的亦即社会的立场上秉公执法，正确发挥社会主义国家组织国民经济的作用。而旅游业经营的管理体制的改革，则要根据旅游服务经营的特点，适应旅游服务经营的需要，把生意做活，提高经济效益和劳动效率。所以，两个方面必须分别研究，以求得改革方案的最佳选择。

旅游服务经营的特点是旅游经营管理体制改革的出发点。旅游服务经营有哪些特点呢？（1）旅游业的范围广大。（2）旅游服务经营的项目繁多。（3）旅游活动的地域辽阔。（4）旅游投资较大。（5）对旅游服务质量的要求较高。（6）旅游服务的环节多、延续过程长。总之，旅游服务经营的特殊性质，决定旅游服务经营体制应当采取自己的特殊形式。

在旅游业的资产中，国有资产占主要地位。它应属于专门的国有资产经营管理机构所有。国有资产经营管理机构根据旅游业的经济特点和实际需要，分配给一定数量的资产，用作旅游服务经营。我们认为，运用国有资产进行旅游服务经营的恰当形式是旅游财团，或称中国旅游服务财团。旅游财团是国有资产经营管理机构，是经营管理者，并承担全部经济责任。它是全国旅游业的最大的经营组织，最大的经济实体。

旅游财团将全部国有旅游资产集中起来统一经营管理，这会不会重复集中过多、管得过死的老路子？不会的。第一，现有国有旅游资产在改革中几经层层下放，适当集中是必要的；但无论如何，也不能集中到企业毫无自主权的程度。第二，旅游财团作为经营者，它要服从商品经济的要求，适应市场形势的变化，在不同的时间、地点和条件下灵活地组织经营，因此它不需要使自己成为高度集中的独裁者。第三，旅游财团的职能是组织国营旅游企业的经营活动，其资产是分散在各个企业里，即使国家集中拨给一部分资产，最终还是要分别交给企业去管理和使用，因此它的责任是组成国营旅游系统，对各旅游企业行使所有者的权力，促进旅游企业更好地进行经营。

旅游财团的建立，是国有旅游资产集中的结果。因此，国家应要求有国营旅游企业要同原有的国家行政管理部门脱钩，收归旅游财团所有。旅游财团根据各个地区、各个行业旅游经营的需要，统筹规划，全面安排，合理部署旅游企业，组织旅游服务网络。

旅游财团的内部组织机构，一般应按旅游服务经营的需要建立，它的决策层为董事会。董事长由国家任命，他是财团对国家承担全面经济责任的实际负责人。旅游财团的具体任务应有以下几点：（1）把握国内外旅游市场的发展动向，根据国家计划的要求，制订旅游经营战略和策略；（2）根据财团自身的经济力量和组织力量,开展业务经营,满足消费者的需要,不断扩大财团在国内外市场上的占有率;(3)管理所属企业,任免企业负责人员,指导企业的经营活动,对企业的财务活动进行审计;(4)完成国家规定的利税任务;(5)为所属企业提供经营管理、人员培训、职工福利等有关事项的服务。需要说明的是,财团的管理是企业性质的行政管理,同政府机关的国家行政管理是本质不同的。企业性质的行政管理实际上是在更大范围内组织业务经营活动。所以这两者是不能混为一谈的。

旅游财团作为国营旅游系统,它有自己的子系统及各个层次。我们设计,旅游财团的经营环节由财团——总公司——分公司——基层企业四个层次组成。各种类型的旅游总公司是旅游服务经营的骨干。它们在旅游团的直接领导下进行业务活动。一般来说,旅游财团需要建立三种类型的总公司:

旅游服务总公司,它们的基本职责是组织客源,为消费者提供旅游服务。旅游服务总公司又可分作两种类型:一类是全国性的旅游服务总公司,如国际旅行社、中国旅行社和青年旅行社等;另一类是地区性质的旅游服务总公司,如上海地区、桂林地区、西安地区等。它们一般是以旅行社为骨干,由饭店、车队和其他旅游企业组成,实际上是一个企业集团。旅游服务总公司的设立必须是多家,不能只此一家。它们在市场上既可以联合,又可以竞争。它们在旅游财团的组织和协调下可以联合对外,互相帮助;又可以就服务质量、工作效益及价格等方面展开竞争和比赛。

旅游用品供销总公司,主要职能是经营旅游企业和旅游者所需的实物用品,例如,宾馆、饭店、车队、旅游景点、游乐场所等企业的设施、设备和用品,旅游者所需的工农业产品、土特产品、其他纪念品等。它们批零兼营,以批发为主。根据需要和可能，它们还可以建工厂、办农场，生产旅游实物用品市场的必需品，不把自己的活动局限在商业领域。

旅游投资总公司，它的主要职能是对旅游服务、旅游用品供销等公司的企业进行经营性的投资。它的资金来源主要是旅游财团集中的利润。旅游财团通过投资公司使用自己的资金，会提高资金的效果，促进国营旅游企业顺利地实现扩大再生产。再次，旅游投资公司还可以从银行贷款，以弥补重点建设资金的不足。政企分开以后，国家对旅游业的投资势必分作两部分：一部分是无偿投资用于旅游业公共设施和基础设施的建设，如道路、桥梁、景点开发等，这部分资金由国家旅游行政机关掌握使用；另一部分是国家对旅游企业的有偿投资。有偿投资部分，在旅游财团及投资公司成立初期，也可以成为投资公司的资金来源。

各总公司下面设立分支公司。分支公司的设立必须破除行政区划观念，要以旅游服务经营的需要为准绳。旅游服务是以旅游线路为引导的。随着旅游线路的稳定和固定化，可能形成若干旅游经济区。分支公司将以旅游经济区为依托来组建，这才可能避免机构重叠，相互干扰的弊病。

基层旅游服务企业是分支公司和总公司的基础。分支公司和总公司实际上是企业集团。基层服务企业——饭店、宾馆、车队、购物商店等组成分支公司，是小的企业集团。分支公司到总公司则是大的集团。总公司到财团是集团的联合，亦即集团的集团。

企业之间的联合有紧密的和松散的两种联合。松散的联合属于行业协会的性质，因而松散的联合体对企业的服务是有限的。紧密的联合则是以资金的统一为基础，经济利益的一致为前提。社会主义公有制，特别是全民所有制为企业的紧密联合创造了最有利的条件和最坚实的基础。我国公有经济中存在的条条、块块分割、企业吃大锅饭等弊病，不是社会主义公有制"先天不足"带来的，是管理失误的结果。一旦克服了管理决策中的失误，大公司经营便是社会主义公有经济的恰当组织形式。

四 实行经济责任制

任何一种所有制都是由所有权、管理权和使用权三权构成；管理权和使用权合为经营管理权，也可以说所有制是由所有权和经营管理权两权构成。在社会生产中，所有权和经营管理权的绝对分离是不存在的。所以，所有权和经营管理权相对分离的同时，必然也必须找到相互结合的形式和方式。经济责任就是使两权分离后又重新结合的形式和方法。

社会主义公有制从产生的第一天起，所有权和经营管理权就是分离的。所有者是全体劳动者，即使是全体劳动者的最高代表，他们也仅仅是经营管理者。公有化的程度越高，两权分离的程度也越高。全民所有制的两权分离程度是最高的。所以，寻求两权结合的最佳形式是社会主义经济管理体制不断改进的根本原因。历史的经验和我们自己的经验都说明，实行经济责任制是现阶段所有权与经营管理权相结合的较好形式。

旅游经济管理体制改革中所实行的经济责任制，是经营承包责任制。旅游企业向国家的旅游行政管理机关承包完成一定数量的利润的经济责任。这就是首先确定一定的利润基数，其次是确定利润在国家、企业和职工之间的分配比例。这种形式的经济责任制，不利于责、权、利关系的正确处理。第一，国家旅游行政机关"发包"，作为所有者，这就保留了政企不分的旧体制。第二，利润基数是发包者与承包者双方斗争在一定条件下互相让步、妥协的结果,所谓制定科学的承包基数,在实际上是一句空话。第三,对国有资产的经济责任依然不明确,双方只关心利润的多少,而不关心国有资产的增值或减少,由此产生企业(实际上是承包者)行为的短期化;企业行为短期化,在多数情况下是在拼设备、拼消耗,以牺牲国有资产为代价来保证利润基数的完成。第四,企业负责人和职工所关心的是应得利润多少,奖金分配多少。所以,我们认为这种经营承包责任制强调了利益分配,忽略了经济责任,最后使责任制变为分配制,人们对社会主义公共财产——国有资产——不负负责的根本问题仍然得不到解决。

因此,旅游业实行经济责任制要注意选择恰当的形式,尽可能避免已经发生过的问题。

(1)实行经营责任制,要以企业对资产的运用承担经济责任为核心。这种形式的主要点是,企业负责人对国有资产负有保证安全、合理运用、取得效益的全面责任,而不是只考查利润一个指标。以资产为核心和以利润为核心的主要差别是,前者是从生产出发,后者是从分配出发。经济责任是规定作为经营管理者的劳动者在劳动过程中的具体责任,如何更好地运用生产资料,获取最大的经济效果。这里不是不考核利润,而是要把利润同资产加在一起,堵塞资产转化为"利润"的漏洞,也避免只对盈利负责,不对亏损负责的半负责状态。

(2)旅游服务企业的负责人及其职工,承担经济责任的动力是经济利益。总的原则是,职工的收入要与企业的效益挂钩。但如何挂钩,则是很值得研究的。我们认为,不要把实行经营责任制与工资奖励制度混为一谈,明确经济责任与按劳分配的区别与联系。实行经济责任制的要求,是明确规定企业对国家的责任,职工对企业的责任。为了调动职工对履行经济责任的积极性，从物质利益上关心劳动的结果，就要有正确的工资制和奖罚制。也就是说，要正确贯彻按劳分配原则。工资制和责任制是互相补充，互为条件，但不是相互取代。

（3）新的工资制度的主要点是实行职务工资，负什么责任，领取什么级别的工资。这样，计时工资与计件工资都将同贡献挂钩。奖励制度的要点是，有什么贡献给什么奖励，也就是通常说的特殊贡献奖。奖金绝不能实行"人人发奖、月月发奖"，这种平均主义与形式主义的奖金发放办法应当革除。

（4）国有资产的经营管理是自上而下逐渐建立起来的，经济责任制也必须是自上而下地逐级建立，不能只有基层企业的责任而无主管单位的责任。旅游业如果按大公司经营的原则进行体制改革，经济责任制的确立，首先是旅游财团对国家的国有资产经营管理机构承担经济责任，其次是总公司对财团负责，分支公司对总公司负责，最后才是基层企业对主管公司负责。这样自上而下地建立起经济责任的体系，经济责任才能真正实现。国家旅游行政机关也应当自上而下地逐级建立工作责任制，但当它们直接指挥企业的经济活动时，也应承担经济责任。例如，国家行政机关要求按他们规定的价格出售商品，过高的利润应予征收，造成亏损应予补贴，否则就冲击了企业的经济责任制。现在的通病是，基层责大于权，上层权大于责，而且一些地方越是在上层的越没有明确的经济责任。这种状况只能导致经济责任制的失败。

社会主义国家进行经济管理体制改革的经验与教训，集中起来，就看是否正确实行了经济责任制。旅游经济管理体制改革，国家旅游行政机关体系和国有旅游资产经营体系都取决于实行什么样的经济责任制。所以，建立旅游经济责任制系列，应成为旅游经济管理体制改革的要点。

五　推进旅游体制改革的步骤与对策略

从1978年到1988年，旅游经济体制改革进行了十个春秋。"十年磨一剑"，应当比较完备了。但实际上，许多问题尚处在初发阶段，试点再试点，摸索又摸索，无尽无休。经济管理体制的变动与不稳定，是经济正常运行的一种障碍。我们希望旅游经济运行尽快走向正常，旅游经济管理体制的改革就不能长时间地拖下去。加快改革步伐，已是历史的需要。

旅游体制改革的速度过慢，其原因主要有三：一是没有解决政企分开的难点，没有明确国有资产的所有者代表，总把国家行政机关当作国有资产的当然代表者，亦即当作所有者，因此虽然要求政企分开而实际上又分不开；二是中央和地方的关系难以处理，国际旅游经营与对外贸易的性质相同需要统一对外，而旅游活动又是以地方为依托，条条块块的矛盾得不到正确的处理；三是强调基层的经济责任，忽略上层的经济责任，越是上层领导其经济责任越是重大，上边责任不落实，要下边负责的指望自然落空。这三个问题如不妥善解决，再搞十年改革，将仍无多大起色。为此我们提出以下对策和步骤：

第一步，严格实行经济责任制，认真改变经济负责人没有明确承担经济责任的状况。这要自上而下地做起。例如饭店建设失控，不仅国家旅游局长、国家旅游局的计划司长要承担失职的责任，而且那些批条子的领导人员也要承担实际的经济责任，对于造成重大损失者要依法追究。"刑不上大夫"和"法不责众"，已不单纯是削弱国家行政权威的问题，而且已危及社会主义公有财产、毁坏着社会主义的经济基础。因此，经济责任人的经济责任不明确的状态拖的时间越久，改革成功的希望就越是渺茫。反之，首先改变这种状态，让经济负责人切实地、严格地担负起自己的经济责任来，就是现行的体制与机构一律暂时不变动、不作调整，经济效益和工作效率也会很快提高。在负责人真正负责的条件下，一些不合理的制度、规章和办法，他们会自动去解决而无须大吵大嚷。

第二步，实现政企分开。在全国范围内建立国有资产的经营体系，是社会主义国家体制的重大改革，需要一个过程。但在旅游系统的范围内，资产不多，影响有限，建议国家允许旅游系统先行一步，把旅游财团办起来。

第三步，在旅游财团的组织下，逐步创办各种类型的旅游大公司。在过分强调地方利益、部门利益和企业利益的情势下，搞大公司经营的障碍会不少。为此，在推行经营责任制的同时，组织企业集团。企业集团不改变企业的隶属关系，侧重联合招徕、联合接待、协商分配服务费用，让他们之间有更多的共同利益和共同语言。从松散的联合到实质性的联合，组成统一的经济实体，时间可以稍长一些。但是，只要企业的联合体的经济实力雄厚，为企业服务周到，企业对联合体的依赖加深，也可以较快地变成实体性的大公司。

第四步，深化改革，巩固改革成果。建立责任制，实现政企分开，组建大公司，是重大的改革，但只是建立新体制的大框架的性质。深化改革是使这些大框架充实起来，完善起来，这样改革的成果才能巩固。在旅游业内，有许多具体的管理制度应进行研究。例如，劳动工资制度，包括奖金发放制度，既要作具体规定，又要有实施办法；特别是劳动制度，如果没有实际措施，要改变铁饭碗式的劳动制度是很困难的。旅游外汇的管理制度应作专门研究，目前，旅游外汇流失严重，直接损害着国家和企业的利益。还有外联制度、旅游价格管理制度、旅游投资体制等，这都是深化改革的任务。

应当说，任何一个部门的经济管理体制改革都是复杂的。这里，首先是国家的在整个经济管理体制的选择与决策，国家总体体制如何改，对部门管理体制的确立是具有决定意义的。其次是旅游业系统的经济管理体制如何符合旅游业经济活动的实际情况，反映或表现旅游经济活动的特点。第三是各个相关的行业与部门的改革，与旅游业改革的联系及影响如何。里里外外，都要统筹考虑。

（原载《财贸经济资料》1988年第9期，
署名：白仲尧（执笔）、李京玮）

积极发展国内旅游的探讨

国内旅游是大力发展、适当发展，还是限制发展？目前还没有取得一致的意见。这是因为人们对国内旅游发展的客观基础认识不同，从而对开展国内旅游活动的内容和对策也持不同意见。因此，我们就这个问题谈一些想法，供大家参考。

一　发展基础

自改革开放以来，我国人民的物质文化生活水平提高很快。从城乡居民收入情况看，农民家庭人均纯收入1978年为133.6元，1989年为601.5元；城镇居民家庭人均生活费收入1978年为316元，1989年为1261元。他们的人均收入水平都提高3倍左右。居民的储蓄情况也充分反映了这一事实。1978年城乡居民年底储蓄存款余额为218.6亿元，平均每人储蓄存款余额21.9元，1989年则分别为5146.9亿元和462.9元，均增长20倍以上（《中国统计年鉴—1990》第289页）。如果将储蓄存款余额的1/10或1/20用于国内旅游消费，那就是250亿元到500亿元。这将大大缓解结余购买力对实物商品市场的压力。所以，发展国内旅游以改善市场供应、继续提高居民消费水平，是非常必要的。

旅游作为一种消费活动，不仅是人们的生活消费需要，而且社会生产也能激发人们对旅游的需要。生产始终是社会的生产，人与人之间的交往就是社会生产的实现方式，而旅游则是人们交往活动的一种具体形式。在自然经济中，社会生产处于封闭状态，人们交往的范围狭小，因生产需要而进行的旅游时常表现为个人的活动，其作用也是有限的。商品经济的发展，使社会交往不断扩大，旅游也就成为社会生产的一个要素。现代旅游中的"商务旅游"，本质上就是生产旅游。近年来，我国兴起了许多"会"和"节"，如花会、灯会、冰雪节、西瓜节等，举办人的目的非常明确，那就是以花为媒、以瓜为媒，洽谈投资项目，促进商品交易，扩大经济联系，为发展当地经济创造条件。我们发展社会主义商品经济，国际交往固然重要，而国内各地区、各部门之间的联系和交往则是根本。发展国内旅游，巩固和扩大地区间、部门间的联系与交往，为繁荣社会主义商品经济作贡献，其对社会生产的功绩是不可估量的。

旅游业的依托性是众所周知的。农业和工业为旅游业提供物资消耗产品。我国的工农业产品虽不十分丰富，但满足国内人民低收入条件下的旅游消费需要还是足够的。在1979—1989年间，工业总产值平均每年增长12.4%，达到22017亿元，人均2000元左右；农业总产值平均每年增长5.9%，达到6535亿元，人均650元左右（《中国统计年鉴—1990》第21、24、25页）。这不仅是国际旅游业的基础，而且也是发展国内旅游业的基础。

我国的交通运输业近10年的发展也是很快的。1979—1989年，运输线路长度铁路由4.98万公里增到5.32万公里，公路由87.58万公里增至101.43万公里，内河航运由10.78万公里增至

10.90万公里，国内民用航空线路由16.00万公里增至47.19万公里，客运量总计由28.9亿人次增至79.1亿人次（《中国统计年鉴—1990》第528、530页）。目前，我国运输业虽尚属短线，客运、货运都相当紧张，但是组织好近80亿人次的旅行活动，其成效也是相当巨大的。

第三产业的迅速增长给旅游业提供了多种便利。由于旅游活动的多样性，决定了旅游服务也必须多种多样，这就涉及第三产业中的大多数行业。没有它们的支持，没有它们的发展，旅游业的存在和发展是不可能的。这些行业成长壮大，欣欣向荣，旅游业也会随之兴旺发达。1979—1989年，我国第三产业的产值由824.5亿元增加到4148.7亿元，增长了4倍多，它在国民生产总值中的比重也由23.0%提高到26.5%（《中国统计年鉴—1990》第33页）。从各个行业的具体情况看，除交通运输业外，其他各业的发展都相当可观。饮食业曾由盛到衰，1978年是它的低谷，当时的机构只有11.7万个，从业人员仅104.4万人。到1989年，机构达143.5万个，从业人员达407.6万人（《中国统计年鉴—1990》第602页），饮食摊点随处可见，高中档餐厅也争奇斗艳，"吃饭难"的问题基本解决。旅馆业发展很快，1980年有机构3.9万个，从业人员30.5万人；1989年则有机构16.8万个，从业人员125.9万人（《中国统计年鉴—1990》第609页）。在旅馆业中，涉外饭店1989年已达1788座，客房267505间（《中国旅游统计年鉴—1990》第48、49页）。现在，旅馆服务总量不是不足，而是有余。一些大型旅馆（主要是涉外饭店）对旅游者提供综合服务，尽可能满足旅游者各方面的需要，尤其在购物、通信、娱乐等方面下工夫，大大提高了旅馆业的服务能力。中国是一个文明古国，又是一个初步繁荣昌盛的社会主义国家，不仅有丰富的历史文化遗产，而且有清新、健美的社会主义文化。这块沃土上的文化服务商品，对中、外旅游者都是极为有益的。1989年，我国的文化事业机构达67024个，从业人员为560295人。其中，艺术表演团体机构有2850个，从业人员为173185人；艺术表演场所2055个，从业人员有43928人（《中国统计年鉴—1990》第780、781页）。

应当指出，我国文化服务的商品化近几年的发展是比较快的，同旅游业的结合也是比较好的，只要坚持社会主义方向，就能取得经济、文化的双丰收。

任何一种产业，只要具备生长、发育的条件，不论人们的主观意愿怎样，它都要破土而出，悄然兴起。国内旅游业的发展就是这样。我国在80年代中期，一股经营旅游服务的"旅游热"席卷全国，几个"一齐上"把许多地方打扮得花红柳绿。从表面上看，人们热心的是国际旅游；实际上，除少数饭店外，绝大多数旅游企业包括各种景区景点，都是以接待国内游人为主的。依靠国内旅游市场生存、发展，这是旅游经济发展的规律性表现。但这同时也为国际旅游业的发展奠定了良好的基础。

二 初期特点

当前，在旅游旺季，成群结队的国内旅游者到风景名胜地和工商业大城市旅游，已成为不可逆转之势，成为改革开放以来一种新的社会现象。但是，当前我国人民的生活水平仍处于温饱阶段，可自由支配的货币和假期有限，加之各种条件的制约，国内旅游还不是一种享受型的，而是一种观光型的旅游活动。国内旅游虽然已经有十几年的发展历史，但进展不大，尚未成为广大人民生活的必需，在许多地区仍然具有很大的盲目性。应该说，我国当前的国内旅游仍处于旅游发展的初级阶段。这一阶段的特点表现在以下几个方面：

（一）以"饱眼福"为主的旅游目的

当前人们国内旅游活动的目的地主要是风景名胜区或文物古迹集中的地方。人们多以览胜为主进行旅游活动，他们的消费支出是围绕着观光活动进行的，在行、食、住方面不讲究，为饱眼福吃些苦头也在所不惜。因此，这是低水平的消费，一般是乘坐火车的硬座，住低档旅馆，饮食比较简单，对服务要求不高。出差和参加各种会议的人员，消费水平比一般旅游者要高。离退休人员因为年龄大，收入比较稳定，消费水平也稍高。

（二）距离近，时间短

旅游活动是一种由近到远、由国内逐步向国外旅游的动态发展过程。当前，国内旅游由于支付能力有限和假期较短等因素，出游大都选择近距离的旅游景点，时间一般也较短。这符合由近及远的旅游发展规律，说明了当前国内旅游的初期性。

（三）市场紊乱，缺乏正常的组织和秩序

当前，参加旅行社组团旅游的人比较少，同时国内旅游信息少，缺乏引导，致使许多人出游盲目流动。这种盲目性使旅游者为行、食、住、游苦于奔波，辛苦多、愉快少，同时也容易给旅游地造成社会秩序的混乱。

（四）自我服务多

因为经济上的原因，旅游者对服务需求不高，基本上处于自我服务状态。当然，这也和我国商品经济不发达有密切关系。很多地方因旅游产品供给不足，为旅游者提供的服务远不能满足他

们的需要。

(五) 发展不平衡

经济比较发达的地方，外出旅游的人数多，旅行社发展得快，提供的旅游产品品种多，旅游者选择性大，参加旅游团的旅游者也比较多。而经济落后地区，在这一方面还有很大的差距。国内旅游是国内居民物质文化生活提高的一种表现，是正当合理的消费需求。因此，各级领导要顺应客观事物的发展规律，引导国内旅游健康发展。

三 发展对策

国内旅游的发展，与国际旅游一样，给旅游地带来一批新的消费集团，也带来财富。旅游需求的增长，会引起产业结构的调整，促进第三产业的发展，为商品生产和流通打开一个新的市场，为人民就业开辟了新的途径。支持国内旅游的发展，为国内旅游业的发展创造条件，建立适应国内旅游者消费水平的行、食、住、游、购、娱的系列产品，满足旅游者的需要，也有利于地区经济的发展和繁荣。因此，各级领导应对此予以重视，并纳入议事日程。

(一) 国内旅游业要纳入社会经济发展计划

根据旅游资源的价值和地理位置、交通条件，以及国内外客源市场情况，各地应实事求是地确定旅游发展战略，并将国内旅游列入社会经济发展计划。目前国际旅游的温冷线，应该以大力发展国内旅游为主。即便目前是国际旅游的热点，也要考虑国内旅游者的需求，否则同样会影响国际旅游的发展。有计划地开发适合国内旅游者的景点,建立一批适应国内旅游消费水平的旅馆和餐饮点,加强对第三产业的管理,是今后旅游业全面发展不可缺少的基础工作。

(二) 发展国内旅行社来引导国内旅游的开展

旅行社是为旅游者服务的部门,是旅游产品的生产者和供应者。发展旅行社投资少、见效快,可以取得经济效益和广泛的社会效益,是当前引导国内旅游的最好形式。

1. 引导国内旅游者参加团体旅游,不仅可以为旅游者提供多种方便,也有利于社会的安定。

2. 旅行社不断地推出新的旅游产品,使旅游者从单纯的观光旅游向更高层次的旅游活动发展,有利于提高旅游者的文化素质。

3. 旅行社开展专项旅游,可以满足人们不同的旅游需求。

4. 当前,国内旅游者多数人还不习惯于参加旅行社组织的旅游活动,他们消费水平还很低,基本上还是自我服务。为了吸引更多的旅游者,旅行社应坚持薄利多销的原则,要按质论价,拉开旅游产品档次。旅行社是企业,要讲经济效益,同时也要考虑社会效益和人们的承受能力。

5. 要加强对经营国内旅游的旅行社的审批、管理、指导和检查。

6. 当前,我国对国内旅游的管理和指导在一些地方还很薄弱,建立行业间的联合、协作组织,是补充行政管理不足的好形式。行业协作组织可以加强行业之间的协调,联合培训各类人员,在提高管理人员的素质和开展服务质量竞赛等方面发挥作用。对旅行社在业务上出现的困难,它可以帮助解决;对旅行社与旅游者之间出现的纠纷,它能够从中进行调解。当前,在一些国内旅游比较发达的地区建立的国内旅游协会，发挥了很好的作用，其经验应该加以总结推广。

（三）加强环境保护

随着国内旅游的开展，大批旅游者的到来，环境保护问题不容忽视，各有关方面应积极采取措施，加强环保意识，使旅游和环保工作相互促进。首先，要对旅游者进行分流。各地要有计划地开发建设一批适应国内旅游者需要的景区和景点。景区分散，游客就不会过分集中，就可以减少一些人满为患的现象，从而有利于环境保护。其次，要通过各种方式、各种渠道，大力宣传和教育游客遵守公共秩序，爱护文物古迹和风景区。第三，采取必要的措施，保持旅游区的清洁卫生。

（四）加强旅游意识的宣传

对旅游地的广大群众和外出的旅游者，要进行旅游意识的宣传和培养。要让旅游地的居民认识到发展旅游业对当地社会和经济的积极意义，使他们热情友好待客，支持政府发展旅游业。要使外出的旅游者认识到旅游是现代社会的一种文明活动，从而形成一种遵纪守法、遵守公德的社会风尚。

（原载《旅游通讯》1991 年第 5 期，署名：乔玉霞、白仲尧（执笔））

中国旅游业发展的道路

中国旅游业的发展道路，或中国式的旅游发展道路，自1978年以来，一直是旅游业界实际工作者和理论工作者讨论的热门话题。由于它涉及旅游业的方方面面，是一个复杂的系统工程，所以至今尚无定论。笔者对旅游业的了解是很肤浅的，参与这个问题的讨论似乎有点自不量力。但近几年的调查与研究，总有一些想法，不论是对的还是错的，在这里提出来，求教于同志们。

一　旅游业与国情

旅游业是在经济、社会发展到一定程度上出现的。经济、社会的每一变动，或多或少地、直接间接地都会对旅游业产生影响。因此，一个国家或一个地区的旅游业的发展，国情和区情是起主要作用的因素。我们讨论中国旅游业的发展道路，如果脱离中国的国情，就难以找到正确的答案。

（一）社会主义制度对旅游业的基本要求

中国是社会主义国家。社会主义旅游业的首要特征是以公有制为基础。现代社会的产业活动,是从取得一定数量的资金开始的。资金的来源及其性质是由社会现实的生产关系决定的。取之于资本主义,资金具有资本主义性质,产业以私有制为基础。取之于社会主义,资金则为社会主义性质,产业就以公有制为基础。我国现处于社会主义初级阶段,社会的生产资料所有制结构是以公有制为主体、多种经济成分并存。因而旅游业也必然以公有制为主体,其他经济成分为补充。在80年代初期,为了迅速发展旅游业,我国曾经提出中央、地方、全民、集体、个体"一齐上"的方针,鼓励各种经济成分向旅游业投资,创立了初具规模的、以公有制为主体的、多种经济成分并存的社会主义旅游业。据统计,1989年全国涉外饭店(主要接待入境旅游者)共有1788座,房间总数为267505间。它们是由国营(全民所有)、合营(全民与集体)、集体、个体、中外合资、中外合作、外商独资等经济成分构成如表1所示:

表1　　　　1989年全国涉外饭店经济类型情况　　　　(金额:万元)

	饭店		房间		固定资产		营业收入		利润
	座数	构成	间数	构成	金额	构成	金额	构成	金额
总计	1788	100.0	267505	100.00	2203528	100.00	1133580	100.0	44032
国营	1328	74.3	189206	70.73	1164838	52.86	620627	54.75	73526
合营	12		2124	0.79	15033	0.68	6000	0.53	-304
外商独资	1		775		47006	2.13	10612	0.94	-5779
中外合资	138	7.7	30311	11.33	496481	22.53	181399	16.00	-13618
中外合作	161	9.0	29965	11.20	405657	18.41	273918	24.16	-10311
集体	145	8.1	15063	5.63	74275	3.37	40836	3.60	539
个体	3		61		238		187		-20

资料来源:《中国统计年鉴—1990》,第66—167页。

表中可见，饭店数和房间数，国营和集体占80%左右，其他经济成分占20%左右。从拥有固定资产的情况看，国营和集体占56%左右，中外合资与中外合作占40%左右。营业收入构成与固定资产情况相似。而获取利润的情况则国营和集体占100%，其他成分都发生了亏损。这就是说，以公有制为基础的旅游业的生命力是旺盛的和强大的。过去的成功，也为今后的发展奠定了基础和开辟了道路。

旅游消费活动中虽然既有物质的享受又有精神的享受，但就其主要方面来说，旅游者所追求的是对异国他乡的自然风光和社会、历史的身临其境的了解。旅游者通过这种了解，自觉或不自觉地提高了自身的思想文化素质。所以，旅游属于文化领域中的一种活动，旅游业为旅游者提供的服务则具有文化服务的性质。大家知道，文化是一定社会的经济与政治的反映。社会主义国家的旅游业对旅游者提供的旅游文化服务，应当具有自己的特色。资本主义国家的旅游业中，不少地方把色情、赌博等腐朽、丑恶的东西当作主要吸引物来招徕游客。我国的旅游业不能步彼后尘，要走自己的路，就是要以崭新的社会主义旅游文化服务去满足旅游者的需求。

旅游业的特点在于市场性较强。在国际旅游方面，市场在国外，旅游业经营者既要受国际旅游市场运行法则的调节，又要参与国际旅游市场上的竞争。在那里，不论社会制度如何，只要从事旅游服务商品的经营，都是市场经济的成员，是普普通通的商品生产者和经营者。我国以经营国际旅游服务商品为主的企业，首先要确立自己商品生产者和经营者的身份，其次要具有参与国际旅游服务商品市场竞争的能力。这样才能在复杂的、高水平的国际旅游服务商品市场上巩固和发展自己的阵地。我国的一些旅游企业是从政治接待转向服务商品经营的，加之"大锅饭"、

"铁饭碗"的影响，商品经营意识淡薄。他们还没有成为国际旅游市场上的强有力的竞争者。我国的旅游服务商品在国际市场上已开始从卖方市场向买方市场转化。旅游企业的商品经营意识淡薄，将是提高我国旅游服务商品在国际旅游市场上的占有率的巨大障碍。所以，对于我国的从事国际旅游服务商品经营的企业，要强调国际旅游市场的调节作用。在国内旅游市场上，人们对旅游服务需求日益增加，但还没有成为普遍的需要。它同国内市场上的其他消费品一样，受市场作用的影响较大。尽管旅游业在总的方面要注重市场的调节作用，但这并不意味着可以忽视计划的宏观调控作用。在国民经济中，旅游业只是其中的一个产业部门，不管我们把它的作用强调到何种高度，它毕竟要受整个国民经济发展的制约。在商品经济中，人们对商品的供给和需求都能有意识地加以调节；不过，对供给的调节作用大一些，对需求的调节作用相对小一些。在社会主义制度下，人们对公有制经济的计划调节，只要是科学的计划，其对整个国民经济以及各产业部门的积极作用是以往任何社会所不可比拟的。所以，旅游业也不能放松计划管理，要把自己置于国民经济整体计划之中，同整个国民经济协调发展。

（二）工农业生产水平对旅游业的制约

一国的国民生产按照三次产业分类方法分作第一次产业（农业）、第二次产业（工业）、第三次产业（服务业）。农业和工业所生产的产品是具有实物形态的实物产品。服务业的产品是以运动形式为主，边生产、边消费，没有实物形态的东西留下来，被称为服务产品或无形产品。旅游业属于服务产业部门，它所生产的旅游服务产品是服务产品的一部分。服务业是在农业和工业的基础上建立和发展起来的。自然，旅游业也必须在农业和工业基础上发展。

工农业生产决定旅游业的生产资料供给的品种、数量和质量。旅游者在旅行、游览过程中的消费活动是多方面的。旅游业在为旅游者提供吃、住、行、游、购、娱乐等服务时，不仅需要旅游服务劳动者的服务劳动活动，而且需要大量的物质资料。这些物质资料就是旅游业的生产资料。它们主要是由工农业所生产的实物产品构成的。因此，一个国家或一个地区的工农业生产水平的高低，直接决定着当地旅游业的状况。当然，在某些特殊条件下，某些国家或地区可以依靠进口生产资料来发展旅游业。这对于我国是不适宜的。我国的工农业生产已有一定的基础。旅游业所需的生产资料理应先国内、后国外。凡是国内能够生产的物品，应当在国内购买。有的旅游企业在国外大量购买国内能够生产的物品，不仅增加外汇流失，让外国商人赚取利润，而且是把这类物品的国内市场拱手相让，妨碍了本国的工农业生产。我们不能再干这类事情了。但不是说，旅游业为了满足旅游者的多种需要而进口少量调剂性的商品也不允许。问题在于，旅游业要从经济、社会发展的高度衡量利弊得失。旅游业才能起到促进经济、社会发展的作用。

旅游业的相关行业众多，有交通运输、邮电通信、金融保险、商业外贸、餐饮服务、卫生保健、文化娱乐……没有这许许多多行业的发展，旅游业寸步难行。例如，我国的交通运输业相对落后，已成为旅游业经营中的一大困难。虽然影响交通运输业发展的因素很多，但归根结底，还是工农业生产水平所致。旅游环境是旅游者旅游活动的经济、社会情况的总称，是经济、社会发达程度的综合反映。一般地说，旅游环境有两个方面，一方面是城市和乡村的建设情况，另一方面是当地居民的物质文化生活情况。反映城乡建设情况的，主要是道路、房屋、各种公用设施、园林建设等。它们是依靠工农业提供多种多样的实物产品建设起来的。当地居民的物质文化生活，首先是物质生活，"衣食足，知礼仪"。一个丰衣足食的社会，居民的文化素质相应较高。旅游者同当地居民的交往也就更加方便和融洽。总之，现阶段人类社会的发达程度，无论发达国家或发展中国家，主要取决于工农业发展水平。工农业生产越是发达，旅游环境越好；工农业生产越是落后，旅游环境就越差。发展旅游业希望有一个好的旅游环境。好的旅游环境是随着工农业生产的发展而逐步造就的。我们的思想应当现实一些，不宜过分强调超越。

(三) 对我国旅游资源的基本分析

一切经过人们劳动加工后能够成为旅游吸引物的事物，都是旅游资源。旅游吸引物一般分作两类，自然景观和人文景观。因此，旅游资源也分为自然旅游资源和人文旅游资源两大类。我国疆域辽阔，山川、湖泊、海洋、沙漠应有尽有，地形地貌多种多样，因而自然风光绮丽多姿；历史悠久，有灿烂辉煌的古代文明，人类遗产和文化瑰宝不可胜数，旅游资源十分丰富。40多年的社会主义经济、文化建设，又创造了许多人间奇迹。所以，我国的旅游资源不仅得天独厚，而且别具一格，具有开发、利用价值的地方较多。这就为我国旅游业的发展提供了优越的条件。但是，我国旅游资源的保护、开发和利用方面还存在不少问题，影响了旅游资源的经济、社会效益的充分发挥。

首先，对旅游资源的保护不力。旅游资源是国家的一笔可以永续利用的财富。它们除了已经巍峨耸立在人们面前的故宫、长城、黄山、峨眉山、九寨沟等之外，还有许多或藏于地下，或隐于深山，没有展示自己的风采。在我国，现代人工建造的旅游吸引物是很少的，绝大部分是历史文化遗产和大自然的赐予，因而是具有垄断性的和不可再生的。一旦遭受损失，便成千古憾事。但是，破坏旅游资源的事件屡有发生。一是某些人对旅游资源不认识、不了解，在风景名胜区乱砍滥伐，对文物古迹不爱惜、不保护。二是建设性的破坏，这里既有旅游开发中的盲目性发生的破坏，又有其他部门在建设中有意或无意造成的破坏。三是少数不法分子盗窃文物、偷猎珍稀动物等违法行为导致的破坏。此外，一些已经为旅游业所利用的旅游资源，经常同游人接触，游人的手摸足踩，自然力的风化剥蚀，周围污染源的侵袭困扰，也会遭到程度不同的破坏。这一切情景都令人十分不安。它们呼喊着保护、保护。不仅需要法制的保护，而且需要科学的保护。在旅游资源的开发、利用和保护序列中，要把对旅游资源的保护放在第一位。只有加强保护，旅游资源才能为旅游业创造更高的价值。

其次，开发、利用不尽合理。对于旅游业，旅游资源属于旅游服务供给的范围。哪里需要开发和开发到什么程度，不能一相情愿，要以旅游者的需要为转移。但是，有些地方一见庙就修，一有洞就开，不问其市场价值如何。同时，我国的旅游资源虽然丰富但点多分散，加上交通不便的制约，因而不能遍地开花，广种薄收。可惜，这种情况还没有引起普遍注意。为开发而开发的结果是资源的浪费。

最后，我国的旅游资源还没有进行普遍勘察。旅游资源既是能够吸引旅游者的事物，它就是一个动态概念。它随着旅游者的爱好和追求的变化而变化，也随着经济、社会建设的发展而变化。例如，旅游活动初期，大多数旅游者以观光旅游为主，一切可供观光的事物都是旅游资源。从观光旅游向参与旅游、度假旅游发展，当地的文化、体育活动也就成为旅游资源。我国现有的卫星发射基地，未来长江三峡水利工程竣工，它们就是新的旅游资源。但任何事物都有相对的稳定性。在一定时期内，旅游资源的变化总是很小的。对于整个旅游产业部门来说，随时都应当掌握旅游资源的全面情况。这就需要对全国旅游资源进行普遍勘察、正确评价。通过勘察和评价，我们才能从数量和质量两个方面把握旅游资源的情况。首先要把价值高的旅游资源科学地、妥善地保护起来，其次才是根据旅游市场的需求状况有计划、有步骤地开发、利用。目前，我国还没有或没有来得及做这项工作。这是需要引起我们关注的。

我国的自然景观资源同人文景观资源相比较，当然是人文景观资源优于自然景观资源。但我们不能因此得出结论要以人文景观资源的开发、利用为主。旅游者的需要是第一位的。旅游业的供给是从属性的，不能"我有什么，你就看什么"。在旅游服务作为商品供给的条件下，以我为主的经营思想是必然要吃亏的。

二 旅游业的发展速度与经济效益

我国把旅游业当作一个产业来经营是从 1978 年开始的，至今已有 14 年了。1988 年是这些年旅游业发展的高峰，1989 年因动乱的影响，游人减少，收入下降。经过 1990 年和 1991 年的努力，已经恢复到了 1988 年的水平。表 2 所示的是 1978 年至 1988 年这 11 年所取得的成就。

表2　我国1978—1988年旅游入境人数和外汇收入　（单位：万人、万美元）

年份	入境人数		其中						外汇收入	
	数量	±%	外国人	±%	华侨	±%	港澳台胞	±%	数量	±%
1978	180.9		22.96		1.81		156.1		26290	
1979	420.4	132.4	36.24	57.8	2.09	15.5	382.1	144.8	44927	70.9

续表

年份	入境人数 数量	±%	外国人	±%	华侨	±%	港澳台胞	±%	外汇收入 数量	±%
1980	570.2	35.6	52.91	46.0	3.44	64.6	513.9	34.5	61665	37.3
1981	776.7	36.2	67.52	27.6	3.89	13.1	705.3	37.2	78491	87.3
1982	792.4	2.0	76.45	13.2	4.27	9.8	711.7	0.9	84317	7.4
1983	947.7	19.6	87.25	14.1	4.04	-5.4	856.4	20.3	94120	11.6
1984	1285.2	35.6	113.43	30.0	4.75	17.6	1167.0	36.3	113134	20.2
1985	1783.3	38.8	137.05	20.8	8.48	78.5	1637.8	40.3	125000	10.5
1986	2281.9	28.0	148.23	8.2	6.81	-19.7	2126.9	29.9	153085	22.5
1987	2690.2	17.9	172.80	16.6	8.70	27.7	2508.7	18.0	186151	21.6
1988	3169.5	17.8	184.22	6.6	7.93	-8.9	2977.3	18.7	224683	20.7

资料来源：孙尚清主编《中国旅游经济研究》，第12页。

上述资料反映，入境旅游者人数的增长率，除去1979年的超常增长外，一般都在20%以上。我们以1978年为基期，到1988年的11年间，入境旅游人数平均每年增长33.2%。对于旅游业，重要的是看营业收入的增长速度。我们仍以1978年为基期，到1988年的11年，旅游外汇收入每年平均增长速度为23.9%。这两个数字说明，我国旅游业的发展速度是比较高的，也可以说是高速增长。

在现代社会中，旅游业是一个新兴的产业部门。我国旅游业的发展更晚。在一块空地上兴建的产业部门，它的发展速度自然比老产业部门要快得多。因此，旅游业的发展速度应看作正常速度。旅游业的发展对经济、社会带来的效益，至少有以下几点：

(一) 增加了国家的外汇收入

从大类商品考察，在我国出口商品中年收入在20亿美元以上的不多。据国家统计局的资料，1988年出口收汇较多的是纺纱、织物、制成品及有关产品收汇64.56亿美元，服装及衣着用品收汇48.72亿美元，石油、石油产品及有关原料收汇33.5亿美元，化学品及有关产品收汇28.97亿美元。旅游服务商品的外汇收入就占第5位。若以单项产品论，旅游服务商品的外汇收入仅次于服装、原油而居第3位。可见，旅游业是我国出口创汇的第三大产业。

(二) 有利于国内市场的货币回笼

1988年，国内旅游服务收入为187亿元，占当年居民文化生活服务支出416亿元的45%。我国居民的货币支出90%左右是用以购买实物商品，用于文化生活服务支出的仅几个百分点。这一方面反映了居民收入水平不高，物质文化生活水准较低；另一方面，它也是我们文化生活服务供给不足的表现。发展国内旅游服务，不仅是满足居民文化生活服务的需要，而且也是国家或社会对居民进行爱国主义和社会主义教育的一种生动活泼的好形式。

(三) 带动其他行业发展，促进当地经济繁荣

旅游业的这种"一石激起千层浪"的作用，对一个国家、一个地区甚至一个城镇或乡村，都具有同等的意义。贵州省曾经提出，发展旅游业是"富贵之路"。近几年来，不少地方或者以

经营旅游服务为主，或者以旅游服务为媒介，搞活了当地经济。例如，山东省潍坊市以风筝节为契机，既发展了旅游业，又活跃了工农业及其他服务行业。这类例子是不胜枚举的。因为，旅游业是一个服务行业。它既能够为以休息、娱乐、游览为目的的游人服务，又能够为从事经济、文化交流的人们服务，也就是为生产和流通服务。沿海开放城市的实践经验证明，没有旅游业的发展，对外开放就相当困难。旅游业又是一个依托性的行业。它是在工农业及其他服务行业的基础上产生和发展起来的。反过来，它的发展又对它们起推动和帮助的作用。经济、社会生活的辩证法就是这样，无须多说了。我国人口众多，劳动力充沛，就业问题始终是经济社会发展的重大问题。旅游业作为一个新兴的产业部门，它要吸收一定数量的劳动力。同时，旅游业的相关产业也要相应增加劳动力的使用量。一般按 1:5 的比例关系计算旅游业的直接就业人数与间接就业人数。1988 年全国国际旅游从业人数为 43.9 万人，现已超过 50 万人，间接就业的人数则为 250 万人。由于旅游业的行业界线是模糊的，从业人数没有正式统计，若把国际旅游和国内旅游两部分从业人员一起估算，那么，直接间接为旅游服务的人员大约在 1000 万人以上。这对于我国经济、社会的稳定是了不起的贡献。

我们高度评价旅游业的国民经济意义及其成就，但又不能不看到在迅猛发展过程中的问题。问题是多方面的，集中起来，就是经济效益呈下降的趋势。我国现在作为旅游业的代表是国际旅游业。前面已经说到，国际旅游业接待入境旅游者人数的平均每年增长速度为 33.2%，而旅游外汇收入的平均每年增长速度仅为 23.9%。这就是说，入境旅游者在我国境内平均每人的消费支出下降。为了清楚起见，我们根据上面资料再制表 3：

表3　　　　1978—1988年入境旅游者的消费水平情况

年份	入境人数（万人）	外汇收入（万美元）	人均消费（美元）	同上年比（%）
1978	180.9	26290	145.33	
1979	420.4	44927	106.87	-26.46
1980	570.2	61665	108.15	1.20
1981	776.7	78491	101.06	-6.56
1982	792.4	84317	106.41	5.29
1983	947.7	94120	99.31	-6.67
1984	1285.2	113134	88.03	-11.36
1985	1783.3	125000	70.09	-20.38
1986	2281.9	153085	67.09	-4.29
1987	2690.2	186151	69.20	3.14
1988	3169.5	224683	70.89	2.44

我们看到，入境旅游者在我国的人均消费支出自1979年以来大体上是逐年下降的，1988年只相当于1978年的1/2。反之，如果我们能够保持人均145美元的消费水平，旅游外汇收入就将增长一倍，达到50亿美元左右。这就是说，入境旅游者人均消费水平的下降趋势同人均消费水平的不断上升走向是截然不同的两种经济效益路线。入境旅游者的人均消费水平也是国际旅游业的劳动效率的反映。人均消费水平高，说明旅游业的劳动效率也高；人均消费水平低，旅游业的劳动效率也低。入境旅游者人均消费水平的高低，取决于入境旅游者的收入水平和旅游业的供应状况。近年来，世界经济稳步增长，大多数居民的收入有所增加。许多入境旅游者时常感叹买不到合适的商品（物品和服务），有钱没处花。这也说明我国旅游业是广种薄收的粗放式经营。这种经营方式如不改变，经济效益下降的趋势就不能扭转。

1984年7月，旅游业在全国范围内选择条件较好的饭店开展学习建国饭店的活动，现在已有114家。它们的经济效益一般比较好。请看表4：

表4　　1986—1989全国114家饭店主要经济指标

项目	单位	1986	1987	1988	1989
全员劳动生产率	元/人	25973.0	30245.4	34557.1	28173.2
人均实现利税	元/人	11377.3	12771.5	12472.8	6917.4
平均利润率	%	39.4	37.8	31.9	20.3
平均客房出租率	%	88.6	83.0	76.1	59.4
标准间平均房价	元/间	79.3	96.4	108.2	109.4
平均每间客房收入	元/间	25643.1	29208.8	28821.0	22945.2
国际旅游者占住宿人数比重	%	58.1	56.9	48.3	38.9
国际旅游者平均住宿夜数	夜/人	3.3	3.2	2.7	
营业收入构成	%	100.0	100.0	100.0	100.0
客房	%	53.1	51.1	42.8	42.8
餐厅	%	21.2	20.5	24.1	24.4
商品	%	20.2	21.8	27.1	24.7
其他	%	5.5	6.6	6.0	8.1

资料来源：1987、1988、1989、1990年度《中国统计年鉴》。

我们对上述资料作具体分析：（1）客房出租率1988年比1986年下降12.5个百分点，平均利润率下降7.5个百分点，国际旅游者占饭店住宿人数比重下降10个百分点；（2）标准间平均房价上涨，1987年比1986年上涨21.5%，1988年又比1987年上涨12.2%，而全员劳动效率1987年比1986年仅提高16.4%，1988年比1987年也只提高13.5%，扣除物价上涨因素，全员劳动效率没有提高；（3）平均每间客房收入有升有降，同标准间平均房价上升的情况联系起来分析，客房收入1987年比1986年增长13.9%，而同期房价上升是21.5%，相差8个百分点，1988年的客房收入比1987年是负增长1.3%，同期房价上升12.2%，正负相加则收入下降13.5%；（4）同前几年比较，1988年是外汇收入最高的一年，而它们上缴的利税却比1987年下降了3个百分点；（5）营业收入构成中，客房、餐厅收入比重下降，实物商品和其他服务供应比重上升，这是经营管理有所改善的表现；（6）1989年的情况特殊，各项指标仅供参考。全国学建国试点饭店是国际旅游业的骨干企业，它们的经济效益都不算高，其他企业的经济效益一般是比不上它们的。旅游业开展全国学建国的活动，是改善经营管理、提高经营管理水平的活动，是从粗放经营向集约经营转变的第一步。万事开头难，现在经济效益不理想是可以谅解的。只要我们通过改善经营管理把提高经济效益放在第一位，旅游业的经营管理水平是能够很快提高的。旅游业有两种发展观，一是强调速度，一是强调效益。速度论者要求旅游业扩大接待能力，以增加接待的人次数和营业收入。他们不是不讲效益，但他们侧重于走外延扩大再生产的道路。如服务质量下降，经济效益不高，市场形象欠佳，人才缺乏、冗员过多，这些问题终究要成为旅游业发展的绊脚石。正是欲速不达之谓也。效益论者不是不讲速度。他们希望旅游业一步一个脚印地迈着坚实的步伐前进。旅游业是新兴产业，亦即现代产业。现代产业的本质特征是，采用最新的科学技术和设备，获取最高的经济效益。经济效益的高低反过来又成为衡量产业现代化水平的一个标志。我们经常强调旅游业的现代产业性质，却不重视它的经济效益，至少是一个理论缺陷。现在我们把旅游业的经济效益提到第一位，提到基础地位，目的在于促进旅游业顺利发展。

三 旅游服务商品市场的开拓

旅游业是把对旅游者的服务当作商品来生产和经营的行业。旅游业的一切经济活动，都同市场紧密联系在一起。又由于旅游服务商品的生产是在消费者（旅游者）到来之后进行的，边生产、边消费、边交换（付款），市场因素不仅直接作用于旅游服务商品的流通过程，而且也直接作用于生产过程。因此，市场对旅游业的作用大于对工农业的作用。我们说旅游业是市场导向型产业，是恰如其分的。

旅游市场、旅游服务市场、旅游服务商品市场，都是旅游服务商品的市场称谓。这三个概念可视为同一概念使用。旅游服务的开拓，一般是考虑旅游者的来源——客源市场。有没有旅游者，有多少旅游者能够来到旅游服务供给地，是开展旅游服务生产和经营的首要条件，理应得到重视。但这只是旅游服务市场的广度。旅游服务市场还有另一个方面就是深度。提高旅游者在旅游目的地的消费水平，就是旅游服务市场的深度开发。这两方面都要研究，才能扩大我国的旅游服务市场。

（一）国际旅游市场与国内旅游市场两相兼顾

旅游服务市场的划分，一般以客源地作依据。对入境旅游者的服务，划为国际旅游市场；对国内旅游者的服务，则划为国内旅游市场。我国旅游业发展初期，以对入境旅游者服务为目标，重视国际旅游市场。对国内旅游市场，开始是"不提倡，不宣传"，但它来势迅猛，迫使人们不得不注意这个市场。实际上，国际旅游市场和国内旅游市场既是互相联系、互相影响的，又是互相补充的。对于旅游业，这两个市场都是旅游服务市场，入境旅游者和国内旅游者都是消费者，都是自己的服务对象。厚此薄彼，是不应该的。

国际旅游服务市场是宏大的。1988年，世界入境旅游者人数达到39000万人次，旅游外汇收入达到1950亿美元。同年我国的入境旅游者人数为3169.5万人次，占世界入境旅游者人数的8.13%；旅游外汇收入为22.47亿美元，占世界旅游外汇收入的1.15%。可见，我国旅游业在国际旅游市场上的占有率是相当低的。天高任鸟飞，海阔凭鱼跃。我们在国际旅游服务大市场上能否有所作为，一要看政策和策略的正确性，二要看旅游业及其相关产业劳动者们的努力。

我国接待入境旅游者的情况如表5：

表5　　　　　　　　我国接待入境旅游者的情况

	1980年		1985年		1988年	
	数量	%	数量	%	数量	%
总计（万人）	570.25	100.0	1783.31	100.0	3169.48	100.0
外国人	52.91	9.3	137.05	7.7	184.22	5.8
华侨	3.44	0.6	8.48	0.5	7.93	0.3
港澳和台湾同胞	513.90	90.1	1637.78	91.8	2977.33	93.9

资料来源：《中国统计年鉴—1990》第658页。

这个资料表明，我国入境旅游者的主体是港澳和台湾同胞以及华侨，外国人不到10%。根据国家旅游局的抽样调查，1987年外国人的人均日花费为73.3美元，华侨为60.15美元，港澳台胞为44.32美元。尽管外国人的消费水平高一些，但人数甚少，华侨、港澳台同胞人数多，旅游外汇收入也多。我们在国际旅游市场上的立足点自然地应当放在对华侨和港澳台胞的服务上面。至于外国人，来华旅游者也是以亚洲人居多数，请看表6：

表6　　　　　　　　　入境旅游者人数

	1984年		1986年		1988年	
	人数	%	人数	%	人数	%
总计	1134267	100.0	1482276	100.0	1842206	100.0
亚洲	559987	49.4	754535	50.9	945318	51.3
其中：日本	368169	32.4	483507	32.6	591929	32.1
欧洲	231779	20.4	289742	19.5	421892	22.9
美洲	254415	22.4	348413	23.5	385573	20.9
其中：美国	212337	18.7	291779	19.7	300900	16.3
其他地区	88086	7.8	89586	6.1	89423	4.9

资料来源：《中国旅游统计年鉴—1990》第10页。

在外国人中，亚洲人占半数以上，其中多数是日本人。欧洲和美洲各占20%左右，其中以美国人居多。其他地区人数很少，其中多数是澳大利亚人。从这里看到，我国旅游业的客源市场是相当集中的。第一位是日本和其他亚洲国家。第二位是美国和其他欧美国家。

我们把港澳台同胞、华侨和外国人加在一起，我国旅游业的客源市场条件是相当好的。有人认为，我国旅游业远离客源市场。任何一个旅游地区的客源都是来自四面八方。它是个中心点，客源像就水波一样一圈一圈地向四周扩散。它同客源地的距离远近，要看大多数游人来自何方。港澳台同胞、日本及亚洲其他国家的游人已成为我国旅游业的主要客源。他们的常住地是我们的近邻。欧美国家的游人虽是远客，但人数不多，不是我们的主要客源地。说我们远离客源国，是把旅游业的服务重点放在欧美游人身上的想法。这种想法是不实际的，应当改正过来。

　　国内旅游市场是悄然兴起、逐步发展的。人们的旅游消费活动是随着人类交往的扩大而发生和发展的。新中国成立后，工农业生产发展，交通运输条件改善，国内各地区、各民族的经济和文化交流不断扩大，这些都促成了国内旅游活动的开展。旅馆业的发展实际上也是旅游业的发展。1978年后，旅游业作为一个产业出现，把经营目标放在为入境旅游者服务和获取外汇上面。这一方面是出于国家对外汇的需要，另一方面也由于旅游业的国家机构多是从国家外事部门转变而来，"一个机构，两块牌子"，至今犹存。历史的原因，我们不必苛求了。问题是现在要正确对待国内旅游。当今世界各国旅游业的服务对象，国内游人总占绝大多数。在发达国家中，国内外游人的平均生活水平差距不大。旅游业对国内外游人的服务，基本上是一视同仁的。在发展中国家，国内外游人的生活水平亦即购买力水平的差距较大。这才出现了以对入境旅游者提供服务为主的国际旅游业和以对国内旅游者提供服务为主的国内旅游业的区别。从旅游企业经营活动的情况看，旅行社的区分明显。我国的一、二类旅行社是专营国际旅游服务业务的，三类旅行社则专营国内旅游服务业务。而旅馆业（包括涉外饭店）和各种旅游景点则既接待入境旅游者，又接待国内旅游者。在营业收入上，除专营国际旅游服务者外，只要兼营国际、国内两项旅游服务，国内旅游服务收入总占多数。1988年国内旅游服务收入估计为人民币187亿元，相当于30亿美元以上，大于当年的旅游外汇收入。"优先国际旅游，适当照顾国内旅游"的观念，到改一改的时候了。

　　但是，我国还没有达到国际旅游与国内旅游"一视同仁"的程度。国际旅游与国内旅游的区分和正确处理两者的关系，在一个相当长的时期内还须注意。我国国际旅游服务业的发展，在地区上是不平衡的。人们习惯地称为热点、温点、冷点。北京、西安、广州、上海、南京、桂林、苏州、无锡、杭州、深圳等地为热点，其他一些地区为温、冷点。热点地区，入境旅游者多，以开展国际旅游服务为主，兼顾国内旅游服务。温、冷地区，旅游业只能以国内旅游服务为主，尽量争取国际旅游服务业务。这样，整个旅游业才会呈现欣欣向荣的局面。问题是，有些旅游企业在国际旅游服务中处于温、冷线，却不积极开展国内旅游服务，让大量旅游服务设施和人力闲置起来，从而发生巨大浪费。这是不应该的。俗话说，"东方不亮西方亮"，何必一条道走到黑呢。

在我国的情况下，国际旅游与国内旅游也是有矛盾的。一些景点人满为患，国内旅游者众多，影响入境旅游者观瞻。一些旅游服务设施不足，满足了入境旅游者的需要，国内旅游者有意见；满足国内旅游者需要，到手的外汇挣不着，又有损失。旅游服务既是商品，就要像其他商品一样，如非本国生产和生活的必需品，挤一些出口，换取外汇，是正常的和必要的。但旅游业的主管部门应当做好组织工作，如在国际旅游旺季和国际旅游的热点地区，少组织国内旅游活动；或在旅游服务价格上进行调整，按消费水平分开档次。总之，既要尽量减少国内旅游对国际旅游的冲击，又要防止不尊重国内旅游者的现象的发生，把国际旅游和国内旅游放在同等地位上对待。

（二）创造具有中国特色的旅游服务商品

商品的质量和数量是形成市场占有率的决定因素。我们要开拓旅游服务商品市场，首先要有过硬的旅游服务商品。适销、优质、廉价，是商品市场力量的源泉。旅游服务商品若能达到这一境界，它不仅能够稳稳把握国内旅游服务市场，在国际旅游服务市场上也能纵横驰骋，所向披靡。

旅游服务商品的适销性，是它在市场上能否占有一席之地的基本条件。这里的基本问题是，我们是否根据旅游者的需要来组织旅游服务商品的生产和经营。一些地方常常只想到自己有什么资源，能提供什么服务项目，而不想到它们同消费者的需要之间有哪些差别，有多大差别。因此，这些地方常常费力不讨好，经济效益很低。我们应当换一下思想方法，首先弄清自己的服务对象喜欢什么样的旅游服务，然后结合自己的条件推出他们喜闻乐见的旅游服务项目。这才是成功之路。

旅游者的需要，总的说来，是逐新猎奇、追求异国他乡情趣，扩大知识领域，增进身心健康。旅游业为旅游者提供这个方面的服务，不仅要符合旅游活动的基本需要，而且还要具有不同国度、不同地区的特色。旅游服务若没有特色，就没有新奇可言。我们常说，要发展具有中国特色的旅游业。这个问题的基本点是如何生产出能够满足国内外旅游者需要并具有中国特色的旅游服务商品。这个问题解决了，余下就是坚持社会主义的生产方式和经营方式了。

旅游服务商品的特色，主要是由旅游资源特色、旅游服务设施特色和旅游服务劳动特色三方面组成。我国的旅游资源，无论自然景观和人文景观，大多具有独特而又鲜明的色彩。我国有960万平方公里的土地，地域辽阔，到处都不乏雄伟、绮丽的风光，还有各种珍稀动植物，只要合理开发，就会成为风韵独具的旅游吸引物。我国又是一个历史悠久的文明古国，有着丰富的历史文化宝藏，而且许多是不可替代的垄断性的旅游资源。如长城、故宫、敦煌、秦俑等是举世无双的。其他如苏州园林、曲阜孔子故里、云南、贵州少数民族风情等，也别具一格。总之，我国的旅游资源是很有特色的,它们为生产中国式的旅游服务商品奠定了基础。旅游服务设施特色,是旅游企业从旅游服务设施建设之日起,计划、设计、施工到建成投产,都要形成与众不同的风格。在这方面,旅游业经营者可以充分发挥自己的创造才能,切记跟在他人后面亦步亦趋,帮别人宣传。当然,这不是旅游业经营者或企业领导人的个人功劳,设计者、建设者都作出了贡献,但企业领导人起决定作用。他首先要有创特色的思想,对自己所能提供的旅游服务商品的特色有一个总的设计,服务设施及各种备品、用品作为其中一部分衬托和渲染总体服务特色。旅游服务劳动者的服务活动特色最为重要。旅游服务是以旅游服务劳动者对旅游者提供直接的面对面服务为特征的。不同国度、不同地区以及不同企业的劳动者在劳动过程中的特殊风格,是构成旅游服务劳动特色的基础。他们的劳动风格是良莠不齐的。作为旅游服务劳动特色的劳动风格是经过长期培养、训练形成的,又具有本地区、本企业特色的优良劳动作风。这样的劳动作风才称得上特色服务。

(三) 要高度重视旅游服务质量

特色服务与优质服务往往是同义语。但是,旅游服务特色是在不断提高旅游服务质量的过程中形成的。对于旅游业来说,不断提高服务质量始终是旅游服务经营者的经常任务。旅游服务质量,确切地说,是旅游服务商品的品质或质地。也可以说,它是旅游服务商品的使用价值。由于旅游服务商品的特殊性,旅游者对旅游服务商品的要求,不仅要看旅游服务的效用,而且要看自己在消费或利用旅游服务过程中的满意程度。所以,旅游服务质量是旅游服务商品的使用价值大小及其对消费者需求的满足程度。旅游服务质量是由旅游服务中的物质要素、精神要素、时效要素三部分组成。无论是对旅游服务质量的理论分析,还是进行旅游服务质量管理,都要在这三个方面下工夫。

旅游服务商品的物质要素是形成旅游服务商品物质性的基础。旅游业在为旅游者提供服务的过程中要耗费大量的人力物力,这些都是物质消耗。但在分析旅游服务质量的时候,物质要素则主要指旅游服务活动中的物质条件。因此,它的内容丰富而又广泛。它包括饮食、起居、游览、交往、娱乐等各个方面的实物用品。旅游业的各种物资和用品,它们本身的质量和数量,既是旅游服务质量的组成部分,又是旅游服务质量的重要表现。所以,物质要素是旅游服务质量的基础。

精神要素是影响旅游者在旅行游览过程中心理活动的各种事物。它们主要来自两个方面:一方面是旅游服务劳动者在为旅游者服务并同旅游者相互交往的过程中,劳动者的业务技术能力及服务态度对旅游者思想上、感情上的影响;另一方面,旅游者在观赏和参与的各项旅游活动的思想、文化内容,必然对他们的心理活动产生作用。旅游者在旅游过程中的满足程度,就是旅游服务的心理作用的反映。我们说过,旅游服务商品是文化性质的商品。各种旅游服务活动都要具有一定的能够引起旅游者精神愉快、身心健康的思想性和艺术性。这要求旅游服务经营者在设计旅游服务活动的时候要尽可能地符合大多数旅游者的需要。当然,旅游者的爱好要受社会条件的制约。社会主义国家的旅游业只能在社会主义原则下、尊重各种社会制度下的旅游者的爱好。对于社会主义国家的旅游业来说,这个问题的难度是相当大的。处理这个问题的正确程度,则是衡量社会主义旅游业成熟程度的一个重要标志。

旅游服务劳动者的服务态度,是构成旅游服务质量的重要因素。在旅游业,服务态度是劳动者如何处理他们同旅游者的交往关系的方式和方法。简单、生硬，是一种服务态度。热情、周到，是另一种服务态度。看起来简单，做起来复杂。因为，服务态度不是单纯的态度问题，是服务劳动者的业务技术水平的综合表现。劳动者的业务技术水平越高，服务意识越强，服务态度就越好。反之，劳动者的业务技术水平越差，服务意识淡薄，服务态度就不会好。我们以往就服务态度谈服务态度、抓服务态度，时好时差，反反复复，其原因就在于没有从根本上提高劳动者的业务技术水平。我们也不否认劳动者在某些时候因其他事情而情绪波动，但这只是偶然起作用的因素，不具有必然性。

构成服务质量的时效成分主要是对旅游者旅游活动的时间安排能否做到准确和及时。旅游活动不单是地理空间的运动，而且也是时间的运动。有些旅游服务企业看重旅游者的空间运动，往往忽略旅游者对时间的要求。特别是他们有时不能遵守自己同旅游者签订的合同和协议中规定的日程安排和时间表，招致旅游者的不满。这是旅游服务质量不高的一个重要表现。在时间就是生命、时间就是效益的时代，我们应当把服务质量的时效要素提到应有的高度，为旅游者节约时间，为自己创造更高的经济效益。旅游服务商品也像一台复杂的机器，由许许多多零部件组成。每一个服务项目就是一个零件。在整个旅游服务过程中，若一个环节或一个服务项目的质量不高，就会影响整体的服务水平。这既是旅游服务质量的特点，又是提高旅游服务质量的困难之处。总的说来，我国旅游业的服务质量同世界先进水平相比，差距很大。有的同志认为，十多年来，我国旅游业高速发展，服务质量差是不可避免的。笔者不赞成这种意见。速度和质量实际上是数量和质量问题。旅游服务商品是参与国际旅游市场竞争的商品。它们现在是以服务质量的竞争为主，价格竞争其次。我们面向国际旅游市场生产旅游服务商品，若不讲求服务质量，在竞争战略上就是一个错误的选择。入境旅游者反映，到中国旅游"不可不来，不可再来"，回头客很少，这就是佐证。"皇帝女儿不愁嫁"，粗制滥造，是生产水平低、商品经济不发达的产物。作为现代产业的旅游业，追求数量，不讲质量，这条道路是走不通的。人们旅游活动的开展，是依一定条件为转移的。再好的旅游目的地，若交通困难、没有食宿条件，旅游者就不能进入。旅游业应该在一切服务准备就绪之后接待旅游者。"一流设备，二流服务"，不是不可避免，而是应当避免而没有避免。我国旅游业拥有许多行业可望而不可及的优越条件，完全能够创造出优质的旅游服务商品，走以质取胜之路，方能保证旅游业长盛不衰，兴旺繁荣。

（四）制定合理的旅游服务价格

服务质量是旅游服务商品使用价值的具体表现，旅游服务价格则是旅游服务商品价值的货币表现。我国旅游业在总的方面是贯彻质价相当的原则的。不同档次的服务，收取不同水平的价格。在旅游业发展初期，我国旅游服务商品价格偏低。近几年的调整，使旅游服务价格大体上达到了应有的水平。问题还是出在服务质量上，有的企业以降低服务质量来谋求较高利润。这就破坏了质量和价格之间的平衡关系，相对提高了旅游服务商品价格。如果我们提高了服务质量，价格水平也会相对降下来。在旅游市场上，价格虽然是竞争的次要手段，但价格竞争仍然存在。低廉的价格是旅游者出游的必要条件。在80年代，我国入境旅游人数猛增，第一位的原因是改革开放的吸引以及受中国神秘感的驱使，而价格低廉也是一个重要原因。我们不能忘记这一成功经验。

近年来，我国旅游企业在国际旅游市场上互相竞争，"打内战"，其主要手段是价格竞争，致使"肥水外流"，这是很遗憾的。国际旅游市场上的竞争，一般是以一个国家或地区旅游业的整体面貌出现的。它同实物商品对外贸易一样，国内企业之间的竞争不宜搬到国际市场上去。我国旅游业在国际市场上"对外竞争不力，对内竞争过度"的现象，不应继续下去。国家须作必要的干预。

（五）塑造社会主义中国的旅游形象

旅游形象是旅游服务商品形象、旅游业生产经营方式形象和旅游目的地的经济与社会环境形象的复合体。就总体而论，发展具有中国特色的旅游业，就是塑造特色鲜明的中国旅游形象。由于旅游目的地的经济、社会环境，既涉及经济建设，又涉及政治制度和思想文化建设，是社会发展水平的综合反映。所以，塑造中国旅游形象，不仅是旅游业的事，而且与全社会有关。旅游业的责任是主要的。旅游服务商品的形象如何，取决于旅游业的生产方式和经营方式。旅游业的生产方式和经营方式适应旅游服务商品的生产和流通发展的需要，它就能创造出优质的旅游服务商品；反之，旅游服务商品就可能质次价高，不符合旅游者的需要。这需要通过深化旅游业经济管理体制改革，不断提高其适应程度。旅游业经济管理体制同旅游服务商品的生产和流通之间的矛盾是经常存在的。现行管理体制总是具有相对稳定的一面。作为旅游服务商品的经营者在任何时候都要把提供优质服务放在第一位。尤其应当看到，旅游服务商品是无形商品。它们在旅游者进入旅游过程之前是不存在的。旅游者要购买它，只能根据自己从各种渠道（如传闻、广告、地理历史资料等）得来的印象作为判断的依据，其中旅游业以往和正在提供的旅游服务的情况如何，是他们最重要的依据。因此，旅游业要提高自己商品的声誉，给旅游者一个良好的印象，就要对正在我国旅游的人们提供优质服务，让他们在实际生活中体验到中国旅游服务商品的美好。他们的切身体会，一是自己的直接经验，为旧地重游埋下伏笔；二是他们的直接经验还会转化为更多的人的间接经验，成为别人观察中国旅游形象的重要渠道。

在旅游服务商品市场上，旅游业的生产者和经营者不仅同旅游者打交道，他们相互之间也要打交道。在市场活动中，这两种交往关系是同等重要的。市场竞争酷似战争。人心的背向，同样起决定作用。所谓"诚招天下客"，就是在商品市场上争取人心的策略。旅游业者在生产和经营活动中一定要注重自己的信誉。不论是对待所签订的合同或协议，还是口头应允的事件或条款，都要认真地、负责地履行，千万不能轻率地否定自己的承诺，失信于他人。国外旅游商人反映，"你们答应的事情就要做到。不然，我们的困难就多了"。旅游业者的信誉，不仅是本企业的问题，它在国内市场上关系着本部门和本地区，在国际市场上则关系着中国旅游的整体形象。所以，旅游业者一定要把重合同、守信用，作为自己的行为规范。

国家对全社会的治理与整顿，自然会创造出好的经济、社会环境。我国人民经过40多年的努力，取得了举世瞩目的伟大成就，已初步建成繁荣昌盛的社会主义国家。她的光辉形象为世界众多旅游者所仰慕。这是我国旅游形象的一个基本方面。但是，我国社会还有许多落后现象，不少东西妨碍旅游活动的开展。例如，某些人不讲卫生的陋习，厕所、垃圾的脏乱，盲目排外与崇洋媚外等，既有思想意识和不良习惯问题，又有城乡建设与治安管理问题。在诸多问题中，同旅游业关系最为直接的，一是社会治安要好，这关系着旅游者的人身安全。除少数旅游者喜欢从事冒险性的旅游活动外，绝大多数是把安全作为旅游活动的第一因素来考虑的。社会治安好，旅游形象也就好。二是城乡环境和公共设施建设。它是旅游业赖以存在和发展的基础。三是对居民的教育。旅游目的地居民对旅游者热情、友好，既是文明风度的表现，又能满足旅游者与当地居民情感交流的要求。国家在这些方面的努力，就为中国旅游形象的塑造奠定了基础。

在世界范围内，中国旅游形象的基本方面是良好的。近年来，由于旅游服务质量下降和社会上某些不良现象的滋生，对我国旅游形象有所损害。这是需要认真对待的。中国旅游业的经营方式及其服务质量，既有特点和优点的一面，又有缺点和不足。保持特点、发扬优点、克服缺点、弥补不足，是旅游业广大职工今后的努力方向。

塑造中国旅游形象需要旅游业全行业、全社会长期奋斗、不懈努力。这是一个较长历史过程。中国旅游业是新兴的产业。新事物的成长不可能一帆风顺。它的各个方面不能不受到国内外传统观念和旧事物的干扰和侵蚀。只要我们认真总结经验教训，大处着眼，小处着手，共同奋斗，中国旅游形象必定光辉灿烂，举世仰望。

四 深化旅游体制改革

我国旅游业的现行管理体制，经过十年多的改革，取得了巨大的成绩，但还存在不少问题。如何总结经验，深化改革，是摆在旅游业面前的一个重大课题。笔者认为，旅游体制改革的经验与教训的要点之一是，应当有一个明确的目标模式。这个模式简单地说就是：全行业管理，大公司经营。

（一）旅游业的生产和经营特点

我国旅游业经济管理体制改革的理论依据，一是社会主义有计划商品经济的理论，二是对旅游业生产和经营特点的分析。二者缺一不可。社会主义有计划的商品经济理论，对旅游业经济管理体制的要求，其要点在于，旅游业是从事旅游服务商品生产和经营的行业，旅游企业及个体劳动者都是商品生产者和经营者，他们的经济活动要受计划经济和市场机制的双重调节。我国旅游业的经济构成，是以国营和集体经济为主体，个体经济及其他经济成分为补充。这种多成分的经济结构已经形成。它是我国经济体制改革的成果。在日常经济运行中，只要正确处理他们之间的相互关系并使其不断完善，旅游业中的社会主义经济关系就会得到巩固和发展。

旅游业深化改革所要解决的主要问题是国营旅游企业的商品生产者地位问题。在社会主义制度下，国营企业即国有企业，它的生产资料归国家所有。这就是说，国家是所有者，企业是经营者；国家行使所有权，企业行使经营权。所有者、所有权是具体的。只有落实到具体的人，他才能对其所有的资产发挥保证安全、合理使用、取得增值的作用。国家是由多级行政机构及其部门组成的。国家所有并没有明确哪一级国家机构是所有者，主管旅游的行政部门是不是所有者。他们又都在指挥旅游经济活动。这样，他们都是所有者，又都是经营者。旅游企业是他们的下属机构，从而成为行政机关的附属机构。它就不可能成为独立的企业，实际上处于半企业、半机关的状态。在这种情况下，企业从事商品生产，又不全受商品生产规律的制约，经营好坏都过得去，而且还容易滋生官商作风。所以，旅游企业的企业化任务还很繁重。一方面，国家要尽快明确国有资产的所有者；另一方面，企业自身也要朝着企业化的方向努力，铲除企业内部的各种非企业因素。社会主义企业只有成为真正的社会主义商品生产者，才能在商品经济中成长、壮大。

旅游业的行业特点，是旅游服务商品生产和经营的特殊要求的表现。旅游业的经济管理体制要为旅游服务商品的生产和经营服务，必须适应旅游业行业特点的要求。有些地方在旅游经济管理体制改革中常常注重追随体制改革的整体步伐，忽略自身的特殊要求。这样改革的结果不但不能解决原有体制中的缺陷，反而出现了新的不相适应。所以，在深化经济管理体制改革中深入研究旅游业的行业特点仍然是必要的。

旅游服务商品是由多种服务商品组合而成的。这种组合根据旅游者的旅游活动过程的不同而经常变化。例如，旅游者在旅游过程中要品尝各地饮食风味，时而川菜，时而粤菜，这就需要饮食业提供不同的饮食服务商品；旅游者对文娱、体育的爱好是多方面的，音乐、戏剧、电影、曲艺、舞蹈、球类、登山、武术等都可能为他们提供服务。这多种服务商品相结合，形成旅游服务商品。在市场营销中，旅游企业是把它们当作一个旅游服务商品来销售的。这就是说，旅游服务商品是多家生产、一家销售。虽然有些服务商品是由生产者直接卖给旅游者，但也离不开旅游业的帮助和组织。所以，旅游服务商品是一个系列，这个系列无边无缘，许多服务商品不断加入又不断退出，是一个复杂、多变的复合体。

旅游服务商品的生产和经营过程一般是比较长的。在始点和终点之间，第一是旅游服务的多阶段、多环节。首先是组织客源，招徕游客。这里既有广告宣传，又有营销活动。其次是在游客到来后从迎接客人、安排食宿、组织游览、满足相关需要等。最后是征求意见，依依话别。全过程一环扣一环，一面连一面，哪一个环节、哪一个方面照顾不到就影响全局。第二是路线长。第三是时间长。在这样较长的时间和空间里，旅游者每时每刻都离不开服务；旅游服务劳动者则是全程陪同，随时随地提供服务。旅游服务的过程长、时间长、地域广,生产、流通和消费以及各种关系的复杂性也相应增加。

旅游服务的地方性和整体性的连接也十分紧密。旅游总是沿着一定的线路进行。一条旅游线路就是一宗旅游服务商品。虽然旅游线路的长短不一,但大多数旅游线路要跨越省界、县界。所以,旅游业全国范围的整体性和它以一定地方为依托的地方性是密不可分的。如果把旅游业看成地方经济的产物,强调地方利益,不把它放在相互联系中求发展,那就不对了。

旅游业的生产和经营还有其他特点,如注重劳动者同旅游者的交往关系,讲究服务特色,受自然的和社会的变动(自然灾害、政治动乱、战争等)影响较大。由于它们与旅游体制改革的关系不甚直接,我们就不作具体论述了。

(二) 全行业管理的实现

在商品经济的社会中,国家对生产和经营同类商品的生产者和经营者进行组织与管理,便形成行业管理。在一般情况下,行业管理就是全行业的管理,没有必要叫做全行业管理。但因我国经济管理体制的一个重大缺陷是政企不分,国家管理某类商品生产和经营的部门都有直属企业。市场竞争的规律决定,无论哪一个部门或行业的企业都可能进行跨行业、跨部门的经营,并把这种可能性变为现实性。这样一来,任何一个部门主管的行业都有其他部门的企业在经营。企业是服从它的上级的;上级主管部门又保护它的下属企业。当主管部门对其主管行业进行管理时,直属企业听话些,非直属企业则不大听话。这就削弱了行业管理的作用。国家要建立良好的商品经济秩序,必须在同类商品经营中消除不服从国家行政管理的现象,要求所有企业都要服从主管部门的统一管理,因而称为全行业管理。

在 80 年代，国家为了加快旅游业的发展，曾采取中央、地方、部门、集体、个体"五个一起上"的方针，多部门经营旅游业的现象相当普遍。旅游业的速度上去了，市场秩序的混乱也加重了。要解决这个问题，只有实行全行业管理。

对旅游业实行全行业管理，国家主管旅游业的行政部门所要解决的主要问题，一是政企分开，二是法制建设。所谓政企分开，是指国家行政机关与直属企业脱钩，割断经济利益上的直接联系。在目前情况下，企业和行政机关都难以接受。但是，随着经济管理体制改革的深化，这一步迟早要实行。因为，只要主管部门同直属企业在经济利益上有直接的联系，偏爱也好，"父爱"也好，总有发生的可能；主管部门行业管理的职能就不能完全履行。所以，政企分开是实现全行业管理的基本条件。法制建设是全行业管理的手段，即依法治旅游。在旅游业，一方面有法制不健全、不完善的问题，另一方面也存在有法不依、执法不严的问题。因此，旅游业的法制建设要双管齐下，才能达到治理旅游、提高旅游的目的。

(三) 大公司经营的组织

旅游服务商品生产和经营过程的环节多、地域广、牵涉面大等特殊性质，决定其生产的社会化程度较高，宜于大规模经营。所以，大公司经营是根据旅游业的产业特点提出的。当然，无论产业的社会化程度多么高，在整体上总是大、中、小企业相结合，在数量上中、小企业居多数。我们所说的大公司经营，是以大公司经营为主体，充分发挥大企业在现代旅游业中的作用。旅游业实行大公司经营的优越性，首先在于集中对外。国际旅游的客源潜藏于世界各地。我国旅游企业之间在国外削价竞争、相互掣肘，不仅肥水外流，而且搞乱了自己的客源市场。这就是旅游业中的小企业不适应大生产的表现。反之，如果通过大旅游公司去组织客源，然后在公司内部进行客源分配，由于利益的一致性，其矛盾就小得多。其次，由大公司统一组织旅游服务，费用省、效率和效益都较高。旅游服务商品的生产过程长、环节多，相互衔接十分重要。在一个公司内，各相对独立的企业的利益是一致的。既有一致的利益，又有统一指挥，彼此就有融洽而又愉快的协作。如果没有大公司的组织，他们为利益不均而争吵，必然影响相互的协作关系。再次，大公司经营有利于旅游业的扩大再生产。大企业人力物力雄厚，能够集中力量办大事，自我积累、自我发展的能力强。特别是旅游业，常常是一地投资，多处受益。通过大公司来组织旅游业的扩大再生产，取得多、快、好、省效果的可能性就较大。再次，大公司经营还有利于国家对旅游业实行全行业管理。由于大公司的业务经营量大，控制市场的能力强，国家对行业管理的要求，既可以通过它们来贯彻，也容易对它们进行监督和检查。大公司经营也有副作用，主要是对市场的垄断。在社会主义制度下，对垄断的分析要一分为二。垄断是社会化大生产的产物。在国际旅游市场的竞争中，中、小企业往往无能为力，要靠大企业与之抗衡。在国内旅游市场上，实际是以中、小企业为主的，大企业对竞争的影响不大。社会主义公有制为发展大企业创立了一切必要条件。在社会全部资产中，国有资产占大多数。国有资产在各产业间的分配，是在国家的组织和指导下进行的。而各产业的现有国有资产，是集中还是分散，国家也有权加以调整。旅游业的资产总额中也是国有资产占多数。如管理制度适当、组织决策正确，它们也是能够集中起来的。现在的问题是，由于前一段时间的改革强化了地区利益和部门利益，在某种程度上分散了国营经济的力量。如果现在实行国有资产集中，就要在照顾既得利益的基础上进行利益调整，方法上也要考虑采取自愿互利和逐步过渡的原则。这样才能比较顺利地集中国有资产，实现组建大旅游公司的决策。

旅游业大公司经营的组织，可以从纵、横两个方面考虑。纵的方面是按旅游业生产和经营的需要，设置投资、服务、用品供应等方面的大公司。现有的中国国际旅行社、中国旅行社、中国青年旅行社等集团，就是旅游服务方面的大公司。横的方面，是按地域来设置旅游公司。如华东数省的旅游企业相联合，组成华东旅游服务公司；西北、西南、华中、华北都可如此设想。各类大公司不可能是一个，可以组成多种类型的多个大公司。目前，旅游业的大公司业务，只能以组织入境旅游和国内旅游为主；少数实力雄厚、经营能力强大，也可以超越国界，到国外去办旅游服务企业。

我国旅游业如能以大公司为骨干，以中、小企业为助手，其市场开拓、业务发展、服务质量和经济效益的提高都会大步前进。

（1990年1月20日）

（本文完成后在山西分三章发表：1.《论旅游业与国情的关系》，《晋阳学刊》1993年第4期；2.《我国旅游业的发展速度与经济效益》，《经济问题》1993年第9期；3.《论深化旅游体制改革》，《能源基地建设》1993年第2期）

第五篇 文化经济

开拓文化市场,发展文化经济

一 文化、服务与文化产业

什么是文化,说法不一。笔者认为,文化是人类经济社会活动的反映和表现。人类的活动即生活,是社会性的。人类社会最基本的活动是生产与消费。生产是人类以自己的劳动创造物质资料,满足人类生活的需要。消费则是对自己创造的各种物质资料的享用。但人类社会生活是多方面的,除生产与消费之外,还有交往、娱乐、认识世界、学习技能、管理社会等。于是,社会生活被分为经济、政治、文化三个部分。文化便是人类认识世界、反映和表现社会生活的一种活动。这就是说,文化是人类社会活动的一部分。

人类文化活动是随着经济社会的发展而不断发展的。文化活动是在人们自我表现、自我认识、相互交流中产生的。社会生产的发展,劳动分工的扩大,一部分表现和认识能力较强的人逐渐脱离原来的岗位,成为一种社会分工,成为专门从事文化活动的劳动者。这样,人类社会便有了文化劳动部门。

文化劳动部门为人类社会提供的是文化服务劳动。服务劳动本来是物质资料生产劳动的一部分。因为任何生产劳动都分为主要劳动与辅助劳动两部分。例如，农业部门的主要劳动是生产农产品，购买农业生产资料、销售农产品、掌握生产技能、组织文化娱乐等劳动就是辅助劳动。辅助劳动是为主要劳动服务的，也称为服务劳动。服务劳动在未脱离原来生产部门之前，是非独立的、自我服务性质的劳动。一旦脱离原来生产部门，成为一种专门劳动，便是社会服务，并形成社会服务劳动部门。服务部门为其他部门，包括工农业生产部门，提供的是他们进行生产和消费所需要的服务。因而服务也是一种效用，一种同工农业产品一样的使用价值，一样可以称为产品，即服务产品。文化服务劳动者为社会提供的文化服务，对社会具有效用、具有使用价值，当然是产品，即文化服务产品。

产业就是人们通过劳动创造产品、创造财富以满足社会需要的部门。过去，人们把19世纪的工业革命称为产业革命，以为只有工业才是产业、只有工业部门才是产业部门。这就过于狭窄了。经济社会发展的实践使我们认识到，一切创造效用以满足人类社会生产、生活需要的劳动都是生产劳动，都生产社会产品；按社会分工，生产不同产品的部门都是产业部门。所以，国民经济各部门按三大产业部门划分，已经成为世界各国普遍接受的观念。文化服务部门，是第三产业中的一个部门。因而，文化服务的产业性质是确定无疑的。

二 文化服务产品的性质

文化服务产品的本性，就是效用、财富、使用价值。现在讨论它的性质，是因为人们有不同的看法，有所争议。只有把产品的性质弄清楚，才能放手去发展文化产业。

文化服务产品是物质产品还是精神产品？是物质产品。物质和精神的区分，是为了说明人的主观意识和客观世界的关系。客观世界独立存在的东西，就是物质的东西。它不依人的主观意识为转移，无论你是否感觉到它的存在，它总是按自己固有的规律独立发展。文化服务产品是独立存在的客观事物，科学技术、文学艺术、教育等，一旦创作或生产出来，为人们提供服务，甚至与日月同辉，成为永久性的财富。所以，文化服务产品的独立性、客观性，充分说明了它的物质性。这是一方面。另一方面，文化服务产品又是具有一定思想内容的产品，反映和表现不同时代、不同阶层的人们的意识形态，因而是精神产品或精神财富。这样一来，文化服务产品既是物质产品又是精神产品，岂不矛盾？不矛盾。人是物质的，人的精神就存在于人这个物质上面。文化服务产品如书籍、绘画、演出、教学、音像制品、泥塑石雕等，都是依托一定的物质条件以反映和表现人类社会的思想成就和精神状态。其中的优秀产品，是人类社会的财富。它们与日月同辉，是经济社会发展的重要动力。因此，文化服务产品是具有思想内容的物质产品。确认文化服务产品的物质性，便为文化产业的发展奠定理论基础。在传统观念中，人们对物质产品与非物质产品的划分，以有形产品为物质产品、无形产品为非物质产品，是不准确的。有形产品是实物形态的物质产品，其物质性无可非议。无形产品（主要是服务产品，包括文化服务产品）虽然不具实物形态，但在服务过程中同样需要物资消耗和劳动力的消耗，同样是物质的凝聚。由于无形的服务产品具有边生产、边消费的特点，因而是运动形态或活动形态的产品。因此，产品没有物质与非物质之分，只有具体形态的差别，有形产品与无形产品之分，或实物产品与非实物产品之分。

文化服务产品由商品与非商品两部分构成。自人类进入商品经济和市场经济社会以来，任何产业部门的产品都有自用与市场销售两个部分，而不问其各自比例的大小。自用部分是非商品性质的产品。市场销售部分当然是商品性质的产品，即商品。商品经济和市场经济都是国家调控的经济。国家运用自己掌握的人力、物力和财力指定或命令生产部门为满足社会公共需要而生产某些产品，亦即公益产品。它们不经过市场，不受价值规律的支配，就成为非商品性质的产品。文化产业部门也不例外。各种文化服务产品为自己、为本企业、本单位服务的情况经常存在，例如剧院为职工和家属演出。国家举办的文化教育事业，如义务教育、博物馆、广播电视等。还有文化服务单位自愿为社会提供的无偿服务。这些服务都是非商品性质的产品。我国计划经济时期由于否定商品生产、排除市场机制的思潮占上风，进行非商品生产或者按非商品管理办法处理商品经济问题，带有普遍性质。文化产业部门的许多产品被排除在商品市场之外。现在进行社会主义市场经济制度建设，并坚持改革开放、与国际市场经济接轨，各产业部门当然要以商品生产为主，非商品生产部分自然要退居次要或非常次要的地位。由于计划经济时期文化服务产品生产大部分当作非商品生产，即作为国家的公益事业，因而文化服务被称为文化事业。鉴于这种历史状况，文化服务的商品性生产部分，恢复产业的称谓，即文化产业；文化服务的非商品生产部分仍旧称为文化事业。

文化服务生产的经济效益与社会效益是紧密结合的。文化服务产品作为商品，生产者，或文化商品的经营者，他们追求的是商品价值的实现，即以其投入、获取产出、取得最大的经济效益。没有经济效益，或者说没有盈利，经营者或企业就不能生存和发展。这是商品经济发展的共同规律，也是产业发展的共同规律。产品或商品能够满足市场的和消费者的需要，一般说来就是为社会创造了财富，就有社会效益。但是，消费者的需要是多种多样的，用经济发展的最高利益衡量，促进经济社会发展的是正当的需要，不利于经济社会发展的则是不正当的需要。与此相适应，满足正当需要的商品生产，经济效益与社会效益是一致的；满足不正当需要的商品生产，经济效益与社会效益便是矛盾的。例如，实物生产中的毒品，按其性质属于工农业产品，生产者的经济效益很高，但危害人类、危害社会，社会效益就是负数。文化服务商品与工农业产品一样，既有经济效益与社会效益相统一的商品，也有经济效益与社会效益相抵触的商品。生产者或企业的自然倾向是从事经济效益与社会效益相统一的商品生产。对于经济效益与社会效益不一致的商品的生产，如果有利于企业、不利于社会，生产者应当自觉放弃这种商品的生产，或者自觉地不进行国家禁止的商品的生产。同时，国家或社会认为某些商品的社会效益很高，希望或指令企业进行生产。这也有两种情况，一是既有社会效益也有经济效益，无须国家或社会帮助，企业可以按通常商品对待；二是有社会效益但经济效益很低，甚至经济效益为负，这就需要国家或社会进行资助，否则企业不能维持再生产。在计划经济体制下，文化服务当事业办，国家给任务不给资金，事业单位可以拆东墙、补西墙，完成这项、影响那项。在市场经济体制下，国家再给没有经济效益的任务，一般应该在给任务的同时给予资金帮助，如果仍然只给任务、不给资金，无异于增加企业赋税。这是不可取的。

总之，文化产业是进行文化服务商品生产的产业，按商品经济与市场经济规律办事，才能顺利发展。

三 文化产业的地位与作用

一项产业的产生与发展，一是经济社会发展的需要，二是作为国民经济的一个组成部分对其他经济部门的作用。由于计划经济体制的影响,我国文化服务的商品生产没有得到应有的发展,属于弱质产业,需要各方面的帮助与支持。因此,正确认识文化产业的地位和作用,有利于国家制定扶持文化产业发展的方针政策,也有利于调动文化服务劳动者的积极性,加快文化产业的发展。

(一) 生产文化产品,创造物质财富

在现代社会中,不少文化服务产品像工业品一样生产出来,如书籍、电影及其他音像制品,有的称为文化工业。我们说过,文化服务产品是具有思想内容的物质产品。物质产品就是物质财富。文化产业既然能为社会创造物质财富,就能够促进一个国家或一个地方发达起来。美国的好莱坞、百老汇就是以文化产业作为当地的主要产业而富甲一方。我国是具有五千年文明的古国,文化沉积十分丰厚,具有极高的开发价值。面对如此丰富的文化资源,一旦开发利用,使资源变为产品和商品,我国的文化产业必然成为优势产业。国民经济的发展总是要不断寻求新的经济增长点。文化产业迟滞多年,现在得以认识,并力求加快发展,就能够成为新的经济增长点。

(二) 教育人,陶冶人,提高人的素质

人的素质是由身体素质和文化素质构成的。人的文化素质的提高,一靠自学,二靠社会文化服务。一般地说,社会文化服务是主要的方面。所谓知识经济,是指各产业部门主要依靠科学技术进行生产和经营,其产品的知识含量高。知识存在于人的头脑中。知识分子,脑力劳动者,白领工人,是生产过程的主要劳动者,脑力劳动是制造产品的主要劳动。文化服务的主要功能就是

教育人、培养人，使普通人变成有文化教养的知识分子或脑力劳动者。文化的涵盖面很广，教育、体育、音乐、舞蹈、书法、美术、戏曲、电影、出版等，都是文化的范畴。单就文学艺术而论，这种形象化的教育，更为人们喜闻乐见，容易接受，功效也很大。总之，文化服务越好，人们的文化素质越高，对国民经济的贡献越大。

(三) 经济社会发展的动力和基础

现代社会是科学技术高度发达的社会。邓小平同志说过，"科学技术是第一生产力"。科学技术是由科学技术专家创造出来并加以运用的。文化服务产业第一是培养教育人，造就有文化的劳动者，包括科学技术专家。第二是创造或生产科学技术。高等院校、科学研究机构都同时兼有培养教育人才和创造科学技术两重任务。而知识产业主要是由文化教育、科学技术、信息服务三大产业构成。在这三大产业中，文化教育是为科学技术部门和信息服务部门提供知识劳动者的基础产业部门。没有文化教育产业的发展，一切都将停滞不前、甚至倒退衰落。在以农业生产为主的中世纪，农业是国民经济的基础。在以工业生产为主的近代社会，工业是国民经济的基础。现代社会是以服务生产为主，服务质量的高低取决于人的素质、取决于学习文化与掌握知识的程度。所以文化产业是现代社会的基础。正是这样，"科教兴国"将成为推动中华民族繁荣昌盛的力量源泉。

文化产业的作用是随着产业的发展而不断增强的。当文化产业还没有成为国民经济的支柱产业的时候，在国民经济中的地位不高，作用微小；一旦成为支柱产业甚至主导产业，其地位与作用就会大大提高。我国文化产业在全国和在各省、市、区，都有成为支柱产业的条件，问题在于努力。

四　文化服务商品市场的开拓

文化服务商品市场，可以简称文化市场，主体是文化产业部门的企业和劳动者与消费者，客体是文化服务商品。有文化服务消费，就有文化服务市场。有文化服务市场，才能有文化服务商品的生产。从经济发展的本源上说，有生产才能消费。然而，当商品生产遍及一切产业之后，市场便成为连接生产和消费的中心，便成为生产的引导者。在计划经济时期，文化产业大多属于文化事业，只听从国家或上级的指示，基本上不问市场需要。在市场经济体制下，文化产业必然也必须依靠市场，按市场需要生产文化服务商品。

我国文化产业的市场是十分辽阔的。我国是拥有12亿人口的大国。国内市场的广袤无垠，是任何国家和地区所不能比拟的。按1997年的统计数据测算，城镇居民平均每人全年生活消费支出为4185.64元，其中文化教育和娱乐用品及服务支出为448.38元，占10.7%。1997年的城镇人口为36989万人，文化服务消费则为1658亿元。农村居民86637万人，平均每人全年生活消费支出为1617.15元，其中文化教育娱乐用品及服务支出为148.18元，占9.2%，合计为1284亿元。这就是说，1997年我国文化产业就有近3000亿元的市场。平心而论，3000亿元的文化服务市场因受到限制还是不大的。一是居民购买力不高，如果居民消费支出增加，市场还会扩大。如美国，1994年人均消费支出31751美元，其中文化服务消费占10%，即3175美元，比我国人均文化服务消费高出百倍。可见，提高居民购买力，从而提高文化服务消费水平，具有很大的潜力。二是我国文化服务供给数量不足、质量不高，再受无偿服务习惯的影响，促使文化服务消费水平低。这说明扩大文化服务消费的可能性仍然存在。

中华民族文化对世界的影响很大，文化服务的国外市场也十分辽阔。第一是汉文化圈市场。这是指受我国文化影响最大的国家和地区。朝鲜、韩国、日本、菲律宾、新加坡、马来西亚、印度尼西亚、越南、泰国、缅甸等，他们有5亿以上人口，日本、韩国、新加坡等国又是经济发达和比较发达的国家，这是我们文化服务出口的第一目标市场。第二是华侨市场。华侨遍及全世界，中国文化是他们的精神和魂魄，有深切的感情。满足他们对中华民族文化的需要，不仅是扩大市场问题，重要的是把海外赤子的心与神州大地更加紧密地联系起来。第三是欧美市场。文化是人类社会共同的财富，"越是民族的，越是世界的"。对异国他乡民族的了解，并从中吸取营养，是不同国度的人民的普遍愿望。尽管有的人可能热烈一些，有的人可能淡薄一些，这不影响市场的开拓。还要看到，欧美市场是居民购买力较高的市场，对文化服务的需求旺盛。我们更应重视。

总之，我国文化服务商品的国内外市场都是浩瀚无垠的，为文化产业的发展提供了优越的环境。特别是在服务贸易中，文化服务是我国的优势产品和拳头产品，大力发展，利国利民，经济效益与社会效益均不可估量。

五 发展文化产业的对策思考

发展文化服务产业，开拓文化服务市场，是互为条件的。两者互相依存、互相促进。但市场的开拓要依靠产业的经济力量与组织力量。因此首先组织产业，接着开拓市场。以下几点意见仅供参考：

（一）办好骨干企业，组织联合"舰队"

我国文化产业的目前情况是，事业单位、企业单位、半企半事业单位三种形式同时存在。这种情况可能保持较长时期。按照我国社会主义市场经济体制的要求,文化部门应以发展文化服务企业为主。在一个产业部门中,任何时期都是大、中、小企业同时存在的,中、小企业占多数。企业发展的自然过程,是随着资本的集聚与集中,大企业逐步形成。但自然过程太慢。在文化产业资本已有一定集聚与集中的情况下,可以在一些大、中城市率先建立一个或数个大型文化服务企业,使他们成为文化产业的骨干企业,以带动整个产业的发展。

(二) 重视流通过程,办好中介企业

文化服务商品生产与消费是紧密结合的,边生产、边消费,商品的物理运动是没有流通过程的。但是,商品的价值运动有流通过程。这一流通过程是,文化服务商品的买和卖。先有文化服务商品的买和卖,然后才有文化服务商品的生产。这就是说,流通在先,生产在后。例如,一台戏剧的演出,要先卖票,观众到来,然后启幕开演——生产或提供服务。尽管具有实物形态的文化服务商品可以先生产、后出售,但在市场经济发达的今天,按定单生产仍然是最可靠的经营方式。所以,从文化服务商品的特征出发,要把流通放在第一位,切实做好先流通后生产,先买卖后服务。因此,在文化产业中,要高度重视中介企业的建设与发展。一个文化服务的中介企业可以为多个企业服务,让他们在招揽生意、推销商品和组织生产中发挥作用。在大企业或集团公司中,文化服务的中介企业或流通企业也会具有龙头作用或核心作用。

(三) 积极开展国内外文化服务商品中市场的调查研究

文化服务商品市场需求的数量、质量和结构,决定文化产业

发展的方向与规模。对市场的调查研究，是文化服务生产的第一步，也是最关键、最扎实的一步。这一步走好，生产和流通都会顺利进行。市场调查对企业的微观活动是不可短缺的，对国家的宏观管理尤其是行业主管部门的宏观管理也是非常必要的和非常重要的。文化产业刚刚起步，大多数是从事业单位经过改革转向企业经营，经济力量薄弱，经营管理水平不高。在这种情况下，主管部门的及时而又正确的指导，往往具有决定作用。所以，建立市场调查研究机构，经常开展市场调查研究活动，是文化服务的立业之本。

(四) 开展文化活动，促进市场发展

文化活动一般是指人们自我表现的文化及其娱乐活动，不具商业性质。但只要有活动，就会带来商业机会。因为群众文化活动的开展，必然扩大文化服务消费，同时还会培养一批爱好者、戏迷、影迷、歌迷、舞迷等，他们既是文化服务商品的消费者，又是开拓文化市场的先遣队。文化活动与文化服务的紧密关系，是经久不衰的。在文化产业发展初期，以活动带产业，是积极和稳妥的。

(五) 加强文化产业与其他产业的合作和协调

产业之间的合作与协调是客观存在，主动同相关产业部门搞好合作与协调，有利于自己的发展。特别是文化产业和旅游产业的合作与协调，须提到首要地位。自改革开放以来，旅游便从政务活动范围转向生活消费领域，旅游服务也从接待或招待转变为商业经营，实行了产业化。旅游消费本质上是一种文化消费。旅游服务自然是一种文化服务，是文化产业内的一个行业。由于旅游业已经有20年的产业史，国内外旅游市场均有一定规模。因

此，文化产业与旅游产业携手并肩，共同前进，将是发展文化产业的切入点和捷径。

(原载文化部主办《文化经济信息》1999年第1期)

文化产业理论的几个问题

当今世界经济社会发展的一个重要特征是文化经济的蓬勃兴起，21世纪将是文化经济的世纪。我国具有五千多年的文明史，文化底蕴丰厚，是世界文库中最优秀的瑰宝。中国加入世界贸易组织之后，文化服务贸易高速增长将是必然趋势。因此，发展中国文化产业，为社会主义精神文明建设和世界文化交流服务，有着巨大的经济与社会意义。

一 文化产业的概念

文化，"从广义来说，指人类社会历史实践过程中所创造的物质财富和精神财富的总和。从狭义来说，指社会的意识形态，以及与之相适应的制度和组织机构"，也"泛指一般知识"[1]。"一定的文化是一定社会的政治和经济在观念形态上的反映"[2]。文化是"一个群体区别于其他群体所共有的生活方式、价值观

---

[1] 《辞海》（缩印本），上海辞书出版社1980年版，第1533页。
[2] 《毛泽东选集》，人民出版社1966年版，第688页。

及行为方式"①……

关于文化的种种定义，不外乎两类，一类是人类劳动创造的财富。无论实物的还是精神的，从骨针、石斧到故宫、长城和人造地球卫星，从甲骨文、四库全书到电子书刊，都是人类社会文明进步的表现，都是文化现象。这种文化观过于宽广，一般实物产品含有文化的成分，是文化的载体，但终归不是文化活动的结果。一类是把文化当作纯意识形态或观念形态的表现，则偏于狭窄。例如科学技术、创造发明，它们是文化，但不完全是意识态的东西。笔者认为，文化主要是人类思维活动的结果。人类的思维活动，大致有三种：一是人们对生产和生活及其对自然界的观察和思考，从经验积累到规律性的认识，从而形成知识。二是人类思想感情的表现和交流，七情六欲，通过语言、音乐、舞蹈、美术、体育……以自我表现和互相交流。三是人们对自然和社会的各种信息的收集、整理和传递。因此，文化是人类经济社会活动的反映和表现。反过来说，一切反映和表现人类经济社会活动的活动，都是文化活动。

文化是人类社会的一种独立的活动。自人类社会产生之日，文化就同经济、政治一起存在、一起发展。不过，人们最初的文化活动，无论知识积累、感情交流或信息传播，是在生产和生活过程中顺便进行的。或互相交流，或自我抒发，都属于自我服务的性质。在这过程中，一部分人因其自身、环境和社会条件的差异，成为文化活动中出类拔萃的人物。他们虽是文化活动的骨干或核心分子，但不具专业性质。随着经济社会的发展，社会分工日益扩大，他们逐渐脱离工农业生产，专门为社会或为他人从事

---

① 1999年5月19—21日，文化部和亚欧基金会在北京举办了"亚欧文化产业与文化发展国际会议"，泰国查理特·庭萨巴先生的发言。

文化服务活动。这便形成一种新的社会分工——文化部门。在文化部门进行文化活动的人，是文化劳动者或文化服务劳动者。文化服务劳动者的劳动，是生产文化服务产品或文化产品。因此，文化活动与文化产业活动是两种活动，前者是人们的自我表现，后者是为社会或大众提供文化服务的劳动活动或产业活动。

文化部门的一般意义就是文化产业部门，或者说，就是文化产业。它的职能是生产文化服务产品。作为产品，文化服务产品同工农业产品的本质一样。第一，都有效用，都有使用价值，都是社会财富的组成部分。第二，都是物质产品。文化服务产品的生产同工农业生产一样需要生产资料和生活资料，同样需要脑力劳动和体力劳动的支出。这些物化劳动和活劳动是物质的，是构成文化服务产品的物质性质的基础。在人们现实生活中，许多工艺品原本是日常生活用品，如茶具、酒具、碗具、钟表等，从简单的艺术处理到高级的艺术加工，甚至成为艺术精品或珍品，它们的物质性和财富性是没有人怀疑的。对于教育和文艺、体育表演等文化服务，其物质性和财富性则有争议。因为这些文化服务是边生产、边消费，没有留下实物形式的东西，是无形产品，便有人怀疑它们的物质性。这是不对的。什么是物质？列宁指出，"物质是标志客观实在的哲学范畴，这种客观实在是人通过感觉感知的，它不依赖我们的感觉而存在，为我们的感觉所复写、摄影、反映"[①]。因此物质的就是客观的。一部文学作品，一本科学著述，是人的思维的结晶，是精神的东西，但是客观存在，影响着人们思想与行动。至于现代社会中的影片、光碟、书籍、录音带等实物形态的精神产品，大多采用工业生产方式制作，被称为文化工业，每天都为社会创造着巨额财富，再否认它们的物质

---

① 《列宁选集》第2卷，人民出版社1972年版，第128页。

性和财富性就没有道理了。总之，文化产业是专门为社会和大众提供文化服务的部门，是为社会创造财富的经济部门。

文化产业所生产和提供的文化服务产品，由于直接影响人们的思想和行为，对社会的稳定和发展具有强大的原动力和冲击力，国家和社会必须和必然把其中一部分纳入公共产品的生产范围，由国家财政和社会基金支付和补偿其劳动耗费。在商品经济条件下，作为公共产品的文化服务产品不进入市场，保持产品状态；非公共产品部分，为满足居民个人文化消费的需要而生产，当然作为商品进入市场。这样一来，文化产业部门同时进行着商品与非商品两种生产。目前我国把公共产品部分称为文化事业，把商品部分称为文化产业。从有利于文化服务商品的生产发展来说，这样称谓是可以的。

二 文化产业的地位和作用

文化产业作为国民经济的一个部门自有专业文化劳动者以来就已存在并随经济社会的发展而发展。我国宋代名著《东京梦华录》中对歌舞、杂技、戏曲等文化服务行业的描绘，是研究文化产业的最早著作。但由于它的产量小、产值低，没有引起社会重视。在 20 世纪 90 年代初发达国家经济高涨、居民文化消费需求增长的形势下，文化产业迅速扩张，以至成为国民经济的支柱产业。这才促使人们把它奉为上宾，以钦羡的目光重新认识文化产业。新中国成立以来，文化产业几乎完全当作文化事业。一方面，国家财力有限，不能满足大众对文化服务的需要；另一方面，国内外文化服务商品生产的发展，及其较高的经济效益，使人们对文化服务的产业化经营有了信心。人们对文化产业的重新思考，才提到议事日程。一些地方，如北京、上海、云南、深圳等省市，开始把文化产业当作支柱产业来培植，国家也要把它作为新世纪的新的经济增长点对待。这样，探索文化产业在国民经济中的地位和作用以统一认识、统一方针，就很有必要。

1. 创造社会财富，增加国民收入。文化服务既为人们提供文化消费的效用或使用价值，当然就是财富。一部《泰坦尼克号》电影，创造14亿美元的收入。美国NBA篮球赛的年利润达650亿美元。我国文化产业按国家统计局的划分，有教育、文化艺术及广播电影电视业，科学研究和综合技术服务业，卫生、体育、娱乐业等。他们的年产值（增加值）大约2500亿元。正在编制的国家第十个经济社会发展规划，第一次把文化产业列入国民经济计划。这意味着文化产业将在社会主义经济建设中发挥重要作用。

2. 繁荣文化经济，推动社会进步。文化服务产品从其形态上可分为有形产品（如书籍、艺术品）和无形产品（如教育、咨询、文艺体育表演等）；从效用上可分为知识类、享乐类和信息类；从最终用途可分为生产资料和生活资料两类。这就是说，文化服务产品是以科学技术、艺术为核心的知识产品。所谓以知识为基础的经济，说到底，是文化经济。教育、科学技术和信息，是文化服务产品的主体。它们首先直接影响和决定着劳动力的素质，其次是影响和决定着一切产品和服务的生产过程。特别是现代科学技术的发展，产品和服务的生产过程对文化服务产品的利用越多，即表明科学技术水平高、文化内涵丰富，其市场地位必定优越，生产必然顺利；劳动者对文化服务产品的消费量越大，文化素质越高，劳动效率也越高。正是这样，文化经济或文化产业的发展，不仅是一个产业的繁荣问题，而且是增强整个经济社会发展的动力，推动整个经济社会的发展。

3. 促进国民经济各个部门、社会生活各个方面的紧密结合。

社会产品的交换是以人们的交往为前提的，即先有生产者之间的交往，然后才有生产者之间的产品交换。在人们的交往过程中，文化起着重要作用。一是语言。商品的语言也是通过人的语言来表现的。语言不通，交换的困难是可想而知的。二是风俗习惯或风土人情。交换源于需要，而人的需要则受一方风俗习惯的制约。三是信息，对方需要的时间、地点和条件。如果语言不通、习俗不知、信息不灵，交换便无从谈起。这样，生产者之间的交往，就需要文化交往。有了文化的交往和交流，即通语言、知习俗、明信息，才能为产品或商品的交换创造条件。因此，文化既是产品或商品交换的桥梁，也是国民经济各个部门、社会生活各个方面相互联系的纽带。广告是这一作用的鲜明例子。广告是一种文化服务产品。在现代生活中，广告几乎无时不在、无处不在。广告的文化品位越高，文化内涵越丰富，其呼唤交往、呼唤联系的作用就越大。随着人们对文化与经济的相互关系的深切了解，"以文会友"，必将成为各种人际关系的黏合剂。

4. 扩大劳动就业。文化产业是由众多行业组成的群体，一旦扩大生产和供给，就能吸收大量劳动力。文化产业发达的国家和地区，其吸收能力一般超过劳动力总量的 2%[①]。参照这一指标，我国劳动力总量近 8 亿人，两个百分点就是 1600 万人。而且，文化产业是朝阳产业，又是劳动密集型产业，劳动容量大，不仅需要高知识的文化专业人员，也需要具有一般技能的普通劳动者。它的发展对我们这样一个人口众多、就业压力巨大的国度来说，是很有意义的。

5. 推进社会主义精神文明建设，增强社会主义文化发展动

[①] 参见"亚欧文化产业与文化发展国际会议"，［爱尔兰］米歇尔·赖恩先生的发言。

力。社会主义精神文明建设，是文化产业在我国现实条件下的特殊作用。文化既有超前性，又有滞后性。新的经济社会制度产生了，新文化的建设和旧文化的消亡都有一个过程。发展文化产业必须符合社会主义文化市场的需要。而社会主义文化市场的需要与社会主义时代精神的主旋律是一致的。发展文化产业与社会主义精神文明建设的一致性就不言而喻。同时，国家财力有限，居民文化需求又不断高涨，这一矛盾已经制约着社会主义文化的发展。古今中外的历史经验证明，文化发展的经济动力，既来自国家财政和社会资助，又来自市场。发展文化产业，使社会主义文化建设既实行事业管理，又采取产业经营，财政投入与市场分配双管齐下，才能促进社会主义文化的迅速高涨。

三 文化服务商品市场

新中国成立初期，文化市场虽不景气，但是按常规运行的。随着计划经济体制的确立，大多数文化企业变成国家事业单位，文化市场逐渐萎缩，几乎只剩下图书市场了。改革开放以来，音像发行和娱乐业的发展，使沉寂多年的文化市场重新活跃。特别是社会主义市场经济体制的发展，一些文化事业单位走企业化道路，更增添文化市场的活力。总之，我国文化市场的启动，是社会主义文化发展的一个历史性的进步。然而，不少企业和经营者对文化市场既感新鲜又觉生疏，或多或少影响了文化市场的开拓与组织。因此，对文化市场的一般理论略加讨论是必要的。

1. 文化服务商品的价值与价格的构成。在计划经济时期，文化服务产品一般以"礼品"、"赠品"、"贡品"的形式出现，当然不计成本、不算价格。现在文化服务产品作为商品走向市场，成本核算与价格制定自然突出出来。文化服务商品因具有突出个性、突出创新的特点，个别劳动时间在价值决定中时常起主要作用。这样一来，文化服务商品的价值弹性和价格灵活性就相当巨大。但上限不能超过居民的购买力，下限不能低于企业的生产成本。这就要求文化服务企业一方面要加强成本核算，改变不计费用、不讲效益的习惯，另一方面要把握市场供求情况，制定正确的价格策略，合理定价，以为消费者所乐于接受。

2. 文化服务商品的供求弹性。一般商品的供求曲线是，价格越高，需求越小，供给越大。供给曲线与需求曲线的交叉处是其均衡点。文化服务商品也是在这个一般规律中找寻自己的均衡点。但是，文化服务商品的需求弹性高于其他商品。一是社会对文化服务商品的需求变化大，特别是我国，出于不同时期政治和经济的需要，不时掀起一些文化活动，高潮期间需求量大，过后则锐减。二是居民文化消费的选择性强，除了基础教育，一般文化服务特别是文化娱乐，互相取代、彼消此长的情况经常发生。三是创新产品的市场机遇不好把握，人们又对文化服务创新的理解和接受通常有一个过程，是形成新的消费热点还是受到冷遇，难以预料。文化服务商品的供求的高弹性，带来企业经营的高风险，是必须时刻警惕的。

3. 文化服务商品市场竞争的复杂性。在文化服务商品市场上，除了产品质量、价格、经营管理人才等一般性竞争之外，还有其特殊性的竞争。首先，他们既有同行业的竞争，又有不同行业的竞争。例如艺术表演，戏曲、歌舞、杂技等，同一消费者在同一时间只能有一个选择。因此，第一位的是不同行业的竞争，究竟哪一个行业能吸引消费者，然后才是业内哪一个企业或剧目获胜。其次，创新竞争。文化服务商品的生命力在于不断创新。而创新的竞争从选题开始到产品问世，无处不有出奇制胜的思考与行动。再次，文化服务既有人类基本要求的共性，也有反映和表现不同社会制度的意识形态的特性,意识形态的竞争和斗争,集思想性艺术性于一体,是高层次的竞争。

4. 国内外文化市场联系密切。文化传播是没有疆界的。一般地说,不同民族的文化各有千秋,但都是在相互交流中取长补短、寻求发展的。现代科学技术在文化传播中广泛运用,使各民族、各地区的距离日益缩短,互相间的文化交流更加频繁。各种音像制品、广播电视、书刊报纸、演出团体,都可以在国内外市场上进进出出。这样,一个国家或地区的文化服务商品,在满足本国、本地区居民需要的同时,也可以为国外居民服务。因此,本国文化服务商品走向世界,国外文化服务商品进入本国市场,随时随地都在进行。

发达国家的文化产业也发达,在市场竞争中处于优势地位;发展中国家的文化产业相对落后,在市场竞争中处于不利地位。不过,文化产业区别于其他产业的特点之一是对资源的依赖性较大。我国历史悠久,文化资源十分丰富,兼有12亿人口的巨大市场,充分运用自己的有利条件,在文化市场上的不利地位是可以改变的。

四 发展我国文化产业的战略思考

我国文化产业既古老又年轻。说古老,五千年的文明史,同时也是五千年的文化产业史。说年轻,中国特色的社会主义文化产业刚刚起步。面对我国年轻的新兴的文化产业,制定正确的发展战略,扶植它,帮助它,是非常重要的。我国文化产业发展战略的基本方针应当是,开拓文化市场,鼓励产业经营。

1. 开展大众文化活动,培育文化市场。目前我国居民的文化消费与其收入水平相比,还是较低的。文化市场的潜力远没有开发出来。这一方面是长期的事业供给，居民的文化消费以福利性为主，如非必需，就不愿进入市场。另一方面，文化企业和经营者对文化市场需要的适应和开拓的观念不够清晰，等客上门的经营习惯很深。因此，改变这种现状，在供给和消费两方面都要下工夫。从供给方面努力，就是要鼓励文化服务的产业化经营。文化企业和经营者只要真正在市场上求生存、图发展，办法总是有的。对于文化消费市场的培育，以活动带市场，将是开拓国内市场的重要方式。各种文化活动的开展，必然提高大众的文化消费水平，同时也会培养和造就一批文化消费积极分子，如球迷、影迷、发烧友等，这当然会促进文化市场的繁荣和兴旺。

2. 发展文化产业经营的中介机构。在市场经济中，产销双方或供求双方既可以直接联系，也可以通过中间人或中介机构。中间人或中介机构起着连接和组织作用，同时还为双方降低交易成本。首先，要建设一支高素质的经纪人队伍。他们既要懂市场、会经营，又要有文化、知艺术。其次，组织有经济实力和组织能力的大型文化中介企业。大型企业拥有雄厚的资本和众多人才，收集和整理国内外市场的信息量大，商业信誉高，服务质量优良，以大带小，促进文化产业中介经营走上正轨。再次，建立行业协会。文化产业中各个行业的特点鲜明，经营方式和活动范围各异，行业的利益和要求也随之不同。行业协会作为政府和企业与个体经营者之间的中介机构，一方面贯彻执行政府有关部门政策法令，协助政府实行宏观调控；另一方面，代表和保护行业的共同利益，进行行业自律。

3. 组织大型文化企业集团。现代经济可以说是大企业主宰市场的经济。大企业因其经济实力雄厚，生产和经营技术先进，市场信息灵敏，经济效益和经营效果良好，活动范围广，竞争能力强，一般在国内外市场上占据有利地位。因此，一个行业、一个地区、一个国家都应有自己的骨干企业，用以形成经济和市场的基本立足点。

4. 建立文化产业基金。文化产业的重要特征是创新性和公益性强于或大于其他产业。从公益性来讲，文化服务商品不仅要反映和表现时代主旋律，而且还要执行国家对文化的方针政策与具体要求。在市场经济条件下，文化企业也是自谋生存、自我发展的。他们服从社会效益是有条件的，若负担得起，对社会作一定贡献是必要的；若负担过重，影响企业的生存，国家和社会或免除其义务，或给予适当补贴。从文化产业的创新性来讲，有成功，也有失败，是一种风险投资。文化产业的创新又关系着国家和社会文化的发展方向，把握和引导文化服务的创新活动是国家进行宏观调控的重要环节。国家引导的主要方式是出题目、给资助，鼓励文化企业按自己情况挑选并创作。由上可见，强调社会效益，鼓励文化创新，支持文化产业经营的发展，国家和社会都需要资金投入。各国实践经验表明，国家和社会的资金的投入可以采取"文化产业发展基金"的形式。这种形式既有利于资金的管理和有效使用，也有利于广泛调动社会经济力量，增加基金来源。

5. 培养经营人才。由于长期的事业体制，文化部门的人员大多精于文学艺术，疏于产业经营管理和市场竞争。这是当前影响文化产业经营的主要障碍。因此，引进和培养文化产业经营管理人才是当务之急。一是不少地方都有一些办得好的文化企业，以他们作基地，可以在短时间内培养一批实用人才。二是在社会上招聘懂市场、会经营的人才，他们虽对文学艺术规律不甚了解，但只要同业内文化专业人才结合得好，也能发挥作用。三是在有条件的高等院校建立文化产业经营专业，经常地、稳定地培养学士、硕士、博士等专门人才。

6. 完善文化市场法制。文化市场也是复杂矛盾的统一体，既有规范的行为，也有随意性的活动；既有促进社会稳定、有利经济增长的文化服务，也有沉渣泛起、腐蚀人们心灵的精神鸦片。因此，各个国家对文化市场的管理都是严格的。严格管理的手段是法制。一方面，文化产业要遵守市场经济的一般法规，如《公司法》、《经济合同法》等；另一方面，文化企业和经营者还要遵守本行业的特殊法规，如《版权法》、《知识产权法》等。总之，国家主要是依靠法制手段对文化产业经营进行管理，这就要不断健全和完善文化产业法制体系，才能有效地推动文化产业健康发展。

(原载《财贸经济》2000年第2期)

文化产业——城市新的经济增长点

城市是一个地区的经济、政治与文化的中心。更确切地说，城市是一个地区的居民进行经济、政治与文化活动的中心。城市的功能，说到底，就是为人们从事经济活动、政治活动和文化活动提供服务。第三产业亦即服务产业，它的各个行业便围绕经济、政治和文化活动的需要提供服务。一般地说，人们已经注意到为经济活动提供服务的产业，如流通部门。但为文化活动提供服务的各个产业，把它作为产业，还没有引起人们足够的重视。21世纪，人类社会将进入知识经济时代。任何城市，如不重视文化产业的发展，必然落伍，城市经济的各个方面也将陷入困境。基于这种情况，一些城市开始把文化产业作为新的经济增长点或支柱产业对待，并将其视为一个城市的文明程度，这是非常可喜的。

一 文化产业的作用

文化与文化产业是两个不同的概念。由于没有分清文化活动与对人们进行文化活动提供服务的活动的界限，这两个概念随之模糊不清。这里需做必要的说明。

文化是人类社会的一种活动,是人类经济社会活动的表现和反映。人类是依靠群体的力量、依靠社会的力量而得到生存和发展的。在群体生活中,人们需要联系、需要交流、需要发展,于是产生文化。因此,文化第一是总结经验、积累知识,第二是传播信息,第三是情感交流。有了这些文化活动,人类的社会或群体才得以稳定和延续。可见,文化活动是人类生存发展的必要活动,是任何个人、任何群体在生产和生活中必须具有的文化能力。所以文化是无时不在、无处不在。起初,文化是人们在生产和生活过程中附带进行的,具有自我表现、自我抒发的性质。随着经济社会的发展,文化活动也由简单到复杂、由低级向高级。一些人或积累知识丰富,或表现才能出众,成为文化活动的骨干分子或核心人物。在社会分工的支配下,这些人逐渐由副业变成专业,变成专门为人们进行文化活动提供服务的劳动者。当他们作为一种社会职业存在和发展的时候,文化服务劳动部门,或文化产业部门,也就随之产生了。

文化产业的产生,或专业文化服务劳动者的产生,是文化的巨大发展和社会的巨大进步。一个简单的事实:科学技术是第一生产力。社会进步靠科学技术,而科学技术的发展主要依靠专门从事文化服务的劳动者。所以文化产业既是维系社会稳定的纽带,又是推动社会发展的动力。具体地说,它还有以下作用:

(一) 创造社会财富

文化服务劳动者的劳动是服务劳动。他们劳动的结果是为进行文化活动的人提供服务,或传授知识和技能,或做艺术表演,都提供某种文化效用、某种文化使用价值。这就是文化服务产品。文化服务劳动者首先需要生产资料和生活资料,其次要耗费脑力劳动和体力劳动。所以文化服务产品同样是物资消耗和劳动消耗的结晶，因而是物质产品。文化服务产品具有两种形式，一是实物产品，也称有形物品，如书籍、绘画、雕塑、音像制品等等。另一种形式为无形产品，如教育、演出、咨询等等。一般认为文化服务产品是精神产品。这是不确切的。精神是思想、意识形态。作为一种独立的社会现象，它们是精神的而非物质的。一旦经过人的劳动，并附加上各种物资消耗，作为产品独立存在，它们就离开了飘浮不定的思想、意识，而凝结、沉淀下来，变成物质产品。产品是社会财富的现实表现。文化产业生产服务产品，当然是创造社会财富。

(二) 创造商品价值

自从商品和货币产生之后，一切产品都分为产品和商品两大部分，文化服务产品也不例外。社会或个人用于自我服务的，不进入市场，以产品形态存在。进入市场的文化服务产品，同其他产品相交换，自然转化为商品，成为文化服务商品。在市场经济条件下，一切产品都可以用货币来表现，因而都具有价值形式。文化产业创造的价值就可以计量了。我国文化产业的价值，在第三产业中，是由卫生体育和社会福利业、教育文化艺术和广播电影电视业、科学研究和综合技术服务业组成[1]。按 1997 年统计，文化产业的产值为 2625.3 亿元，占当年国内生产总值（GDP）的 3.25%[2]。文化产业既然创造商品价值，就要发展文化企业。文化企业自主经营、自我发展，就必须有盈利。文化产业有盈

---

[1] 社会福利业不属于文化产业，社会服务业中的文化娱乐业属于文化产业。由于缺乏准确的统计资料，不便调整，暂时把这两个行业的价值视为等量。

[2] 见国家统计局编《中国统计年鉴—1999》，第 55、60 页。

利,为国民经济创造的价值才能得到体现。

(三) 扩大劳动就业

文化产业同其他产业一样,在市场需求大于产业供给的时候,便需增加劳动和资金的投入,以扩大商品供应。文化产业发达的国家和地区,其劳动就业人数一般占劳动力总数的2%以上。我国文化产业部门的劳动就业人数不足劳动力总数的1%。我国劳动力充沛,农村与城市均有劳动力过剩的问题。我国劳动力近8亿,若能达到2%的水平,就能吸收1600万人之众。因此,发展文化产业,扩大就业门路,尤其是在城市,其意义特别重大。

(四) 开辟财源,增添社会主义文化发展的经济动力

文化产业经营者在为社会创造产品、为企业或为自己获取利润的同时也要为国家缴纳一定的赋税。这样,发展文化产业不是增加国家财政负担,而是增加国家财政收入。一进一出,意义决然不同。我国自建国以来一直把文化产业的绝大部分纳入事业范围,许多文化企业变成事业单位,由国家包起来。这样,一方面,国家财力有限,文化经费短缺经常发生。另一方面,国家只能考虑大多数人的主要的和基本的需要,不能满足广大居民,特别是城市人民的多种多样的文化需求。对于文化事业单位来说,完成国家任务、得到上级主管部门的褒奖是第一位的;而了解群众需要,适应市场供求,往往很少考虑。这种事业管理体制在相当程度上束缚了文化产业生产力的发展。纵观文化产业的发展历史,它前进的经济动力,一是来自国家财政的支持,二是来自市场盈利的推动。光是依靠国家财政拨款和上级指示,文化服务产品生产的数量和质量是有限的。只有在国家财政与市场盈利的双重作用下,文化产业才具有活力。社会主义文化产业的经济动

力,同样不能单纯靠国家财政一个方面。尤其是在社会主义市场经济条件下,再把文化产业局限于事业范畴,是非常不明智的。

(五) 塑造城市良好形象

经济是否繁荣,文化是否发达,是城市形象的两个基本标志。而现代社会,文化是城市的灵魂。没有发达的文化,就没有繁荣的经济,便没有美丽的城市。正是这样,文化对城市的形象具有决定意义的影响。文化重在品位。满街的秧歌队、锣鼓队,只是表示群众文化生活的活跃,并不说明科学技术、教育体育、文学艺术的发达。因此,发达的文化产业才是城市桂冠上光彩夺目的宝石。从城市产业结构调整来说,科学技术含量较低的传统产业日益被高新技术产业所取代。高新技术来自文化产业。在这个意义上,文化产业的发展,既是城市产业调整的一部分,也是其他产业走向高级化、实现合理化的前提。所以,文化产业是真正的城市之光,是一个城市的文明的吸引力所在。一个城市缺乏文化的魅力,是没有凝聚力的。

二 发展文化产业的对策选择

(一) 高度重视文化产业的发展

从城市的起源考查,商品交换是本,文化交流是源。正本清源,不能不看到文化和文化产业的魅力。当我们考察商品交换的发生与发展的时候,是把文化因素加以抽象、在纯经济的情态下予以描述。这是必要的和正常的。但从现实生活的真实状况分析,文化和文化产业的意义便不可低估。我们知道,人与人之间发生商品交换行为,必须相互沟通和相互了解。这就是交往。人与人、群体与群体之间有了交往,有一定的沟通,彼此知道对方的需要,才能产生物与物的交换。文化便是实现交往与沟通的桥梁。因为文化是一个地方、一个民族(或群体)的风土人情、语言习惯、生产生活的综合表现。而人们的需要正是源于一定风俗习惯下的生产与生活的需要。可以说,这是一定文化条件下的需要。所以文化交流和商品交换是互为条件、互相促进的。古往今来,概莫能外。"文化搭台,经济唱戏",就是这种关系的写照。不少城市有发展高新技术产业的要求,但忽略本市劳动者的文化技术水平,良好的愿望难以实现。知识是文化的一部分。知识产业当然是文化产业的一部分。无论从什么角度看,发展文化产业都是城市的基本任务。

(二) 事业管理与产业经营同时并重

我国文化产业实际分为事业管理与产业经营两大部分。事业管理部分称为文化事业。产业经营部分称为文化产业。目前我国文化产业的总产值中,事业管理部分占 3/4,产业经营部分仅占 1/4。这同建国以来把文化服务的绝大部分纳入文化事业范围的历史过程是分不开的。文化建设落后于经济建设,是无可置疑的事实。现在发展文化产业,事业管理和产业经营两个部分都应发展。有的地方认为,发展文化产业应把所有企业都推向市场,对事业单位实行"断奶"处理。这是不妥当的。对现有文化事业单位应加以分析。有的应推向市场,促其转变为企业。有的单位,如国家承诺实行义务教育的中小学校,则应保留事业性质。当然,现时发展文化产业的重点是产业经营部分。首先,发展文化产业同其他行业一样,要实行多种经济成分并举的方针。国有经济仍是主要成分,因能够较快进入市场、并提供优质服务的还是要依靠原有事业单位转向产业经营。其次是发展民营文化企业。民营企业机制灵活,特别是那些知识含量较高的文化服务,以智力投资为主，适合科技人员进入市场经营。一些有一定经济实力的其他行业的民营企业，也可以投资文化产业。文化产业的民营化，是一种发展趋势，应积极倡导。在全球经济一体化的浪潮中，外国资本进入中国文化产业经营，只要政策和措施得当，也是值得鼓励的。

(三) 着重发展大型文化企业

在文化产业中，企业也是大中小并存、中小企业占多数的局面。但是，现代的市场经济是大企业主宰的经济。大企业凭借自己的经济实力、组织能力和人才、技术优势，总是在市场上处于主导地位，影响、甚至左右着产业发展的方向。我国文化产业刚刚起步，如果按企业成长的从小到大的一般规律，那就很难拓展国内市场、进入国际市场。发展文化产业的高起点，就是首先办好大型文化企业。创办大型文化企业的条件是具备的。目前，许多观众文化，即文化服务劳动者为众多观众表演的文化活动，大多数文艺演出团体或单位还处于事业状态。他们的服务设施设备、流动资金等构成的资本，属于国家所有。这些机构、人员和资本适当加以组织，就可以形成若干大型文化企业。当然，现行部门分割、地区封锁的经济体制妨碍着这一目标的实现。在社会主义市场经济和深化体制改革的推动下，这些障碍是可以清除的。同时，鉴于我国文化产业对文化市场还不熟悉，必须加紧发展中介企业，培养一大批既了解文学艺术规律、又把握文化市场运作的经纪人。这样，文化产业的组织机构健全，经营能力提高，在市场上就容易站稳脚跟。

(四) 建立文化产业发展基金

文化服务产品生产的基本特征是公益性和创新性。文化服务产品不论其适用范围多么狭小，它的思想内容，或多或少都要对社会的意识形态产生作用，进而影响社会的发展。从社会发展的利益出发，总是希望文化服务经营者生产公益性强的产品。社会要求的公益性和企业生产的盈利性，有时是一致的，有时则是矛盾的。公益性与盈利性一致的时候，企业生产正常进行。如果发生不一致的情况，企业面临亏损的威胁，若无社会或国家的支持，则难以为继。国家或社会如建立了文化产业发展基金，就对他们给予补偿，以维持生产。文化产业的生命力在于不断创新。文化服务产品必须有新作品、新服务的不断问世，才能为居民所喜闻乐见，才能推动文化的发展。而创新，既要投资，又有风险。投资是第一位的。大型企业经济实力强，自己就有风险投资基金。众多中小企业和文化研究机构便需要社会的援助。文化产业发展基金由于有稳定的资金来源，是经常起作用的因素。它可以帮助有创新能力的企业、事业单位和个人，也可以资助那些符合国家和社会需要的创新研究。除建立文化产业发展发展基金之外，还应鼓励社会上有条件的企事业单位投资或赞助文化产业的发展，以多方开辟资金来源。

（五）创造宽松的文化产业营运环境

我国文化产业尚属幼稚产业，需要积极促其发展。首先是完善文化市场法规。一切企业都必须依法经营，遵守中国有关组织、管理、引导文化市场的各种法规。这是文化产业经营健康发展的基本条件。其次是适当优惠。国家提供各种便利和服务，并轻费薄税，鼓励中外投资者投资文化产业。第三是培养人才。经营人才的短缺是当前制约文化产业发展的重要因素。学校教育与业余教育都要为文化产业培养会经营、善管理、懂艺术的文化商人。这支队伍越是精干、强劲，文化产业的发展就越是迅猛、顺利。

(六) 发展文化服务贸易

文化服务产品的进出口,属于服务贸易范畴。中国加入世界贸易组织之后,服务贸易的大发展是必然的趋势。目前,我国服务贸易处于入超的态势,不少商品在国际市场上缺乏竞争力。而文化服务商品植根于文化底蕴。中国有五千年的文明史,文化底蕴十分丰厚,可以创造出众多品位高雅、形象生动、为国内外市场欢迎的文化服务商品。因此,文化服务商品可以成为我国进行服务贸易的拳头产品。鼓励和扶持文化服务商品的出口,应成为我发展文化产业的一项基本政策。

(七) 发挥城市文化中心作用

文化是城市赖以生存发展的基本条件之一。发挥城市的文化中心作用同时也是城市建设的基本任务。首先是积极开展城市文化活动,既注意普及,又重视提高,使居民的文化活动同经济发展、社会安定和文化市场开拓结合起来。其次是加强城市文化基础设施建设。一方面,增加国家投入,优化城市文化环境,改善公共文化服务产品的供应。另一方面,采取有效措施,吸引民间资投向文化基础设施建设。第三是提高城市文化的辐射能力。文化下乡是城市文化辐射的一种方式。重要的是城乡文化产业经营的联合,以城市带乡村,以大中城市带中小城市。这就能够更好地进行文化产业和文化市场的发展。

(原载刘国光主编《21世纪中国城市发展》,
红旗出版社 2000 年版,第 578—586 页)

发展文化产业　建设先进文化

江泽民同志在庆祝中国共产党成立80周年大会上的讲话指出："我们党要始终代表中国先进文化的前进方向，就是党的理论、路线、纲领、方针、政策和各项工作，必须努力体现发展面向现代化、面向世界、面向未来的，民族的科学的大众的社会主义文化的要求，促进全民族思想道德素质和科学文化素质的不断提高，为我国经济发展和社会进步提供精神动力和智力支持。"这就是要求我们，站在时代前列，发展先进文化，把建设有中国特色的社会主义事业推向新的发展阶段，夺取新的胜利。

一　文化与文化产业的关系

文化是人类特有的社会活动。人类在长期的生产劳动和社会交往中产生了语言，继而产生了记录语言的符号——文字。人类社会有了语言文字，便有了文化活动。人类社会的文化活动的主要内容是经验的积累与传播和思想情感的表达与交流。人类在生产和生活过程中，也就是认识世界和改造世界，自然会产生各式各样的经验。这些经验经过语言文字的加工，上升为知识。知识的积累、创新和传播，是人类社会主要的文化活动。人类的情感是很丰富的。七情六欲，喜怒哀乐，通过文字、音符以及音乐、舞蹈语言等表现和传播，从而促进人们之间的沟通与交往，使社会关系更加融洽与协调。

人类社会有了文化，文化便同人的生命紧密结合在一起。生产劳动需要文化，生活消费需要文化，休闲娱乐需要文化，人际交往需要文化，所以文化无处不在、无时不在，人人都是文化活动的参与者。由于人的生存环境（自然环境和社会环境）不同，人与人之间进行文化活动的能力千差万别，参与文化活动的兴趣或爱好也迥然不同。这样，不但文化活动有了差异，而且人们之间的文化素养也有了差异。文化活动的差异，形成文化的各种分支或类别；人的文化活动能力与爱好的差异，造就一些具有特殊文化才能的人。

随着经济社会的发展，包括文化的发展，那些具有特殊文化才能的人同一般文化活动参与人之间的差别越来越扩大。在社会分工的支配下，具有特殊文化才能的人中一部分成为专门从事文化服务的劳动者，为社会、为人们的文化活动服务。这样一来，文化的发展既依靠广大群众文化活动的普及与提高，又依靠专业文化服务劳动者提供的文化服务的数量与质量。广大群众的文化活动与专业文化服务劳动者的文化服务互相影响、互相促进，推动着全社会文化的发展。

专业文化服务劳动者是以为社会和为人民大众提供文化服务维持生存和发展。这样，他们就是以其文化服务劳动同工农业劳动或其他劳动相交换。文化服务劳动者从个别的、少数的人员扩大到一个社会群体，这就是文化服务劳动部门（或文化部门）的形成。它同其他劳动部门一样，是经济社会不可或缺的产业部门。可以说，专业文化服务劳动者的出现就是文化产业部门的初始。

由于文化是一个民族或一个国家的灵魂,既关系着经济的发展,也关系着社会的稳定与延续,国家或民族的领导集团必须掌握文化活动的发展方向和主要内容。尽管文化产业部门的服务和人民大众的文化活动是互相促进的,但从全社会看,文化服务劳动者毕竟是社会文化活动中的精英,具有强大的文化影响力,掌握或控制了他们也就把握了社会文化的制高点。因此,国家或民族的领导集团就要把文化产业的一部分或大部分掌握在自己手里。国家的财力富裕,可以多掌握一些,把这部分文化服务当作公共产品提供给社会。国家财力拮据,可少把握、少提供。文化产业的其余部分,在商品经济和市场经济条件下,文化服务作为商品同其他商品相交换。这种做法合乎规律性,古今中外都一样。

新中国成立后,援引革命战争年代的文工团体制,国家把文化产业的大多数机构纳入事业范畴,因而称为文化事业。一方面,随着经济社会的发展,任何国家都无法满足人民群众多种多样的文化需要。另一方面,国家的财力有限,只能集中精力办好最重要的文化服务事业。在国内外文化市场的影响下,我们把通过市场提供文化服务的部分称为文化产业,并正式纳入国民经济范畴,列入国家经济社会发展的第十个五年计划。

二 文化产业应遵循发展先进文化的方向

文化同其他事物一样,也有自己新陈代谢的客观规律。它总是以新文化代替旧文化,以先进的文化代替落后的、腐朽的文化。文化产业是把文化服务当作商品来生产和销售的服务行业。它对社会亦即对市场是提供新文化服务还是提供旧文化服务,是提供先进文化的服务还是提供落后、腐朽文化的服务？这是文化产业发展的根本问题。江泽民同志关于"三个代表"的理论，"发展先进文化"，就是文化产业的生命线。

弘扬主旋律，驾驭文化市场。文化产业既然是生产和经营文化商品的产业，必然也必须以市场为导向，根据市场需要进行生产和经营。市场需要首先是社会和广大群众的需要。在不同时代、不同社会制度下，国家、社会和广大群众对文化服务的需要是不同的。我国是社会主义社会，是在21世纪走向发展的社会主义社会。在这样的历史时期内，国家、社会和广大群众的文化需要，就是"中国先进文化的发展趋势和要求"，就是"社会主义文化的主旋律"。所以，社会主义文化市场的需要和社会主义文化的主旋律是一致的。当然，文化市场上有主流，也有支流。社会的各个阶层、各种思潮的人对文化服务的各种需要都会在文化市场上表现出来。作为社会主义文化产业的经营者，无论企业或个人，如何对待那些落后的、腐朽的支流、甚至逆流呢？毫无疑问，应当唱响主旋律，发展先进文化，抵制那些不健康的文化需求的高利引诱。这样才能把握住市场的脉搏，才能把握文化产业发展的根本的长远的利益。

继承优秀传统，积极推陈出新。我国是有5000年文明史的古国，文化资源十分丰富。这是我国文化产业发展的得天独厚的优越条件。把文化资源转化为文化服务商品有一个过程。首先要对古老的传统的文化进行分析。任何文化都有其积极成分和消极因素。如以"四大发明"为代表的科学精神，孔子的教育，孙子的兵法，唐诗宋词，"三国"、"红楼"，以及长城、故宫等众多文物古迹，许多都具有永恒的文化价值。消极的、腐朽的东西，如邪教歪理，春宫青楼，三纲五常及其他封建迷信等。文化产业应推崇的是科学探索，经济文化交流，爱国主义、民族和睦、高尚情操陶冶，继承中国古老文化的优秀传统。文化的发展是由创新推动的。简单的继承，亦即照抄照搬历史文化以服务现代社会、满足当代人的需要，是不够的。对于文化产业来说，在现代社会中没有创新是没有市场的。因此，文化产业在开发和利用我国文化资源的时候，既要继承优秀传统，又要推陈出新，使古老题材充满青春活力。同时，时代的脚步是永不停歇的，文化产业还要根据现实生活的需要，创造新的文化服务商品。创新有成功也有失败，有主流产品也可能离开主流要求。文化产业应按照发展先进文化的需求弘扬主旋律，力争创新活动的成功。

建设中国文化服务商品特色，批判吸收世界先进文化营养。在经济全球化趋势日益明显的情况下，文化产业必然在国内外市场共同作用中发展。这样，文化产业生产和经营的文化服务商品不仅在国内市场上要坚持先进文化的方向，而且在国外市场上也要提供富有先进文化内涵的商品。我国即将加入世界贸易组织，文化市场的开放不可避免。世界各国的文化服务商品要进来，我们的文化服务商品一要在国内市场上同国外文化服务商品相竞争，二要出去在国际市场上同外国的文化服务商品竞争。竞争的胜利之本在于，我们能否创造出具有中国特色的先进文化服务商品。保持中国文化特色，是中国文化服务商品的基石。在国内市场上，它是人们喜闻乐见、易于接受的商品。在国际市场上，越是民族的也越是世界的，外国人民群众也需要异国他乡有特殊情趣的文化服务商品来丰富自己。文化是在交流中发展的。中华民族文化不但是国内多民族文化的结晶，而且也大量吸收了外国的文化。但不是照单收录，而是有选择的，择其先进的能为我所用的部分，摒弃或抵制其落后、腐朽和对我有害的东西。我国的文化服务商品才能既保持特色，又有先进文化内涵，成为竞争能力强大的商品。

发展先进文化,是文化事业部门和文化产业单位的共同责任。目前我国文化事业部门以公共产品形式向群众提供的文化服务居于主要地位,文化产业单位以商品形式提供的文化服务所占比重较小。随着社会主义市场经济和文化产业的发展,公共文化服务的比重将逐步下降,商品性文化将逐步增加。从长远来看,文化产业将成为发展先进文化的主要力量。大力促进文化产业的发展,将是我国的重要产业政策。

(原载《财贸经济》2001年第10期)

我国文化产业：现状与对策

新中国成立以来，我国文化产业一直是作为国家事业部门对待。到20世纪90年代，我国确立了建设社会主义市场经济体制的方针，文化服务要作为产业对待的问题才提到议事日程。国内对文化产业的研究，只是紧跟时代的需要，做了一些初步工作。研究中的主要问题是，产业范围不明确，统计数据缺乏，实际工作处于摸索阶段，经验与教训均不成熟。但是，我们认为，文化产业在我国还是新鲜事物。如何推动新鲜事物尽快成长，是我们的责任。

一　文化产业的一般范畴

由于人们对文化的认识不尽相同，因而对文化产业的态度也各有千秋。认识是行动的指南。我们的研究不能不从文化产业的一般范畴起步。

文化是人类社会特有的现象。有人把动物社会中的沟通、分工等称为文化，是不对的。文化发端于文字，文字起源于语言。因此，语言—文字—文化，这是文化产生和发展的全过程。

文化是人类社会交往活动的内容及其方式方法借助语言文字的反映和表现。人们的思想情感的表达，风俗习惯的形成，规范制度的确立，以及生产关系、交换关系等，都是在人与人之间互相交往的过程中产生和发展起来的。人们在交往中形成共同的语言文字，形成共同的利益，因而组成群体、组成社会，这才产生各种社会关系。人们运用语言文字来反映和表现交往中各种事物，既源于这些事物，又不同于这些事物，这就是文化活动。人们的相互交往，最初是本能性质的。这种交往同普通动物没有区别。但人类的大脑发达，思维能力强劲。当人类借助语言文字来观察事物和分析事物的时候，有了文化，社会随之发生革命性的变革——脱离动物界，形成人类社会。

人类社会的基本活动第一是生产、生活活动即经济活动；第二是文化活动；第三是政治活动。政治是在经济与文化活动的基础上产生的、调节人们相互交往过程中的经济与文化要求和利益的活动。文化之于经济、政治，同是人类社会的活动。文化，一方面，是独立的活动。它有自己独特的活动内容与活动方式。另一方面，它蕴藏于经济与政治之中，一切经济的与政治的活动都需要文化作支撑，同时又哺育着文化的成长。这是人类社会发展的规律性之一。

人们在这三大活动中都会产生经验。经验的积累、加工，必然也必须借助语言文字，于是形成知识。人类社会的所有知识可以归纳为关于自然的知识和关于社会的知识。积累知识、创造知识和传播知识，是文化活动主要的和基本的内容。人的感情丰富，喜怒哀乐，七情六欲，也要通过各种方式表现出来，以实现人们之间的相互联系和沟通。文学、绘画、音乐、舞蹈、体育、戏曲……都是表达感情的文化活动。人是不能孤立生存的。人是社会的人，是社会的成员。个人的一切行为（包括思想和行动）

必然受社会的约束。风俗习惯、道德规范、社会制度等是对个人行为起制约作用的社会要求,成为人类群体共同的文化活动。这样,知识的积累与传播,感情的表达与交流,行为的规范与约束,便构成人类社会文化活动的主要内容。至于"文化从广义来说,指人类社会历史实践过程中所创造的物质财富和精神财富的总和。从狭义来说,指社会的意识形态,以及与之相适应的制度和组织机构"[1]。人类创造财富是生产活动或经济活动。例如,农民生产的粮食、蔬菜、果品、肉类等是产品、是财富,不能说它们是文化。但产品里面蕴藏着生产者的文化——知识或技术,因此,一定时期的产品只能是一定时期文化的载体。社会的意识形态以及制度和组织机构只是文化的一部分,特别是它不包括超出意识形态范围的科学技术知识,而不能表示文化的主要内涵。由于文化定义的多种多样[2],这里我们着重注意文化的内容,而忽略定义的表述。

文化既是人类社会的一种活动,所有社会成员必定都需要、都参与。由于文化不是本能的、先天赋予的而是后天习得的。人们所处的环境和条件不同,习得或掌握文化的程度就有差距。有的人文化程度高一些,有的人文化程度低一些。文化程度高的人,往往在某种文化活动中出类拔萃,成为骨干或领袖人物,为众人所推崇。他们也以自己掌握的较多的文化来帮助或带领一般人进行文化活动。随着经济的发展,在社会分工的支配下,文化程度较高的人当中一部分逐渐脱离工农业生产活动,专门进行文化活动,也就是专门为一般人进行文化活动

---

[1] 《辞海》,上海辞书出版社1980年版,第1533页。

[2] 孙凯飞:《文化学——现代国富论》:"有关文化的定义不下几十种,有人说上百种",经济管理出版社1997年版,第23页。

提供社会服务。我们把他们称为文化服务劳动者，或文化工作者。

文化服务劳动者为社会或为个人提供文化服务，必然产生物资消耗和活劳动消耗。也就是说，文化服务需要投资，耗费成本。首先，文化服务劳动者需要生产资料，即使是最简单的笔墨纸砚、乐器道具、表演场所……没有它们，就不能提供服务。其次，文化服务劳动能力的形成，既要花费劳动，也要支付成本；劳动能力的维持，一定的生活资料必不可少。这样，专业文化服务劳动者的存在，在社会上就是文化服务劳动部门的存在。文化服务劳动部门，或文化服务劳动者，由于生存和发展的需要，必须同其他劳动部门或劳动者进行劳动交换。对于文化服务劳动部门或文化服务劳动者来说，是用文化服务劳动同工农业生产劳动或其他劳动相交换，以取得劳动消耗的补偿。在没有商品货币关系之前，他们的劳动交换表现为产品交换。在商品货币关系产生以后，他们的劳动交换则表现为商品交换。由此可见，文化服务的产生过程就是文化服务劳动部门的产生过程，就是文化服务产业的产生过程。

人类创造了文化，最终脱离动物界，进入了文明的人类社会。反过来，没有文化，就没有人类社会。文化因此成为人类社会和人们不可须臾脱离的事物。文化就像阳光、空气和水一样，构成为人的生命。人的灵魂，说到底，就是文化。人的行动是受文化驱使的。所以，文化既是人类社会赖以维系和发展、稳定和延续的动力源泉，也可以成为阻碍社会发展或破坏社会安定的逆动力。任何社会，无论领导者还是统治者，都深知文化对于自己带领的群体的重要性。他们从社会发展的需要出发，必须促使或引导文化朝着有利于自己的方向发展。在文化服务劳动部门或文化服务产业存在的条件下，文化发展的主导力量自然依附于专业文化服务劳动者，依附于文化服务产业部门。社会的领导阶层或统治阶层（国家）通过掌握文化服务产业部门、掌握文化服务劳动者从而掌握文化的动向，最经济又最有效。但是，居民的文化活动是丰富多彩的，对文化的需要是多种多样的。国家只能把握总的方向，满足大多数人的一般需要，不可能满足所有人的各式各样的需要。同时，国家掌握的社会剩余产品（财力）任何时候都是有限的，用于社会公共需要的文化服务则更有限。这样，国家只能在一定财力范围内为社会提供必要的公共文化服务。居民需要的其他文化服务，则由居民与文化服务劳动者或文化服务产业部门进行劳动或产品交换。在商品经济条件下，这种交换就是商品交换。所以，从文化服务产业部门诞生以来，文化服务就分离为公共文化服务与私人文化服务两个组成部分。这两部分不论作何称呼，它们都是客观存在。

在商品经济社会里，文化服务产品大部分当作商品，为众多投资者和劳动者所生产和经营。新中国成立以后，鉴于文化服务与意识形态和政治的紧密关系，大部分文化服务产品当作公共服务产品来生产和提供。许多文化服务企业不但由私有制转变为公有制，而且由企业机构转变为事业机构。在这种体制下，尽管国家制定了"百花齐放，百家争鸣"、"繁荣社会主义文化"的方针，但限于国家财力不足、文化服务产品生产和经营的体制与机制不顺，文化服务不能满足经济社会发展的需要。20世纪80—90年代，国际文化产业兴起。某些发达国家的文化产业不但成为国民经济的新的增长点，而且还是国家的支柱产业，其经济收益可与石油、汽车等宏大产业媲美。中国的改革开放，特别是建设社会主义市场经济方针的确立，文化领域也加快了改革开放的步伐，文化市场开始欣欣向荣。《中共中央关于制定国民经济和社会发展第十个五年计划的建议》中指出，"完善文化产业政策，加强文化市场建设和管理，推动有关部门文化产业发展"[①]。这是党和国家对文化产业的确认，也是加快文化产业发展的战略部署。

由于文化服务经济理论研究的滞后，对文化产业的有关范畴的认识还相当模糊，如有的人认为，"文化在现代社会已经成为一种产业"，就是"文化的产业化"，"正在促使中国文化走向产业化"[②]。文化作为一种社会活动，如同消费活动一样，不能产业化。如果文化活动产业化了，就没有文化产品的消费者了。所以"文化的产业化"不能成立。专门为人们进行文化活动提供服务的文化服务，是效用，是使用价值，因而是产业活动，已经产业化了。还有的人认为，"文化产业就是按照工业标准，生产、再生产、储存以及分配文化产品和服务的一系列活动"[③]。这是因为一些有载体的文化产品如报刊、书籍、拷贝、光碟等可以用工业方式生产出来，对它们来说，称为文化工业是可以的。而许多文化服务，如教学、文艺表演、体育表演等，是无形产品，既不能按工业标准生产，也没有办法储存。这样定义文化产业不能反映文化产业的全貌。

现实经济、文化生活需要对文化产业做出明确的回答。我们认为，文化产业是把文化服务当作商品来生产和经营的盈利性的产业活动。这种产业活动主要是由文化服务企业来运营的。个体文化服务劳动者对消费者提供商品性的文化服务，也属于文化产业活动。与此相反，文化事业就是把文化服务当作公共产品来生产并提供给社会的非盈利性的活动。这就是说，文化事业单位仍然依靠国家财政支出维持其生产与服务活动，文化产业以市场为

---

① 见《人民日报》2000年10月19日。
② 柯可等：《文化产业论》，广东经济出版社2001年版，"序言"第1、5页和本书第3页。
③ 元江：《关于发展文化产业的十个问题》，《光明日报》2001年8月25日。

导向生产和经营文化服务商品并在竞争中求生存、谋发展。

二 我国文化产业的基本情况

我国明确提出发展文化产业是随着改革开放的历程逐步进展的。它经历了文化市场——文化经济——文化产业的过程。1988年，文化部和工商总局联合发布《关于加强文化市场管理工作的通知》，首次明确了文化市场的存在。1991年，国务院批转《文化部关于文化事业若干经济政策的报告》提出了"文化经济"的概念。1992年，江泽民同志在"十四大"报告中指出要"完善文化经济政策"。同年，国务院办公厅综合司编著的《重大战略决策——加快发展第三产业》，书中有了"文化产业"一词[1]。文化产业概念的正式启用，也是文化产业发展的结果。

（一）文化产业的一般情况

由于文化产业统计调查制度尚未建立，我们只能根据第三产业统计中的有关资料进行大致的估算。我国第三产业统计的项目有：农、林、牧、渔、服务业，地质勘探、水利管理业，交通运输、仓储及邮电通信业，批发、零售贸易及餐饮业，金融、保险业，房地产业，社会服务业，卫生体育和社会福利业，教育、文化艺术及广播电影电视业，科学研究和综合技术服务业，国家机关、政党机关和社会团体，其他行业。其中，卫生体育和社会福利业、教育文化艺术及广播电影电视业、科学研究及综合技术服

---

[1] 参阅江兰生等主编《文化产业蓝皮书——2001—2002年：中国文化产业发展报告》，社会科学文献出版社2002年版，第4页。

务业可视为文化产业的主要部分①。这样，我们可以从这三个部门的发展中看到文化产业的一般，如下表②：

表1　　　　　　　我国文化产业增长情况　　　　（单位：亿元）

年份	第三产业增加值		卫生体育和社会福利业		教育、文化及广播电影电视业		科研和综合技术服务业	
	产值	%	产值	%	产值	%	产值	%
1991	7227.0	100.00	215.2	100.00	454.9	100.00	97.5	100.00
1992	9138.6	26.47	264.0	22.68	547.7	20.49	125.0	28.21
1993	11323.8	56.68	333.7	55.07	709.9	56.06	151.8	55.69
1994	14930.0	106.59	433.8	106.23	977.6	114.90	213.4	118.87
1995	17947.2	148.34	483.2	124.54	1124.5	147.20	277.1	184.21
1996	20427.5	182.66	564.2	162.17	1354.9	197.85	335.7	244.31
1997	2302.7	218.65	617.1	186.76	1573.2	245.83	434.1	345.23
1998	25173.5	248.33	687.2	219.33	1823.9	300.95	470.8	382.87
1999	27035.8	274.09	742.7	245.12	2098.0	361.20	556.6	470.88

表中反映，1999年比1991年，第三产业总值增加约2.7倍，而卫生体育和社会福利业增加2.4倍，教育、文化及广播电影电视业增加3.6倍，科学研究和综合技术服务业增加1.7倍。这说明，文化产业的增长，超过第三产业的平均增长速度，仅卫生体育的增长缓慢一些。

文化产业发展同整个国民经济相比，是较慢的。请看

---

① 现行统计口径中，社会服务业虽包含文化娱乐业，而卫生体育和社会福利业中社会福利业不属于文化产业。我们暂时把文化娱乐业和社会福利业的产值看做近似。
② 根据《中国统计年鉴—2000》第57页数据制表。

下表①：

表 2　　文化产业与国内生产总值（GDP）的比较　（单位：亿元）

年份	国内生产总值 产值	国内生产总值 比1991年±%	人均GDP（元）产值	人均GDP 比1991年±%	第三产业 产值	第三产业 比1991年±%	文化产业 产值	文化产业 比1991年±%
1991	21617.8	100.00	1879	100.00	7227.0	100.00	767.6	100.00
1992	26638.1	23.22	2287	21.71	9138.6	26.47	936.7	22.03
1993	34634.4	60.21	2939	56.41	11323.8	56.68	1195.4	55.73
1994	46759.4	116.30	3923	108.78	14930.0	106.59	1624.8	111.67
1995	58478.1	170.50	4854	158.33	17947.2	148.34	1884.8	145.54
1996	67884.6	214.02	5576	196.75	20427.5	182.66	2254.8	193.75
1997	74462.6	244.45	6053	222.14	23028.7	218.65	2624.4	241.90
1998	78345.2	262.41	6307	235.66	25173.5	248.33	2981.9	288.47
1999	81910.9	278.90	6534	247.74	27035.8	274.09	3397.3	342.59

文化产业在 1991—1999 年间，增长了 3.4 倍，平均每年增长 16%。同期，国内生产总值平均每年增长 15.9%，人均 GDP 增长 14.8%，第三产业增长 15.8%。应当说，文化产业的发展受到了重视，但也只是与国内生产总值同步增长。

文化事业由国家财政支出，文化产业在市场上实现。因此，我们认为，国家对文化事业的财政支出可以视为文化事业的增加值。具体情况如下②：

---

① 根据《中国统计年鉴—2000》第 57 页数据制表。
② 文化事业产值视为国家财政的文教、科学、卫生业费，见《中国统计年鉴—2000》第 261 页。

表3　　　　　文化事业与文化产业的比重分析　　（单位：亿元,%）

年份	1991	1992	1993	1994	1995	1996	1997	1998	1999
总值	767.6	936.7	1195.4	1624.8	1884.8	2254.8	2624.4	2981.9	3397.3
事业	708.0	793.0	957.8	1278.2	1467.1	1704.3	1903.6	2154.4	2408.1
比重	92.2	84.6	80.1	78.7	77.8	75.6	72.5	72.2	70.9
产业	59.6	143.7	237.6	346.6	417.7	550.5	720.8	827.5	989.2
比重	7.8	15.4	19.9	21.3	22.2	24.4	27.5	27.8	29.1

我国文化产业产值实际分为文化产业和文化事业两部分。文化事业从1991年的708亿元增加到1999年的2408.1亿元，增长了2.4倍，平均每年增长14.6%，但它在总值中的比重由92.2%下降到70.9%。文化产业可以说突飞猛进，1991年仅有59.6亿元，占总值的7.8%；到1999年就达到989.2亿元，占总值的29.1%，增长了15.6倍，平均每年增长36.6%。文化产业市场化的程度正在快速提高。一般地说，国家对文教、科学、卫生事业费的支出，主要是基础性、公益性和市场不能提供的文化服务。但由于过去"包"得过多，现在还不能即刻"断奶"，让一些应当进入市场的事业单位逐步进入市场，逐步由事业单位变为企业单位。文化事业在总值中仍占70%的份额，是正常的。文化产业在总值中的比重由7.8%上升到29.1%，在社会主义市场经济体制下这是必然的。从发展趋势上看，文化产业的比重迟早会超过文化事业在总值中的比重。

(二) 各行业的情况

文化产业的行业众多，粗略划分，约20多个行业。它们是，教育服务业、体育服务业、艺术表演业、娱乐服务业、广告业、信息咨询业、计算机应用服务业、出版业、文物保护业、图书馆业、档案馆业、博物馆业、新闻业、音像图书发行业、广播业、电影业、电视业、科学研究业、技术服务业、测绘业、气象服务业、文化中介服务业等。这有待于对文化产业作全面调查统计时仔细归类，再行讨论。

教育产业：教育服务是一个产业部门。它生产的教育服务产品，一部分作为公共产品，以国家对居民的义务教育的形式出现，由教育事业单位提供；另一部分作为商品进入市场，形成教育服务市场，以商品买卖的形式实现①。在"科教兴国"的方针指引下，我国教育服务产业稳步发展，取得较好的成绩。反映教育发展情况的综合指标是学生人数。"各级学校在校学生数占全国人口%"，1991年为15.19，1999年为17.50，增加2.31。1991年到1999年"平均每万人口中"大学生由17.6人增至32.8人，中学生由451人增至636人，小学生由1050人增至1076人②。但是，我国居民的文化素质偏低，同教育不够发达密切相关。据1999年人口变动抽样调查数据，全国6岁以上人口1124495人，按受教育程度划分，其中，不识字或识字很少的150340人占13.4%，小学432927人占38.5%，初中386057人占34.33%，高中120422人占10.7%，大专以上34748人占3.1%。这就是说，我国86.2%的人口只有初中及初中以下的受教育程度，受过大专以上教育的仅仅占人口总数的3.1%③。因此，我国的劳动力充沛，但素质低，人才短缺，发展教育的任务十分繁重。目前我国教育实际运行中，国家负担的九年义务教育，因经费不足，一方面发动"希望工程"，一方面又加重市场

---

① 参阅《光明日报》1993年2月8日，《教育服务的商品化》一文。
② 参见《中国统计年鉴—2000》，第656页"平均每万人口在校学生数"。
③ 参见《中国统计年鉴—2000》，第104—105页"受教育程度的人口"。

化，有损国家义务教育的形象，而在非义务教育的高等教育中，却加大财政经费支出，延缓其市场化进程，形成教育政策的矛盾状态。这种状况，不利于教育产业的发展。

科学研究与综合技术服务业：1999年，我国科技机构有22223个，科学家与工程师53.1万人，科技经费筹集额达1460.6亿元，科技市场交易额523亿元①。这说明，我国科学技术有了巨大进步。在邓小平同志关于"科学技术是第一生产力"的理论指引下，党和国家高度重视科学技术的发展，所以才取得较大的进步。在社会主义市场经济体制建设过程中，一方面国家对基础性的、关系国计民生的重大科学技术问题的研究与开发继续加大投入，促进其发展；另一方面，引导科学技术部门积极探索科学技术、市场和资本相结合的产业化发展道路。近年来，我国科学技术产业化的成效显著。各地高科技园区的发展，对科学技术的产业化、市场化的促进作用很大。例如北京中关村科技园区经过三年的建设，已成为最具活力的技术创新基地。中国科学院对现有企业和直接面向市场的应用开发型研究所按现代企业制度进行改制和转制，以推动高技术的产业化。截至2001年底，完成转制单位13个，研究所投资的385家高技术企业中80%完成了公司制改造。近两年来，高技术企业营业额累计达813.8亿元，利税额达79.52亿元，为社会提供4万余个就业机会②。"海洋一号"卫星发射成功，标志着我国空间技术开始向产业化、市场化方向前进③。我国技术市场也相当活跃。2001年，全国有16个省、市、自治区技术合同成交额超过10亿元，输出技

---

① 见《中国统计年鉴—2000》第681页。

② 《光明日报》2002年4月28日通讯《中科院通过体制创新推动高技术产业化》。

③ 孙轩：《向市场化迈进》，《金融时报》2002年5月17日。

术交易额达到 285.69 亿元,占总成交额的 33.2%,购买技术交易额为 573.63 亿元,占总成交额的 66.8%①。尽管成绩显著,问题还是不少。科学技术的研究与发展经费不足,现在仍然处于"瓶颈"状态。技术交易中,项目虽多,精品却少,科学技术的研究与开发同市场脱节的情况还是存在。技术交易的专业化服务不足,对技术市场的发展也是一种制约。

艺术表演业:1999 年,我国艺术表演团体有 2632 个,从业人员 144560 人,演出 42.3 万场,观众 46903.8 万人,演出收入 2426446 万元,其中,财政补助 1556094 万元②。一方面,我国演出市场很大,有 4.7 亿人次观看演出,潜在的市场至少 5 亿人次以上。另一方面,在艺术团体的演出收入中,74% 来自国家财政补助,只有 36% 来自票房收入,人均消费仅仅 18.6 元。这种情形的出现,是我国艺术表演业从计划经济体制向市场经济体制转变的反映。国有剧团大多处于半企业、半事业机构的状态。他们既不能全身心投入市场,了解市场,培育市场,创造符合市场需要的产品,又不能完全依靠国家财政补助,经费短缺几乎具有经常性。他们政府补助与市场收益两种好处都要沾,行政管理与商业竞争两种压力都要担。这样一来,国有剧团体制改革的步伐就大大放慢。尽管现有民间剧团 3000 余家,个体演员 3 万余人,在中国这样一个地广人众的国度里,其作用是有限的。

广播电影电视业:1999 年,我国有广播电台 296 座,广播人口覆盖率达 90.5%,电视台 357 座,电视覆盖率达 92%,人

---

① 参阅《光明日报》2002 年 4 月 15 日通讯《我国技术合同交易额持续 4 年高增长》。
② 见《中国统计年鉴—2000》,第 707、709 页。

业人员为45.3万人，电影制片厂31个，生产各类影片175部①。在第三产业普查中，1992年教育、文化艺术及广播电影电视业的产值（增加值）为547.74亿元，其中广播电影电视业为33.44亿元，占6.1%。在广播电影电视业中，电影业为19.8亿元占59.2%，电视业为8.19亿元占24.5%，广播业为5.45亿元占16.3%②。根据以上百分比估算，1999年教育、文化艺术及广播电影电视业的产值（增加值）为2098亿元，那么，广播电影电视业的产值为127.98亿元，其中，电影业为95.76亿元，电视业为31.36亿元，广播业为20.86亿元。同1992年相比，广播电影电视业的巨大进步是可以肯定的。特别是电影业，在改革开放政策的指引下，面向市场，取得较大发展。国产影片可与进口大片抗衡。电影的生产、发行、放映联合经营的"院线制"，不仅提高了经济效益，而且扩大了电影市场。中国电影也广泛地参加各种电影节，各种海外电影交易活动，2001年就有50多部参赛，10多部获奖③。总之，广播电影电视业在走向市场的过程中，要把经济效益和思想性、艺术性、娱乐性紧密结合起来，跟上数字技术发展的步伐，前途是非常广阔的。

新闻出版业：1999年，全国书刊出版社有530个，从业人员46390人，国家定点书刊印刷厂304个，从业人员152476人，书店13573个，149759人，出版图书73.2亿册，杂志28.5亿册，报纸318.4亿份④，2001年图书销售额大约380亿元。整个新闻出版业是一片欣欣向荣的景象。在改革开放中，他们深感经营分散、资本单薄、国际竞争力弱的状况不适应当今需要，因而

---

① 见《中国统计年鉴—2000》，第711、712页。
② 根据《中国首次第三产业普查资料摘要》第184页的有关数据计算。
③ 李春利：《中国电影倾力追求新变化》，《光明日报》2002年6月5日。
④ 《中国统计年鉴—2000》，第713、714页。

把打造"航空母舰"作为奋斗目标。2002年4月9日,中国出版集团成立,它拥有50亿元的资产、5000多名员工,迈出了创建大型出版企业的第一步。各地也建立一些集团公司,如四川新华书店发行集团、广东新华发行集团、天津报刊连锁、北京新华书店连锁,等等。他们虽然改变了细小分散的状态,但仍未摆脱地方与部门分割的阴影。出版业也有不少单位是企业与事业的界线不清,如要形成好的体制和机制还需时间。我国出版发行市场90%以上在国内,国外市场的开拓很不够。与发达国家比,如英国,它的出版市场70%在国外。我国加入WTO,出版发行不能固守国内市场,必须走出去,参与国际市场竞争。商务印书馆积极开展版权贸易,与日本、英国、法国、新加坡等合作经营,成效显著,是值得提倡的[①]。

文化产业中还有其他行业,如体育业、旅游业、娱乐业、展览馆业、广告业,等等,这里就不一一列举。

三 我国文化产业的问题与发展趋势

21世纪,人类社会进入了一个崭新的时代。新的时代特征是什么,众说纷纭。议论最多的是"知识经济"。其他的,如"后工业社会","信息经济","服务经济",都各有立论。在这些议论中,一个共同的认识是,科学技术高速发展,文化教育成为人们生活的必需。我们认为,这个共识反映了新的时代特征,是我们观察和分析文化产业问题的时代背景。我国是发展中的国家,经过50余年的工业建设,处于工业经济中期阶段。但是,

---

① 参阅《在世界文明交汇处——商务印书馆版权贸易一瞥》,《光明日报》2002年5月28日。

同发达国家比较，文化教育落后、科学技术落后，是无可争辩的事实。面对新时代的要求和激烈的国际竞争的需要，党和国家制定了"科教兴国"的战略方针。发展文化产业，是执行"科教兴国"方针的重要组成部分。文化产业中的问题，说到底，是与"科教兴国"方针不相适应的问题。

第一，文化产品供给不能满足居民消费需求。1999年，我国农民用于教育、文化、娱乐的消费支出人均168.33元，当年农民人口为87017万人，计支出1644.76亿元；城镇居民人均消费支出567.05元，当年城镇人口38892万人，计2205.37亿元；城乡共计3850.13亿元，按文娱耐用消费品占23.8%估计约916.33亿元。这样，文化服务产品消费为2936.47亿元，加上国内旅游消费2831.92亿元，大约5800亿元[①]。而文化产业的增加值为3397.3亿元，按其占总产值的65%计算，为5226.6亿元。按已实现的数据看，当然是大体平衡的。但是，文化产品属于人们的发展资料，其需求在本质上是无限的。在一定支付能力许可的条件下，文化服务的供给越充分、消费量越大，供给少、消费量就小。我国有1.5亿人不识字或识字很少，70%左右的劳动人口只有初中以下的受教育程度，说明教育服务的供给就很不充分。在大多数人的业余生活中，除了守在电视机旁，就是闲逛闲聊，其他活动很少。业余生活的单调和枯燥，不仅影响国民素质的提高，而且也关系着社会的安定与祥和。

第二，文化精品少，服务质量不高。文化服务产品，就其内涵来讲，可分为内容与服务两部分。科学、教育、文化艺术等不同产业，都各有优质产品——精品。但总的情况是精品不多，不能满足经济建设与人民生活对文化产品的需要。例如，我国每年

---

① 据《中国统计年鉴—2000》第314、335、625页资料计算。

批准的专利申请约 10 万项，通过国家有关部门鉴定的技术项目6 万多项，但只有少数项目具有市场开发前景，大多数项目在技术市场上难以成交。文化产业的其他行业，程度不同地具有类似问题。文化产品内容的精与粗，服务的优与劣，往往不能统一。精品与优质服务相结合，是站在市场的制高点，最具营销魅力。粗制滥造的产品与劣质服务沆瀣一气，必定会沦为市场垃圾。精品遇到劣质服务，不仅湮没了精品的光辉，而且缩小了市场甚至自弃市场。劣品与"优质"服务在一起，是对消费者的欺骗。文化产品的内容与服务的各种情况在当今市场上都能看到。精品少，服务差，仍是文化市场上的主要问题。

第三，市场化程度低。文化产业的市场化程度低，除了70% 的产值来自国家财政支出外，还表现在部门分割与地区分割上面。文化产业的各个行业，分属不同部门主管。主管部门与行业的国有企业以国有资产为纽带结成经济利益共同体。这是政企不分的本质表现。国家虽然强调政企分开，但真正分开的很少。跨行业组织大型文化企业就很难。同时，中央企业和地方企业的界限也相当清楚。各个地方为着自身的经济发展与财政利益，保持地方企业的稳定与发展，是理所当然的。大型企业跨地区也难以实现。我们曾经呼吁，建立跨地区、跨部门的大型杂技集团公司，统一利用杂技资源，做成中国杂技名牌企业，进军国内外市场，是打开国内外文化市场的金钥匙。但这种呼吁不过是毛毛雨、微微风，在高高的部门和地区门槛的阻挡下，岂能升堂入室？世界经济一体化的要点是市场一体化，即发展统一的国际市场。国内市场的不统一，建设真正的世界级的大型企业——打造"航空母舰"——的战略构想，就不能实现。市场经济是跨越时空的经济。文化产业在严厉的时空限制下不仅自身市场化进程缓慢，也影响着社会主义市场经济新体制的建设。

第四，法制建设滞后。文化产业不仅需要知识产权保护法、专利法、广告法等，而且各个行业几乎都需要专门的法律规范其经营活动，保护其正当权利。例如，市场准入。对于经营文化产业的企业来说，资质是非常重要的。他们不仅要拥有一定的资本，而且要具备一定的文化素质。因此，市场准入条件的研究和制定，是对文化企业经营者的基本要求。只要法规完善或比较完善，依法管理或调控文化产业的经营活动，是主管部门的经常性的职责。我们现在推行的"扫黄打非"活动，实际上是援引计划经济时期的运动式的管理办法。"运动来了一阵风，运动过去影无踪"，不能从根本上治理违法经营问题。我国加入WTO之后，国外各种文化服务产品也要大举抢滩中国文化市场。对他们的管理必须遵循市场原则和法治原则，让他们与中国企业一样享受"国民待遇"。这也要求我们加快文化市场的法制建设。

第五，文化产业建设资金不足，融资困难。对于文化事业，由国家财政支出，有多少钱办多少事。从加强社会主义文化建设的要求出发，呼吁国家更多地投入，就可以了。而文化产业所需的资本投入，一是基础设施，二是产品的研究与开发，三是产业运行中的流动资金。这方方面面，不仅是企业自有资本的投入，而且还需要国家或社会的扶持与支持。目前，只有少数几家大型企业上市，在证券市场上直接融资；大多数企业没有这个条件，间接融资的困难不小。尽管金融界也有开辟文化市场的声音，但还没有形成共识，"风多响易沉"，对企业的帮助甚微。同时，文化产品转化为文化商品后，不仅有价值和使用价值的二重性，还有市场性与公益性的二重性。一些创新项目或创新产品，如果没有国家或社会的资助，其研究与开发过程必然困难重重。现今国有企业和民营企业均存在这一问题。

第六，经营人才短缺。我国的文化领域中，科学家、教育家、艺术家尽管相对量少，绝对量还是可观的。在这个意义上，文化产业不缺文化专业人才。但我国文化市场是在20世纪90年代后期开始发育。短短几年时间，要培育起一大批既能驾驭国内外市场和管理好企业、又通晓文化及艺术规律的经营人才，亦即文化商人，是很困难的。因此，经营人才的短缺，是加快文化产业发展的"瓶颈"。

我国文化产业起步晚，进展慢，存在这样那样问题，是必然的。但解决问题的正确方法是前进、是发展。任何事物的发展都是与时俱进、跟随时代潮流迈步的。文化产业也不能例外。在21世纪，许多发达国家的文化产业已经成为国民经济的支柱产业，文化产业的从业人员由占全社会从业人员的3%增加到6%。据统计，日本文化娱乐消费占国民生产总值的4%，日本的娱乐业产值仅次于汽车工业。美国和西欧一些国家文化消费（包括旅游等）占家庭消费的30%左右。美国文化产业的产值已占GDP总量的18%—25%，400家最富有的美国公司中，有72家是文化企业，美国音像业已超过航天工业居出口贸易的第一位。另外，文化产业已成为国际贸易中的重要组成部分，1980—1998年间，在人文艺术、娱乐、文化活动、旅游服务等领域的世界贸易额，从953.4亿美元增加到3879.3亿美元[①]。这些迹象表明，21世纪将是文化产业的世纪。我国是世界文明古国之一，文化底蕴深厚，文化资源丰富，最具发展文化产业的条件。许多省、市已把文化产业作为当地新的经济增长点。北京、上海、深圳、云南等地把文化产业作为支柱产业来培植。我国文化产业的大发展，指日可待。

---

① 韩永进：《"文化产业"概念的正式提出及其背景》，《2001—2002年中国文化产业发展报告》，社会科学文献出版社2002年版，第71页。

文化产业既是生产和销售文化产品和服务的经济部门，必然要遵循经济技术与市场发展的规律。在21世纪，我国文化产业将出现大众化、民族化、国际化、科学化的趋势。

面向大众，是文化市场的主要方向。我国有13亿人口，受教育程度只有初中、小学、文盲半文盲的占85%以上。尽快地、极大地提高我国居民的文化水平，是21世纪经济社会发展的一项基本任务。完成这一任务，一靠文化事业，二靠文化产业。我国文化产业面对如此辽阔的市场，自然大有作为。面向市场就是面向大众。新中国成立以来，文化工作的方向就是面向工农兵、面向大众。但在计划经济体制下，文化服务是事业、是公共产品。事业单位的文化产品与服务是"礼品"、"贡品"和"赠品"，远离"铜臭"，脱离市场。不能不说，这是我国文化落后的重要原因。文化产业面向大众，是把文化产品和服务当作商品，在市场上与大众消费者的货币相交换。文化产业的产品和服务能否被消费者接受，即为大众所喜闻乐见、喜闻乐听，就要以消费者的需要为转移。而消费者的需要，自然受购买力的制约。购买力水平不一，"阳春白雪"与"下里巴人"只要适应不同层次的需要，都能得到发展。对于国外市场，同样可以细分。但主流与国内一样，仍是大众市场。

发扬民族特色，创造先进文化。在现代社会，民族就是拥有共同文化的群体。大众化与民族化是互为表里的。文化产业的产品与服务，首先必须特色鲜明。大到一个国家，小到一个企业或个体劳动者，可以说，没有特色，就没有文化产业的生存与发展。民族特色是取之不尽用之不竭的宝藏。民族的语言文字，民族的科学技术与经济、文化成就，民族的思想感情与风俗习惯……都是文化产品与服务的生产要素。只要坚持发扬民族文化的立场，产品和服务的民族特色就会鲜艳明亮。在民族文化中，有先进的，也有落后的，泥沙俱下，鱼龙混杂，是在情理之中。文化产业的产品与服务，应当反映和表现的是优秀的和先进的民族文化，具有朝气蓬勃、奋发向上的精神风貌，符合时代主旋律要求。这样的文化产品与服务才是最有市场的商品。至于表现落后、对本民族文化持虚无主义的产品与服务，尽管一时迎合极少数人的口味，但终究是没有前途的。文化，文化产品与服务，都是在创新中前进、创新中发展的。创新不是抛弃特色，相反，只有保持和发扬民族特色的文化产品与服务才是真正的成功的创新。例如，京剧《红灯记》、《沙家浜》，歌剧《白毛女》等，都是突出民族特色的、创新的典范。文化交流，不是简单的"拿来主义"，而是兼收并蓄、取长补短，使外来文化民族化，才能获得以交流促发展的效果。总之，民族文化是根本。发扬民族特色，建设先进文化，我国文化产业就具有无穷的生命力。

发展科学技术，运用科学技术。文化产业本身是创造科学技术的产业。无论自然科学还是社会科学，都是积累知识、创造知识、揭示客观事物规律性的产业。所以文化产业首先要发展科学技术，尽力促使中国的科学技术走在世界的前列。同时，"科学技术是第一生产力"。各行各业必须采用先进的科学技术，努力使自己的产品和服务持有更高的科学技术含量，才能永葆产业青春。在科学技术产业以外的各种文化行业，都离不开现代科学技术，甚至是直接利用现代科学技术为消费者服务。因此，文化产品和服务的科技含量越高，产品质量和服务质量也越高。不仅科学技术业、教育服务业要追踪现代科学技术，而且广播电影电视业、体育和艺术表演业、文物、展览、文化娱乐等，无不力争以现代科学技术为手段扩大生产和经营，抢占市场制高点。

立足国内，走向世界。世界经济一体化，或者经济全球化，要求文化多样化，这是经济与文化发展的不同规律决定的。文化产业既要遵循经济规律，超越疆域的限制，把商品生产和销售的触角伸向世界各地，又要遵循文化发展的规律，在保持和发扬民族特色的基础上交流和创新，"越是民族的，越是世界的"。这正是文化产业发展的特点和难点。在世界经济一体化和我国加入WTO的形势下，文化产业在满足国内需求的同时，必须走向世界，在世界市场上同外国文化商人展开竞争。

四 发展文化产业的对策选择

江泽民同志说，"有中国特色社会主义的文化，是凝聚和激励全国各族人民的重要力量，是综合国力的重要标志"[1]。文化产业的产品和服务，既是文化力的载体，又是经济力的表现。党和国家高度重视文化产业的发展。《中共中央关于制定国民经济和社会发展第十个五年计划的建议》中指出，"完善文化产业政策，加强文化市场建设和管理，推动有关文化产业发展"[2]。文化产业政策的研究，应当成为一项经常任务。从当前情况出发，我们提出以下建议，供有关部门参考：

（一）重视文化产业经济理论研究，树立正确的文化产业发展观

文化产业经济理论，是一门涉及多种学科的交叉学科。从经济学讲，它既需要马克思主义经济学、西方经济学的基础理

---

[1] 江泽民：《高举邓小平理论伟大旗帜，把建设有中国特色社会主义事业全面推向二十一世纪》，《中国共产党第十五次全国代表大会文件汇编》，人民出版社1997年版，第36页。

[2] 见《人民日报》（海外版）2000年10月19日。

论指导，又需要服务经济学的观察与分析，这样才能对文化产业或文化服务产业做出科学的解释。从文化学讲，既要把握文化发生发展的一般规律，又要对不同文化领域的特殊运动有所了解。经济与文化相互结合、相互渗透，研究的困难不少。现在的问题是，业务部门和学术机构真正重视文化产业研究的，凤毛麟角。一些研究人员也处于应急状态，很少从基础科学抓起。这种状况同加快文化产业发展的要求不相适应。这需要对文化产业经济研究进行引导，一方面是在理论与实际相结合的基础上提出课题，另一方面给予资金支持，研究工作的开展才能落到实处。

(二) 鼓励多种经济成分进入文化产业领域

在马克思主义经济学看来，各种所有制形式或经济成分是历史的产物，是一定的生产力发展的结果。社会主义制度是一定所有制形式的表现。邓小平理论的重要贡献之一，是确立了社会主义制度发展的阶段性，提出了社会主义初级阶段理论。在社会主义初级阶段上，多种经济成分的并存，是历史的必然。在文化产业领域，投资主体多元化应成为发展文化经济的基本国策。新中国对文化事业的投资，形成了大量的文化服务设施设备及流动资金，并拥有一定的人力资源。当一部分事业单位转变为企业经营时，它们就是国有企业。在当前和今后一个相当长的时期内，国有经济仍是文化产业领域的主要经济力量。要发挥国有经济的主导作用，国有文化企业必须深化改革，尽快建立符合市场经济要求的经营机制，从根本上克服"供给制"、"大锅饭"的弊病，积极主动地投入国内外市场的竞争。国有文化企业才不负众望。民营经济已开始进入文化产业领域，一般是娱乐业、广告业、旅游业、音像图书经营业，少量进入广播电影电视业、教育服务业、文艺表演业。它们以市场为导向,以盈利为目的,有进取心和积极性。但它们资本微薄,专业人员短缺,也有见利忘义的现象。一方面,要打破部门垄断,铲除地区门槛,允许各种经济成分进入各种文化服务行业;另一方面,要制定合理的市场准入条件,严格入市审查,对不合格的经营者应拒之门外。对于外商、外资进入文化产业领域,第一是欢迎,第二是区别对待。我国文化产业资金短缺,缺乏市场(特别是国际市场)运作的经验,外商和外资的介入,有利于提高企业经营管理水平和增强产业的竞争力和扩张力。所以,国家鼓励部门、各地区积极引进外资、与外商合资合作。鉴于文化产品和服务对社会具有推动力和破坏力的二重性,与外商外资合作,必须把文化安全、资源安全和社会安全放在第一位。

(三) 培植大型文化服务企业

市场经济是规模经济,也就是大企业的经济。世界经济一体化的趋势,正是那些跨国公司——超级大型企业——超越国界,在全球范围内进行生产和经营的结果。在现代社会中,尽管大、中、小企业并存,但大型企业的优越性和统治地位是毋庸置疑的。我国文化产业由于从事业机构向企业单位过渡的时间不长,不但民营企业没有大企业,国有企业在"条条块块"的分割下也难以形成真正的大型企业。因此,大型文化企业需要下工夫培植。首先是培植出一批市场前景广阔、为国内外消费者喜爱的产品和服务。没有品牌响亮的产品和服务,无论集团公司多么庞大,无异于空中楼阁。反之,如果自己拥有一流的精品和服务并塑造出响亮的品牌,自然财源滚滚,企业由小到大,健康成长。例如,美国人欧普拉·温弗瑞,创立了哈普娱乐集团公司,年销售额3亿美元,杂志《噢,欧普拉》1年的营业收入 1.4 亿美元，几年时间就积累资产 10 亿美元[①]。所以，建立大型企业的根本是产品推动，市场推动，单纯依靠政府推动是揠苗助长，成功率低。其次是人才，既要产品或项目的设计人才，又要市场营销人才。大型文化企业的产品不但是精品、优质，最重要的是与众不同、惊世骇俗，它才能把最广大的消费者吸引到自己周围，才能成为真正的又大又强的文化企业。

（四）给予金融、财政、税收的优惠

文化产业的公益性和商品性决定了它的发展既要靠企业的自我积累、自我发展，又要靠国家和社会的帮助。我国文化产业处于学步时期，国家和社会的帮助就更加重要。除了鼓励多种经济成分进入文化产业领域之外，还需推动金融企业与文化企业紧密协作。金融业应把文化产业看做金融市场的重要组成部分，一方面通过各种融资渠道（直接的和间接的）帮助文化企业搞活资本运作；另一方面与文化企业合作，一起发展金融文化，互相促进，共同受益。建立文化产业发展基金，主要是资助文化企业开发和研究经国家或基金会认可的项目或课题，也可以用于开拓新兴市场的补助。在政府采购中，应把文化产品和服务列入计划。例如，2008 年的奥运会，开幕式、闭幕式及有关文艺表演，可以政府采购的形式由文化企业承担，这不光是经济的支持，也是创造精品、开展国际交流的支持和指导。国家除对文化企业适当减轻税负外，社会其他企事业单位和个人对文化产业和文化事业的赞助或捐赠，也可以减免他们的税收，以形成全社会重视文化、倡导先进文化的良好风尚。

---

① 董锐：《创建媒体帝国的女人：欧普拉》，《光明日报》2002 年 5 月 2 日。

(五) 深化体制改革，转变政府职能

国有文化企业的生产和经营中的主要问题是体制和机制。政企不分，几乎是企业发展的巨大障碍。政企分开，是党和国家的既定方针。至今收效甚微的根本原因在于，各个行业的国有企业仍由各个部门管理。部门的一些利益通过企业实现。企业对市场运行和行政管理两种好处都要占，市场垄断就是借助国家行政权力实现的。在行政部门父爱主义的庇护下，企业成了长不大的孩子。所以，深化国家行政管理体制的改革，是实行政企分开的根本。国家行政管理体制理顺了，政企真正分开，现代企业制度的建立便顺理成章。同时，国家行政部门的职能也随之从"办文化"向"管文化"转变。所谓"办文化"，是管理部门直接或间接参与企业或事业单位的文化产品与服务的生产，亦即"既当运动员，又当裁判员"。这实际上削弱了行政管理的作用。"管文化"就是只当"裁判员"，不当"运动员"，对文化企事业单位的生产和经营依据国家政策法令进行管理。国家的行政管理做到这一步，在深化体制改革中就是实现了历史性的跨越。不过，文化产业中行业之间的联系相当紧密，现在多头管理、政出多门，有时互相掣肘，影响管理效率。如果整个文化产业由一个头或一两个头来管，改变文化部门林立的现状，那么，文化产业就可以实行"全行业管理"[①]。这样一来，不仅政府的效率提高了，企事业单位的经济效益和社会效益也能够大大提高。

(六) 创建先进的人事管理制度

在体制改革中，第一位的是政府管理体制的改革，第二位的

---

① 孙尚清主编：《中国旅游经济研究》，人民出版社1990年版，第91页。

就是企业及其他单位的人事管理体制的改革。长期以来，员工的单位所有制、企业所有制把人们的积极性创造性束缚得紧紧的。再加上计划经济制度与官僚腐败作风，任人唯亲的现象几乎带有普遍性。文化产业企业也是一方面经营人才、创新能力强的人才短缺，另一方面庸人、冗员占据的岗位不少。究其原因，一是供给制、"大锅饭"，对企业经营好坏不负经济责任；二是不少人事管理人员不懂业务，不了解企业生产和经营对人员的要求，也不知道如何吸引人、培养人、关心人、爱护人。"世有伯乐，而后有千里马。然千里马常有，而伯乐不常有"，这带有规律性。建立现代企业制度首先要建立现代企业的人事管理制度。第一，经济责任负责人在自己的责任范围内有选择权，切实做到任人唯贤、知人善任。第二，业绩考核公平公正，奖惩兑现。第三，全员培训，终身学习。第四，人事管理人员应树立服务意识，明确为全体职工服务的理念与制度，摈弃官僚作风。

（七）注重法制建设，加强市场管理

文化服务是服务劳动者以劳动活动的方式满足消费者的需要，多数是无形的。规范文化服务劳动者的行为，特别重要。一般地说，行为规范是由道德规范、制度规范与法律规范三部分组成的。其中，法制规范起主要作用。中国加入 WTO 后外国文化企业抢滩文化市场，健全和完善文化市场法制的重要性和紧迫性更加突出。第一，文化市场法制建设是一项经常性的任务。在产品创新、服务创新日益频繁的年代里，新的服务、新的行业不断涌现，需要新法令、新法规。原有的法律、法规在情况不断变化的条件下，需要不断修改和完善。所以，法制建设不可能一劳永逸，要经常修订。这就需要建立专门的法制建设机构。第二，改变各个文化部门分别制定法规的传统，由凌驾于各部门之上的国

家法制机构统一制定文化市场法规，克服法出多门的弊病。

(八) 增强部门协作，制定统筹规划

文化产业作为独立的产业部门，既有产业之间的协作，又有产业内部行业之间的协作。产业之间的协作，一是其他产业的产品和服务作为文化产业的生产要素或生产资料的"上游"产业的协作，二是文化产品和服务成为其他产业的生产资料或消费资料的"下游"产业的协作。这里重要的是文化服务设施设备的制造业和金融部门，同他们精诚协作，解决好资金融通和设备供应，文化产业的生产就有保障。同时他们又是文化产品和服务的重要市场。这个市场不但范围宽广，而且购买力高，还有获得他们捐赠或赞助的可能性。与他们的协作，应当下大力气。产业内部的协作，是科研、教育、文化各个部门的协调与合作。高效开发、利用和保护文化资源，合理使用人力、财力和物力，形成合力，共同开发国内外市场，是积极而又有效的。例如，艺术表演、体育表演、文物博览等与旅游业的协作，既丰富了旅游的文化内涵，又拓宽了文化市场，真是"一箭双雕"，是值得提倡的。由于部门分割与地区封闭的影响，局部利益往往制约或损害整体利益和长远利益，这就需要统筹安排，加强规划和计划的管理，以便使各种消极因素受到事先控制，使文化产业得到更快更好的发展。

(原载许江萍主编《我国新兴服务业发展政策研究》第九章，中国计划出版社 2003 年版，第 203—228 页)

续表

	国内生产总值（亿元）	第一产业（亿元）	第二产业（亿元）	第三产业（亿元）	人均国内生产总值（元）
武汉	1492.7	89.5	660.5	742.7	19792
长沙	536.9	8.9	214.8	313.2	29042
广州	2731.1	71.1	1060.3	1599.7	47035
成都	1007.4	39.2	456.5	511.7	23477
昆明	569.3	15.4	270.8	233.1	26653
西安	748.1	27.4	345.1	375.6	15155

资料来源：根据《中国统计年鉴—2003》第55页和《中国城市年鉴—2003》第112—127页有关资料编制。

由于有些历史文化名城（如正定、平遥、寿县等）属市辖县，未列入《中国城市年鉴—2003》660个城市统计范围，历史文化名城创造的国内生产总值实际高于35996.5亿元，仅就这个数据分析，它就占我国2002年国内生产总值104790.6亿元的34.35%，其中，农业占9.2%，工业占31.1%，服务业占50.9%。仅从数量上看，历史文化名城在国民经济中就处于举足轻重的地位。而在经济质量上看，现代农业示范区和现代农业企业，大多集中在城市郊区，特别是首都、直辖市和省会城市；工业更是这样，北京、上海、广州等城市工业，不但技术先进，劳动效率和经济效益也高于其他地方；在服务业，科技含量高、文化内涵丰富的优质服务，主要集中在历史文化名城，这不仅是我国服务业的基础，也是我国服务业的先导。

当今世界已经进入服务经济时代，据世界银行统计，1998年全世界国内生产总值为288540.43亿美元，其中农业占5%，工业占34%，服务业占61%（世界银行《1999/2000年世界发展报告》第249页，中国财政经济出版社2000年5月）。在服务经济时代，国民经济现代化就是经济服务化。而我国的经济结构，2002年国内生产总值为104790.6亿元，其中，农业占15.4%，工业占51.1%，服务业占33.5%。这表明我国尚处于工业经济时代，与经济服务化的要求还有相当的距离。而历史文化名城的经济结构就比较乐观，在国内生产总值35996.6亿元中，农业占4.2%，工业占45.2%，服务业占49.6%。我们认为，国民经济服务化的标准，可以拟定在服务业产值在国内生产总值中的比重超过50%。历史文化名城的服务业产值已经达到49.6%，这说明其经济结构接近经济服务化，或者说，它们已接近实现国民经济现代化。

（二）中国历史文化名城拥有较强的综合竞争力

文化力，是人们在研究文化与经济的相互关系中提出的概念。经济与文化，是互为基础、互相依存和彼此促进的关系。文化的力量在经济运行中日益显示出巨大作用。什么是文化力？周浩然、李荣启所著《文化国力论》中说，"对经济发展的文化力的界定是：在经济活动中所产生和蕴涵的，推动经济文化紧密结合和协调发展过程的，以人为主体，通过人的活动所显现出来的精神力与物质力的综合结合力"[①]。在经济活动中，文化力是无时不在、无所不在的客观存在。它既是从事经济活动的人的文化素质所转换出来的力量的表现，也是历史的和现实的社会文化氛围所产生的力量的表现。因此，高度重视文化在经济中的作用，正是现代经济的基石。不过，文化力与文化生产力是不同的。文化力是人们在文化活动中迸发出的力量。而文化生产力是生产文

[①] 周浩然、李荣启：《文化国力论》，辽宁人民出版社2001年版，第5页。

化产品的能力，它是由文化产品的生产要素构成的。这需要引起注意。历史文化名城的文化，无论人们的文化活动还是文化服务劳动者生产文化产品的产业活动，它在城市经济发展中都能焕发出高于一般城市文化的力量。这在城市竞争力中得到了充分的表现。

根据倪鹏飞主编《中国城市竞争力报告—2》对中国200个城市综合竞争力2003年度排名，历史文化名城在综合竞争力前20名中，有上海（1）、北京（2）、广州（4）、苏州（5）、杭州（6）、天津（7）、宁波（8）、南京（9）、青岛（12）、佛山（15）、济南（18），占了11名。具体而论，综合增长率前20名排序中，有苏州（1）、青岛（9）、重庆（10）、成都（11）、天津（12）、上海（13）、北京（14）、宁波（16）、杭州（17）、南京（19）等10城市；综合生产率前20名中有上海（2）、佛山（3）、宁波（4）、广州（7）、青岛（13）、苏州（14）、福州（15）、杭州（16）等8城市；综合就业机会前20名中有北京（1）、上海（2）、西安（3）、杭州（4）、广州（7）、南京（7）、天津（13）、重庆（15）、成都（15）、武汉（15）、南昌（15）、郑州（15）、徐州（15）等14城市；综合市场占有率前20名中有上海（1）、天津（3）、北京（4）、广州（5）、佛山（6）、杭州（7）、南京（8）、青岛（9）、苏州（12）、武汉（15）、重庆（17）等11城市；综合人均收入前20名中有上海（1）、广州（2）、宁波（4）、北京（5）、绍兴（7）、杭州（9）、佛山（11）、苏州（12）、天津（20）等9城市。可以说，历史文化名城的综合竞争力强于一般城市。这里揭示出一个一般规律，文化底蕴越是深厚的城市经济社会越是发达，综合竞争力越强。

二　中国历史文化名城的经济作用

历史文化名城的根本特征就是文化底蕴深厚。文化底蕴越深厚，对城市经济社会发展的作用就越大。人之所以区别于一般动物，成为动物界的精灵，就在于人有文化，其他动物没有。文化是人类借助语言文字反映和表现自然和社会的一种活动。文化发展的一般过程，首先是人们出于交往的需要产生语言，其次是为传递和记录语言而产生文字，第三是人们运用语言文字对认识世界、改造世界的信息、经验和情感进行表达、传播和交流。人类没有文化时期，处于原始状态，经历几十万年的漫长岁月；人类有了文化，进入文明时期，几千年就取得今天这样辉煌巨大的成就。可见，文化是人类社会发展根本的动力源泉。

第一，促进经济文化交流。城市起源于人类社会经济、文化交流的需要。"一个文明发源地能不能称得上城市，要看它是否具有固定居民点、大型神庙建筑、防御性设施以及手工业作坊、集市等要素"（见 2002 年 7 月 21 日《光明日报》）。大型神庙建筑，是民众文化交流的场所。手工作坊和集市，则是人们经济交流或交换的地方。河南商丘可能是我国商业的发源地。城市的变迁，主要是随人们经济、文化交流和交换的变化而变化。有些城市的衰落，如江苏的淮阴，曾伴随京杭大运河而兴盛，也随着交通条件的变化而衰落。历史文化名城的长盛不衰，一方面是它们不断适应历史的和现实的经济文化交流的需要，另一方面则是自身文化积淀不断加深加厚，可交流和交换的内容不断丰富。充分利用历史文化名城的文化遗存，扩大自己同全国、全世界的交流和交换，是非常有益的。

第二，提高居民素质。居民素质就是文化素质。居民文化素质的主要内容是，科学技术知识，社会道德观念，身体健康水平，生活消费品位。历史文化遗存的大量科学技术知识，无论是自然科学知识，还是社会科学知识，都是今天发展创新的泉源。例如现代瓷器的科学知识，许多方面是在景德镇瓷器生产技术基础上发展起来的，但在某些方面还没有达到它历史最高水平。古建筑留给我们的不仅是文物古迹，也包含大量建筑科学技术知识。至于社会科学方面，千古兴亡多少事，总结经验，发现规律，服务当代，许多人达到博古通今的境界，必然人才辈出。社会道德观念，是民族精神，是个人行为处事的指导思想。古往今来，多少英雄模范的崇高品德激励着一代又一代人的成长与奋发。尽管时代不同，建设品德高尚的社会，任何时候都要借助历史的传承。身体健康水平是居民素质的重要方面。一座历史悠久的城市，其生态环境一般优于其他城市，因而有较好的人居环境。同时，为居民身心健康服务的文化娱乐、体育等产业和事业发达，可以较好地满足居民需要。人们知识丰富、情操高尚、身心健康自然形成较高的消费品位；较高的消费品位反过来又促进人的知识能力、道德风尚和身心健康水平的提高。历史文化名城所蕴涵的历史文化，确确实实是造就高素质居民的重要根基。建设学习型城市，如不重视历史文化优秀传统的学习和发扬，将是重大的失误。

第三，扩大产品文化内涵。任何产品的使用价值都由实物和文化两种要素组成。产品中的文化要素就是产品的文化内涵。产品文化内涵的主要内容是，消费需求、科学技术、劳动技能、企业文化等。科学技术亦即知识，知识的传承和创新是历史文化与当代文化的结合，是生产任何产品的先决条件。消费需要，产品都是为满足消费者的一定需要而生产的。消费者需要的形成，一方面是一定的自然和社会环境影响下的物质和精神需要，另一方面是生产者在一定文化支配下所生产产品对消费的刺激。文化对消费者和生产者的影响便构成了产品的文化内涵。产品文化内涵与企业文化是两个概念。由于企业文化是生产者生产产品的生产、经营和管理理念，是人的理性的提炼与表现，它自然融会贯通于产品之中，成为产品文化内涵的组成部分。历史文化名城所积淀的文化，方方面面，多种多样。究竟哪一方面对哪种产品的影响，孰多孰少，或大或小，是可以具体分析的。文化产业和旅游产业的产品所受影响就大，钢铁产品和机械品所受影响就小。但是，在历史文化名城中的企业名称、产品品牌、款式、包装等主要以文化为基础的设计，不但是受其影响，而且往往还要借助历史文化名城的声名以光耀自己。所有这些，是文化与经济紧密结合的鲜明表现。

第四，塑造城市形象，增添城市光彩。历史文化名城本身就是一座性格独特、形象鲜明的城市。它以几千年或几百年的文化蕴藏塑造了自己的形象。城市的形象是由外在形态、文化精神、居民素质和产品质量所构成。城市的外在形态，即城市外貌，是生态环境和房屋、道路建筑的有机结合。这里既有反映古城风貌的古建筑或文物古迹，也有表现科学技术发展和审美观念变化的现代建筑。它给人们带来景色优美与宜人居住的印象。"美丽的城市"，是经常听到的赞语。文化精神是文化融入居民、企业、机关、学校、军队等单位和个人的追求目标和行为准则。它主要是历史文化的精华，如爱国、团结、勤劳、勇敢、向上、诚信、热情等，既是城市精神，也是民族精神，都能转化为城市的凝聚力、感召力、吸引力，使城市成为生命力很强的城市。城市居民素质，正如"一滴水反映一个太阳"一样，人人都是城市形象的代表。城市是人文荟萃的地方，历史文化名城更是这样。它既能造就各行各业的优秀人才，也能培养出文质彬彬、勤劳朴实的可爱市民。产品质量,即城市提供给市内外人们享用的各种产品——实物产品和服务产品,同样是城市形象的鲜明表现。城市品牌与产品品牌是互相作用的。产品借城市扬名,城市依产品增光,青岛啤酒、北京烤鸭、桂林旅游、景德镇瓷器等,都是城市的亮点。当然,历史文化名城对本市形象塑造最突出的贡献是个性和特色。每一座历史文化名城都有自己的发生、发展历史,从而形成自己独特的风格和魅力。它像阳光雨露,普照和滋润着城市的各个角落,在山川湖海之间也熠熠生辉。总之,历史文化名城就是一张发光名片,只要我们真正认识它的特性和价值,尽力维护它的生存和发展,它就会与日月同辉。

第五,开发文化资源,发展文化产业。历史文化名城的文化资源丰富,它为本市、全国和全世界文化产业的发展均创造了有利的条件。历史文化是丰富多彩的。它既是许多英雄故事、重大历史事件的舞台,也是科学技术、人文典籍的载体。这就促进了文化产业发展的多样性。旅游业对文化资源的利用,仅仅是一小部分,表面层次的一小部分。深层次的开发和挖掘,是在科学技术、文学艺术、教育、体育、文化娱乐等众多方面取其精华、去其糟粕,就可能创造出人们喜闻乐见、喜闻乐听的内容丰富、形式多样的文化产品。文化产品同工农业产品及其他服务产品一样,具有市场商品和公共产品两部分。在文化产业和文化事业发展的历程中,历史文化名城的文化资源都是取之不尽、用之不竭的。

三 发挥历史文化名城经济作用的对策思考

历史文化名城的经济作用是随着经济社会的发展而发展,随着人们认识的深化而深化,天然具有"不尽长江滚滚来"的韵味。如何发挥历史文化名城的经济作用，是城市经济发展的重大战略，应当高度重视。一般需注意的是，保护文物古迹与整理文化遗存，发扬优秀传统与注重开拓创新，培养本地人才与吸引各方精英，积极发展文化事业与大力发展文化产业，建立产业发展基金与实行多渠道融资，扶持重点项目与帮助大型企业，立足本地市场与开拓外地市场，体制改革与法制建设。

第一，坚持科学发展观，高度重视历史文化名城经济作用的发挥。党的十六届三中全会明确提出，"坚持以人为本，树立全面、协调、可持续的发展观，促进经济社会和人的全面发展"。文化的根本作用就在于教育人、团结人、促进经济社会和人的全面发展。在这个意义上，重视文化，重视历史文化名城的文化，是坚持科学发展观的重要组成部分。同样，对待历史文化名城的文化，也应坚持科学发展观，全面发挥它的经济作用。不少地方有意无意地把发展旅游业当作发挥历史文化名城经济作用的主要方面，这是不合适的。文化渗透于经济是全方位、多功能的。历史文化名城对旅游经济的促进，只是作用之一。本文提出的几方面的作用也是一般的说说，抛砖引玉而已。历史文化名城就是一座文化宝库，一要认识，二要保护，三要发掘。因此，口头上的重视远远不够，必须建立专门机构，筹集研究基金，实实在在地把发挥历史文化名城的经济发展作用提上议事日程。

第二，保护文物古迹，整理文化遗存。今天，历史文化名城的遗存，主要有文物古迹、文献典籍和各种非实物的文化遗产。但是，它们是容易受到伤害的，也是不可再生的。地球上的濒危物种，不仅是动物植物，而且有文化。人类社会的可持续发展，不仅需要动植物的多样性，而且需要或者更加需要文化的多样性。我国地域辽阔，历史悠久，民族众多，因而是历史文化资源极其丰富的国家。无论是否获得历史文化名城、名镇的命名，都有丰富的文化遗存。不过，生物物种的消亡与文化多样性的减少，同样存在，甚至也十分严重。所以，保护我国的文化遗存，也到了必须大声疾呼的时候。首先，要大力宣传保护历史文化人人有责，破坏历史文化就是犯罪。一方面要提高人们的思想认识和道德水平，另一方面要依靠相应的法律和制度。依法保护历史文化遗存，是各级政府的重要职责。其次，尽快开展历史文化的调查研究。当然，历史文化中既有精华也有糟粕。精华是了解不同文化特征、发扬光大和进行创新的依据；糟粕不是简单地抛弃，而是作为"反面教材"，从中吸取教训的资料。第三，培养本地人才，吸收各方精英。对历史文化的调查研究、开拓创新，根本的条件是人才。这里用得上"有了人就有了一切"这句话。研究文化，需要有文化的人，亦即需要文化素质较高的专门人才。许多地方似乎都看到了人才的重要性。但不少地方让人产生"叶公好龙"的感觉。我们希望，在保护和发扬历史文化的事业中也有"伯乐"，让历史文化研究领域有无数纵横驰骋的"千里马"。文化的民族性、地域性是很强的。培养和任用本地人才，什么时候都是主要的。但文化又是在交流中存在和发展的。本地人有"习以为常"的弱点，往往对一些宝贵的东西视为石头瓦片，"捉而弃之"。而外地人的新鲜和敏感，则是认识宝藏、发掘宝藏、触发灵感的有利条件。在名城文化的研究中，本地人才与外地人才的结合、本地研究机构与外地研究机构的结合，可能是较快取得成效之路。

第四，积极发展文化事业，大力发展文化产业。文化是人类的一种社会活动。文化产业是为人们进行文化活动提供服务的劳动活动。这种劳动活动的结果形成文化服务产品，简称为文化产品。文化活动的普及性，使文化成为社会的共同需要，因而文化产品具有鲜明的公益性。而居民需要的特殊性，使文化产品又具有个人性。文化服务劳动者作为社会分工的组成部分，他们为社会提供文化产品所需的生产资料和生活资料必须通过劳动交换，即以文化产品同其他产品相交换。这样，文化产品的公益性，一部分便成为公共产品，生产公共文化产品所需的生产资料和生活资料由社会或国家来提供；文化产品的个人性或私人性，在商品经济或市场经济中，便转化为商品，通过市场满足居民的需要。人类社会自有文化产品以来，就是由公共产品与商品两部分组成。新中国成立初期，由于计划经济体制的影响，大部分文化产品被当作公共产品，生产这部分产品的机构称为文化事业，由财政支付其所需费用。小部分文化产品仍保持商品形态。1998年以后，我国文化商品生产日益发展，并显示出新兴产业的态势，因而出现文化事业与文化产业两个概念并行的状态。我国文化建设滞后是不争的事实，文化产业和文化事业都要发展。当前的问题是，在强调财政困难的观念影响下，要求文化事业单位"创收"，即将部分公共产品当作商品来出售；要求文化企业把社会效益放在第一位，即要求部分商品要当作公共产品提供给社会。这种做法表现出行政机关的错位和越位。国家对公共文化服务产品的提供，一是社会需要，二是财政承受力的许可。一般情况是社会需要量大，国家财政承受能力低。国家在财政能力许可的范围内，提供必不可少的公共文化产品。一旦承诺，就要取信于民，不能推卸责任。例如，我国实行九年义务教育，并已写入宪法。国家财政无论如何困难，也要保证义务教育的投入。对于文化服务商品，作为市场经济的一部分，国家的调控和管理，应遵循市场规则。文化企业对市场、对消费者的责任是提供适销对路、价廉物美的商品；对国家是依法经营、依法纳税。这样，企业的经济效益和社会效益是相结合的。文化服务商品同其他的实物产品和服务商品一样，有优质品、劣质品，还有毒品。国家一方面积极引导，让文化企业的生产和经营符合时代主旋律的要求；另一方面，依法治理文化市场，严厉打击犯罪，取缔一切违法行为。所以，国家对文化企业和一切文化服务劳动者不是简单地说一句"把社会效益放在第一位"，而是积极引导与依法治理。

第五，改革文化服务管理体制。文化服务管理体制应有三部分，即国家的行政管理体制，事业单位的管理体制，企业的管理体制。这三种体制应分别研究。国家行政管理体制，目前部、局林立，再加上地方分割，因而政出多门。这是妨碍社会主义文化建设、影响文化业与文化产业发展的根本原因。所以，国家对社会文化的管理部门应当尽量减少。同时，依法管理，不仅企、事业单位要守法，各级行政管理机关也要守法、执法。文化事业单位有两部分，一部分是比较稳定地，无论现在和将来，它们都是公共文化服务产品的生产者、提供者；另一部分是变动着的，即处于由公共文化服务向市场服务转变的过程之中，一些"半事业半企业"单位就是这种情况的表现。国家和社会发展必不可少的公共文化服务，必须坚持事业体制，不能借口"财政困难"而减少支付或强令其"创收"。对于"半企业半事业"机构，则经过调查研究，纳入事业建制或促其转变为企业机构，应早做决策。对于企业，应视同一般工商企业，依法管理。如有需要，亦可实行政府采购办法。

第六，加强调查研究，注重全面规划。每一座历史文化名城都有自己独特的自然和社会环境，独特的历史文化脉络，从而形成特色鲜明的历史文化。现在，许多地方都提出了重视本地文化特色问题，但真正提炼出或概括出本地文化特色的地方却不多。问题在于，认识一个地方的文化特色，不是现象的描述，而是对其本质的认识。这只有进行系统的调查研究和反复讨论，才能切实把握其本身特质。在这基础上，对其全部文化遗产，无论物质的还是非物质的，都要针对具体情况做出开发利用与保护的规划与实施办法。

(原载中国城市发展研究会编《中国城市年鉴—2004 年》，第 263—267 页)

把握文化性质，促进文化发展

党的十七届六中全会作出了《中共中央关于深化文化体制改革推动社会主义文化大发展大繁荣若干重大问题的决定》，是在新形势下开创中国特色社会主义事业、实现中华民族伟大复兴的战略部署，我们必须认真学习、深刻领会，贯彻到实际工作中去。

文化性质的把握，关系着文化发展与繁荣的政策走向。一般认为，文化具有意识形态性和商品性，并以此作为制定文化产业政策的依据，这是值得商榷的。笔者认为，文化是一个复杂矛盾的统一体，各种矛盾运动促成文化及文化产业的发展。对文化的正确认识，不仅关系着文化建设，而且关系着经济发展与社会进步，也是促进中国特色社会主义文化大发展大繁荣的重要方面。

一　捉住文化的主要矛盾

文化是人类特有的活动，文化与经济相互交织，构成人类社会。从本源上讲，人与人之间的交往产生语言——音节语言与形体语言。语言经过长期发展，产生记录语言的符号，进一步发展成文字，这是人类社会特有的现象。现代科学表明，除人类社会外，其他动物均没有文字。语言创造文字，文字丰富语言，思维借助文字，文字发展思维。文字的产生，极大地促进了人类社会的发展。人类生产和生活的经验及其转化而形成的知识，通过文字记录、整理，使个体知识转化为群体知识，过去的知识可以转化为现在的知识。知识的积累和创新，使"文"的内容不断扩展和丰富，人们得到"以文化之"的培育。从而，人的素质不断提高，社会不断进步，所以文化成为社会高速发展的原动力。

人类社会的文化活动，一是生产生活中的科学技术知识的传承与创新，二是共同生活的行为方式规范的制定与执行，三是思想情感的表达与交流。这些都是人类文化活动的主要内容。由于文化是人的本质，人人必须学习文化、运用文化、参与文化活动。因此，文化活动是社会上所有人都参与的社会活动。人类社会的文化活动同其他事物一样，也是一个复杂矛盾的统一体。文化的性质，是由其内在矛盾的性质决定的。文化活动的领域广泛，内容庞杂，方式多样，内在矛盾数不胜数。从文化的全体上看，其主要的、基本的矛盾有三：

一是文化的社会性与个别性的矛盾。文化既是人们交往的内容和形式，就必然是社会的文化。文化的社会性，是人的社会性的必然反映，是文化的基本要素和本质特征，是不同社会不同时代的主流文化。文化的个别性亦即个性，是文化的特性和特色，是文化千姿百态的基础。社会是个人的集合，个人只有融入社会，获得社会文化，才能在社会生存、发展。但个人所处的时间、地点、环境以及个人天赋的不同，对社会文化的接受程度、运用状况、开发进取的状况也随之不同，从而形成文化差异，产生文化的个别性。这种个别性，从小到大，从个人、家庭、企业、机构、社团、区域，以至民族的、国家的文化，都具有相应的个别性。这样，社会文化与个别文化相互依存、彼此影响、共同发展，贯穿着鲜明的共性与个性的辩证法。

二是文化的意识性与实践性的矛盾。文化具有文和化两层含义，文是意识，化是实践，即"以文化之"。文，是科学知识、行为规范、文学艺术等人文活动成果。它们首先表现为人的思维活动，形成各种意识。意识经过积累、加工，升华为精神，表现为价值观或意识形态。意识形态如果不同人们的实际活动相结合就毫无用处。所以，化就是把表现文的各种意识形态灌输到人的思维中去，转化为人们应有的思想意识，并贯穿到具体行动之中。人的文化素质或文化水平高低，就在于转化程度或教化能力的大小。就社会而言，需要把社会的主流文化、占主导地位的意识形态灌输到所有人的思维中去。就个人而言，应当接受社会的教化，掌握较多的科学知识，具有较高的文化水平和健康的意识形态。但是，人的行为是想中做，做中想；想到未必做到，做到未必想到。想和做就是意识性和实践性的矛盾，亦即意识形态和行为方式的矛盾，也可以说是文和化的矛盾。总之，意识支配实践，实践丰富意识，它们也是对立面的统一。

三是文化的先进性和落后性的矛盾。文化是在传承和创新中不断发展的，特别是创新——在继承传统文化优秀成果基础上的创新，使新文化不断涌现，并成为先进文化；旧文化若不在创新中前进就跟不上时代的脚步、处于落后状态，演变为落后文化。作为人的文化，人是文化的创造者与实践者。人在自然环境中，适应自然，改造自然，对自然界各种事物的认识不断加深，有所发现、有所发明，新的科学技术知识不断涌现。新知识对旧知识的补充、修改和扬弃不断发生，新旧知识经常处于否定与被否定之中。在社会发展中，新生产方式的代表人群，往往是先进文化的倡导者和实践者；维护旧生产方式的人群，也是落后文化的呵护人。这样,先进文化与落后文化既在实践中兴盛与衰落,也在斗争中前进与发展。

文化的基本矛盾也是彼此依存、相互作用的。其中,先进文化与落后文化的矛盾一般是主要矛盾。文化的先进性或落后性成为衡量一切文化现象的标志。文化的社会性与个别性时常表现为主流与支流。在一定时期,大多数人的文化诉求成为主流,少数人的诉求则成为支流。主流与支流的矛盾,取决于性质的先进或落后。先进的主流文化,自然取得主导地位;但若支流文化具有先进性,代表文化前进的方向,总会由小变大,最终会取代现实的、处于落后状态的主流文化,成长为未来的主流文化。先进的意识形态一旦被人民群众所掌握并付诸实践,就会转化为改造世界的物质力量。落后的意识形态若被一些人所奉行,也会成为社会进步的绊脚石。所以,文化的先进性与落后性的矛盾经常成为影响文化的社会性与个别性、意识性与实践性的主要矛盾。

党的十七届六中全会《决定》指出"社会主义核心价值体系是兴国之魂,是社会主义先进文化的精髓,决定着中国特色社会主义发展方向"。这正是遵循文化的发展规律,以社会主义先进文化为主旋律,支持和扶助先进文化,排斥和抵制落后文化,才能推动中国特色社会主义制度的建设,实现中华民族的伟大复兴。

二 把握文化与文化产业的区别和联系

(一)文化不具商品性

文化是社会上所有人都参与的一种社会活动。在商品经济发生之前,人与人之间有文化交流,却没有商品性质的劳动交换。这是众所公认的。商品经济产生以后,人们的文化交流才部分地产生了商品交换行为。因为,人们在社会文化活动中,由于环境和个人素质的差异，一些文化素质较高的人脱颖而出成为社会文化活动中的佼佼者，成为文化活动的骨干。其他人则是社会文化活动中普通的或一般的参与者。在社会分工的支配下文化活动中骨干人群的一部分便从"业余"走向"专业"，成为"文人"——专门为群众文化活动服务的文化服务劳动者。这样一来社会文化活动分解为一般和专业两个部分。普通的或一般群众的文化活动成为自我服务、自娱自乐、接受他人文化服务的活动。这种大众的文化活动不是商品，不具生产性、也不具商品性。而文人的文化活动是专门为大众文化活动服务的，他们的服务是生产文化服务产品，亦即文化产品，是生产性的，具有产业性质——文化产业，或文化服务产业。这样，社会文化活动分为一般文化活动和文化服务活动两部分。文化是大众的一般活动，文化产业是文化服务劳动者的文化活动。这是不同的范畴，不能混为一谈。

（二）文化产品一部分具有商品性，一部分不具商品性

文化产业是专门为社会或群众文化活动提供服务的产业，亦即文化服务业。它的职能就是组织文化服务劳动者创造文化服务产品。文化服务产品的生产需要社会提供所需的生产资料和生活资料。谁来提供文化服务的生产资料和生活资料就决定其为谁服务，决定其产业性质。由于文化是社会发展的动力、国家兴衰的本源，国家必须掌握文化的主体和动向，引导文化朝着有利于自己的方向发展。为了满足群众健康文化活动的需要，国家必须在社会产品中拨出一部分充作文化产品的生产费用，建设公共文化服务体系，提供不具商品性质的公共文化服务产品。这就是文化事业产生的由来。但群众的文化需求既有共同的一面，又有不同的一面。特别是个人文化要求，形形色色，千姿百态，国家不可能完全给予满足。在商品经济条件下，个人的或个性的文化需

求，只能进入市场，采取商品交换的方式，由购买者支付文化服务生产费用，其产品则为商品，具有商品性。这样，文化产业在商品经济的条件下进一步两部分：现今，公共文化服务产品的生产称为文化事业，市场文化服务产品的生产称为文化产业。在公共文化服务与市场文化服务并存历史条件下，公共文化服务产品生产和提供的多少，取决于国家的财力。国家财力雄厚可以多供，财力薄弱则少供。市场文化服务的发展，取决于居民对文化服务商品的购买力水平，购买力越高，市场越繁荣；购买力水平低下，文化服务市场也随之紧缩。

文化产业的文化服务产品，一旦进入市场、转化为文化服务商品，就要受市场规律的支配。它一方面是使用价值要满足社会需要；另一方面，要求价值补偿，寻求高额回报。这样一来文化商品同样具有商品的二重性。文化产业生产和经营的文化产品，其产品的文化内涵是先进的、健康的，把社会效益放在第一位，可能是普品、精品、财富。当文化产业在创造价值和实现价值时，若把寻求高额回报放在第一位，就可能降低商品品质、迎合低俗需要，其文化内涵就可能是落后的、有害的，甚至成为毒品或垃圾。这样，文化的先进性与落后性便注入文化服务产品之中，从而导致文化产业在生产和经营过程中产生积极的和消极的两面性。文化产业的两面性，是国家制定文化产业政策的依据。

在促进社会主义文化大发展大繁荣中，国家认识文化产业的两面性，就要以先进文化指导文化产业，反对和制止文化毒品和垃圾的沉渣泛起。

三　文化服务监管的重要性

文化服务监管是文化自觉的需要。个人的文化自觉，在于努力提高自己的文化素质，长知识、遵法纪、养情操，做有益于社会的人。产业或企业的文化自觉，在于创造以先进文化为内涵的产品、精品，以义取利，为国家和社会作出最大贡献。国家和社会的文化自觉，是文化建设的根本。文化兴，国运昌；文化衰，国运弱。当今世界，人类社会是按国界划分的。不同的国度有不同的文化。国家的文化是国内民族文化、地域文化、阶级阶层文化、企业和个人文化的集合。由于文化首先是社会的和国家的文化，各种个性文化都是在共性文化教化和影响下形成的。尽管社会文化十分复杂，但推动社会发展的文化总会成为先进文化、主流文化。国家进行文化监管，发展先进文化，弘扬主流文化，排斥和抵制落后、腐朽文化及各种文化逆流。这就是说，加强文化监管是国家文化自觉的重要表现。

文化监管的主要职责是：

（一）立法与执法，依法监管。文化活动的多样性及文化产业的复杂性，极大地增进了监管的难度，同时也增加了监管中的随意性。从社会利益出发，一切文化活动都必须有利于社会的发展。怎样是有利，怎样是有害，不能由监管者个人决定。这就要立法，既保护个人及企业、团体的文化权利，也使监管者依法办事，合法监管。

（二）制定产业规划，促进规划落实。文化产业活动是社会文化活动的一部分，因此，文化产业规划是社会文化建设规划的一部分，必须服务于社会文化建设的需要。文化产业规划的要点是体制与机制、传承与创新、政策引导与经济支持。规划重在落实。而落实规划是文化监管的重要内容。依法监管包括按规划监管。

（三）强化市场监管，引导合法竞争。文化服务商品的市场活动，包括市场、经营和消费活动。但重点是生产者和经营者的市场行为，以及维护消费者的合法权益。由于文化市场的无限性，国内外市场的交织、各种商品市场的互动，保护合法竞争，维护国家文化安全，均在市场监管中体现。

（四）建设信息平台。监管机构和人员，必须拥有经济社会发展的各类信息，特别是文化发展的信息，才能高效进行监管。一方面，信息是文化的一部分，对国内外信息的了解和掌握越丰富，自己的文化水平越高，监管能力越强；另一方面，所有监管对象——无论个人或机构——都需要信息，以求更好发展。随着时间的推移，信息平台建设的重要性会日益突出。

（五）强化文化教育。人才是文化产业发展的基础。这是共识。但是，文化产业人才要比普通群众有更高的文化素质。他们应当是知识渊博、品德高尚、情调清雅的文化人。只有受过良好教育的人，才能进一步成为文化领域的佼佼者。教育强，文化强；教育弱，文化发展只能在困境中进行。因此，文化人才的培养，基础在教育。小学最重要，中学居其次，大学出专才。我国教育事业有很大发展，但问题不少，尤其要看到腐败因素的困扰。清正廉明的教育环境，才是优秀文化人才的摇篮。现有文化事业和文化产业中，亦藏龙卧虎，拥有不少优秀人才。在文化传承和创新的实践中，要充分发挥他们传帮带的作用。以人才培养人才，能够促进人才的快速成长。我国历史悠久，文化底蕴深厚，其重要表现之一就是拥有一大批文化传承人才。他们像星星一样，散落各地。这就需要慧眼识英雄的伯乐。在积极促进文化大发展大繁荣的今天，希望不要让人发出"千里马常有，伯乐不常有"的叹息。

（六）监管监管者。监管者的不作为，甚至同流合污，这往往是各种没落、腐朽、反动文化滋生、泛滥的土壤，是文化产业消极因素发挥作用的助推器。为了防止监管者的消极怠慢、违法乱纪，必须强化纲纪，建设高效廉洁的文化监管机构和建设一支刚直不阿、勤恳为民的监管队伍。

文化监管是全方位的，既要监管文化产业，也要监管文化事业，还要监管群众文化活动。我国建设有中国特色的社会主义社会，加强文化监管，发展社会主义先进文化，排斥和抵制腐朽文化，自然会形成社会主义文化大发展大繁荣的局面。

(原载《中国社会科学网》2012年5月2日)

社会主义核心价值体系建设关系党和国家前途命运

社会主义核心价值体系决定着中国特色社会主义发展方向

记者：您好，白教授。党的十七届六中全会《决定》指出："社会主义核心价值体系是兴国之魂，是社会主义先进文化的精髓，决定着中国特色社会主义发展方向。"那么您认为，推进社会主义核心价值体系建设有哪些重大意义？

白仲尧：党的十七届六中全会《决定》指出，"坚持推进社会主义核心价值体系建设，用马克思主义中国化最新成果武装全党、教育人民，用中国特色社会主义共同理想凝聚力量，用以爱国主义为核心的民族精神和以改革创新为核心的时代精神鼓舞斗志，用社会主义荣辱观引领风尚"。"价社会主义核心价值体系是兴国之魂，是社会主义先进文化的精髓，决定着中国特色社会主义发展方向。"这就是说，社会主义核心价值体系建设是关系党和国家命运和前途的重大问题，每一个爱党爱国的仁人志士都必须认真学习、深刻领会、贯串到行动中去。

中国人民革命的胜利与几十年经济社会建设的成就，就是马克思主义中国化的胜利。改革开放以来,各种非马克思主义的思潮纷至沓来,特别是苏联的解体,一些人对马克思主义产生了怀疑。党提出社会主义核心价值体系建设的首要任务是以马克思主义中国化的最新成果武装全党、教育人民,就是肯定了马克思主义的正确性,肯定了中国革命和建设必须以马克思主义为指导。这不仅极大地鼓舞和支持中国和世界人民坚信与实践马克思主义的重要性,而且也是对马克思主义伟大贡献的认可。

我们党的最高纲领是实现共产主义,最低纲领是建设中国特色社会主义。这就消除了一些人对中国还走不走社会主义道路的怀疑和动摇。只要坚持中国特色社会主义的共同理想,在党的领导下,各族人民团结奋斗,就会无往不胜。

自1848年鸦片战争以来,中华民族备受外来列强的欺凌和侵扰。新中国成立后,中国人民站起来了,由于目前还处于"发展中国家"的行列,国力和军力等还有许多不足。列强虎视眈眈、亡我之心不死,周边小国觊觎疆界,盗我资源,狼嚎犬吠之声不绝于耳。因此党中央和胡锦涛同志一再教导我们要"居安思危"。我们必须以强烈的爱国主义精神、高昂的民族精神和浓郁的时代精神鼓舞自己,既宽厚仁和,又勇敢顽强,挺起腰板过日子。

社会主义核心价值体系是社会主义先进文化的集中表现,是社会主义文化的灵魂。我们的文化自觉,就是要自觉地学习、领会和践行社会主义核心价值体系,将其融会贯通于社会工作和生活的各个方面。社会主义文化滋润四方,万物欣欣向荣,将大大增进中国人民对社会主义文化的自信和自强。

社会主义核心价值体系确立了中国特色社会主义文化的基本性质。

记者: 推进社会主义核心价值体系对中国特色社会主义文化

的建设能起到哪些助推作用？

白仲尧：文化是人类社会的一种社会活动，也是人人必然参与的社会活动。所以，文化是人们通过语言文字进行交往的形式和内容的表现。动物都有语言，但只有人类发明了表现和记录语言的文字。人类有了文字才有文化。文化是人类本质的表现。人类在生产生活中创造的知识、行为规范、情感表达等，无论口诉传承还是文字记录，都能形成"文"，并在社会中流传。社会或人们相互之间传授"文"，以此指导人的思想，化为人的行为，从而提高了人的素质。这就是"以文化之"。文与化的紧密结合，反映和表现人类生产生活的方方面面，形成了文化这一特有范畴。

事物的内在矛盾决定事物的性质。文化自产生之日起，就有自己的属性。首先，文化作为人们交往的形式和内容，它是彼此共有的，因而是社会的。由于个人所处的环境不同，所接受的文化教育随之千差万别，因而文化又是个别的。这样，文化便是社会性和个别性的统一，或共性和个性的统一。其次，文化是通过人的大脑起作用的，表现为思想，升华为精神，形成社会的或个人的意识形态。某种意识形态在没有同人们的实践活动相结合的时候，它是虚拟的或虚幻的，是没有作用的。犹如理论，只有成为群众行动的指导方针，才能变成伟大的物质力量。所以文化的意识性和实践性是统一的，也就是知和行的统一。第三，文化是在传承和创新的交替中发展的。随着时间的推移、社会的变迁、新生事物的不断涌现，文化中的新与旧、先进和落后的矛盾运动始终贯穿其中。这就是文化的先进性和落后性的统一。综上所述，文化的属性就是社会性与个别性、意识性与实践性、先进性与落后性的矛盾统一；在这三组基本矛盾中，先进性和落后性的矛盾是主要矛盾。

在人类历史长河中，文化的性质总是由当时的社会性质来决定。历史上曾有过原始文化、奴隶制文化、封建文化、资本主义文化。我国现处于社会主义初级阶段，社会主义文化正在生长和发育。《决定》明确提出社会主义核心价值体系，也就确立了中国特色社会主义文化的基本性质：文化的社会性和意识形态性必须是中国特色社会主义的，必须是引导当代社会前进、推动当代社会发展的先进的社会主义文化。所以，《决定》是社会主义先进文化的奠基石，具有里程碑意义。

文化事业和文化产业大发展大繁荣需要国家和社会的严格监管

记者：您认为怎样促进文化事业和文化产业的大发展大繁荣？

白仲尧：文化产业是文化活动的衍生品。人们在文化活动中，由于人的文化素质差异，文化素质较高的人处于领先或指导地位，文化素质较低的人则处于跟随或接受、学习的地位。在社会分工的支配下，文化素质较高的一部分人逐渐从群众中分离出来，成为文化服务劳动者，亦即专业文人。专业文人的出现，意味着继农民、手工业者、商人之后的人类社会第四次社会大分工。也就是说，人类社会进入了专业文人（文化服务劳动者）以知识推动社会高速发展的阶段。其意义不亚于前三次社会大分工。专业文人，也可以称为文人阶层。从此，人类社会的文化活动的构成随之分为两部分：一是大众的文化活动，一是文人的文化服务活动。大众文化活动除了自己学习知识、规范行为、交流情感外，还要消费或享受专业文人提供的文化服务，亦即消费文化服务产品。文人的文化活动，主要是创造文化服务产品，简称文化产品，为大众文化活动服务。大众文化活动是基础、是普及；文人文化活动是服务、是提高。但文人文化活动的质量高于大众文化活动，因而起着引领和指导作用，是社会文化的旗帜和风向标。可以说，文化服务是社会文化的重要动力源泉。

文化服务劳动者的出现，催生了文化服务业的诞生。文化服务劳动者的生存和发展，是依靠他们向社会、向消费者提供文化服务产品以换取生产生活资料。由于文化是社会重要的动力源泉，社会的统治者或领导者必须把握文化的主流，掌握文化的方向，因而必须为社会成员提供文化服务，供给部分文化服务产品。这就形成了公共文化服务，也就是现今的文化事业。但一方面国家或社会的公共财力有限，在提供公共文化服务上只能量力而行；另一方面，社会成员对文化服务的需要，共性攀升，个性张扬，千姿百态的要求，不可能完全从公共文化服务中得到满足，必然走向社会。在商品经济条件下，这种需要就是在市场上得到满足。于是，文化服务劳动者走向市场，他们生产的文化服务产品转化为文化服务商品，形成文化商业，现今称为文化产业。这样一来，公共文化服务的繁荣和发展靠国家和社会投资和引导，市场文化服务靠居民文化诉求的提升和货币购买力的提高；与此同时，文化服务劳动者也要创造出符合时代需要的文化服务产品或文化服务商品。

文化服务劳动者是社会文化素质较高的人群，他们是"人类灵魂的工程师"。在中国特色社会主义中，他们首先应当是社会主义核心价值体系的奉行者。第一是学习，不仅要认真学习《决定》、领会精神实质，还要学习有关文献，对社会主义核心价值体系的相关知识和实践资料的掌握越多、理解就越深越好。第二是实践，"学为人师，行为世范"，不仅教师应当这样，所有从事文化服务劳动的人都应当这样。尤其是从事文化创新的人们，如果没有牢固的社会主义核心价值观，没有坚实的社会主义核心价值思想体系，很难创造出符合时代需要、人民喜闻乐见的文化服务产品。所以，文化事业和文化产业部门的劳动者都应当具有学习和实践社会主义核心价值体系的高度文化自觉。

文化事业单位和文化产业企业，都是文化服务产品的生产者。他们所生产的文化服务产品或文化服务商品，都必须具有丰富的文化内涵。这里，单位文化或企业文化对其产品的文化内涵具有决定意义。企业不同，单位各异，但都是社会主义社会的机构。尽管企业文化或单位文化应当个性突出、特色鲜明，但都应当和必须是社会主义核心价值体系的具体表现，体现社会主义先进文化的多样性和瑰丽性。只有这样，企事业单位才能创造出具有丰富社会主义先进文化内涵的文化服务产品。这应当成为企事业单位的文化自觉。

社会主义核心价值体系的建设是同一切非社会主义核心价值体系思潮相对立而发展的。此消彼长，是思想斗争的一般规律。文化事业和文化产业要在社会主义文化大发展大繁荣中作出更大贡献，需要国家和社会对其进行严格的监管，扶正祛邪，才能沿着社会主义康庄大道前进。

（原载《中国社会科学网》2012 年 7 月 20 日，《求是·理论网》、《百度文库》等网站相继转载）

后　记

　　这本集子是从以往的论文和书稿中选出来的。它们是我的探索过程和学术思想的缩影。其中，大部分是我独立完成，少数与他人合作也由我执笔。在审阅中，除少量勘误性改动外，其余均保持原貌。

　　在收集、整理过程中，我得到财经战略研究院的许多同志的帮助。如，《财贸经济》编辑部的王迎新、孔繁来、陈燕、白金兰，办公室的铁维特、钱铭燕，资料室的苏允琴、褚柠，以及我的学生邵洪波等同志，他们帮我查找原件、扫描、拼接、打印，处理计算机使用中的问题。对我这个年近八旬的人来说，没有他们的热情助力，是很困难的。中国社会科学出版社编辑部的田文、赵丽同志，为书稿的审阅、修订，做了大量工作，付出许多心血，不胜感激。说多少感谢的话，也不能表达我的心情。

白仲尧
2012 年 11 月 20 日